◎ 高等院校经济与管理核心课经典系列教材 ◎

国际经济与贸易专业

新编国际贸易单证实务

DOCUMENTS FOR FOREIGN TRADE

（第二版）

编◎陈 原
叶德万
易露霞

首都经济贸易大学出版社
Capital University of Economics and Business Press
·北 京·

图书在版编目(CIP)数据

新编国际贸易单证实务/陈原,叶德万,易露霞主编.—2版.—北京:首都经济贸易大学出版社,2017.2

(高等院校经济与管理核心课经典系列教材)

ISBN 978-7-5638-2618-6

Ⅰ.①新… Ⅱ.①陈… ②叶… ③易… Ⅲ.①国际贸易—原始凭证—高等学校—教材 Ⅳ.①F740.44

中国版本图书馆CIP数据核字(2017)第014938号

新编国际贸易单证实务(第二版)
陈 原 叶德万 易露霞 主编

责任编辑 田玉春
封面设计 砚祥志远·激光照排 TEL: 010-65976003
出版发行 首都经济贸易大学出版社
地 址 北京市朝阳区红庙(邮编100026)
电 话 (010)65976483 65065761 65071505(传真)
网 址 http://www.sjmcb.com
E-mail publish@cueb.edu.cn
经 销 全国新华书店
照 排 北京砚祥志远激光照排技术有限公司
印 刷 北京九州迅驰传媒文化有限公司
成品尺寸 170毫米×240毫米 1/16
字 数 475千字
印 张 27
版 次 2012年1月第1版 **2017年2月第2版**
2024年1月总第4次印刷
书 号 ISBN 978-7-5638-2618-6
定 价 42.00元

前言

一笔国际贸易业务需要买卖双方运输、保险以及两个国家的海关、商检、银行、港口等多方参与才能实现，而参与各方的权利与义务是通过几十种国际贸易单证（International Commerial Documents，ICD）来维系的，国际贸易单证工作作为进出口业务的最后一环，其制作的正确与否，直接影响国际贸易各方当事人的权利能否顺利实现，关系到外贸合同的履行和企业经济效益的实现。

改革开放以来，随着我国外向型经济的不断发展，外贸业务量迅速增加，各类应用型外贸专业人才供不应求。我国的报关员、报检员、货运代理等全国统一考试中涉及大量的国际贸易相关单证，国际商务单证员（Documentation Commercial Vouching Clerk）和跟单员（Documentary Handler）是国际贸易的先行官，高校国际贸易相关专业目前把单证课作为必修课之一。为了满足高校教学和社会上对于介绍单证书籍的需求，我们特编写此书，系统地介绍国际贸易单证制作及跟单的相关实务。

单证工作主要包括审证（受证）、制单、审单、交单和归档五个环节，贯穿于企业的外销、进货、运输、保险、商检、收汇的全过程，是各企业开展外贸业务必不可少的基础性工作。本书的特点是：各种实际案例贯穿全书；除了与进出口业务直接相关的贸易商业单证外，还涉及国际贸易结算单证、报关单证及报检单证；为了适应外贸信息化要求，书中还介绍了电子单证的有关内容，另外配套有外贸单证模拟操作及习题。

本书主要内容有：一、概论：包括制单基本要求、制单操作流程等；二、信用证；三、国际贸易结汇单证；四、报关及报关单证；五、出入境检验检疫及相关单证；六、国际贸易电子单证；七、模拟操作与习题。附录包括国际贸易单证词汇、单证工作常用英文缩写。

本书力求对国际贸易单证实务作系统、完整的介绍和解说，其主要解说以 2007 年新版《跟单信用证统一惯例》(UCP600)为依据，相关单证齐全，兼顾外贸专业和非外贸专业人员的需要，也兼顾出口业务和进口业务，最后一部分配套有模拟操作和练习，适合教学使用，也可供已从事外贸业务和希望从事外贸相关业务的人员作为参考。本书除了仍在使用的传统单证外，大部分选用的单证均为最新的国际贸易标准单证，对电子单证也作了相应的介绍。

本书部分修订工作得助于广东工业大学经济与贸易学院在读研究生袁婷和中南大学商学院在读研究生匡晨煜，特此谨表谢忱。

编者

2016 年 10 月

目　录

第一章 导论

【学习要点与要求】

本章介绍了国际贸易单证的分类及相关当事人以及单证工作的作用和意义，概述了出口单证工作的一般程序和托运制单操作流程，重点阐述了国际贸易单证管理的基本要求，特别是缮制和审核单证的要求。

国际货物买卖是商品的国际流通。由于买卖双方所处地理位置相对遥远，商品的买卖往往表现为单据的买卖。实际业务中，使用最多的除 CIF 合同以外，CFR 和 FOB 合同也同样是单据的买卖。单证是所有国际贸易交易的核心，单证能为买卖双方提供会计记录；为船运公司或物流公司提供运输说明；为进出口国家提供法规执行情况、统计信息和税收资料；为银行收、付款提供说明和记账凭证。

国际商务单证员和跟单员是国际贸易的先行官。跟单员，分工厂跟单和外贸跟单。工厂跟单需要到车间跟踪客户产品的动向；外贸跟单则主要通过打电话到工厂跟踪产品的动向。单证员，主要是制作各种国际贸易单证，如商业发票、装箱单、提单等。

单证工作是进出口业务中的主要环节，贯穿于合同履行的整个过程，工作量大，时间性强，涉及面广。除涉及企业内部业务的衔接配合外，还必须与银行、运输部门、海关、商检、保险公司以及有关的行政主管部门发生横向和纵向的联系，特别是完成货物交接后，能否做到单证的及时、正确、完整，是决定顺利结汇的关键，直接关系到国家和企业的经济利益。因此，做好这项工作，各进出口企业不仅要注意提高自身的单证工作质量，还要取得有关部门的支持和协作。

第一节 国际贸易单证的分类及相关当事人

“单证”（Documents）源自拉丁语“documentum”，意为“官方文件”，该词还有“证明”“证据”的意思。因此可以说，单证是用以作为证明或证据的官方文件。近年来，单证作为“官方文件”的定义已被延伸而将无纸单证包括在内，如传真和从来就没有用纸打印出来过的纯电子传输文件。在国际贸易中，单证具有不同的含义，指的是与某批货物进出口相关的各种单据、文件、表格和证书，包括作为交易各方达成某种一致行动或要求的基础文件，如信用证，以及凭以处理国际货物的交付、运输、保险、商检和结汇等的单证。据估计，用于全球所有国家国际贸易各个领域的单证大约有 10 000 到100 000 种。本书主要介绍我国对外贸易中常见的单证及单证样本。

一、国际贸易单证的分类

在国际贸易中，各种单证可按诸如船运公司、物流公司等某一出具单证的特别实体进行分类；也可按诸如银行、海关等某一要求单证的特别实体来进行分类。很多情况下，可能不止一个实体（如进口商、进口国海关等）对某一实体出具的各种单证（如船运公司和物流公司出具的提单）有需求；某些情况下，某个实体既可能自己出具单证也可能要求其他实体出具单证，例如，银行出具与信用证有关的单证，也要求进出口商提供各种特别单证。采用“三层二分法”对国际贸易单证体系进行归纳，其体系结构如图 1－1 所示。

（一）国际贸易单证的基本分类

按照贸易涉及的双方，可将单证分为进口单证和出口单证；按照单证的性质，可以分为金融单据和商业单据；按照单证的用途，分为资金单据、商业单据、货运单据、保险单据、官方单据和附属单据等；按照业务环节，分为托运单证、结汇单证和进口单证等。总之，单证的分类方式很多，国外有学者将国际贸易单证分为以下六类。

1. 贸易单证。贸易单证是买卖双方根据有关条款就具体商品达成买卖协议而产生的,包括询价函(单)、报价单、意向书、订单、销售合同、形式发票和商业发票等。其数量和形式很大程度上受买卖双方之间的关系及已售货物性质的影响,并不是所有交易都包括上述所有单证。在很多简单的交易中,买卖双方可能通过电话就某些条件达成协议,而卖方只需制作一张商业发票。

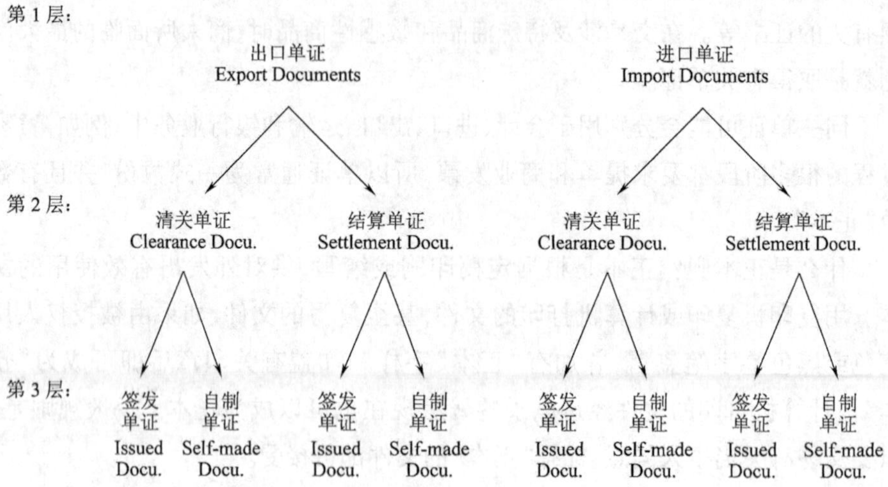

注:Docu. 为 Documents 的缩写。

图 1-1 国际贸易单证体系结构

2. 出口单证。出口单证是政府出口主管部门所要求的单证,包括出口一般许可证、特别许可证、海关发票、原产地证书、外汇证明、出口报关单和检验证书等。此类单证的数量和形式很大程度上受出口国的要求和出口货物性质的影响。

3. 运输单证。运输单证是船运公司、航空公司、铁路、驳船经营人、国际货车运输公司、货运代理公司或物流公司在收到货物后出具的收据,是承诺将货物运往指定目的地的合同。其中,提单是国际运输的重要单证,涉及货物运输的所有国际交易都要求提供某种形式的提单。

4. 进口单证。进口单证是政府进口主管单位(如海关)要求的单证,包括进口一般许可证、特别许可证、领事发票、进口报关单和检验证书等。

5. 银行单证。银行单证是参与国际贸易的银行,尤其是业务涉及跟单信用

证或跟单托收的银行所要求的单证，包括信用证或跟单托收申请书、托收指示、汇票、开证指示、跟单信用证、信用证通知书、信用证修改书、修改通知书、转让指示等。此类单证的数量和形式在很大程度上受进出口商所提要求的影响。

6. 特殊单证。特殊单证是应进出口国特殊要求或交易货物的特殊性质所需提交的单证，包括自然资源产品的出口证书、战略物资（如武器、弹药、放射性物质）的进口特别许可证、进出口商品检验证书、动植物检疫证书以及各种与配额有关的证书等。在交易涉及特殊商品和敏感性商品时，商人所面临的最大问题就是取得有关单证。

同一单证可能会分别用于会计、进口、出口、运输和银行业务中，例如，贸易过程的很多阶段都要求提单和商业发票，所以单证通常为一式数份，并且有数份"正本"。

什么是正本呢？正本是根据定稿印刷或缮写，供对外发出有效使用的文本。用复印机复印或计算机打印的文件，甚至复写的文件，如果由被授权人用蓝色或黑色签字笔签署，并加有"正本"字样和加盖有关印章后即可成为"正本"。计算机打印的文件经过电子签署后现在也可以成为正本。一般规则是：只要交易有关当事人同意，标有"正本"的文件都可接受。

什么时候需要正本呢？进出口主管单位、银行、政府机构和买方通常要求正本文件。"可转让提单"和商业发票都是国际贸易中的重要单据，在能代表货物所有权的情况下，"可转让提单"甚至比发票更重要，谁拥有提单谁就对提单上载明的货物拥有所有权。很明显，这种单证的副本就不同于正本，只有当卖方准备将货物所有权转交时才将正本的可转让提单转交给接收提单的公司。除非要求和允许提供副本，否则，在提交给买方、银行和运输公司的"整套单证"中，所有单证都要包括正本。

（二）国际贸易中最常见的五种单证

国际贸易中的所有当事人都要出具或要求提供有关单证，虽然全球用于国际贸易的单证非常多，但绝大多数的国际贸易只涉及五种单证。

1. 发票。商业发票是重要的交易单证或会计凭证，作为销售细节的证明，由出口商/卖方出具，用于确定买方和卖方、运输方式、交货和付款条件，可提供如发票号、发票日期和装船日等信息，还列出所售商品清单及其说明，例如数

量、价格和折扣等。

2. 提单。提单是重要的运输单证,由承运人(如船运或航空公司)向托运人(一般是出口商或卖方,EXW、FOB 等术语下则是进口商或买方)出具,由船长、代理或船东签字,用以证明承运人已收到货物并承诺将货物交给指定目的港提单合法持有人的载明各种运输条件的书面文件。因此,提单既是货物收据也是运输合同,可以代表货物的所有权。在提单代表货物所有权的情况下,提单的持有人可以凭提单提货。

3. 原产地证书。原产地证书可用于确定货物的原产国,由出口商/卖方、出口地的商会或其他授权机构出具;进口商通常需要将其交给进口国的主管单位。

4. 出口报关单。出口报关单是出口商向出口主管单位呈报的正式声明,由出口商/卖方出具。内容包括:交易的买方和卖方、出口的货物、出具日期、原产国、货物最终抵达的国家、货物数量及其说明、运输细节等。出口报关单常被出口国用于控制出口,制定贸易战略和征收各种费用。

5. 进口报关单。进口报关单是进口商向进口主管单位呈报的正式声明,由进口商/买方或作为进口商代理的报关行出具。内容包括:交易的买方和卖方、出口的货物、出具日期、原产国、货物最终抵达的国家、货物数量及其说明、运输细节等。进口报关单常被进口国用于控制进口,制定贸易战略和征收各种费用。

(三)出口贸易单证的主要种类

制单工作又可分为进口制单和出口制单两大类。出口贸易制单不仅包括信用证支付方式为主的信用证项下制单(有证出口制单),也包括了汇付方式和托收方式项下的制单(无证出口制单)。

在我国出口贸易单证工作中,证,是指信用证(Letter of Credit,L/C);单,是指出口结汇单据,即出口商在装运货物的同时,为收取外汇货款或应国外进口商要求,需提交的各种单据。就其性质与作用,大致分为三大类:资金单据、商业单据和公务证书。

资金单据(Financial Documents)作为国际结算的工具,或直接充当货币的支付职能,或为货币的支付作出承诺或保证等,具有货币属性,是一种以支付一定货币金额为目的、可以转让和流通的债务凭证，严格来讲属于票据。各国对票据的项目、要求有一定的规定和立法，目前国际上票据法基本有两大类，即欧洲大陆法系和英美法系，依照法学标准，将票据分为汇票、支票和本票。国际贸易中最常用的资金单据是汇票。

商业单据（Commercial Documents）具有商品属性，或代表商品的价值、包装、品质，或代表商品的数量、产地等，指出口结汇中使用的商业凭据和各类证书，包括基本单据（Basic Documents）和附属单据（Miscellaneous）两类。基本单据是根据买卖合同的约定，出口人必须向有关方面提供的单据，包括发票、提单等运输单据、保险单等。附属单据是出口人应进口人的要求特别提供的、用以说明货物情况或作为出口人履行有关合同义务证明的单据，如装箱单、重量单、规格单、装运通知、船公司证明、邮寄单据、样品证明、电报抄本等。

公务证书（Public Certificates）是作为第三方关系人的民间机构或官方机构，应进口商的要求，或按对外贸易有关法规和制度签发的单据，包括原产地证书、进出口商品检验检疫证书、领事发票、海关发票，以及国内和国际上规定的配额与许可证管理而签发的证书（如普惠制证书）等。

二、国际贸易单证中的当事人

每项交易的核心除了买方和卖方，还会涉及其他个人、机构和实体。每个当事人作用的大小取决于其所买卖的货物、进出口国别以及支付方式等因素。

（一）出口商/卖方

出口商/卖方是从事制造、销售业务的个人或公司，或充当中间人将原材料、零部件、制成品或服务提供给进口商/买方用以制造、安装、转售或直接消费的个人或公司。它承担制作和取得单证的主要责任。

买卖双方达成的协议会直接影响出口商在单证方面所应承担的责任。在很多交易中，出口商负责提供货物出口清关方面的单证；应进口商的请求还承担出具和取得各种单证的责任；而在诸如 DDP 贸易术语下，还包括在目的地国家清关所需要的单证。由出口商出具、取得或提供的单证有下面五种。

1. 交易单证。应进口商/买方发出的询盘所作出的报盘、为货物商定的销售合同等。

2. 出口单证。出口商按要求从出口主管单位获得出口一般许可证或特别许可证；填写出口报关单交给出口主管单位；有关货物运往的目的地管制和最终收货人的声明；按出口主管单位的要求出具和取得的检验证书。

3. 运输与保险单证。制作装箱单供船运公司、出口和进口主管单位和进口商使用；协助制作和出具提单/航空运单或其他形式的提单供承运人、出口和进口主管单位、进口商和银行（若使用跟单付款方式的话）使用；获得保险单或保险凭证。

4. 银行单证。在跟单托收的情况下，向银行出具跟单托收指示；出具汇票委托银行收款；出具和/或获得"整套单证"，包括进口商进口货物所需要的所有单证。在使用跟单信用证的情况下，出具和/或获得"整套单证"，包括进口商在信用证通知书中所要求的所有单证；出具汇票委托银行收款。

5. 进口单证。应进口商的请求，出具原产地证书，或从商会或政府主管单位获得原产地证书；从货物最终目的地国的领事馆获得领事发票；获得检验证书；按要求获得或出具其他特别检验证书和其他单证。

（二）进口商/买方

进口商/买方是将原材料、零部件、制成品或服务从出口商/卖方进口到国内市场用于制造、安装、转售或直接消费的个人或公司。除在 DDP 等少数几个贸易术语下，进口清关一般由进口商负责，进口商需要获得进口国海关所要求的各种单证。

由于很多单证是由出口商提供的，或由出口商提供更方便，所以进口商有责任将所要求的单证通知出口商。由于交易类型不同，要求出口商提供单证的方式是不同的：在预付款或赊账、跟单托收等付款方式下，进口商只需将所要求的单证列在销售合同中，或列在信函中通过邮政、快递服务、传真或电子邮件传递给出口商；在跟单信用证付款方式下，进口商将所要求的单证列在信用证中。当然，出口商提供单证给进口商的方式也是不同的：在预付款或赊账付款方式下，只需要通过普通邮件或快递服务将单证寄给买方，或将整套单证随货物一起交给买方，或通过传真或电子邮件传递给进口商；在跟单托收付款方式下，单证通过银行转交给进口商，即由出口商银行转交给进口商银行，然后由进口商银行转交给进口商，通过付款获得交单，或通过在汇票上承兑未来付款而预先获得单据;在跟单信用证付款方式下,单证通过银行转交给进口商,即由出口商银行转交给进口商银行,然后由进口商银行转交给进口商,提交给进口商的单证是整套单证的一部分。

假设进口商只承担进口单证和进口清关方面的责任。由进口商出具、取得或提供的单证如下。

1. 交易单证。向出口商发出的询价或询盘;相应收到卖方的报价、递盘或报盘;通常由律师提供协助,与出口商就货物销售商订的销售合同;可能要求出口商开立的形式发票;要求出口商出具的商业发票。

2. 运输和保险单证。要求卖方提供装箱单以供船运公司和进口主管单位使用;要求卖方提供提单/航空运单或其他形式的运单以供承运人、进口主管单位和银行(若使用跟单付款方式的话)使用;要求卖方提供或协助办理保险单或保险凭证。

3. 银行单证。在跟单托收的情况下,列出出口商应通过其银行交给进口商银行的整套单证;在跟单信用证的情况下,向银行提交信用证申请书,列出出口商应通过其银行交给进口商银行的整套单证。

4. 根据需要而要求的特殊单证。要求出口商提供由原产地国家商会或政府主管单位出具的原产地证书、由货物最终目的地国家驻原产地国领事馆出具的领事发票、检验证书、动植物检疫证书或其他特别检验证书、特殊产品所需要的其他单证。

5. 不由出口商提供的单证。进口商除从出口商那里获得单证之外,有些单证需由其自行出具或取得,例如进口特别许可证、进口一般许可证、特别海关发票、海关进口报关单等。有的由进口国政府机构出具,有的由进口商委托的报关行或货运代理出具。

(三)政府管理机构

政府管理机构的设立是为了实施具体的法律法规以维护经济的正常运行、人民健康和安全。以美国为例,政府的管理职责包括:海关负责对进出境货物、运输工具和物品进行监管,控制出口货物的流向,征收各种税费,进行海关统计;食品及药物管理局(FDA)负责实施各种控制进口食品和药物的法律;动植物卫生检验署负责实施与动植物及其制品检验和进口有关的法律;消费品安全在履行职责的过程中承运人办理与货物装船前储存有关的所有工作，货物进出口要求的所有单证和手续，通过各种运输方式进行运输的所有工作，与货物在国外储存有关的所有工作，与包装、集装箱运输和保险有关的所有工作，与批发和零售有关的所有工作。很多承运人内部下设报关行，为进出口商提供进出口清关方面的服务。

这些企业对进出口国的规章制度很了解，在装船前或递盘前就包括保险、包装和货物运输的费用及单证要求、检验机构、关税和其他税费等各方面提出合理建议，对货物包装和/或集装箱运输作出安排，使进出口商对成本作出更精确地核算。通过与海外报关行的合作，这些企业能确保进出口货物符合进出口要求，保证所有关税、一般许可证费和一般货物税得以缴付。很多国家要求货运代理由国家的政府机构颁发执照。

国际货物承运人通常出具和取得的单证有提单、航空运单、某些检验证书等。在进出口过程中，国际货物承运人也会要求进出口商提供某些单证。

（五）报关行/企业

报关行/企业是经政府主管单位许可，代理其他个人或单位办理进出口海关手续的个人或单位，这些手续对加快货物合法进出口起着关键作用。例如，美国的报关行可办理的业务包括：货物的进口报关、分类和估价；关税、一般货物税的缴纳、征收或其他费用的收取以及办理相关的退款、折扣和退税等。在履行责任的过程中，报关行将有关海关手续、责任和关税方面的情况通知进出口商；为进出口商提出合法的建议，以便使进出口商支付尽可能低的进出口税费；备妥并提交海关要求的单证；取得进出口货物的放行单证；提供其他服务，包括保险、储存和其他货运服务。

由于要代表进出口商办理各种法律事务，因此，报关行首先要从进出口商那里取得授权证书，这样才能以进出口商的名义签发各种特殊文件。

报关行取得的各种单证通常包括：进出口一般许可证和特别许可证；报关单；特别海关发票；与退款、折扣和退税有关的单证。在办理进出口报关手续的过程中，报关行也会要求进出口商提供某些单证。

（六）国际银行

国际银行处理与国际支付有关的所有业务，包括汇付、托收和信用证业务委员会负责实施包括从玩具到枪支等消费品进口管制的法律。

在履行上述职责过程中，这些机构需要核查并核实进出口单证以确定其内容是否准确和统一；对货物进行检查、分类和估价以确定是否符合进出口要求；要求提供有关产品原产地国（或地区）甚至原制造厂商的具体单证；要求提供有关进出口商品详细成分的单证；要求对货物进行实验室检验和分析；要求提供一般许可证或特别许可证；根据进出口商是否执行有关法律和单证要求，放行或不放行货物出口或进口；作为其他管理机构的“耳目”，发现诸如毒品、文物、战略物资的非法出口、走私和其他故意欺诈的情况，以及违反商标、版权和相关法的情况。

单证可以提供证据以证明有关法律法规的执行情况。政府管理机构使用或要求提供的单证有：进出口一般许可证、进出口特别许可证（尤其用于限制物资）、进出口报关单、商业发票、提单、原产地证书等；一般检验证书；用于植物及其制品的植物检疫证书；用于活动物、肉类及肉制品的动物检疫证书；用于玩具、电热器和汽车等的安全检验证书；用于木材和纤维包装材料的灭菌/消毒证书；危险品和有害物质的危险品证书；有时包括有关目的地管制和最终收货人方面的声明。

（四）国际货物承运人

国际货物承运人（Carrier）的业务是负责将货物从一国运到另一国。承运人可以是进行整船原油和粮食运输的船运公司，也可以是传送不足半公斤货物的快递公司；可以是自己拥有运输工具和运输基础设施的船东、航空公司、铁路、驳船公司等，也可以是货物运输代理或者是物流公司等。由于国际货物运输通常需要一种以上的运输方式，因此，有必要使用可充当多式联运经营人（Multi-model Transport Operation，MTO）的承运人来承担将货物从起运地到最后目的地的全程运输。物流公司则对从原产地到目的地的原材料、在产品和成品的流动进行计划和管理，很多公司还提供进出口报关服务。目的地可以是工厂、储存仓库或销售市场。目前，货运代理、报关行和承运人之间的界限日益模糊，很多过去从事小邮包和单证传送工作的快递公司如今也提供门到门服务以及大批量的货物运输，所有的承运人都希望为客户提供尽可能周到的服务，以全方位实现物流服务一体化。

等,处理的支付工具包括支票、汇票、本票、信用卡等。在国际贸易中,银行承担着不同的角色。例如,在信用证方式下,开证行又称买方银行,应进口商的要求开立信用证;而通知行从开证行收到信用证后将信用证转交给出口商。

国际银行签发的单证很多,主要有跟单托收指示、跟单信用证、跟单信用证修改书、跟单信用证通知书、银行汇票等。

(七)保险公司或保险代理

保险公司根据保险合同向被保险人赔偿保险范围内的风险损失。包括:进出口货物运输保险;出口信贷保险;货物灭失和损坏风险的保险;劫持保险;国外办事处、制造和经销设备保险等。进出口商可以直接向保险公司投保,或通过保险代理进行投保。在很多情况下,保险代理人由货运代理、报关行、船运公司或其他承运人充当,有些较大的物流公司附设有自己的保险公司。有些国家要求进出口商向总公司设在本国的保险公司投保。保险公司出具的单证主要有保险单、保险凭证等。

(八)国际律师

律师和律师事务所的业务是向客户提供法律意见。国际律师的职责有:为销售合同提供建议,在各国海关法庭上代表进出口商起草合同;就合资企业和知识产权方面的问题提出建议;就货物进出口方面的问题提出建议;在商品进出口困难的情况下,就有关问题提出建议;在进出口商提起诉讼的情况下,提出建议并处理诉讼。律师出具的与贸易相关的单证主要是国际货物买卖合同。

(九)检验机构或公司

检验机构或公司为进出口商、进出口主管单位提供检验服务,它通常是政府下属的行政管理机构,或由政府机构颁发执照的公司,或与某个知名的行业集团有着专业联系的公司。

为了保护国民的健康、安全和经济的正常运行,很多国家要求进口前对货物实施检验。有些国家要求将整批出运货物的抽样寄给进口国家的实验室进行检验,其他国家则只需要有关当事人提交出口国出具的装船前检验证书。

检验机构或公司的职责包括对货物的数量和质量进行检验,检验货物是否符合进出口国的有关法律规定。检验机构或公司出具的单证包括:一般检验证书;用于植物及其制品的植物检疫证书;用于活动物、肉类及肉制品的动物检疫证书;用于玩具、电热器和汽车等消费品的安全检验证书;用于木材和纤维包装材料的灭菌/消毒证书;危险品和有害物质的危险商品证书;各种物质(从牛奶、黄油和化妆品到编织篮、轧钢板)的质量证书。

(十)公证行

进口主管单位可能要求对某些单证进行认证或公证,在美国,单证认证人员被称为公证人。很多国家委任被授权的人员根据文件签署人的签字对其身份进行识别和认证。在英、法和德国等国,这些人员需经特殊的法律培训;在有些国家,这些人员经短期课程学习、考试和背景检查后获得有关资格;有些国家对这类人员的任命没有作出相关规定,常由领事、司法或法律专业人员来从事认证工作。由公证行认证或公证的单证主要包括给报关行的有限授权书、需要登记或要求核实签字的某些合同、某些检验证书、认证的领事发票等。

(十一)国际商会

商会的服务范围很广,包括出口教育、国际市场信息、出口单证和贸易资讯等。很多国家要求地方商会对原产地证书、自由买卖证书等单证进行认证。

(十二)领事馆

位于出口国的进口国领事馆或其官员常被授权对货物最终进口所要求的某些单证或某些表进行认证。有些国家规定,在允许货物进口之前,随货物一起运送的单证应由该国驻出口国的领事馆或大使馆官员进行认证。认证过程类似公证行,办理认证也要收费。要求领事认证的单证可能有商业发票、海关发票和领事发票等。

第二节　国际贸易单证工作的作用和意义

国际贸易业务以贸易合同为核心分为三个阶段:交易的准备、合同的谈判、合同的履行。交易的准备和合同谈判是成交的前提。合同的履行则既重要又烦琐,技术性、时间性极强。单证工作贯穿于国际业务流程,国际贸易各个环节的经营管理问题,最后都会在单证工作上集中反映出来。单证工作不只是单据的制作和组合,更重要的是妥善处理各种问题,解决各种矛盾,在按时履行合同的同时,确保外贸企业实现经济效益。

在进出口贸易的支付方式中,对单证要求最严格的是信用证方式。《跟单信用证统一惯例》(2007 年修订本,即国际商会第 600 号出版物,以下简称 UCP600)第 14 条规定:按照指定行事的被指定银行、保兑行(如有)以及开证行必须对提示的单据进行审核,并仅以单据为基础,以决定单据在表面上看来是否构成相符提示。在 UCP600 第 2 条中给出了"相符提示"的定义:意指与信用证中的条款及条件、本惯例中所适用的规定及国际标准银行实务相一致的提示。因此,对于信用证的审核,包括银行在付款时对结算单据的审核、出口商向议付行或开证行交单时对单据的审核以及进口商付款赎单时的审核。在这些过程中,各当事人均以单证来确定其权利与义务。所以,单据是否符合信用证的规定,任何一方都不容忽视。下面详细解说国际贸易单证的重要性。

一、国际贸易单证的作用

在国际贸易中,各种单证对各方当事人都起着非常重要的作用,有的单证在整个交易中的任何时候和任何地点可以为有关货物提供物权证明。

对于出口商来说,有关单证既可作为某项交易的会计凭证、出运货物的收据和出口货物清关的文件,也可作为有关个人、公司和政府机构进行货物运输或检验的指示或为其提供相关信息。出口商借助单据来控制出口货物,这主要是通过可流通的海运提单来实施的。海运提单是物权凭证,拥有提单表明单据持有人掌握着所发运货物的所有权。如果提单的抬头即收货人一栏标明"to order"字样,则出口商掌握所发货物的所有权,并通过对海运提单的背书来进行货物所有权的转让。

对于进口商来说,有关单证既可作为某项交易的会计凭证,也可作为定购货物已被出运的证明,还可作为货物在目的地通关的手段。

对于承运人来说,有关单证可为某项交易提供会计记录,为货物运往哪里和如何运输货物提供说明,同时为货物的搬运提供说明。

对于银行来说,有关单证为其收付款项提供说明和记账工具。

对于保险公司来说，有关单证是其进行风险评估、货物估价和保险理赔的工具。

对于出口国及其管理机构来说，有关单证是相关机构出口权的必要证明，可以为出口国及其管理机构提供有关出口货物的统计信息，并为其征收有关税费提供会计工具。

对于进口国及其管理机构来说，有关单证是相关机构进口权的必要证明，可以为进口国及其管理机构提供有关进口货物的统计信息，以及用以证明进口货物不会危及其公民健康和安全的证据，同时为其征收有关税费提供会计工具。

二、国际贸易单证工作的意义

（一）单证的质量是决定顺利结汇的前提

在不同的结算方式下，出口商签发、提交的出口单据正确与否，在很大程度上影响着货款的安全回收。贸易结算无论采用何种方式，其付款的主要依据就是单据，信用证方式尤为突出。根据 UCP600 第 5 条规定：在信用证业务中，“银行处理的是单据，而不是单据所涉及的货物、服务或其他行为。”因此，若单据与信用证不符，哪怕有细小的差别，银行完全可以依此拒付货款；反之，只要出口商提交了符合信用证规定的单据，银行就必须承担付款的责任，而无权过问货物的实际情况。举例如下。

南京扬子石化国际贸易公司（以下简称扬子公司）与新加坡 A 公司，在海湾战争爆发前订立了价值 218 万美元的 2 000 吨聚乙烯塑料的出口合同，由瑞士银行新加坡分行开出了不可撤销即期信用证。海湾战争爆发，出乎意料的是没有使石化产品涨价，反而急转直下，扬子公司暗自庆幸。而新加坡 A 公司提出质量问题要求每吨降价 200 美元，否则拒付。扬子公司根据国际惯例，在新加坡不与 A 公司而与瑞士银行新加坡分行打官司，起诉根据 3 条：①扬子公司单据不存在任何不符点；②瑞士银行在收单 11 天后才表示拒收单据和拒付；③按 UCP600，银行收到单据应尽早审核并通知客户，按新加坡判例，拒单应在 3 ~ 4 天内通知客户。由于我方以 UCP600 为依据，理由充分，新加坡高等法院判决我方胜诉，成为我国诸多涉外信用证纠纷案中胜诉的一例。

除信用证方式外，在跟单托收的情况下，进口商也是凭必要的和符合买卖合同规定的单据履行付款或承兑的责任，如果单据不符合要求，出口商也有被进口商拒付的风险。从该意义上讲，单证就是外汇。

（二）外贸单证是履行合同的必要手段和证明

国际贸易中商品与货币的交割不同于国内贸易合同的履行，不能简单地直接交换，而必须以单据作为交换手段。单证主要分为两大类：一类具有商品的属性，即代表商品的特性和交换价值；另一类则具有货币的属性，即代表货币和为货币支付作出承诺或有条件的付款保证。按《托收统一规则》（1995 年修订本，即国际商会第 522 号出版物，以下简称 URC522）第 2 条 B 款的定义，前一类是商业单据，如发票、运输单据、所有权单据或其他类似的单据；后一类是资金单据，如汇票、本票、支票或其他用于取得付款资金的类似凭证。

每种单据各有其特定作用，其签发、转让、提示、组合、流转、交换和应用，反映了买卖合同履行过程中的不同进程，也反映了买卖双方权责的发生、转移和终止。正是由于单证在国际贸易中具有这种重要作用，才使得国际贸易得以跨越时空日益发展。

（三）单证工作是一项政策性很强的涉外工作

首先，进出口单证是一种涉外商业文件，体现了国家的对外贸易政策。大多数单证是由企业和国家政府机构签发的有效凭证，一定程度上代表国家的对外贸易法规制度，例如出口许可制度等，关系到国家对进出口商品的计划、指导和管理，也牵涉各国之间的贸易协定。

其次，进出口单证又是涉外法律文件，是处理贸易纠纷和争议的依据。随着国际贸易的不断发展，国际上逐步制定和完善了一系列统一法规和惯例，并被大多数国家采纳和遵守，其范围涉及国际货物买卖、国际金融、国际结算、国际保险与国际货运规则等对外贸易相关的各个方面。同时，不同的国家和地区在实际操作时又有各自具体的惯例和做法，因此，进出口单证作为涉外法律文件，必须严格按照有关规定来执行。否则，会造成工作上的失误，使国家、企业或个人遭受不应有的经济损失。

(四)单证质量的好坏直接关系到企业的经济效益

单证工作在进出口业务中虽是最后一个环节,但却十分重要,正所谓成交是前提,备货是基础,运输是关键,结汇是目的。单证的全部工作是落实安全收汇,也是对外贸易的目的所在。合同的内容,信用证的条款要求,货源的衔接,商品品质、数量以及运输管理上的问题,都在单证工作上集中反映出来。因此,单证工作贯穿于贸易的全过程,妥善处理各种问题和矛盾,才能使企业的经营成果得到保障。

单证工作与经济效益密切相关,包括资金的加速回笼、利息开支的节约以及减少单证费用等都可为企业带来经济效益。按海关总署公布的我国外贸出口 2014 年超过23 427 亿美元,年息按 5.6%,以平均提前一天结汇计算的话,可以不花任何费用和成本,每年为国家创造约 3.59 亿美元的外汇利息收入。因此,加强单证管理工作,提高单证的质量,不但可以弥补经营管理上的缺陷,还可以节约各种费用,无形中为国家和企业创造大量外汇。

第三节　出口单证工作的一般程序

单证工作与外贸业务流程密切关联,在介绍单证工作的程序之前,完整地了解外贸公司较为规范的外贸业务处理流程是必要的。下面是出口过程中事务性的工作。

第一,业务谈判。一般在客户下采购订单(Purchase Order)之前,都会有相关的客户询盘(Inquiry)给业务部,作一些细节上的了解;业务部及时回复客户查询,确定货物品名、型号、生产厂家、数量、交货期、付款方式、包装规格及柜型等,有时需要形式发票(Pro-forma Invoice) 给客户作正式报价;经过洽谈,收到客户正式订单。

第二,备货。得到客户的订单确认后,给工厂下订单,安排生产计划;业务部首先做出业务审核表,按“出口合同审核表”的项目如实填写,尽可能将各种预计费用列明;合同审批需附上客户订单传真件与工厂的订购合同,审核表由业务员签名,部门经理审批,再交管理部人员审核后执行。若金额较大或有预付款和佣金等条款,需公司总经理审批。合同审批之后制成销售订单,交给部门进程员跟进。业务部在确定交货期后，分别不同结算方式，在如下步骤完成后向工厂下达生产通知：①如果是 L/C 付款的客户，通常在交货期前 1 个月确认 L/C 已收到；收到 L/C 后，业务员和单证员分别审查信用证，检查是否存在错误、交货期能否保障及其他可能的问题，若有问题应立即请客户改证。②如果是 T/T 付款的客户，要确认定金已到账。③若是放账客户或通过 D/A 等方式收汇，需经理确认。

第三，验货。在交货期前一周，要通知公司验货员验货。如果客人要自己或指定验货人员来验货，则要在交货期一周前，约客户查货并将查货日期告知计划部。如果客人指定由第三方验货公司或公证行等验货，则要在交货期两周前与验货公司联系，预约验货时间，确保在交货期前安排好时间。确定后将验货时间通知工厂。

第四，制备基本文件。工厂提供装箱资料，由跟单员制作出口合同、商业发票、装箱单等文件，交给单证员。

第五，商检。如果是国家法定商检产品，在给工厂下订单时要说明商检要求，并提供出口合同、发票等商检所需资料，并告知工厂产品的出口口岸，便于工厂办理商检；在发货一周前拿到商检换证凭单/条。

第六，租船订舱。若跟客户签订的合同是 FOB China Port(s)条款，通常客户会指定运输代理公司或船公司，应尽早与货代联系，告知发货意向，了解将要安排的出口口岸、船期等情况，确认工厂的交货能否早于开船期至少一周，以及船期能否赶上客户要求的交货期；一般在交货期两周之前向货运公司发出书面定舱通知，在开船前一周拿到定舱纸。如果合同是 CFR 等需由卖方支付运费的，则应尽早向货代或船公司咨询船期、运价、开船口岸等，经比较后选择价格优惠、信誉好、船期合适的船公司，并通告给客户；开船前两周书面定舱；货物不够一个货柜，需走散货时，向货代定散货舱位；拿到入舱纸时，还要了解截关时间、入舱报关要求等内容。向运输公司定舱时，一定要传真书面定舱纸，注明所定船期、柜型及数量、目的港等内容，以避免差错。

第七，安排拖柜。选择安全可靠、价格合理的拖车公司签订协议长期合作，以确保运输安全及准时送达。货物备好并验货通过后，委托拖车公司提柜、装柜，给拖车公司传真定仓确认书/放柜纸、船公司名称地址、定仓号、拖柜委托书、装柜时间、柜型及数量、装柜地址、报关行及装船口岸等。如果需要验货公司看装柜,要专门声明,不能晚到,并要求回传一份上柜资料,列明柜号、车牌号、司机及联系电话等;传真一份装车资料给工厂,列明上柜时间、柜型、定仓号、订单号、车牌号以及司机联系电话,要求工厂在货柜离开工厂后尽快传真一份装货通知给业务部,列明货柜离厂时间、实际装货数量等,并登记装箱号码和封条号码作为提单的资料;要求工厂装柜后一定要记住上封条。

第八,委托报关。在拖柜同时将报关所需资料交给合作报关行,委托出口报关及商检通关换单。通常要给报关留出两天时间(船截关前)。委托报关时,提供一份装柜资料,内容包括所装货物及数量、口岸、船公司、定仓号、柜号、船开截关时间、拖车公司、柜型及数量、公司的联系人和电话等。

第九,获得运输文件。最迟在开船后两天内,将提单内容传真给船运公司或货运代理。提单内容按 L/C 或客户要求来做,并给出正确的货物数量以及一些特殊要求等,包括要求船公司随提单出具的船运证明等。督促船公司尽快出提单样板及运费账单,仔细核对样本无误后,向船公司书面确认提单内容。提单需客户确认的,要先传真提单样板给客户,得到确认后再要求船公司出正本。及时支付运杂费,付款后通知船公司以及时取得提单等运输文件,支付运费后应作登记。

第十,准备其他文件。①商业发票。L/C 要求提供的文件中,对商业发票要求最严格。发票的日期要确定在开证日之后,交货期之前;发票中的货物描述要与 L/C 上的完全相同;要显示唛头;小写和大写金额都要正确无误。如果发票需办理对方大使馆认证,一般要提前 20 天办理。②FORM A 原产地证书。GSP 的 FORM A 原产地证要在发货前到质检总局申办,要注意 FORM A 上的运输日期应在 L/C 的最迟交货期和开船日之前、发票日期之后。未能在发货之前办理的,需提供报关单、提单等文件办理后发证书。经香港转运的货物,FORM A 证书通常要到香港的中国商检公司办理加签,证明未在港对货物进行再加工。③一般原产地证。可以在中国贸易促进委员会办理,要求低一些;也可在发货之后不太长的时间内补办。如果原产地证书要办理大使馆加签,需要提前 20 天办理。④装运通知。在开船后几天之内要通知客户发货的细节,包括船名、航班次、开船日、预计抵港日、货物及数量、金额、包装件数、唛头、目的港代理人等。有时L/C 要求提供发送证明,如传真报告书、发函底单等,注意在客户要求的时间内办理。⑤装箱单。清楚地表明货物装箱情况,显示每箱内装的数量、每箱的毛重、净重、外箱尺寸等；按外箱尺寸计算出来的总体积应与标明的总体积相符；应显示唛头和箱号，便于客人查找；装箱单的重量、体积应与提单相符。

第十一，交单。采用L/C收汇的，应在规定的交单期内备齐全部单证，并严格审单，确保无误后才交银行议付。采用T/T收汇的，在取得提单后马上传真给客户付款，确认收到余款后再将提单正本及其他文件寄给客户。如果是T/T预付全款收汇的，要等收款后再安排拖柜，拿到提单后可即寄正本给客户。

第十二，业务登记及文件存档。每单出口业务在完成后要及时登记，包括电脑登记及书面登记，便于以后查询、统计等；所有的L/C和议付文件必须留存一整套以备查用。

从上面的流程可见，出口单证工作贯穿于合同履行的整个过程，即货、证备齐以后，一直到最后完成一笔交易都属于出口单证工作的范围。由于贸易方式和运输方式的不同，也由于各出口单位的工作量与组织形式不同，单证工作的程序不可能是同一种模式，但主要程序和最基本的环节都有以下几个方面。

一、货、证与运输的衔接

货、证的衔接，是指签约后，对内抓紧备货，对外催开信用证的工作。两者相互呼应，达到货、证俱全的要求，即货符合合同或信用证要求、质量合格、包装完好、数量齐备，信用证经审核、符合合同规定、可以接受。只有做到这两点，才能安排货物出运。

货证俱全还必须与所要求的、适当的运输工具相结合才具备出口的条件。由于合同或信用证都有装运期的规定，因此，在货证备妥的同时，必须在装运期前落实运输工具，三者缺一不可。若货未备妥，临装退关，或货已近装期，证未开到或未改妥，或运输工具脱期等，都会影响合同的及时履行，给出口方造成经济上和信誉上的损失。

在出口货物装运前的发货，是以工厂的"交货单"为准，凭交货单了解工厂对出口货物的完成情况，缮制发货凭证，即"出仓单"，或称"提货单"，是出口单位凭以向指定的工厂或储运仓库提取出口货物的凭证。出仓单必须根据合同或信用证有关条款和工厂的交货单来缮制。制单时，若发现厂方的交货单所列货物的品名、数量、规格、尺寸、包装以及标记等与合同或信用证不符，应立即与货源和外销人员联系，尽早加以解决。

二、出口托运手续

出口托运即出口商委托承运人办理海陆空出口运输业务。托运时，由出口公司提供出运货物的必要资料：①出口货物托运单。若是海运，则由出口商填写"海运出口货物托运单"，向海运公司及时办理租船订舱；若是空运，则缮制"空运委托书"，向航空公司订载；若是陆运，一般无固定格式的托运单，在外运配车情况下，可提供商业发票副本，在发票上加注货物体积、可否分批装运等运输要求即可。②缮制发票、箱单。商业发票是出口单据的中心，是缮制其他单据的基础和依据，需要完整而准确，工作量较大，内容包括货物名称、规格、金额和收发货人等。箱单，有时是装箱单或重量单或尺码单，是发票的附属单据，两者可参照缮制。因装运后有充足的时间或需要按实际出运情况来缮制发票和箱单作为交单结汇单据，因此，在托运或办理报关时，先缮制一反映基本情况的发票和箱单即可。③装货单（Shipping Order，S/O）。在向运输公司办理托运后，运输公司签发已接受委托承载的证明，俗称"下货纸"，是在之前的装货单或收货单即大副收据的基础上发展而成的一种多功能单据，一般一套 12 联或 8 联。

三、商检报检与投保

（一）商检报检

商品检验是出口的重要环节，也是买卖合同中不可缺少的内容。我国凡列入《出入境检验检疫机构实施检验检疫的进出境商品目录》（以下简称《目录》）中属于法定检验的商品，以及合同或信用证中明确规定由商检部门检验出证的商品，在货物出口报关前均需做好商检报检工作，取得商检部门的放行单或商检证书方能出口。

我国出口商品的检验及出证工作一般由质检总局、其下属的出入境检验检疫局以及进出口商品检验公司办理。出境货物最迟应在出口报关或在货物装运前 7 天报检，对于个别检验检疫周期较长的货物，应留有相应的检验检疫时间；需隔离检疫的出境动物在出境前 60 天预报，隔离前 7 天报检。报检时需填写"出/入境货物报检单",还需提供发票、装箱单等,有时还需提供出口合同和信用证,以便检验检疫部门了解货物的检验检疫内容和要求。

检验检疫机构接受报检之后需认真研究申报的检验项目,确定检验内容,按合同或信用证对品质、规格、技术指标、包装等方面的规定决定检验的标准和方法,并根据不同的商品、不同的特性来进行抽样。有些商品需要在包装前或装集装箱前进行抽样,由检验人员会同出口方验收人员在出口地工厂或仓库发货前抽样;有些散装货如煤炭需用传送带或机械操作装船的,则在装船的过程中抽样检验或衡量。

检验检疫部门取得货样后,按不同商品的要求确定检验方式,如用化学分析检验、仪器分析检验、物理检验、感官检验、微生物检验等科学方法进行检验,经检验检疫合格的签发《出境货物通关单》;若出口方要求,也可签发商品检验检疫证书,便于在出运后向银行交单议付时提供应交的商品检验检疫证书。

有些商品距出口口岸较远,或出口量大、生产点和储存点分散,不适合装运前逐批检验的,可由检验机构核定,采取"厂检换证"的方法,即由检验检疫机构对生产厂实行质量监管,定期或不定期地进行产品抽查,考核产品是否符合质量标准,平时则由生产厂的质检部门对产品进行逐批检验,合格产品交货时随同交货单附交"厂检合格证书",供出口商在出口时逐批向商检机构办理换证手续。

(二)保险投保

凡以 CIF 条件达成的合同,出口商在货物发运前必须向保险公司办理投保手续。出口商向承运人办妥出口货物的托运手续,取得承运人配妥运输工具签发的装货单后,根据合同或信用证中保险条款的要求,填写"出口货物运输险投保单"或出口发票副本加注保险条款的内容,向保险公司投保,保险公司依此承保并签发保险单据。

四、出口通关手续

在办理托运并取得装货单后,需在装运 24 小时前向海关办理报关手续。报关时除提供下货纸、发票和装箱单外,还需提供:①出口货物报关单。这是向海关申报出口供海关验关放行的单据,也是海关总署对出口货物汇总统计的原始资料，单据的格式和内容项目由国家海关总署统一制定。②出口外汇核销单。这是由国家外汇管理局制发、出口单位填写、海关凭以受理报关的单据，是外汇管理部门在出口货物结汇后凭以核销收汇的按顺序编号的凭证。出口商应在出口报关前向当地外汇管理部门申领经外管局加盖监制章的核销单，在货物报关时向海关出示有关核销单，凭有核销单编号的报关单办理报关手续，否则海关不受理报关。货物报关后，海关在核销单和有核销单编号的报关单上加盖“放行”章，退给出口商以便出口结汇后向外管局办理核销工作。③出口许可证。样本见第七章表7-1，这是国家为加强出口商品管理，对某些商品批准出口的证明文件。凡是国家规定出口需要领取许可证的，出口商必须在报关前办妥申领出口许可证的工作，否则海关将不予放行。④来料加工、进料加工手册。在来料加工、进料加工贸易方式下，企业在来料或进料时向海关购买加工手册，详细填写来料或进料的情况，如品名、数量、规格等，待加工复出口时，由海关在手册上核销已使用或加工后出口的数量，对复出口部分的产品免征关税；对来料或进料加工后在国内销售的，征收关税。⑤配额许可证的海关联。目前我国大部分商品放开经营，少数商品由国家组织有关公司统一联合经营。凡关系到国计民生的大宗资源性商品和在出口中占重要地位的商品以及国外要求我国设限的商品等，国家实行配额许可证管理。除实施被动配额许可证管理的纺织品外，2002年我国实行配额许可证管理的商品包括：实行出口配额管理的商品；实行单一许可证管理的商品，如监控化学品、易制毒化学品等；实行出口配额招标的商品；实行出口配额有偿使用的商品；实行出口配额无偿招标的商品；国家禁止出口，但特殊情况需出口，获政府主管部门批准的商品。这些商品出口都需事先取得配额许可证。

五、签证与认证

签证，是指我国有关机构接受国家委托，应出口商的申请和要求签发的各种证明文件，如原产地证书、商品检验证书和出口许可证等。

认证，是指由买方指定机构或买方国家驻我国机构在出口商某些出口单据上加注必要的证明，以确认其为合法文件，例如，一些国家来证规定需由其驻我国的使领馆在商业发票上或原产地证书上认证等。若合同或信用证有这方面的规定，要注意在交单结汇前办妥，否则，会因无法正常交单而影响到收汇。

六、综合制单、审单

货物装运后或同时，应及时缮制合同或信用证所要求的全部单据。

（一）运输单据的缮制

海运方式下，货物装运完毕后，外贸公司根据外运或外轮代理公司等承运人的配船回单缮打海运提单，注意不同的船运公司有不同的提单格式，提单打好后送交承运人由其签发；对于其他出口公司或企业，承运人根据出口商提供的“出口货物托运单”缮打提单，经出口商审核确认后签发，供出口商结汇。

陆运中的铁路运输，对我国香港、澳门地区出运的，由外运公司缮制和签发承运货物收据（Cargo Receipt）；大陆桥运输由外运公司缮制和签发联合运输单据（Combined Transport Documents）；公路运输主要用于对港澳地区及独联体等的出口，因风险较大，应及时办理保险；空运则由承运的航空公司凭出口商的“空运货物委托书”的内容和要求缮打并签发航空运单（Airway Bill），出口商审核无误后办理议付结汇。

（二）装运通知

根据《2010年国际贸易术语解释通则》（INCOTERMS 2010）的规定，货物装运后卖方须将装运情况及时通知买方。因此，无论信用证是否明确规定，卖方都要及时给买方发装运通知。这不仅便于买方在FCA、FOB、CFR和CPT等合同下及时办理保险，同时还使买方及时掌握运输信息，事先安排好货物的进口手续以及销售、分配、调拨等业务。

实际业务中，装运通知一般采用电讯方式，信用证中通常要求卖方提交电讯副本或受益人证明，作为向银行交单议付的单据。

除此之外，还有商业发票、装箱单等，根据实际发货数量以及信用证要求的内容缮制，尽快将各种出口单证集中起来，进行一次综合审单。审查全套单据是否齐全，每一单据项目是否完备，签章或背书是否正确，单单之间是否一致，单证是否相符等，从而保证向银行交单后得以顺利结汇。每一种单据审核的重点，可据第三和第四章有关单据的缮制内容进行审核。

七、交单结汇

单据经仔细、认真审核后,尽早向银行交单议付。若议付行在审核中发现问题或错误,卖方应及时修正或重新缮制,确保单据寄到国外开证行或偿付行时单证相符。

根据我国银行接到受益人单据后的做法来看,有几种不同的收结汇方式:①出口押汇。指受益人填写出口押汇申请书后向银行交单,银行在对受益人保留追索权的前提下购买汇票及其随附单据,按当天牌价将票款扣除支付日起至预计收款日止的利息,折合人民币支付给受益人的行为。出口押汇申请书或质押书(Letter of Hypothecation)载明出口单据需做押汇,银行对汇票、单据或货物拥有所有权,以及议付行遭开证行拒付时向出口商行使追索权等有利于议付行的规定。②收妥结汇。指议付行审核单证相符后,将单据寄开证行或偿付行要求付款,开证行或偿付行审核单证相符后将款项支付议付行,议付行在款项收妥后再付给受益人的方式。这种方式下议付行没有付出对价,所以不能称为议付(Negotiation)。

以上方式是在保证单证相符条件下进行的收结汇方式。而在实际业务中,由于主客观原因,诸如受益人的疏忽或差错、船只延误以及意外变故等,单证不符时有发生,若在发现不符点后卖方得以及时修改或重制当然最好,但有时无法修改,则根据具体情况来处理。①若单据不符不很严重,买方认为卖方的信誉较好,卖方可向银行出具担保函,说明不符原因并保证由此产生的风险由自己承担,请求银行凭担保议付或付款。②若单证不符较严重,卖方要求以"电提"或"表提"征求开证行意见,同时与买方协商并要求其接受不符点单据,并授权开证行接受不符点单据,开证行取得买方同意后才付款。金额较大的单据有不符点时,以电报或电传等方式征求开证行同意接受不符点,若开证行同意,则按正常议付处理,称为"电提";金额较小的单据有不符时,在议付通知书(俗称"表盖")上提出不符点,征求开证行同意后付款,即"表提"。无论"电提"还是"表提",卖方都应事先征得买方同意,一般只要买方同意付款,开证行就无异议,否则,这两种方式都存在一定风险。

基于现实问题,UCP 600 在第 16 条"不符单据及不符点的放弃与通知"中增加了 b 款规定:当开证行确定提示不符时,可以依据其独立的判断联系申请人放弃有关不符点。UCP600 增加了这一条款，并不等于说卖方可以不再要求单证质量。在实际业务中，卖方仍应按照信用证条款的要求提交单证相符的单据，才能确保货款的安全、及时收回。否则，若遇买方信誉不佳，或对方国内市场价格波动对买方不利等，不符点单据寄到国外很有可能遭到拒付或迟付，因此，不能掉以轻心。

第四节　出口货物托运与制单操作流程

出口单位通过外运公司或其他有权受理对外货运业务的单位，向承运单位或其代理办理海、陆、空等出口运输委托业务，称为托运。本节介绍海、陆、空托运的工作程序及其单据的缮制，其中，海运环节较多，工作量大，因而海运托运及制单介绍得更为详细一些。

一、海运托运及其制单

海运托运程序如图 1－2 所示。

（一）托运订舱阶段

1. 出口商在出口装运期至少前 7 天缮制好海运出口货物委托单或出口托运单（含装货单、场站收据、大副收据等联），送交承运人办理托运。

海运出口货物委托单（见第七章表 7－13）是出口单位向船运代理或承运公司等承运人（以下称船方）就所托运货物的详细说明，也是船方签发提单的依据，因此，必须按合同或信用证的要求仔细填写。其内容一般包括以下四项。

（1）合同号、信用证号以及委托号和提单号。发货人填写该货物出口的合同号和信用证号；委托号和提单号留待船方承载时填写。

（2）有关货物情况的描述。包括货物的品名、唛头、件数和包装以及所运货物的重量和体积，这些内容要按信用证的要求，一般可参照已缮制好的商业发票及货物的实际情况填写，特别是重量和体积要尽量做到与实际货物相符，以便船方对装运的整体数量和体积有全面了解，不至于造成超载或运力浪费。

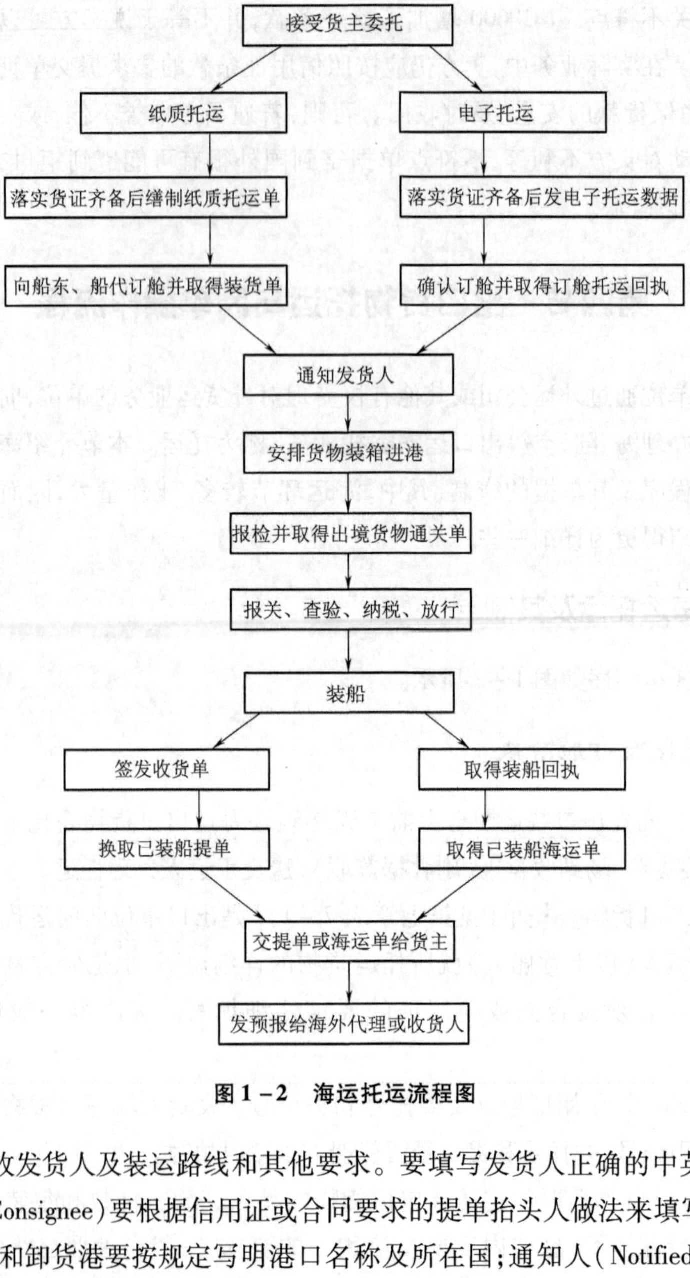

图 1－2　海运托运流程图

(3)收发货人及装运路线和其他要求。要填写发货人正确的中英文名称；收货人(Consignee)要根据信用证或合同要求的提单抬头人做法来填写；起运地及装货港和卸货港要按规定写明港口名称及所在国；通知人(Notified Party)要填写通知人的名称及详细地址，特别是收货人为指示或不记名时，更要仔细。若信用证有特殊要求，则在“特殊条款”一栏填写；若发货人对货物装运有特别要求则在“其他要求”栏中填写。

(4)信用证或合同对装运的具体要求。装船期填写所规定的具体装船日期;结汇限期指信用证的交单期或有效期;货物可否转船和分批要根据 L/C 填写;提单的正副本份数一般信用证也有规定;运费支付一定要写明运费预付(Freight Prepaid)或运费到付(Freight Collect)或其他要求,以便船方收取运费。

以上四大部分填写后,由发货人或称委托方盖章方为有效。

随着运输方式的发展以及海运各环节单据的流转,除上述承运人制定的海运出口货物委托单以外,目前常使用集装箱货物托运单,其栏目和内容与海运出口货物委托单基本相同。由于托运单(Booking Note)、装货单(Shipping Order)、收货单等单据的基本项目大体一致,我国一些主要口岸的做法是将托运单、装货单、场站收据(Dock Receipt,D/R)等合在一起,制成一份八联的集装箱货物托运单(参见表 1-1),中心是第四联的装货单和第五联的场站收据副本(大副联),货主持装货单联,连同其他报关单据向海关报关,海关查验无误,在装货单一联盖章放行后,船方始能收货装船。当货主直接填写时,无须另外填写海运出口货物委托单,只需将本套单据的"货主留底"联留下,其他交承运人订舱签单,然后凭其报关;如果先行委托,则由承运人缮制整套集装箱货物托运单,将装货单交给货主报关。集装箱货物托运单供缮制运输单据之用,原则上也要根据合同或信用证的规定仔细填写。在托运过程中,任何项目的更改,应由提出更改的责任方做出更正通知单,及时送达有关部门;收货方式和交货方式(CY-CY 或 CFS-CFS 等)应根据运输条款如实填写,同一单据不得出现两种收货或交货方式;冷藏货出运,应正确填报冷藏温度;危险品出运,应正确填报类别、性能、危规页数(IMDG. Code Page)和联合国编号(UN NO.),如果国际危规规定主标以外还有副标,在性能项目栏"(主标)/(副标)"填报;第一、二、三联右下角空白栏供托运人备注。

表 1-1　　集装箱货物托运单各联名称及其说明

序号	名称	说明	序号	名称	说明
第一联	货主留底	白色,待货物出运以后,凭此缮打提单,其作用等同于海运出口货物委托单	第二联	船代留底	白色,用于缮制船务单证

续表

序号	名称	说明	序号	名称	说明
第三联	货代留底	白色	第四联	装货单（场站收据副本）	蓝色，俗称下货纸，运输公司表明已承载，确认订舱并在此联加盖签单章，海关凭此接受报关
第五联	场站收据副本（大副联）	粉红色，货物装船后由大副签署后退还给托运人	第六联	场站收据	黄色，由配舱人留底
第七联	海关副本	白色	第八联	港口费收结算联	蓝色，货物装船完毕后，港区凭以向托运人收取港杂费

2. 船运代理根据装货单缮制出口载货清单和装货清单。出口载货清单（Export Manifest），俗称出口仓单，作为海关验放、监装之用。装货清单（Loading List），是装货单的汇兑清单，供编制货物积载图用。

3. 船方根据装货清单和出口载货清单编制货物积载图。积载图（Stowage Plan 或 Cargo Plan）又称船图，是对全船配载货物位置的详细描述，货物装船时按图中所示的舱位堆放。船方编妥积载图后送船方代理分别交各港区及理货公司。

（二）货物集中港区阶段

船方代理将积载图送港区，港区凭此结合作业条件安排货物进区日程表，通知货方。货主根据港区通知，将货物如期送至港区指定仓库，经向海关办理报关、验货、监装集装箱后，将加盖海关放行章的装货单交理货公司，准备装船。

（三）装船阶段

理货公司根据积载图、装货清单、出口仓单等情况编制具体装船计划，通知港区仓库管理员发货到船边，使用岸吊或船吊将货物装入船舱内。货物装船后，理货公司将装货单与收货单（大副收据）送交船方，船方将装货单留存作为随船货运资料，大副收据则加注批注后退给货方，货方凭以向船方代理换取正式提单。

二、陆运托运及其制单

陆运中铁路运输主要分港澳联运和国际联运，两者纳入外运公司的货运代理业务范围；公路运输主要经深圳至香港。为简化工作，陆运一般没有固定格式的托运单，而是由出口单位以商业发票，加注必需的项目，即规定的运输条款，如装期、有效期、可否分批等，并随附出口报关单据委托外运进行托运。

以天津陆运出口为例，对南线港澳出口，一般各外贸公司在每月下旬由业务部门提出本部门下月所需车皮，填报车皮计划表给报运部门汇总，由报运部门负责计算总车皮数上报到商务部运输处，报表一式五份，车皮计划落实后退回公司报运部门一份留底；装运前，各公司要做好装车前的一切工作，包括缮制装车清单、商品检验检疫的报检、报关、保险等，将货送上专列站台，装车后到外运签发“承运货物收据”，以便送银行结汇。对北线独联体、二连、绥芬河、满洲里等出口，车皮是固定的按季装运，由各公司报运部门缮制有关单据进行托运工作。

三、空运托运及制单

航运一般由各航空公司制定本公司的国际(航空)货物托运书(Shippers Letter of Instruction)，内容与海运托运单大同小异，由出口单位填制，并随附所有的报关单据，委托航空公司或代理负责托运工作；待货物发运离港后，由航空公司缮制并签发航空运单(Airway Bill)，交托运人或出口人送银行结汇。国际(航空)货物托运书的内容一般有：①收发货人及通知人名称地址。这部分内容要根据合同或信用证的要求详细填写。另外，还有一栏“代理人的名称和城市”，则根据实际情况，有则填，没有则不填。②始发站和到达站，按信用证要求的站名或城市名填写，即信用证中有关路线的描述“from ... to ...”。③有关货物描述，即货物品名、包装、唛头、件数、毛重以及保险金额等，应根据要求和实际情况填写。经托运人签字盖章，注明所附其他单据，一并交航空公司。

第五节 国际贸易单证管理的基本要求

外贸单证工作的质量如何,不仅关系到能否安全收汇和顺利接货,也从一个侧面反映了一国对外贸易的工作水平和技术水平。

一、对制单人员的要求

单证员是在对外贸易结算业务中,根据销售合约或信用证条款,缮制和出具各种对外贸易结算单据和证书,提交给银行办理议付手续,或委托银行收款的人员。单证质量往往取决于制单人员的政治素质和专业素质。

首先,单证员要有为国家、为企业默默奉献的高尚情操。单证工作的重要性要求单证员熟悉和掌握国家有关外贸方针、政策,遵守外贸纪律和本企业的规章制度,具有为贯彻我国改革开放政策和发展对外贸易事业而默默奉献的精神;热爱本职工作,责任心强,不计较个人得失,努力学习,充实自己,在外贸新形势下不断掌握新的国际法规和惯例,更新知识。

其次,单证员应具备国际贸易方面的专业知识和实践经验。单证工作涉及面广,不管是外销、货源,还是财务,各环节都有密切的联系;工作中涉及如银行、质检总局、保险公司、贸促会、海关、外运公司等许多相关单位和部门,会遇到各种问题。因此,单证员必须具有一定的外语基础,熟悉进出口业务知识,能审核信用证、英文合同,看懂或起草英文函电、一般的英文证明文件等;掌握进出口各项基础知识,包括价格条件、各种支付方式;熟悉国际惯例和法则,如国际商会第522号、460号、600号出版物等,以及与我国建立有贸易关系国家的贸易惯例、有关法令和对单证的要求,并能实际运用;还要熟悉国际贸易地理和有关装运概况,包括港口、航线、运输方式、运费计算等;了解中国人民保险公司及伦敦协会保险险别和有关条款,以及商检法等。

最后,单证员应具有一丝不苟、踏实细致的作风。由于单证工作比较烦琐,任务重且时间性强,所以,要求制单人员必须有端正的工作态度,踏实肯干,认真仔细。否则,一单之错,甚至一字之差都会给对外贸易工作造成障碍和困难,直接影响外汇的顺利收回,给国家和企业造成难以弥补的经济损失。

二、制单依据及操作规程和方法

（一）制单依据

1. 买卖合同。采用信用证之外的其他方式结算时，应根据买卖双方签订的贸易合同出具单据，以确保所发运的货物名称、数量、规格、单价等内容与合同要求相符。

2. 信用证条款。采用信用证方式结算时，由于银行付款以单证相符为条件，出具单据时应确保单据的内容与信用证规定的条款相一致。

3. 仓库发货单。仓库发货单也是重要的制单依据之一，特别是在出口商一次发运多规格、多件数、多色彩尺寸搭配的货物时，出口商应认真、完整地核对仓库发货单，为正确制单作好准备。

4. 其他特殊要求。有时需要根据进口商或者其他部门的要求签发出口单据中的部分内容，以满足特定需要。

（二）制单的操作规程和方法

1. 核。先将货物的出仓资料如出仓单或提货单等与信用证或合同核对，弄清证、货是否相符，如有问题必须联系有关环节解决。

2. 算。单据中有很多数字需要计算，例如货物的尺码、毛重、净重、发票的单价、总价、海关发票的 FOB 价、中间商的佣金等，这些都要在制单前算好。

3. 配。根据信用证要求把本批出口货物所需各种单据的空白格式按需要份数配置在操作夹内，既可防止某一单据的漏制，又能提高制单工作效率。

4. 制。制单一般从发票和装箱单着手，因为发票记载的内容比较全面，是一切单据的中心。发票制妥后，参照发票内容缮制其他单据。

5. 审。单据制妥后，制单员自审一遍，发现差错立即更正，可事半功倍。若经后续环节发现错漏再退回更改或返工就较费时费事，若更改内容牵涉到其他单据就更麻烦。

三、缮制单证的要求

单证的缮制必须符合商业习惯和规范，对单据的缮制原则上做到正确、完整、及时、简明和整洁,这是对国际贸易单证的基本要求。

(一) 正确

一方面,单证的正确性要求精确到不能有一字之讹。在信用证结汇方式下,要做到"严格相符原则"(Doctrine of Strict Compliance),即三个一致:单证一致、单单一致、单货一致。例如,某公司出口浴巾一批,信用证内商品规格是"13×30",实际出运货物完全相符,但制单时误将30打成39,事先没有发现,单证到了国外,因市场情况不好,客户抓住发票上的一字之错,拒付货款,几经磋商调解不成,最后只好把货物运回,造成来回运费的损失。在跟单托收结汇方式下,虽然单据的正确性不像信用证那样严格,但若单据不符合买卖合同有关规定,也可能被进口商找到借口拒付或迟付货款。

另一方面,单据还必须与有关国际惯例和法令规定相符。目前,绝大多数银行开证都在证内注明:系按照国际商会《跟单信用证统一惯例》的规定执行。该惯例自1933年第一次正式发布至今,已历经7次修订,最近一次是2007年,即国际商会第600号出版物。银行在审单时,凡证上有上述规定者,除信用证另有特殊规定外,都以UCP600作为审单的依据。因此,在缮制单据时,应注意不能与UCP600的规定有抵触,否则,就会被银行当成出单不符而退还或拒付。

除此之外,还要了解进口国法律规定和不同于国际惯例的习惯做法、对单据的特殊要求等,尽量做到出单内容与其一致,避免进口国当局拒绝接受。例如,墨西哥要求所有单据均需手签;西班牙不允许发票、产地证书和装箱单以联合形式出具。曾有某公司出口一批日用品到巴基斯坦,货值为3万美元,开证行收到全套单据后拒付,理由是"所提交的产地证盖有印章,但未经手签"(Certificate of origin bearing stamp but not duly signed presented)。经过反复磋商,最终我方同意减价5%,客户才付款赎单。

(二) 完整

一是指出口商向银行或进口商提交出口单证时,必须是全套的、齐全的。在信用证支付方式下,出口商只有按信用证规定备齐所需单据,银行才履行议付、付款或承兑责任。国外有些地区开来的信用证所需单据种类很多,一般除发票、箱单、提单、保险单等主要单据外,还有附属证明,如检验证书、重量单、产地证、船龄证明书、航程证明书、邮政收据等，这些单据都需经一定手续和事先联系才能取得，在单证制作和审核过程中，必须严密注意各环节的衔接以及单据申领的时间，注意催办，防止误期或遗漏，单证人员还必须严格区分各种单证以免混淆。例如，信用证规定信使收据(Courier Receipt)，而我方出口公司以邮政快递收据(Express Receipt)提交银行，遭到拒付，经我方努力才得以收汇，但因推迟付款 20 天，使我方蒙受了利息损失。又如，一批价值 11 万美元的日用品出口中东，信用证要求装箱单和重量单各一式四份(Packing list and weight note each in quadruplicate)，但制单员按以往习惯将两种单据印在一起，致使银行拒付，经交涉，补齐单据后结汇，但卖方因此多负担了利息损失和往来函电费用共计 700 多美元。

二是除上述单据种类齐全外，单据本身内容必须完备齐全。每种单据本身有其固定的格式、项目、文字、签章要求等，应符合“要式性”的要求，如果格式使用不当，项目漏填，文理不通或签章不全，就不能构成有效文件，因而也不能被银行所接受。例如，背书是使单据转移得以实现的手段，如果单据没有背书，就会影响到单据作为流通手段的作用。再如，普惠制产地证明书 Form A，“原产地标准”一栏虽仅填一个字母或加上税则号或进口成分，但如果漏填或填得不正确，便会使证明书成为废纸一张。

三是指出口人所提供的各种单据的份数要齐全。尤其是提单份数，要严格按信用证的要求，并在审证时落实所出份数能否满足要求。例如：信用证要求出具正本三份(3/3 Original)的提单一套，但买方所指定的船务公司只能提供两份正本为一套，而卖方事先没想到会不够三份，造成交单时的被动。若信用证没规定具体份数，只规定需全套正本时(Full sets of)，份数则可灵活，按 UCP400 规定与船运业的习惯做法，提供两份以上正本提单时称为全套正本，银行才给予受理；UCP500 和 UCP600 简化了该项内容，指出：“包括一套单独一份的正本提单，或如果签发的正本一份则包括出立的全套正本”，因此一份正本也构成全套。

(三)及时

及时是指单证的填制与取得应在规定时间内完成，一方面是出单及时，另一方面是交单及时。

1. 出单及时。出口单证工作的时间性很强，每种单据都有一个适当的出单日期。因此，业务人员需了解各种单证的出单规定，以便合理安排申领时间，才能备齐单据在规定的合理时间内完成结算。按国际惯例，各单据出单日期之间有一定的关系，一般提单日期不得迟于装运期限；保险单据不得在装运日期后签发；在 CFR 和 FOB 等交货条件下，必须在装运后立即以电讯方式发送装运通知，以便买方及时办理保险；保险单和商检证书的出单日期不得迟于提单的签发日期；装箱单、重量单的日期与发票相同或略晚于发票，但不早于发票日期等。

2. 交单及时。即在及时出单的基础上，经审核单据无误后尽早向银行交单，达到及时出单、尽早交单、尽早结汇的目的。因此，制单工作不允许拖延时间，特别是信用证支付方式下，一般有在装运货物后限制多少天交单议付的规定，即信用证的交单期(Presentation Period)，即使没有明确规定，根据 UCP600 第 14 条 c 款的规定，不得在迟于装运日后 21 个公历日交单议付，但无论如何，提交单据不得迟于信用证的到期日。

如果逾期交单导致单证不符，则议付行很可能对其付款保留追索权，或者开证行迟付、拒付货款。例如，某年 5 月，某外贸公司向利比亚的黎波里出运一批服装，信用证规定装运期为 6 月 30 日，有效期为 7 月 15 日；因产地证需办理利比亚驻中国领事馆的签证手续，7 月 22 日外贸公司才向议付行交单，该行多次致电开证行征询意见，未获答复；8 月 15 日，外贸公司感到时间耽误很久，货物即将到达目的港，遂请议付行快寄单据至开证行，但开证行对此置之不理，公司多次与买方联系，也无答复；直到第二年 8 月 16 日在商务参赞处的协助下方才收妥货款，延期收汇达一年之久，造成大量利息损失。可见，开证行对逾期交单不再承担保证付款责任，致使收汇风险加大。

（四）简明

简明即单证内容应力求简化，力戒烦琐。其目的在于避免单证的复杂化，减少工作量，提高效率，有利于提高单证的质量。例如，有关商品名称，除信用证特别规定或指明外，除发票以外的单据均可使用统称，如轻工产品中的餐具，有不锈钢餐具、陶瓷餐具之别，又有餐刀、餐叉之分，一般发票上需详细列明每一种餐具的具体名称、规格、单价和数量，而提单或保险单等单据上则使用统称

"Table Wares"即可。

（五）整洁

整洁是对国际贸易单证的外在要求。单证是否整洁、美观，不仅反映单证的外观质量，也反映业务技术水平。因此要求做到以下几点。

首先，单证格式的设计和缮制力求标准化和规范化。目前，我国外贸企业的单据格式各不相同，随着国际贸易的发展，国际标准化格式正在慢慢取代传统格式，因此，外贸企业应适应这一变化，逐步使用标准化格式，才能与新技术的使用相配合。

其次，单据内容的排列要行次整齐，字迹清晰。尽可能地避免单据上出现涂改、勾画、粘贴等影响单据美观的痕迹，确保其及时、准确地发挥效能。在对某些国家出口货物时，单据的整洁性要求非常严格。例如，有些智利客户申请开出的信用证中，就明确规定所有出口结汇单据必须整洁清晰，不能出现外观错误。若制单员对此未予充分重视，就可能造成严重后果。例如，某年 8 月，我方某公司一批货物出口智利，因为 8 月份是公司的出口高峰，工作量大，制单员在缮制单据时不免有些粗糙，发票品名处没打清楚，正当此时国外客户资金周转困难，故以单据不整洁清晰为由，提出待货物到达目的港检验以后再协商付款问题，历经两个月的交涉，出口公司才收回全部货款，却损失了近 2 000 美元的利息。

最后，尽量减少差错和涂改。单证即使内容上正确无误，若涂改过多，不但不美观，而且说明制单的水平低。偶有错误，在更改时必须在改正处签署或加盖更正章，不能遗漏。对于单据的修改，国际上有一定的规定和习惯做法，不能随意修改。诸如提单等单据的修改最好不要超过 3 处；而一些有特殊要求的单据是不能有一字之错或一处涂改的，如普惠制原产地证（GSP FORM A）和汇票等。

四、信用证的管理

我国出口贸易主要采用跟单信用证的支付方式，大量的单证工作围绕信用证进行，信用证已成为单证工作的核心和灵魂。因此，管好信用证是做好单证工作的关键之一。

信用证的管理要求确保其快速流转、防止遗失或被搁置过期。另外,要做好信用证修改书的及时通知或退回等工作,以免影响出运和结汇。信用证的管理一般包括:登记立卡、流转交接、保管清理。

(一)登记立卡

出口商收到银行送来的信用证后,应有专人做好登记立卡工作。所谓登记立卡,就是填写一张信用证索引卡片,将有关项目登记在卡片上,以备查考。索引卡片的内容一般包括:证号、通知行编号、来证是电开或信开、有关合同号码及其所属业务部门、开证行所在国别地区等,卡片上还要有记录修改书的栏目,注明修改的次数。

对于业务量大、信用证进出频繁的出口商,登记立卡很有必要。例如,银行送来信用证修改书,从修改事项中看不出是何种商品。该批业务究竟属哪一业务部经营?只有从登记卡中才能得到踪迹,否则该修改书将有无从投送之苦。业务量不大的单位也可以使用登记本,只要能达到可资查考的目的即可。

登记立卡的好处是可随时调整编排顺序,因为信用证来自世界各地,每个银行的信用证编号各不相同,卡片是活页的,大小号码的顺序调整起来极为方便。现代化的企业管理是将信用证输入电脑,需要查阅时根据信用证编号或其他信息从电脑调用。

(二)流转交接

从收到信用证到货物出运结汇,很多环节都要使用信用证,如果没有一套合理的流转程序和交接签收制度,就很容易发生忙乱、脱节,甚至把正本信用证丢失。

各公司的信用证流转程序各不相同,但基本可分为两类:一类是以信用证原件流转,另一类是以信用证的分析表或复印件流转。两种方法各有利弊。一般来说,单证工作放在业务部门的,信用证流转环节不多,可采取信用证原件流转的办法;若单证工作分别放在不同部门,流转环节较多的,则以分析表或复印本流转为宜。

1. 信用证原件的流转程序。收到银行送来的信用证,管理人员先登记立卡,然后迅速送交有关业务部门,由收件人在索引卡片或登记本上签收,或在专用的签收簿上签收。业务部门和单证部门收到信用证都应仔细审核，但侧重点不同。业务部门应据买卖合同和业务实际情况进行审核；单证部门则侧重于单证的有关事项。审证发现问题应及时告知开证人修改，争取在出运前把证改好。信用证审核无误或修改妥善后，若货物已备妥，即可办理托运，同时缮制各种结汇单据，对照信用证正本审核无误后，将全套单据连同正本信用证及时送交银行；银行议付后，在信用证原件的背面批注议付金额，仍将原件退回公司，由信用证管理员收存。要注意的是，修改书是信用证的组成部分，应随附流转。

2. 信用证分析表或复印件的流转程序。信用证管理员收到来证登记立卡后，将内容完备、已生效的信用证交分析表环节缮制分析表或复印，有的公司还加编分析表号码。分析表或复印件经单证部门审核，对应注意事项和应修改条款批出后，即送业务部门；同时将正本信用证交保管员签收保存。业务部门将分析表或复印件交有关业务员，业务员据买卖合同结合业务实际情况对信用证分析表或复印件进行审核，并参照审证人员批出的意见考虑是否修改，若需修改则争取在托运前把证改好。信用证审核无误或修改办妥后，若货物已备妥即可办理托运，并缮制各种结汇单据，单据缮妥后交信用证管理员配证。信用证管理员从信用证保管夹内将包括电传本、证实书及有关修改书等在内的全套正本原件抽出，在原处代入一张注明信用证号、发票号和配证日期的配证记录纸，以供查考，配证后全套单据经审单员按信用证原件审核无误即向银行交单。银行议付时，在信用证原件的背面批注议付金额，然后将原件退回公司，由信用证管理员签收，放入保管夹原位置保存。

（三）保管清理

信用证（指原件）须由专人负责保管和清理，其工作内容包括：

1. 存放。为了便于查找，信用证应按编号（信用证号或银行编号或公司自编号码）顺序，存放在特制的信用证保管夹内。

2. 配证。如信用证原件不流转而以信用证分析表或复印本代替原件流转的，每套单据在审单或议付前需配上信用证原件。信用证保管员配证时，将信用证自保管夹抽出，代入一张配证记录纸，将信用证号、发票号、配证日期等填在记录纸上。

3. 贴修改书。收到信用证修改书经审核应即附贴在信用证原件上。若原证已配出或借出,则根据配证记录纸所记载的去向,跟踪送交有关人员;因修改书一经接受,即与原证结合为一体,不能割裂。

4. 银行退证归档。收到银行退回的金额未用完的信用证,应及时归回原处,以备货物出运时再配,同时撤除配证记录纸。收到银行退回的金额已用完的信用证,应另行归档保存,同时撤除配证记录纸。已用完的信用证,一般要保存2~3年后再销毁。

信用证管理还应该注意以下事项:

其一,对不能接受的信用证或修改书,业务员最迟应在货物出运前退给信用证管理员,并附联系单说明拒收理由,以便信用证管理员退回通知行。

其二,对开证行直接寄给受益人的信用证,应即送当地银行核对印鉴,并了解开证行的资信。若当地银行无法查到开证行印鉴,或当地银行不愿受理该证的议付,则应由公司退回买方,请其另行选择开证行开证,或要求信誉良好的另一银行加保兑。

其三,如果未经成交,客户开来了信用证,对该证是否接受,主动权全在我方,应由业务部门作出决定,并尽快处理,若不接受应及早退证。

其四,对已用过的信用证,若尚有较大余额而不再出运,外销员要写明情况,经领导批准注销。因工作疏忽造成信用证过期失效,也由相关责任人写明情况经领导核批后,将书面资料与信用证原件一起归档。

其五,对已用完(无余额或只有零星余额)的信用证,一般保留2~3年,以备客户重新增加金额和展期。超过这个期限的,由信用证管理员作好销毁记录,不再保留。

五、单证审核的要求

单证审核不是简单的文字核对,要从安全收汇和整个合同的全面履行出发,既要考虑单据本身的正确,又要顾及单据更改过程中牵涉到的一系列具体问题。例如,审单发现唛头做错,就不能只顾更改单据上的唛头,必须首先通知有关部门更正货物的唛头;如果发现包装不对,也须征得业务部门同意后更改单据。总之,审单必须联系实际,考虑整体,不仅要善于发现问题,还要善于恰当地处理问题。

（一）单证审核的基本方法

1. 纵向审核法。这是指以信用证或合同为基础对规定的各项单据进行一一审核，要求有关单据的内容严格符合信用证规定，做到单、证相符。

2. 横向审核法。在纵向审核的基础上，以商业发票为中心审核其他规定的单据，使有关内容相互一致，做到单、单相符。

3. 两道审核法。有些出口商把制单工作分布在不同部门，单据制妥后由各部门一道初审，待各种单据集中后，由专门的审单环节综合复审。初审往往是单一的、纵向的审核，复审则是综合的、纵横交错的审核。

4. 分船审核法。海运出口船只的装运计划由口岸港区安排，为了保证及时结汇，有必要区分轻重缓急，按各船开装和预计起航日期的先后，依次审单，其优点是把单证流转的进度与运输的进度密切地结合起来。在每条船的提单签发以前，所有配装该船货物的结汇单据都已过审核，取得提单即可向银行交单议付。

5. 分地区审核法。同一国别地区的贸易方式和对出口单证的要求大体相同。按地区分工审单，便于掌握该地区的一般特点，有利于提高工作效率和单证质量。这种方法适用于业务量较大的公司。

（二）单证审核的重点（Checklist）

1. 综合审核的要点：检查规定的单证是否齐全、是否包括所需份数；所提供的文件名称和类型是否符合要求；有些单证是否按规定进行了认证；单证之间的货物描述、数量、金额、重量、体积、运输标志等是否一致；单证出具或提交的日期是否符合要求。

2. 分类审核的要点：

（1）汇票。付款人名称、地址是否正确；金额的大、小写是否一致，是否超出信用证金额，若信用证金额前有“人约”一词可按 10% 的增减幅度掌握；付款期限、出票人、受款人、付款人是否符合信用证或合同规定；币制名称与信用证和发票相一致；出票条款是否正确；出票所依据的信用证或合同号是否正确；是否按需要进行了背书，是否由出票人进行了签字；份数是否正确，核实“只此一张”还是“汇票一式二份有第一汇票和第二汇票”。

(2)商业发票。抬头人、商品描述、数量、单价和价格条件、提交的正副本份数必须完全符合信用证规定;签发人必须是受益人;信用证要求表明和证明的内容不得遗漏;发票金额不得超出信用证金额,若数量、金额均有“大约”,可按10%增减幅度掌握。

(3)保险单据。保险单据必须由保险公司或其代理出具;投保加成要符合信用证规定;保险险别需符合信用证规定且无遗漏;保险单据类型应与信用证的要求一致,保险经纪人出具的暂保单银行不予接受;正副本份数应齐全,若注明出具一式多份正本,所有正本都需提交;币制应与信用证一致;商品名称可使用货物的统称,但不得与发票上货物说明的写法相抵触;包装件数、唛头等应与发票和其他单据一致;运输工具、起运地及目的地都必须与信用证及其他单据一致;若转运,保险期限必须包括全程运输;保险单的签发日期不得迟于运输单据的签发日期;保险单据一般应做成可转让形式,以受益人为投保人,由投保人背书。

(4)运输单据。其类型、起运地、转运地、目的地、装运日期、出单日期、收货人、被通知人、正副本份数等应符合信用证规定;运费预付或运费到付应正确表明;运输单据上不应有不良批注;包装件数、唛头必须与其他单据相一致;全套正本都应盖妥承运人的印章及签发日期章;应加背书的运输单据,须加背书。

(5)其他单据如装箱单、重量单、产地证书、商检证书等,均须先与信用证条款核对,再与其他有关单据核对,力求单、证一致,单、单一致。

(三)常见差错(如表1-2所示)

表1-2　单证工作中常见的差错

序号	差错	可能的后果
1	不正确的名称和地址	导致将货物交给错误的收货人或只有等到有关信息得到核实后才能交货
2	单证的不符点	引起海关注意,要求对货物检查,既费时又费钱
3	单据不符合跟单信用证或合同的有关规定	使银行或买方拒付货款
4	发票、装箱单和其他单证上货物数量不一致	
5	汇票大小写金额、付款人名称、地址等打错	

续表

序号	差错	可能的后果
6	发票的抬头人打错	使银行或买方拒付货款
7	有关单据如汇票、发票、保险单等的币制、名称不一致或不符合信用证的规定	
8	发票上的货物描述不符合信用证的规定	
9	有关单据的类型不符合信用证要求	
10	单单之间品名、数量、唛头、毛净重等不一致	
11	应提交的单据提交不全或份数不足	
12	未按信用证对有关单据如发票、产地证等进行认证	
13	漏签字或盖章	
14	汇票、运输提单、保险单据上未按要求进行背书	
15	多装或短装、逾期装运、逾期交单	

六、单证工作的考核

单证工作的考核是提高单证质量、技术水平和工作效率的有效方法。其目标必须针对性强，要求明确。考核的指标要有一定的可比性，便于对照检查。考核的方法，要求简单易行，这样才能持之以恒。考核成绩优良的除精神上给予必要鼓励外，还可结合物质上的适当奖励，以提高单证工作人员的积极性。

考核的内容大致有两个方面：一方面是对业务素质的考核，例如在公司或集团或行业系统内部举行多种形式的单证测试或业务竞赛，对优胜者给予奖励，以激励单证工作人员的学习热情，提高业务水平；另一个方面是联系单证实务，提出工作指标作为单证工作人员的努力方向。这里主要的指标有如下四个。

（一）单证差错率

为促进外贸企业提高单证质量，中国银行系统的某些分行在日常审单过程中对外贸企业出口单据中的差错作了记录，每月把其差错率以书面形式通报一次。银行差错率的统计,一定程度上反映了外贸企业单证工作的质量,有的口岸、外贸企业开展单证质量评比往往以此项数据作为考核的依据。

所谓差错率,即差错点占全月交单总数的比率。对差错点的统计,有的分行,按套计算,例如,全月交单 1 000 套,经审核其中 20 套有错单,其全月差错率为 2%;有的分行则按点计算,一套单据有几点差错,有一点,算一点,上例 1 000 套单据中 20 套有差错,差错点共为 50 点,则差错率为 5%。以上两种方法,后者比较严格。

(二)当天交单率

当天交单率指在取得运输单据的当天能配齐全套单据向银行交单的套数占当天取得运输单据总数的比率。例如,某轮开航后,取得该轮已装船提单 50 份,其中 30 份在当天配齐已审好的有关单据送交银行,则其当天交单率为 60%。当天交单率越高,外汇的回笼越快。

要提高当天交单率就要求在装船以前把信用证需要的各种单据缮制齐备,审核无误,这样当天交单才有条件在当天议付和对外寄单。

(三)预审率

预审率是预审单据套数占全月交单总数的比率。预审是运输单据签发前,外贸公司已把包括运输单据副本在内的相关单据审核完毕,送银行预审。若银行也在正本运输单据到来之前作好预审,则当天取得的运输单据就可当天议付,并对外寄单,达到加速收汇目的。作好预审是加速交单的基础,因此预审率愈高,当天交单率也必然提高。

(四)逾期交单率

逾期交单率是超过信用证最后交单期向银行交单的统计数据。逾期交单率越高,收汇的风险越大,因此它是作为一种反面资料加以考核的。对逾期交单的原因必须具体分析,是货源问题,是运输安排问题,还是单证延误问题。通过分析,找出矛盾的主要方面提请有关部门改进。

除上述考核方式可资参考外,有条件的还可考虑制定出口押汇率、出口收汇率等指标。

第二章 信用证

【学习要点与要求】

本章介绍信用证的当事人和信用证的主要内容，概述信用证的开立形式及信用证的种类，详细阐述信用证的审证和改证，特别是审证的内容。

国际贸易结算常用汇付、托收和信用证方式。由于信用证结算对单据的要求较高，而且信用证是重要的制单依据之一，在这一章，我们将介绍信用证，以帮助大家读懂信用证。这是依据信用证制单的首要前提。

信用证(L/C)是19世纪国际贸易支付方式上的一次革命，这种支付方式首次使不在交货现场的买卖双方在履行合同时处于同等地位，一定程度上找回了现场交易"一手交钱，一手交货"所具有的安全感，解决了双方互不信任的矛盾。而采用汇付进行预付，买方处于不利地位；采用汇付进行延期付款则卖方处于不利地位；采用托收方式，即使是即期付款交单(D/P)，对卖方也是一种延期收款，因卖方装运后才能获得全套收款单据，一旦买方拒付货款，即使货物所有权还在卖方手里，卖方的损失仍难以避免。信用证支付方式由银行承担第一付款人责任，只要卖方提交单据与L/C要求一致，就可拿到货款；而买方则无须在卖方履行合同规定的交货义务前支付货款。

使用L/C，对于卖家而言，最需要担心的就是单据差错(Discrepancy)，尤其有时银行审查单据很严格，打错一个字母也得修改。根据国际商会的调查，L/C相关单据首次结汇(First Tender)时出毛病，银行打回头的占40%左右。尽管卖家对单据略作修改，在信用证有效期内进行第二次结汇(Second Tender)时一般都能过关结汇，但每一个不符点银行要收取 60～120 美元的费用，有些利润微薄的卖家甚至因此而无利可图或亏本。

信用证付款方式可靠与否，与单证繁简有很大关系。若 L/C 要求的单据很多，而且其中不少单据不是出口商可操控的，而是受制于人，则要冒一定风险。例如，出自第三者之手的提单（B/L）、验货报告或其他官方文件等，风险在于人家可以不出单，或 B/L 上加不良批注等，造成出口商结不了汇。因此，对卖家而言，L/C 要求的单据越少、越简单，就越可靠。

第一节　信用证简介

一、信用证的当事人

信用证的基本当事人有开证申请人、开证行、受益人和通知行。此外，还有一般当事人，即付款行、议付行、保兑行、偿付行。根据 UCP600 的规定，信用证业务中各有关当事人都有权责关系。

（一）开证申请人

开证申请人又称开证人，是向银行申请开立信用证的人。在国际贸易中，信用证的开立是由进口商向开证行申请办理的，所以，开证人通常是进口商。为了适应日益增长的备用信用证的需要，UCP600 允许开证行以自身名义开证。信用证中表达开证人的常见词或词组如表 2－1 所示。

表 2－1　　信用证中表达开证人的常见词或词组

英文表达	中文翻译
applicant	开证申请人，开证人
opener	开证人
accountee	开证人
principal	委托开证人，开证人
accreditor	委托开证人，开证人
for account of . . .	付（某人）账；由……指示

续表

英文表达	中文翻译
at the request of ...	应(某人)请求
on behalf of ...	代表某人
by order of ...	奉(某人)之命
by order of and for account of ...	奉(某人)之命并付其账户
at the request of and for account of ...	应(某人)的要求并付其账户
in accordance with instruction received from accreditors	根据已收到的委托开证人的指示
account of ...	按……的指示并由……付款

(二)开证行

开证行(Opening Bank/Issuing Bank/Establishing Bank),是根据开证人申请和指示开立信用证的银行,国际贸易中通常是进口地银行。开证行和开证人之间的契约是开证申请书,进口商申请开证时,应银行的要求交付押金及手续费;开证行一旦接受开证申请,就承担开证责任和依据信用证条款独立付款保证的责任,还承担嗣后进口商拒付或倒闭破产、无力付款赎单等有关风险。

(三)受益人

受益人是信用证指定有权使用该证的人,通常是国际贸易中的出口商。出口商交单后,若遇开证行倒闭或无理拒付,有权向进口商提出付款要求,进口商仍应承担付款责任。信用证中有关受益人的常见词或词组如表 2 - 2 所示。

表 2 - 2　　信用证中表达受益人的常见词或词组

英文表达	中文翻译
beneficiary	受益人
in favor of ...	以……为受益人
in your favor	以你方为受益人
favoring yourself	以你本人为受益人
transferor	转让人,可转让信用证的第一受益人
transferee	受益人,可转让信用证的第二受益人

（四）通知行

通知行（Notifying Bank/Advising Bank）是接受开证行委托将信用证传递给受益人的银行，一般为出口地银行，往往也是开证行的代理行（Correspondent Bank）。通知行应合理、谨慎地核验信用证表面的真实性；倘若决定拒绝通知，应毫不延迟地如实通知开证行；通知行只负传递信用证之责，没有议付货款或代为付款的义务。通知行的名称地址等信息在信用证中还可以出现在引导词"advised through ..."后面。

（五）议付行

议付行是愿意买入或贴现受益人按信用证规定提交的汇票及/或单据的银行，它通常以受益人的指定人和汇票善意持票人的身份出现。因此，议付行并非付款人，只是为受益人垫支货款。一旦遭到拒付，议付行可向受益人索回已垫付的款项。信用证中有关议付的常见词或词组如表 2－3 所示。

表 2－3　信用证中表达议付行的常见词或词组

英文表达	中文翻译
negotiating Bank	议付行
honoring Bank	议付行
to drawn on (upon) ...	以（某人）为付款人
to value on ...	以（某人）为付款人
to issue on ...	以（某人）为付款人

UCP600 第 2 条明确"议付意指被指定银行在其应获得偿付的银行日或在此之前，通过向受益人预付或者同意向受益人预付款项的方式购买相符提示项下的汇票及/或单据。"开证行开立一张议付信用证，即是邀请被指定银行议付或给付对价换取受益人的汇票及/或单据，此对价是给付汇票及/或单据双方当事人认可的对应代价。这体现在两方面：一方面，议付行买入跟单汇票，将汇票金额扣除议付日至估计收到票款日的利息，再扣除议付手续费后付给出口商；另一方面，出口商将信用证项下要求的汇票及/或单据交给银行，经严格审核后，议付行确认单据合格，能保证安全收汇。在实际业务中，仅检查单据而不为

受益人垫款的银行只是寄单行(Remitting Bank)。

(六)付款行

付款行(Paying Bank/Drawee Bank)是开证行在信用证中指定代其履行付款义务的银行。多数情况下,付款行就是开证行,但有时开证行委托另一家银行作为付款行。以出口地货币开证时,付款行一般是出口地银行;以第三国货币开证时,付款行一般是第三国银行。付款行对受益人交来的合格单据承担终局性付款责任,即一经付款,对受款人不得追索。

(七)保兑行

信用证开出后,因受益人对开证行的资信不甚了解或不够信任,要求开证行请另一家银行对该信用证保证兑付,经开证行授权或请求对信用证加具保兑的银行就是保兑行(Confirming Bank)。保兑行对信用证独立负责,承担必须付款或议付的责任。不论开证行倒闭还是付款后发现单证不符,保兑行都无权对受益人拒付或追回票款。因此,由保兑行加注保兑的信用证,具有开证行和保兑行的双重付款保证。在实际业务中,保兑行常由通知行兼任,也可由其他银行担任。

(八)偿付行

偿付行(Reimbursing Bank)又称清算行(Clearing Bank),是开证行在信用证中指定代其向议付行或付款行偿还票款的第三国银行。偿付行的出现往往是开证行的资金调度集中在该银行的缘故,因此,偿付行通常是开证行的存款银行或分、支行。偿付行的偿付不能视为开证行的最终付款,开证行发现单证不符时,有权向议付行或付款行追回款项。若索偿行(常为议付行或付款行)未从偿付行获得偿付,则开证行不能解除其自行偿付的任何义务。

(九)受让人

受让人(Transferee)又称第二受益人(Second Beneficiary),是接受受益人转让使用信用证收款权利的人,通常是实际供货方。在可转让信用证条件下,受益人有权将信用证金额的全部或部分转让给第三者,该第三者即为信用证的第二受益人。

(十)承兑行

承兑行(Accepting Bank)是承兑信用证下开证行指定远期汇票的银行,一般是开证行自己。

在信用证业务中,有关银行可能执行多种职能。通知行往往同时为议付行,通知行和付款行可能是同一机构,如果通知行在信用证上加注保兑文句,又可成为保兑行。

二、信用证开立的形式

(一)信开

信开(to open by Airmail)是指以信函格式开立并用航空挂号等方式传递信用证。按邮递方式的不同,信开可分为平邮、航空挂号和特快专递等。信开信用证并无统一格式,一般事先印就,开证行只需按信用证申请书的要求缮制完毕,就可邮寄通知行。

(二)电开

电开(to open by Cable)是指采用电文格式开立并以电讯方式传递的信用证,常用的有电报、电传和SWIFT。电传(Telex)开具的信用证因费用较高、手续烦琐、条款文句缺乏统一性、易造成误解等原因,在实务中已为方便、迅速、安全、格式统一、条款明确的SWIFT信用证取代,且费用是电传的18%左右。电开信用证又分为以下三种。

1. 简电本。简电本(Brief Cable)用于开证行将信用证的主要项目,包括信用证编号、金额、受益人和开证申请人的名称、货物名称、数量、装运期和有效期等,预先通知给受益人,仅供受益人备货时参考。值得注意的是,简电本在法律上是无效的,不能作为受益人装运、制单、交单议付的依据,只有开证行随后寄来的详细证实书(Confirmation)才是有效信用证。因此,简电本有的注明"详情后告"(full details to follow)或"证实书后寄"(confirmation to follow)等,以表明该简电仅作预先通知(pre-advice)之用。

2. 全电本。全电本(Full Cable)是法律上有效的文本,其内容完整齐全,无任何保留条件或含糊不清的条款。有些银行在电文中注明“此证有效”(this is an operative instrument)或“不再寄证实书”(no air confirmation will follow)之类的字样,以明确其有效性。未标明“详情后告”等类似词语的电开本应视为有效信用证。

有鉴于UCP600第11条a款、c款有关电开信用证的规定,出口商绝不能凭简电本装运货物,否则会造成严重后果。例如,A公司向N公司出口冻家禽,合同规定7月份装运,A公司备妥货物后,催促买方开证,于6月28日收到简电信用证;A公司认为,简电本既已开出,开证行要保证迅速地发出与简电内容一致的证实书,这是UCP600所规定的。于是A公司决定凭简电本发货,否则在信用证装运期内无船可装。出运货物后第3天,A公司收到证实书,发现证实书规定货物用木箱包装与实际采用纸箱包装不一致。因简电本并未规定包装条款,于是A公司电告N公司据此改证,遭到拒绝。其后,A公司多次与买方交涉,均无结果。最终A公司只得减价15%将货物就地处理,同时在N公司延展信用证装运期后,另以木箱包装出运,此案自此告终。可见,简电本只是列出几项要目,将来寄到的证实书若另有规定,则凭简电发货等于作茧自缚。

3. SWIFT信用证。SWIFT信用证又称“环银电协信用证”,是依据国际商会制定的电信信用证格式(Format),利用SWIFT系统设计的标准格式的信用证,通过SWIFT系统传递信用证信息(Message)。

SWIFT是环球银行间金融电讯协会(Society for Worldwide Interbank Financial Telecommunication)的简称,该组织于1973年在布鲁塞尔成立,总部设在布鲁塞尔,在荷兰阿姆斯特丹和美国纽约分别设有交换中心(Swifting Center)及为各参加国开设的集线中心(National Concentration),专门从事传递非公开性的国际财务电信业务,其中包括外汇买卖、证券交易、开立信用证、办理信用证项下的汇票业务和托收等,同时还兼理国际的账务清算和银行间资金调拨。超过8 000家分设在包括我国在内的不同国家和地区的金融机构参加了该协会,并采用其电信业务的信息系统。过去进行全电开证时,都采用电报或电传开证,各国银行标准不一,条款和格式也各不相同,而且文字烦琐。采用SWIFT开证,使信用证具有标准化、固定化和统一格式的特性,且传递速度快捷,成本较低,因此已被全球各地的银行广泛使用。我国银行在电开信用证或收到的信用证电开本中,SWIFT 信用证已占很大比重。

采用 SWIFT 信用证,必须遵守 SWIFT 使用手册的规定及其代号(Tag),否则会被自动拒绝。当然,SWIFT 信用证还必须遵守 UCP600 的规定。在 SWIFT 信用证中可省去银行的承诺条款(Undertaking Clause),但不能免去银行所应承担的义务。

第二节 信用证的主要内容

不同银行的信用证格式不同,但基本内容大致相同,一般有对信用证本身的说明(如信用证类型、编号、开证行、开证日期、到期日和到期地点等)、信用证的关系人(上一节中介绍的)、金额和币制、汇票条款、货物说明、单据条款、装运条款、特别条款、开证行的保证和跟单信用证统一惯例文句等。

一、信用证开证金额和币制(Amount and Currency of the L/C)

- Amount:GPB ... 金额:英镑……
- up to an aggregate amount of Hong Kong Dollars ... 累计金额最高为港币……
- for a sum (or: sums) not exceeding a total of EUR ... 总金额不得超过欧元……
- to the extent of HKD ... 总金额为港币……
- for the amount of USD ... 金额为美元……
- for an amount not exceeding total of JPY ... 金额的总数不得超过……日元的限度

二、汇票条款(Clause on Draft or Bill of Exchange)

对于即期付款信用证,一般不要求出具汇票;对于远期付款和议付信用证,一般都要求出具汇票,信用证常见的汇票条款有:

- Draft drawn under this credit must be presented for negotiation in Guangzhou, China on or before 25th June, 2018. 凭本证开具的汇票须于 2018 年 6 月 25 日前(包括 25 日在内)在中国广州提交议付。

• Drafts in duplicate at sight bearing the clauses "Drawn under ... L/C No.... dated ...". 即期信用证一式两份,注明"根据……银行信用证……号,日期……开具"。

• Drafts are to be drawn in duplicate to our order bearing the clause" Drawn under United Malayan Banking Corp. Irrevocable Letter of Credit No.... dated July 12, 2017". 汇票一式两份,以我行为抬头,并注明"根据马来亚联合银行2017年7月12日第……号不可撤销信用证项下开立"。

• Draft(s) drawn under this credit to be marked "Drawn under ... Bank L/C No.... dated (issuing date of credit) ...". 根据本信用证开出的汇票须注明"凭……银行……年……月……日(按开证日期)第……号不可撤销信用证项下开立"。

• All draft(s) drawn under this credit must contain the clause "Drawn under Bank of China, Singapore credit No. 611 dated 15th August, 2018". 所有凭本信用证开具的汇票均须包括本条款:"凭中国银行新加坡分行2018年8月15日第611号信用证开具。"

• Draft(s) bearing the clause "Drawn under documentary credit No.... (shown above) of ... Bank". 汇票注明"根据……银行跟单信用证……号(如上所示)项下开立"。

三、货物说明(Description of Goods)

货物说明一般包括品名、质量、数量、单价、价格术语,有时还包括合同号、货物包装要求等。例如:4500 pcs of Stainless Steel Spade Head S821/29099, USD9.60 per pc, according to Sales Contract No. A05de23600256 d/d Nov. 12, 2017 CIF Rotterdam (Incoterms 2010). 4500件不锈钢铲头,货号为S821/29099,根据2017年11月12日签订的A05de23600256号合同,每件CIF鹿特丹9.60美元(国际贸易术语解释通则2010版)。

四、跟单条款(The Stipulations for the shipping documents)

• ... available against surrender of the following documents bearing our credit number and the full name and address of the opener. 凭提交下列注明本证号和开

证人全称及地址的单据付款。

● Drafts to be accompanied by the documents marked(×) below. 汇票须随附下列注有(×)的单据。

● ... accompanied against documents hereinafter. 随附下列单据。

● ... accompanied by following documents. 随附下列单据。

● documents required 单据要求

● ... accompanied by the following documents marked (×) in duplicate. 随附下列注有(×)的单据一式两份。

● Drafts are to be accompanied by .... 汇票要随附……单据。

五、信用证的有效日期与地点(Date & Address of Expiry)

(一)直接写明到期日和到期地点名称

● valid in ... for negotiation until ... 在……议付至……止

● expiry date for presentation of documents 交单期满日

● This L/C is valid for negotiation in China (or your port) until 15th, July 2018. 本证于 2018 年 7 月 15 日止在中国议付有效。

● This credit remains valid in China until 23rd May, 2018(inclusive). 本证到 2018 年 5 月 23 日(包括当日在内)止在中国有效。

● Expiry Date: August 15, 2018 in country of beneficiary for negotiation. 于 2018 年 8 月 15 日在受益人国家议付期满。

● This credit shall cease to be available for negotiation of beneficiary's drafts after 15th August, 2018. 本证将于 2018 年 8 月 15 日后停止议付受益人之汇票。

● Expiry Date: 15th August, 2018 in the country of the beneficiary unless otherwise. 除非另有规定,(本证)于 2018 年 8 月 15 日在受益人国家期满。

● Draft(s) drawn under this credit must be negotiation in China on or before August 12, 2018 after which date this credit expires. 凭本证项下开具的汇票在 2018 年 8 月 12 日或该日以前在中国议付,该日以后本证失效。

● This credit shall remain in force until 15th August 2018 in China. 本证到 2018 年 8 月 15 日为止在中国有效。

• The credit is available for negotiation or payment abroad until ... 本证在国外议付或付款的日期到……为止。

（二）以“交单日期”“汇票日期”等表达的信用证有效期限的条款

• Negotiation must be on or before the 15th day of shipment. 自装船日起15天或之前议付。

• This credit shall cease to be available for negotiation of beneficiary's drafts after Mar. 15, 2018. 本信用证受益人的汇票在2018年3月15日前议付有效。

• Documents to be presented to negotiation bank within 15 days after shipment. 单据须在装船后15天内交给议付行。

• Documents must be presented for negotiation within 10 days after the on board date of Bill of Lading or after the date of the forwarding agents cargo receipts. 单据须在已装船提单或运输行签发货物承运收据日期后10天内提示议付。

• Bill of exchange must be negotiated within 15 days from the date of Bill of Lading but not later than 16th May, 2018. 汇票须自提单日期起15天内议付，但不得迟于2018年5月16日。

六、装运条款(Clauses on Shipment)

装运条款通常包括装运期限、是否允许分批和转运以及起讫地点的规定。

（一）装运期限(Date of Shipment)

根据UCP600的规定，若使用“于或约于”之类的词语限定装运日期，银行将视为在所述日期前后各5天内装运，起讫日包括在内。装运期的常见条款有：

• Shipment must be effected not later than Mar. 12, 2018. 货物不得迟于2018年3月12日装运。

• From China Port to Singapore not later than Mar. 12, 2018. 自中国口岸装运货物驶往新加坡不得迟于2018年3月12日。

• Latest date of shipment: Mar. 12, 2018. 最迟装运日期：2018年3月

12 日。

• Bill of Lading must be dated not before the date of this credit but not later than Mar. 12, 2018. 提单日期不得早于本信用证开具日期,但不得迟于 2018 年 3 月 12 日。

(二)分批/转运(Partial Shipment/Transshipment)

• With(without)partial shipment/transshipment. 允许(不允许)分批/转运。

• Transshipment is allowed provided "Through" Bills of Lading are presented. 若提交的是联运提单,则允许转运。

• Transshipment/Partial shipment Prohibited(not allowed/not permitted). 不允许分批/转运。

• Transshipment is authorized at Hong Kong. 允许在香港转运。

• Part shipments allowed, but part shipments of each item not allowed. 允许分批,但每个品种的货物不得分运。

• Evidencing shipment from China to New York by steamer in transit at Singapore not later than 15th July, 2018 of the goods specified below. 列明下列的货物用轮船不得迟于 2018 年 7 月 15 日从中国通过新加坡转运到纽约。

七、开证行付款保证(The Guarantee of the Opening Bank)

开证行付款保证又称为 Warranties of the Issuing Bank,在信用证中的表达有:

• We hereby engage with you that all drafts drawn under and in compliance with the terms of this credit will be duly honored. 我行保证及时对所有根据本信用证开具、并与其条款相符的汇票兑付。

• We undertake that drafts drawn and presented in conformity with the terms of this credit will be duly honored. 开具并交出的汇票,如与本证的条款相符,我行保证依时付款。

• We hereby engage with the drawers, endorsers and bona-fide holders of draft(s) drawn under and in compliance with the terms of the credit that such draft(s) shall be duly honored on due presentation and delivery of documents as specified(if drawn and negotiated with in the validity date of this credit). 凡根据本证开具与本证条款相符的汇票,并能按时提示和交出本证规定的单据,我行保证对出票人、背书人和善意持有人承担付款责任(须在本证有效期内开具汇票并议付)。

• Provided such drafts are drawn and presented in accordance with the terms of this credit, we hereby engage with the drawers, endorsers and bona-fide holders that the said drafts shall be duly honored on presentation. 凡根据本证条款开具并提示的汇票,我们担保对其出票人、背书人和善意持有人在交单时承兑付款。

• We hereby undertake to honor all drafts drawn in accordance with the terms of this credit. 所有按照本证条款开具的汇票,我行保证兑付。

八、特别条款(Special Conditions)

特别条款是根据贸易国政治、经济和贸易情况的变化,或每一笔具体交易的需要而作出的特别规定。常见的有以下几项。

(一)佣金、折扣(Commission and Discount)

• 5% commission to be deducted from the invoice value. 5%佣金须在发票金额中扣除。

• Signed invoices must show 5% commission. 经签署的发票须标明5%佣金。

• Less 3% discount to be shown on separate statement only. 用单独声明书列明所扣3%的折扣。

• Drafts to be drawn for full CIF value less 5% commission, invoice to show full CIF value. 汇票按CIF总金额减5%佣金开具,发票须表明CIF的全部金额。

(二)费用(Charges)

• All banking charges are for the Seller's account. 一切银行费用由卖方负担。

• Charges must be claimed either as they arise or in no circumstances later than the date of negotiation. 一切费用须于发生时或不迟于议付期索偿。

• Port congestion surcharges, if any, at the time of shipment is for the Opener's account. 装运时若有港口拥挤附加费,应由开证人负担。

• All banking charges outside Hong Kong are for account of accountee. 香港以外的全部银行费用由开证人负担。

• Drawee bank's charges and acceptance commission are for the Buyer's account. 付款行的费用和承兑费用由买方负担。

(三)其他

• For special instructions, please see overleaf. 特别事项请看背面。

• At the time of negotiations, you will be paid the draft amount less 5% due to... 议付时汇票金额应少付5%付给……(注:这种条款是开证行对议付行的指示)

• ...which amount the negotiation bank must authorize us to pay... 该项金额(注:指佣金的金额)须由议付行授权我行付给……

• If the terms and conditions of this credit are not acceptable to you, please contact the openers for necessary amendments. 若你方不接受本证条款,请与开证人联系以作必要修改。

• negotiations unrestricted 不限制议付行;公开议付。

• negotiations restricted to advising bank 仅限于向通知行议付。

九、索偿文句(In Reimbursement)

(一)议付行注意事项(Instruction to the Negotiation Bank)

• The amount and date of negotiation of each draft must be endorsed on reverse hereof by the negotiation bank. 每份汇票的议付金额和日期必须由议付行在本证背面签注。

• This copy of credit is for your own file; please deliver the attached original to the beneficiaries. 本证副本供你行存档,请将随附之正本递交给受益人。

• without your confirmation thereon (本证)无须你行保兑。

• Documents must be sent by consecutive airmail. 单据须分别由连续航次邮寄(注:即不要将两套或数套单据同一航次寄出)。

• All original documents are to be forwarded to us by airmail and duplicate documents by seamail. 全部单据的正本须用航邮,副本用平邮寄交我行。

• Please dispatch the first set of documents including three copies of commercial invoicesdirect to us by registered airmail and the second set by following airmail. 请将包括3份商业发票在内的第一套单据用挂号航邮径寄我行,第二套单据在下一次航邮寄出。

• Original documents must be sent by registered airmail, and duplicate by subsequent airmail. 单据的正本须用挂号航邮寄送,副本在下一班航邮寄送。

• Documents must by sent by successive airmail. 单据要由连续航邮寄送。

• All documents made out in English must be sent to our bank in one lot. 用英文缮制的所有单据须一次寄交我行。

(二)索偿办法(Method of Reimbursement)

• In reimbursement, we shall authorize your Beijing Bank of China Head Office to debit our Head Office RMB Yuan account with them, upon receipt of relative documents. 在偿付上,我行收到有关单据后,将授权你中国银行北京总行借记我总行在该行开立的人民币账户。

• In reimbursement, please draw your own sight drafts in sterling on ... Bank and forward them to our London Office, accompanied by your certificate that all terms of this letter of credit have been complied with. 偿付办法:由你行开出英镑即期汇票向……银行支取。在寄送汇票给我伦敦办事处时,应随附你行的证明,声明本证的全部条款已经履行。

• ... available by your draft at sight payable by us in London on the basis to sight draft on New York. 凭你行开具之即期汇票向我行在伦敦的机构索回票款,票款在纽约即期兑付。

• In reimbursement, please claim from our RMB account held with your banking department, Bank of China, Head Office, Beijing with the amount of your negotiation. 偿付办法:请在中国银行北京总行我人民币账户中索回你行议付之款项。

• Upon presentation of the documents to us, we shall authorize your head office banking department by airmail to debit the proceeds to our foreign business department account. 一俟向我行提交单证，我行将用航邮授权你总行借记我行国外营业部账户。

• After negotiation, you may reimburse yourselves by debiting our RMB account with you. Please forward all relative documents in one lot to us by airmail. 议付后请借记我行在你行开立的人民币账户，并将全部有关单据用航邮一次寄给我行。

• All bank charges outside U. K. are for our principals account, but must claimed at the time of presentation of documents. 在英国境外发生的所有银行费用，应由开证人负担，但须在提交单据时索取。

• Negotiating bank may claim reimbursement by T. T. on the ... Bank certifying that the credit terms have been complied with. 议付行须证明本证条款已履行，并按电汇条款向……银行索回货款。

• Negotiating bank are authorized to reimburse themselves to amount of their negotiation by redrawing by airmail at sight on ... Bank attaching to the reimbursement draft, their certificate stating that all terms of the credit have been complied with and that the original and duplicate drafts and documents have been forwarded to us by consecutive airmail. 议付行用航邮向……银行重开一份即期汇票索取议付款。索偿汇票须附上证明，声明本证所有条款已履行，单据的正副本已由连续航次寄交我行。

十、"跟单信用证统一惯例"文句(The Stipulations of "Uniform Customs and Practice for Documentary Credits")

• Except as otherwise expressly stated herein, this credit is subject to uniform customs and practice for documentary credits 2007 Revision, International Chamber of Commerce, publication No. 600. 除非另有明确规定，本证根据国际商会第600号出版物《跟单信用证统一惯例》2007年修订版办理。

第三节　信用证的种类及其常见措辞

信用证从性质、用途、形式、付款期限和流通等不同角度，可划分为许多种类。这些种类直接关系到信用证本身的性能，也关系到信用证各当事人的权利和责任。国际贸易中常用的信用证有下述几种:按信用证项下的汇票是否要求附有货运单据,分为跟单信用证和光票信用证;按开证行是否可以单方面随意撤销信用证,分为可撤销信用证和不可撤销信用证;按信用证是否需要另一银行保证付款,分为保兑信用证和不保兑信用证;按信用证是否可以转让,分为可转让信用证和不可转让信用证;按兑现方式的不同,分为议付、承兑、即期付款和延期付款信用证;按信用证金额是否可以重复使用,分为循环信用证和不可循环信用证;此外,还有预支信用证、背对背信用证和对开信用证等。在实际业务中,信用证类型的选择可根据销售合同的具体情况由买卖双方洽商确定,但应以便利合同的履行、融通资金同时又避免不必要的开支为准则。

一、跟单信用证和光票信用证

(一)跟单信用证(Documentary Credit)

跟单信用证凭跟单汇票或凭信用证中规定的单据,开证行即行付款。单据主要是那些代表货物所有权或证明货物已发运的单据,如海运提单、保险单、仓单、航空运单、铁路运单、邮包收据等。跟单信用证是国际贸易货款结算中最普遍使用的一种信用证。

(二)光票信用证(Clean Credit)

光票信用证凭汇票而不附任何货运单据,开证行即行付款;有时要求受益人提供发票、垫款清单等非货运性质的票据。由于不随附货运单据,出口商可在装货出运前出具汇票,要求银行付款。光票信用证有时用于预付货款,在货款结算中使用很少,多用于非贸易结算或贸易从属费用结算,例如银行间偿付。光票信用证中常用的表达是:

- Payment in advance against clean draft is allowed. 允许凭光票预支货款。

二、不可撤销信用证和可撤销信用证

以开证行所负的责任为标准可将信用证分为不可撤销信用证和可撤销信用证,两者在开证行责任及出口商权利等方面有本质的差别。

（一）不可撤销信用证（Irrevocable Credit）

不可撤销信用证一经开出并通知受益人后，未经开证行、保兑行（如有保兑）和受益人明确同意既不能撤销也不能修改。在符合信用证条款规定的单据交付开证行或其指定银行时，即构成开证行对支付或承兑信用证项下所交汇票及/或单据的确切保证。不可撤销信用证对受益人提供了较为可靠的保障，受益人在收到来证并审核无误后，一般可放心备货、发货和制单，向银行交单，只要单据符合信用证规定，则开证行必须履行付款义务。因此，在国际贸易中使用的信用证绝大部分是不可撤销信用证。

UCP600 第 3 条规定，信用证是不可撤销的，即使信用证中对此未作指示也是如此。与 UCP500 类似，此条规定是对 UCP400 及以前历次版本在此问题解释上的根本性改变，以往历次版本均把未注明"不可撤销"字样的信用证视为可撤销信用证。不可撤销信用证常用的表达方式有：

- ... by irrevocable letter of credit available by Seller's documentary draft at sight to be valid for negotiation in China until 15 days after date of shipment. 以不可撤销的信用证，凭卖方即期跟单汇票议付，有效期为装运期后 15 天，在中国到期。

（二）可撤销信用证（Revocable Credit）

可撤销信用证开出后，开证行无须事先通知受益人，可随时修改或撤销信用证。就收款安全而言，可撤销信用证对受益人的保护较差，实际上已失去信用证应有的银行信用功能，故在国际贸易实践中很少使用，常用于子公司之间或作为付款承诺（Promise to Pay）、支付委托书（Payment Order）的代替物。

尽管可撤销信用证可随时修改或撤销，但在撤销或修改以前，受益人已把相符的单据交到被指定银行，该指定银行已付款、议付、承兑或延期付款，并接受了信用证项下的单据，则开证行必须偿付该指定银行的垫款，所以可撤销信用证在一定程度上仍具有保证作用。

凡是可撤销信用证，应在信用证上注明"可撤销"字样或加列可取消或修改的文句，以资识别。其常用的表达方式有：

- This credit is subject to cancellation or amendment at any time without prior notice to the beneficiary. 本信用证可随时取消或修改而无须事先通知受益人。

- We undertake to honor your drafts drawn and negotiated in conformity with the terms of this credit provided such negotiation has been made prior to receipt of our notice of cancellation. 本银行保证照付议付行接到撤销通知之前已根据本信用证条款议付的汇票。

三、保兑信用证与不保兑信用证

以有无另一银行加以保证兑付可将信用证分为保兑信用证与不保兑信用证。

(一)保兑信用证(Confirmed Credit)

保兑信用证经开证行以外的银行在信用证上保证对符合信用证条款规定的单据予以付款。保兑一般是受益人因对开证行的资信不够了解或信赖时,或因进口国的政治或经济不稳定而产生顾虑才提出要求;除此以外,有的开证行担心其所开出的信用证不被受益人所接受或不易被其他银行议付,主动要求另一家银行对该信用证加以保兑。保兑行通常即是通知行。其常用表达方式有:

- This credit is confirmed by us. 此证已经我行保兑。
- We hereby added our confirmation to this credit and undertake that documents presented for payment in conformity with the terms of this credit will be duly paid on presentation. 兹对此证加具保兑并保证于提示符合此证条款的单据时履行付款。
- We confirmed the credit and thereby undertake that all drafts drawn and presented as above specified will be dully honored by us at our counter on or before ... 我行保兑此证,并保证在……之时或之前在我行所在地对所有按上述规定交单的汇票进行付款。
- At the request of our correspondent, we confirm their credit and also engage with you that all drafts drawn under and in compliance with the terms of this credit will be dully honored. 应我代理行的要求,我行保兑他们的信用证,并保证及时对所有根据此信用证开具、并与其条款相符的汇票进行兑付。

（二）不保兑信用证（Unconfirmed Credit）

不保兑信用证未经开证行以外的其他银行加具保兑，未经保兑的不可撤销信用证就是一般的不可撤销信用证。当开证行资信可靠或信用证金额不大时，信用证无须保兑。况且，保兑要加收额外费用，所以，一般情况采用不保兑信用证。

四、即期付款信用证、延期付款信用证、承兑信用证和议付信用证

按照受益人索款路线或兑用方式，信用证可分为即期付款信用证、延期付款信用证、承兑信用证和议付信用证。

即期付款信用证和延期付款信用证都属于付款信用证，这类信用证也称直接信用证，是受益人只能直接向开证行或其指定付款行交单索偿的信用证。它一般不要求受益人开具汇票，仅凭受益人提交的单据付款，所以受益人不能利用贴现市场资金。

（一）即期付款信用证（Sight Payment Credit）

即期付款信用证在开证行或付款行收到符合信用证条款的装运单据后，即行履行付款义务。特点是出口人收汇迅速安全，有利于资金周转。其常用表达方式有：

- We hereby engage that payment will be duly made against documents presented in conformity with terms of this credit. 我行保证凭符合信用证条款的单据付款。

（二）延期付款信用证（Deferred Payment Credit）

延期付款信用证在该证中规定开证行指示并授权出口地银行凭出口商提交的与信用证条款相符的单据在经过一段期限后付款，其远期付款到期日通常从单据提示日或提单日开始计算。在出口中使用这种信用证，货价应比银行承兑信用证高一些，以拉平利息率与贴现率之间的差额。其常见的表达方式如下：

- We hereby issue this credit which is available with ... bank by deferred payment at 30 days after the date of shipping documents or the date of presentation of the documents. 我们在此开立自装运单据日后或者单据提示日后 30 天由……银行付款的信用证。

（三）承兑信用证（Acceptance Credit）

承兑信用证要求受益人出具以被指定银行为付款人的远期汇票，开证行指示并授权出口地银行承兑出口商提交的远期汇票；出口商凭相符单据获得指定银行承兑的汇票后，可到票据市场贴现，以提前获得资金融通。承兑信用证常见的表达方式如下：

- We hereby open this credit which is available with . . . bank by acceptance of your draft at 60 days after sight drawn on . . . bank and accompanied by the following documents. 我们在此开立由……银行承兑你方出具并提交的、以该银行为付款人、见票后 60 天付款的汇票以及下列单据的信用证。
- We hereby engage that drafts drawn in conformity with the terms of this credit will be duly accepted on presentation and honored at maturity. 我行保证对按信用证条款开立之汇票提示时即予承兑，并于到期时付款。

此外，还有一种信用证，规定受益人开立远期汇票，由付款行负责贴现，一切利息和费用由进口商承担。这种信用证，表面上是远期，实际上出口商却可即期收到十足货款，因而习惯上称为假远期信用证（Usance Credit Payable at Sight）或买方远期信用证（Buyer's Usance L/C）。因进口商要等到远期汇票到期时才付款给付款行，这也是假远期信用证的初衷，便于进口商利用付款行的资金。其常见的表达方式如下：

- Usance drafts shall be negotiated on sight basis and discounted by us. Discount charges and acceptance commission are for buyer's account. 远期汇票按即期议付，由本行贴现，贴现及承兑费用由买方负担。

（四）议付信用证（Negotiation Credit）

议讨信用证的开证行允许受益人向某一指定银行或任何银行交单议付。议付是指由议付行对汇票和/或单据付出对价；只审单据不支付对价，不构成议付。

议付信用证可分为公开议付信用证和限制议付信用证。公开议付信用证和限制议付信用证的到期地点都在议付行所在地;信用证议付后因故不能向开证行索得票款,议付行有权对受益人行使追索权。

1. 公开议付信用证(Open Negotiation Credit)。又称自由议付信用证(Freely Negotiation Credit),开证行对愿办理议付的任何银行作公开议付邀请和普遍付款承诺,即任何银行均可按信用证条款自由议付的信用证。其常见的表达方式如下:

- We hereby agree with the drawers, endorsers and bona fide holders of the draft(s) drawn under and in compliance with the terms of this credit that such draft(s) shall be duly honored on due presentation and delivery of documents as here in specified. 根据本信用证并按其所列条款开具之汇票向我行提示并交出本证规定之单据者,我行同意对其出票人、背书人及善意持有人履行付款责任。

- We hereby open this credit in your favor which is available with ... bank or any bank by negotiation of your sight draft drawn on us against the following documents. 我们在此开立以你方为受益人的信用证,该证由…… 银行或者任一银行根据你方出具的、以我方为付款人的即期汇票以及下列单据进行议付。

2. 限制议付信用证(Restricted Negotiation Credit)。这类信用证,开证行指定某一银行或开证行自己进行议付。其常见的表达方式如下:

- Negotiation under this credit is restricted to ... Bank. 本证限……银行议付。

在即期信用证中,有时加列电汇索偿条款(T/T Reimbursement Clause),即开证行允许议付行用电报或电传通知开证行或指定付款行,说明各种单据与信用证相符,开证行或指定付款行接到电报或电传通知后,有义务立即电汇货款拨交议付行。

五、可转让信用证和不可转让信用证

(一)可转让信用证(Transferable Letter of Credit)

可转让信用证的受益人(第一受益人)可要求授权付款、承担延期付款责任,承兑或议付行可要求信用证中特别授权的转让银行将信用证全部或部分金额转让给一个或数个受益人(第二受益人)使用。UCP600 第 38 条 a 款规定,银行无办理转让信用证的义务,除非该银行明确同意其转让范围和转让方式。

(二)不可转让信用证(Non-transferable Letter of Credit)

不可转让信用证的受益人不得将信用证的权利转让给他人使用。凡未注明"可转让"字样的,就是不可转让信用证。

信用证不可转让并不影响信用证项下的款项让渡(Assignment of Proceeds)。UCP600 第 39 条规定:"信用证未表明可转让,并不影响受益人根据所适用的法律规定,将其在该信用证项下有权获得的款项让渡与他人的权利。本条款所涉及的仅是款项的让渡,而不是信用证项下执行权利的让渡。"如果受益人想将其在信用证项下应得的款项连同其执行信用证的权利一起转让给他人,则必须开立可转让信用证。信用证项下让渡款项的通行做法是,受益人,即让渡人(Assignor)出具一份不可撤销让渡书(Letter of Assignment)或指示信(Letter of Instruction)交给信用证中指定办理付款、承兑或议付的银行,若是自由议付信用证,就交给承诺议付的银行,在让渡书或指示信中列明开证行名称、信用证号和金额,声明将信用证项下应得款项之全部或部分让渡给另一方,即受让人(Assignee),并列明受让人名称、地址、银行账号等,不可撤销地授权该行在付款或议付后将款项直接付交受让人;若银行接受让渡人的授权,便在让渡书或指示信的副本上以受让人为抬头,写明银行同意照办,并签字确认,注明日期,然后把该让渡书或指示信副本寄给受让人;在受让人向该行确认接受让渡书或指示信副本后,该银行履行信用证项下付款、议付时,即将让渡款项直接付交受让人。

六、循环信用证和不可循环信用证

(一)循环信用证(Revolving Credit)

循环信用证被全部或部分使用后,其金额又恢复到原金额,可再次使用,直至达到规定的次数或规定的总金额为止,通常在分批均匀交货情况下使用。循环信用证分为按时间循环和按金额循环两种形式。

1. 按时间循环的信用证。这类信用证的受益人在一定时间内可支取规定的金额,支取后信用证重新恢复原金额,下次一定时间内仍可支取。上次未用完的余额可并入下次使用的叫做累积循环(Accumulative Revolving),不能并入下次使用的叫做非累积循环(Non-accumulative Revolving)。若信用证未明确允许可累积循环,则不能累积使用,因故未及时装出的部分及以后各批次,未经改证,都不能再出运。按时间循环的信用证常见的表达方式如下:

- This is a monthly revolving credit which is available for up to the amount of USD 150 000 per month, and the full amount will be automatically renewed on the 1st of each succeeding calendar month. Our maximum liability under this revolving credit does not exceed USD 900 000, being the aggregate value of six months. The unused balance of each month is non-accumulative to the succeeding month. 本按月循环信用证每月可支金额 150 000 美元,于每个日历月的第一天被自动恢复。本行在此循环信用证项下的最大责任不超过 6 个月的总值 900 000 美元,每个月未使用的余额不能移至下个月合并使用。

- The total amount of drawings for any calendar month is not to exceed . . . and unused balances are non-accumulative. 每月支取总金额不得超过……未用金额不可累积。

- Credit amount USD 250 000. 00, non-acumulatively revolving 4 times up to a total amount USD 1 000 000. 00. 信用证金额 250 000 美元,非累积循环 4 次总额达 1 000 000 美元。

2. 按金额循环的信用证。这类信用证在规定的金额用完后,还可恢复原金额再次使用。循环生效的方法有 3 种。

(1)自动循环。即信用证金额在每次用完后不必等开证行通知就自动恢复到原金额。其常见的表达方式如下:

- This credit shall be renewable automatically twice for a period of one month each for an amount of USD 150 000 for each period making a total of USD 300 000. 本证将两次自动恢复,每月一期,每期金额为 150 000 美元,总计 300 000 美元。

- The amount of the credit shall be . . . and be automatically restored to the original amount . . . days after each negotiation but shall not be considered exhausted unless and until the aggregate amount of negotiations reach the limit of . . . 信用证金额为……于每次议付后……天自动恢复到原金额,并在累计议付金额未满……之前,信用证不被认为已用罄。

(2)半自动循环。即信用证金额每次使用后须等待若干天,若在此期间开证行未发出不能恢复原金额的通知,即自动恢复原金额。其常见的表达方式如下:

• Should the negotiating bank not be advised of stopping renewal within 7 days, the unused balance of this credit shall be increased to the original amount on the 8th day after each negotiation. 议付行在每次议付后7天内未被通知中止恢复,信用证未用的余额即增至原金额。

(3)非自动循环。即信用证金额用完后须等开证行通知到达方能恢复原金额。其常见的表达方式如下:

• The amount shall be renewal after each negotiation only upon the receipt of issuing bank's notice stating that the credit might be renewal. 本金额须在每次议付后收到开证行的本证可以恢复的通知时方可恢复。

在使用循环信用证时,出口商须认真审核国外来证,特别注意来证中循环条款的规定,以保证安全收汇。例如,我方某外贸公司与国外进口商签订同一商品出口合同数笔,共计人民币数十万元。国外开来不可撤销循环信用证一份,我方分批装货后,由于当地银行与我方对循环信用证的理解和使用方法发生分歧,未能及时议付单据,造成逾期交单,原信用证无法使用,进口商乘机毁约,我方被迫将货物削价转售,损失约占货物价值的30%。可见,出口商与银行应加强来证审核工作,力求事先取得一致理解,必要时可要求开证行加以澄清或修改,以免影响日后议付。

(二)不可循环信用证(Non-revolving Credit)

不可循环信用证上的金额不可循环重复使用。

七、对开信用证(Reciprocal Credit)

所谓对开信用证,是两张信用证申请人互以对方为受益人,两张信用证的金额相等或大体相等,可同时互开,也可先后开立,多用于易货贸易、来料加工、来件装配和补偿贸易业务。第一张信用证(第一证)的受益人就是第二张信用证(回头证)的开证申请人;第一证的开证申请人就是回头证的受益人;通常开证行与通知行的地位对调。第一证和回头证可两证同时生效,也可分别生效。

对开信用证在我国来料加工中的做法是:我方进口原料、配件和设备时开立承兑交单的远期信用证,在出口成品时要求对方开具即期回头信用证,这样可用收到的加工出口货款来偿付应付的到期原料、配件和设备货款。需注意的是,远期付款的期限安排须与我方加工装配的生产周期及成品收款所需时间相衔接并适当留有余地,以防回头证项下成品不能及时出口和收汇,我方只得垫出外汇以偿付进口料件、设备的到期汇票。其常见的表达方式如下:

This is a reciprocal credit against . . . bank credit No. . . . favoring . . . covering shipment of . . . 本证是……银行就……货物开立的……号信用证的对开信用证,以……为受益人。

八、对背信用证(Back to Back Credit)

对背信用证又称背对背信用证或转开信用证或从属信用证(Subsidiary Credit, Ancillary Credit),指受益人要求原证的通知行或其他银行以原证为基础,另开一张内容相似的新信用证给另一受益人。对背信用证的开证行只能根据不可撤销信用证来开立,新开立信用证就是对背信用证,原来的信用证则称为原证。对背信用证盛行于第二次世界大战后,由于战后物资严重短缺,出现卖方市场,出口商作为中间商依据国外来证订货,生产商往往要求预付货款或采用银行信用支付方式,为避免占用资金,出口商不向生产商预付货款,而以国外来证为担保,请求当地通知行向生产商重新开立一张新证,新证一般附在原证的背面,对背信用证由此得名,也因此常用于中间商转售他人货物,或两国不能直接办理进出口贸易时,通过第三者以此种办法来沟通贸易。

对背信用证与原证相比,品名、数量、规格必须一致,但常有以下变动:①受益人变为直接供货人;②开证申请人变为原证受益人;③金额(单价)减少;④装运有效期缩短;⑤若中间商不愿意透露实际供货人,可规定提单托运人或发票以外的其他单据做成中立人或第三者的名称。供货人收到对背信用证后,即按其要求发货给进口商,将货运单据经当地议付行寄送第二开证行,由中间商按原证另制单据,向第二开证行调换原单据,将单据寄往第一开证行通知进口商付款赎单,从而完成一笔中间交易。

九、预支信用证(Anticipatory Credit)

预支信用证又称红条款信用证(Red Clause Credit),由开证行授权代付行

(通常是通知行)向受益人预付信用证金额的全部或一部分,开证行保证偿还并负担利息。它可光票付款,也可要求出口人附一份负责补交信用证规定单据的声明书,保证若出口商以后不交单,开证行和代付行不承担责任。当货运单据交到后,代付行在付给剩余货款时扣除预支货款的利息。

十、备用信用证(Standby Credit)

备用信用证又称担保信用证(Guarantee Credit),是开证行根据开证申请人的请求对受益人开立的承诺承担某项义务的凭证,即开证行保证在开证申请人未能履行某义务时,受益人凭备用信用证向开证行开具汇票(或不开汇票),并提交开证申请人未履行义务的声明或证明文件,即可取得开证行的偿付。备用信用证属于银行信用,虽被列入UCP600,仍与一般信用证有区别。一般信用证用于履行买卖合同,而备用信用证主要用做保证,如借款保证、投标担保及履约保证等,是作违约补偿之用,若履约正常,就可备而不用。其常见的表达方式如下:

- We hereby open our irrevocable standby letter of credit No. . . . for account of . . . for a sum or sums not exceeding a total amount of . . . (say . . .) available by draft(s) at sight drawn on us for full statement value and accompanied by beneficiary's signed statement certifying that the amount represents and covers the claim a non-fulfillment of contract on the part of applicant. 我们兹开立……号不可撤销备用信用证,以……商号为受益人,总金额……(大写……),凭开具给我们声明的整个价值的即期汇票,见票即付,随附受益人签字声明证实的描述金额,包括不履行开证申请人部分的合同和索赔。

第四节　信用证的审证和改证

一、信用证的审证

(一)审证的意义

审核信用证是一项细致且专业性很强的基础工作,是银行与外贸企业的共同责任。正确审核和处理信用证问题,直接关系到贸易合同的履行,必须慎重对待。审证时错审或漏审,势必带来不可弥补的损失。例如,我某出口公司与斯里兰卡某中间商按 CFRC3% 成交一批货物,货值为 RMB80 000。国外来证金额为 77 600 元并注明"议付时扣 3% 系给某商号的佣金"。我出口公司审证时忽视了核对来证金额,在缮打发票和汇票时均按照合同金额 80 000 元,议付时银行扣除 3%,按 77 600 元借记开证行账户。开证行接单后拒付,理由是发票金额超过来证金额。经多次与开证行及中间商交涉均无效,无奈之下,在信用证有效期内另赶制新发票和汇票,金额改为 77 600 元再扣去 3% 佣金,白送了 3% 的金额计 2 400 元。

当然,国外来证内容本应与买卖合同有关规定完全相符,但实际业务中,来证往往与原磋商条件及合同内容不一致,主要因为:

1. 当国外市场商品价格下跌,进口商无利可图甚至赔钱时,个别商人在来证内玩弄一些手法,如擅自降低商品单价、改变贸易术语、减少购买数量等,企图转嫁损失。例如,原成交采用 CFR,来证则在价格不变的情况下用 CIF,意图将保险费转嫁给出口商。

2. 开证行工作疏忽或开证人对业务不熟悉,使得信用证的内容发生差错。

3. 有些国家或地区政府和海关的特殊规定,使开证时出现贸易合同中没有规定的条款。

4. 极个别开证人出于不可告人的目的,在证内加上一些污蔑性内容。

5. 国外进口商在信用证内加注一些不合理的条款或我出口方做不到的内容,如对议付单据的要求,而贸易合同对单据没有相应规定。

(二)审证的依据

一份来证能否被受益人接受,基本上由以下几个条件决定:①是否符合国家对外政策;②有无歧视性或错误的政治性条款;③及时、安全收汇是否有保障;④证内的有关条款是否符合合同规定,要求提供的议付单据,受益人是否能提供;⑤对于与签订有政府间贸易协定、支付协定国家的当事人进行的交易,来证是否符合协定规定,例如协定规定双方贸易往来均以记账清算,则来证不能规定以可兑换货币支付。综合而言,受益人审核信用证参照的依据主要有以下三个方面。

1. 贸易合同。因信用证是开证申请人根据销售合同申请开立的,受益人在审证时应全面、认真地与合同核对,保证与合同条款相符。相符并非指信用证条款与合同条款表面的严格一致。信用证条款能保障受益人的收益和业务操作不低于合同规定或在受益人愿意给予对方利益让步的范围内,即可视为与合同内容相符。受益人在收到从银行转来的信用证后,必须对照合同条款,对来证逐条、逐字、逐句审核,必要时还需和一些银行、检验部门、运输部门、保险部门等就证内的一些条款进行商议,取得共识,避免在收汇时产生问题。

2. UCP600。UCP600 是一项重要的国际惯例,已被 170 多个国家的银行普遍接受和使用。UCP600 第 1 条就其适用范围作出了规定:“适用于所有在正文中标明按本惯例办理的跟单信用证(包括本惯例适用范围内的备用信用证)。除非信用证另有规定,本惯例对一切有关当事人均具有约束力。”所以,UCP600 应成为审核跟单信用证的依据之一。受益人在审证时应对照 UCP600 的规定来确定是否可接受信用证的某些条款,例如,信用证的性质及种类、交单期、有效期及到期地点以及信用证中提及的运输、保险及议付单据等条款。

3. 结合实际业务情况审核。由于贸易合同不可能包括信用证内的全部条款,而且有些信用证条款也无法根据 UCP600 审核,受益人应结合实际业务操作情况考虑是否接受。也就是说,要考虑信用证条款是否影响安全收汇,是否符合进口国的法律、法规以及开证申请人的商业习惯等。在实务中,有些信用证条款非常复杂、烦琐,包含了对单据、装运和银行费用等方面的特殊要求,直接或间接地影响到受益人制单与交单,加大了收汇风险。受益人在审证时应充分考虑实际情况,对于一些不能做到的条款,应予以拒绝;而对于一些不易做到的条款,应酌情考虑。

(三)信用证审核的内容

对一份来证,必须进行全面审核,若来证不是电开而是原件寄送过来的,对证内的正、反面及附件等,除了从头至尾通看外,对于证内的铅印、打印的文字、加盖图章的内容以及手写添加的内容,都要逐一审阅。在实际业务中,由于漏审信用证内容而造成不能议付的情况屡见不鲜。例如,某出口公司收到国外一份来证,正面最后的内容是:Shipping Mark(唛头),下面是 P. T. O. (P1ease turn over),意即请看反面,当事人没有翻看反面,误将 P. T. O. 当做唛头刷印在上千件货物的包装箱上,直到货物发往码头报关时,才由海关发现 P. T. O. 并非唛头而重新刷制,造成不应有的损失。可见,审证必须认真、仔细和全面,切不可有丝毫马虎。

审证工作一般分为总的审核和专项审核两部分。

1. 总的审核。

(1)来证是否符合双方在签订合同时所规定的形式。例如,是否是不可撤销的、可转让的或是预支的信用证。

(2)按来证所规定的到期日是否有足够时间来装运货物、准备议付单据和及时交单。

(3)来证所列条款能否做到,能否提供议付单据。

(4)证内文字拼法是否正确,若有拼法错误而又涉及主要内容的,应立即向买方提出修改要求。

2. 专项审核。

(1)关于开证行。这项工作主要由银行完成,通知行在收到国外来证时通过查阅总行信息、代理行名册、银行年鉴表等资料对开证行所在国的政治状况、开证行资信、经营作风等进行审查,将结果告知出口商。此外,对开证行责任范围进行审核,即审核开证行是否受国际商会所颁布的国际惯例的约束,以便在信用证业务处理上使用共同准则。来证内有类似以下词句,就说明开证行受有关国际惯例的约束:

• This credit is issued subject to Uniform Customs and Practice for Documentary Credits (2007 Revision), International Chamber of Commerce, Publication No. 600. 所开出的信用证受国际商会2007年修订的《跟单信用证统一惯例》(国际商会第600号出版物)约束。

若来证金额与开证行资力不相称,为便于出口商将货物出运,并确保收汇安全,应根据具体情况,分别采取以下安全措施:

①要求开证行加列电报索汇条款,确认议付行能在议付后向开证行或偿付行电报索偿。

②要求开证行请偿付行出具偿付保兑,进一步明了偿付行的责任和义务,使议付行日后的索偿有备无患。

③要求开证行交付押金或保证金,但一般不采用这种方法。

④对保兑信用证,要求由另一家信誉较好、实力雄厚的银行在信用证上注

明保兑承诺。

⑤若来证金额过大,而证内规定可分批装运,则应分批装运,将货款由大化小。因分批装运可相应减少收汇风险,故采用分批装运后一般不再采用其他安全措施。

⑥委托代理行收款交单。议付行在议付货款后可委托与我方有代理关系的其他进口地银行代收货款,指示其收妥货款后将议付单据交付开证行。采用该方式时,若信用证有特殊规定,可不用征得开证行同意,但代为交单的银行手续费由出口商负担。

⑦要求出口地银行做福费廷,即买断业务以将收汇风险降到最低。

(2)关于受益人。对受益人的名称和地址要注意检查,是否内容写错。例如,在来证中,受益人名称少了"MUNICIPAL",出口商没提出改证;缮制结汇单据时,为做到单证一致,在签章时将章印上的"MUNICIPAL"遮盖住再行签章,这是不得已的应急处理,最好的方法是先提请改证,修改为正确的名址。产生信用证受益人不符的原因主要有:①开证人工作差错;②开证人对出口商的做法不甚了解,如我国个别商品由指定专业公司经营出口,而对一般商品的出口基本不加限制,工艺品公司可经营服装出口,轻工业品公司也可经营服装出口,因此,有可能发生来证中受益人张冠李戴的情况。

遇到受益人名称、地址严重错误时,应通知开证人修改信用证;遇到受益人名称张冠李戴时,一是改证,二是不修改信用证而沿用兄弟公司的名称,使用该公司的单据,但应取得该公司的同意,以便收汇后将该笔外汇转回本公司。

(3)关于信用证种类。对不同类型的信用证,应根据其特点加以注意。

①国外来证必须是不可撤销的,否则对出口收汇安全无保障。因此,接到来证后,首先审核信用证是否可撤销。根据UCP600的规定,只要信用证上不明确注明"可撤销",即为不可撤销信用证。但近年来名不符实的不可撤销信用证越来越多,稍有疏忽,就易上当受骗,蒙受损失。例如,在信用证中规定"开证申请人认可装船的电传作为单据之一""货物装指定船只,船名后告"等类似的软条款,对此类实际尚未生效,或者可随时被撤销的信用证,通知行应在转递信用证时提请受益人注意,并建议与开证申请人联系修改,或取消此类条款,否则不能凭此贸然发货。

②保兑信用证。若买卖双方约定信用证必须是保兑的,则应检查来证有无

“保兑”字样，同时还要注意是否列明保兑银行的名称和明确的保兑条款。保兑条款通常如下：

• The above-mentioned correspondent (issuing bank) engages with you that all drafts under and in compliance with the terms of this credit will be honored. At the request of the correspondent, we confirm their credit and also engage with you that drafts drawn in conformity with the conditions of this credit will be honored by us.

上面第一句话为开证行保证及时兑付款项的声明；第二句话为保兑行表示承担汇票兑付的责任。

③可转让信用证。若买卖双方规定信用证是“可转让”的，则应检查来证有无相应的转让条款。

较简单的表达如下：

• This credit is transferable.

较复杂的表达如下：

• This credit is transferable and any transfer of all or any portion of this credit must conform strictly to the terms hereof and shall contain no enlargements, limitations, variations or changes of any nature whatsoever of said terms.

④循环信用证。若买卖双方规定信用证必须是循环信用证，则证内应有相应的条款。当信用证为金额非自动循环信用证时，常在证内载有的恢复条款表达如下：

• The amount of drawings paid under this credit becomes available to you again upon your receiving from us advice to the effect.

• The amount of drawings made under this credit becomes automatically reinstated on payment by us.

当信用证为金额自动循环信用证时，通常在证内载有的恢复条款表达如下：

• The amounts paid under this credit are again available to you automatically until the total of the payment reaches USD . . .

当信用证为金额半自动循环信用证时，银行不必等收到付款通知才恢复证内金额，仅须等到大约满期日(Approximate Due Date)即可将证内金额恢复。常在证内载有的恢复条款表达如下：

• 30 days after a draft has been negotiated under this credit, the credit reverts to its original of USD . . . unless otherwise notified.

⑤其他种类信用证。对于预付信用证,要审核金额是否与原规定的全部或部分的百分数相符,利息的承担方是否有改变;对于对开信用证,其生效条款我方能否接受;对于远期承兑信用证或延期付款信用证的付款日期,是否与合同规定相符;议付信用证或付款信用证内是否有不利于我方的条款等。

(4)关于信用证的付款期限。信用证的付款期限往往不通过信用证本身反应,而反应在汇票的期限上。如合同规定"凭即期信用证付款",信用证中则表达为"L/C available by draft at sight"。因此,在审核信用证付款期限时,应审汇票的期限是否与其相符,若不符,则应根据合同进行改证。

(5)关于装运的货物与金额。来证规定的装运货物、单价和金额是受益人装运货物和制作单据的依据。因此,接到来证后,须按合同对证内规定的品名、牌号、规格、包装、单价和金额等认真核对。受益人应注意检查以下几个问题:

①货物名称应与合同完全相符,来证中由于笔误出现拼写错误,应提出修改,否则,易造成争议。例如,国内某公司向科威特出口素色绒,货值为 RMB22 500,国外来证上品名错写为"考花",我方为顺利收汇,装出的货是素色绒,但在发票上则打为"考花",进口商以发票与实物不符,借口被海关罚款提出索赔,经我使馆商务参赞处多次接洽,由我方赔付 10% 货款结案。

另外,注意货物品种、规格、花色等也应与合同一致。若货物描述过多过细,如各种机器零件、各种瓷器、餐具等,信用证可使用商品统称。根据 UCP600 的规定,银行应劝阻过于详细的货物描述,货物描述可在合同基础上加以精简。有的来证只规定品名,甚至有的只规定"As per Contract No. . . . "(按照……号合同),这些规定均可接受。

②除了数量乘上单价是否与总金额相符外,还应注意价格是否含有佣金、佣金是否已在来证中扣除、加佣方法和付佣对象是否合理等。例如,某公司收到国外来证,证内金额已扣除佣金,已折算为不含佣金的单价,要求在商业发票上不要出现"Commission"(佣金)字样。但该证在对议付行的指示条款中,要求议付行在议付时代为扣除佣金,并将该笔佣金付给某人。受益人某公司曾在审证时计算了证内除去佣金后的单价是合理的,但没注意到证内对议付行的指示文句;由于银行不了解合同的实际价格,按来证规定扣除了一定百分数的佣金

并将之付给了某人;事后受益人发现重付佣金,多次催促进口商将多收的佣金退回,但对方以各种借口迟迟不退,使我方遭受损失。

③注意来证使用的货币与合同是否一致,若发现不一致,则应调查信用证所使用的货币是硬币还是软币。根据当时的国际金融市场趋势,对我出口方有利的,可考虑接受,但要看其汇率是从合同签订日期开始折算,还是从信用证开出日期折算,根据当时汇率水平以确定折算方法。必要时加强与银行协商,考虑是否接受来证。

④若来证规定货款是一种货币,同时又规定用另一种货币偿付时,原则上不能接受。若考虑其他因素打算接受时,应注意信用证规定的折算时间与汇率是否合理。

⑤若合同中订有溢短装条款,则应注意来证有无此项规定,金额增减幅度和数量增减幅度是否一致等,以免在执行时处于被动地位。例如,国外来证购买钢材大约1 000公吨,每公吨1 000美元,金额是100万美元,不允许分批装运,在此例中,受益人应要求将信用证金额改为约100万美元。否则,因为按UCP600,数量前有“约”或“大约”字样时,装运数量可有10%的增减幅度;而信用证金额前没有加“约”或“大约”字样,意味着金额没有增减幅度,不可超支或少支,那么单据的金额应恰好为100万美元。从金额反推,意味着装运重量刚好是1 000公吨,在实际装运业务中这是不可能做到的。

(6)关于对单据的要求。对于来证要求交付单据的种类、份数及寄单方法,要根据习惯做法和是否能做到来进行审核,若我方做不到,则应及时通知开证行改证。例如,某份来证规定寄单方法“One set of non-negotiable documents must be dispatched to us within 24 hours after date of shipment. The relative postal receipt is required.”(受益人应在装船后24小时内将一套单据副本寄出,并出具邮局收据。)经研究,在提单日期后24小时内将单据寄出确有困难,应要求开证人将时间延长或将该条款取消。又如,在来证中规定“Commercial invoice counter-signed by... CO., Hong Kong”(商业发票由香港……公司回签)或“Commercial invoice counter-signed by the authorized person of Applicant”(商业发票应由开证人授权的人回签),发票由开证人或其授权人回签不仅费时,延误收汇,而且很被动,应要求开证人取消这类要求。对于提供的单据,也要根据实际情况来考虑,例如,来证要求“Certificate of origin issued by advising bank”(通知行出具产地证明),这显然做不到,应要求开证人修改出证单位。

若来证要求提供领事发票,而装运地没有该国领事馆,接受这种单据必然影响及时收汇,而且签证需支付领事馆签证费用、办理签证人员的差旅费等,对受益人是不利的,应要求对方删除这一条款,或要求改为由贸促会或商会认证;当然,倘若在这类条款中加有"if available"或类似字样,则可不办理也不用改证。

有的信用证规定"One original bill of lading must be sent to accountee directly"(受益人应将一份正本提单直接邮寄给收货人),这种规定使收货人在提单不是银行抬头的情况下不通过银行付款就可提货,而受益人无法控制货权,由此加大了受益人的收汇风险,这类条款应改证取消。

此外,还要注意检查信用证对汇票的金额、期限、付款人等方面的规定是否合理,是否符合商业习惯和国际惯例。汇票金额一般为全部发票金额,不一致者应注意是否扣除了佣金或有其他规定。按 UCP600,汇票付款人须是开证行或指定银行,若以开证申请人为付款人则应改证。

(7)关于装运期和有效期。这里有以下几方面要注意。

①装运期、有效期或交单期等是信用证的重要内容。在出口业务中,因过期装运或议付被银行拒付,造成经济损失的例子很多。因此,若来证的装运期太近而无法按时备货装运,应及时要求对方延展装期。一般信用证的有效期会迟于装运期 10~21 天,但对大宗出口须整船装运的货物,如玉米、豆粕、石油等,特别是需在雨季装运,且要在两个或两个以上口岸启运的,其装运期一定要长一些。倘若装运期太近,出口商自然很难处理,只得要么减价,要么退货,势必会蒙受损失。

信用证大多规定最迟装运期,但也有少数来证规定了最早装运期。还应注意证内所规定的日期是否合理,特别是在装运时应严格掌握好时间,避免早装而给对方造成毁约或拒付货款的借口。例如,某公司按 CFR 条件出口一批货物,来证规定不得早于 5 月 31 日装运,但我方已在 5 月中旬将货物装船,造成单、证不符而遭到拒付,同时开证人也拒绝对货物保险,后来该批货物恰好在海上遇险,致使我方货、款两空。所以,在审核来证时,对装运期的规定不能疏忽,在托运货物时也应掌握好装运时间。有的来证规定"Goods must be less than 30 days old at the time of shipment"(装运的货物距出厂日不能超过 30 天),这个要求过于苛刻，出口方难以做到，应要求改证。又如某份来证规定“Shipment must be effected 10th Aug. and 15th Aug. , 2018. ”（2018 年 8 月 10 日及 15 日装运），这种装运期的规定也不妥当，一般无法做到恰好在某日装运，所以，应要求将上述证中的“and”改为“to”，以便出口方掌握。

②有的来证只规定一个到期日，通常称为双到期，即装运期和有效期在同一时间，执行时应在信用证的有效期前 15 天用铅笔标明装运期，以便给制单或修改单据及议付留下足够时间。使用双到期信用证对受益人更灵活。若遇到某些特殊情况，比如货物在到达装运港前受阻或受损，或工厂生产上的某些原因导致不能按时交货，或预订的船期发生变动等因素而致使货物不能在信用证的装运期内装船，若使用非双到期信用证则只好要求客户改证，而若为双到期信用证则可省去这些麻烦。

倘若国外来证只有装船期而无有效期，这样的信用证不能接受，更不能糊里糊涂地履行其义务，而须在开证行加注有效期后，才能办理货物出运手续。

③有效期的到期地点一般应与信用证中规定的议付行所在地一致，若证内没有明确规定到期地点，根据 UCP600 可理解为到期地在受益人所在地；若证内明确规定到期地点在国外，如果有足够时间寄单，则以不改证为好，可抓紧时间，早日装运，如果时间紧迫，估计寄单时间不够，则应要求改证。

④大部分国外来证还规定办理交单议付或付款的特定期限，若未规定交单期限，则受益人交单不应超过运输单据装运日期后 21 天，且不能超过信用证有效期，否则，银行可不接受单据。有的来证内的交单议付条款对受益人不利，如某来证中规定“Bill of exchange must be negotiated after 15 days from the date of B/L, but not later than 25/5/2018. ”（汇票办理议付的时间为提单日期 15 天后，但不得晚于 2018 年 5 月 25 日。）这种规定对出口方显然不利，因出口方须等到将货装出 15 天后才能办理议付手续，影响资金及时收回，应删除或修改此规定。

⑤若国外来证对装运期使用“prompt”“immediately”“as soon as possible”等这类表示“快速”的词语，应要求改成具体日期。

⑥UCP600 统一了信用证中表示装运期的词汇的解释。例如：“to”“until”“till”“from”包括其所提到的日期在内；而“after”则不包括其所提到的日期；“first half of a month”意指上半个月，从 1 日到 15 日，首尾日期包括在内；“second half of a month"意指下半个月,从 16 日到月底,首尾日期包括在内;"beginning of a month"意指上旬,从 1 日到 10 日,首尾日期包括在内;"middle of a month"意指中旬,从 11 日到 20 日,首尾日期包括在内;"end of a month"意指下旬,从 21 日到月底,首尾日期包括在内。若在日期前冠以"on or about",理解为在该日前后 5 天内,前后首尾相加,整个期限为 11 天。例如"shipment must be effected on or about June 10, 2018",意为货物须在 2018 年 6 月 5 日至 6 月 15 日这 11 天内装运。

(8)关于装运条款。来证的运输条款是否合理可行,直接关系到装运工作能否顺利进行。因此,接到来证后,应对以下内容重点审核:

①可否分批装运。若开证行声明受 UCP600 约束,虽证内未明确可否分批装运,按可分批装运掌握。若信用证规定在指定期限内分批装运,而其中任何一批未按规定期限装运,信用证就此失效,例如,信用证规定 1 月份、2 月份各装 5 公吨,若 1 月份未装出,信用证便失效,因此,倘若受益人不能满足这样的条款要求,必须提出改证。

②可否转运。若来证未明确可否转运,按 UCP600 规定:"除非信用证禁止转运,只要同一提单包括了海运全程运输,银行可接受注明货物将转运的提单。"若信用证规定禁止转船,而所去目的港无直达船或两三个月以上才有一个航次,应考虑改证,即规定允许转船,从而确保如期出运货物。有的来证规定允许转船但需在提单上注明二程船名,一般情况下船公司无法提供确切的二程船名,因此,最好提出删除该条款或修改为二程船名将在转船通知单上具体告知。

③来证若在目的港后加上"Quay"(码头)字样,如"London Quay"(伦敦码头),而在成交合同内没有注明港口的,则一般应修改信用证。因船只抵达目的港口后,不一定停靠码头,若不修改信用证,则由于船只停泊在海中而增加的驳船费用,国外客户可能转嫁给我出口方,造成不必要的经济损失。

④运输条款要和使用的价格术语结合。当使用 FOB、CFR 和 CIF 等价格术语时,来证规定到达目的港口时间,如" ... must reach Hamburg on or before the end of Feb. ",这样的规定应改证,因为在上述价格术语下,卖方仅负责按规定的时间装运,而无义务保证到达目的港的时间。

⑤来证对启运港和目的港口应明确规定。若来证要求海运,但在运输条款

中规定“...from China to Dubai”,其中 China 未规定是中国港口还是中国某个城市,应改为“中国港口”或“任何中国港口”或明确某一港口为宜。对于海运,不能接受以内陆城市为目的港的条件,否则,出口商要承担从港口到内陆城市这段路程的运费和风险。例如,某来证规定“... from China's port to Vienna”,由于维也纳是内陆城市而非港口,故应改为具体港口为宜。

⑥有的来证对装运船只作限制性的规定。例如,指定某班轮公司的船只装运货物、限制转船地点、规定转船船名及船龄等。对这些规定,出口商应加强与运输公司联系,若能办到,便可接受来证,否则,应向开证人提出修改要求。

⑦有的来证在目的港口后加上“Free Zone”(自由区)或“Free Port”(自由港)字样。在办理租船订舱手续时,出口商应事先与船公司联系,询问装货船只将来是否停靠自由区或港,在得到肯定回答后再办理装运手续。

⑧使用 FOB 术语时,个别来证规定在提单上注明“Freight Prepaid”(运费预付);或使用 CIF 和 CFR 时,来证要求在提单上注明“Freight to Collect”(运费到付)。这种规定显然有矛盾,应要求对方改证。

⑨信用证中要求提供的运输单据应与运输方式相符。极个别来证规定用海运方式,却要求出口商提供其他运输方式的运输单据如空运单、邮包收据等,应要求改证。

陆运要求提供铁路运单(Rail way Bill)的条款不能接受。除对加入《国际货协》的一些国家出口由铁路部门出具运单外,铁路运单仅供国内使用。对港澳地区的出口货物由中国对外贸易运输公司出具承运货物收据(Cargo Receipt);对陆运集装箱经独联体国家运往欧洲各国的应由中国对外贸易运输公司出具联合运输提单(Combined Transport Bill of Lading)。

⑩一般不接受来证规定外国商人或港商作为提单的发货人(Shipper)。若来证规定,我出口公司代外国商人发货(……出口公司 on behalf of ……外国商人),则可接受,在提单背书时,应加注“on behalf of ……”外国商人字样。

(9)关于保险条款。关于保险有以下几项应注意。

①检查所使用的价格条件是否应由我方办理保险。若我方出口时使用 FOB 或 CFR 价,而来证要求我方办理保险,应通知改证。例如,国外购买苦杏仁,来证规定“30M/T Bitter Apricot Kernels 2018 Crop FAQ, CFR Marseille ... Insurance Policy/Cer. for invoice value plus 10 percent covering All Risks &War

Risk . . . ”(2018 年产 30 公吨苦杏仁,良好平均品质,CFR 马赛……保险单或凭证按发票金额加保 10% 包括一切险及战争险……),因 CFR 应由买方投保而不应由卖方提供保险单据,若事前双方未商定,则应通知买方改证;若事先明确由我方代买保险,则保险费由买方汇交我方,或在发票上一并列为货款向银行索取。采用后一办法,证内须规定保险费可在来证金额外索取,否则,不能接受来证。

②检查证内的投保险别是否与合同相符、是否与运输方式相匹配。例如,合同规定投保一切险和战争险,而来证要求投保一切险、战争险、拒收险(Rejection)和交货不到险(Failure to Deliver),这种规定不能接受。再如,由我方保险的空运出口业务,国外来证规定“Insurance policy or certificate for 110% of invoice value covering marine cargo clause All Risk sand War Risk as per CIC 1/1/1981.”(保险单或保险凭证按发票金额的 110% 投保 1981 年 1 月 1 日中国保险条款的海运货物条款一切险及战争险。)由于运输方式与投保险别不一致,所以,应通知改证。

③注意证内规定的投保加成是否与合同规定相符。通常出口商承担的保险费仅限于按 CIF 货值投保 110%,若来证超过按 110% 投保,则由此产生的额外保险费应在证内明确由买方负担;若开证人要求加成过高,例如超过 130%,应在征得保险公司同意后才考虑是否予以接受。

④保险赔偿的币别,应与投保的币别一致。来证要求的保险币别与证内币别不一致时,一般不予接受。但证内币别是具有上浮趋势的货币而折付成具有下浮趋势的货币保险者,在经济上不受损失又便于开展贸易的情况下,可通融接受。

⑤来证规定保险的赔偿地点,应与货运目的地一致,当地也有保险公司自行指定的检验代理人。若来证指明不接受我方委请的检验理赔代理人,则一般应改证。

⑥若来证规定的险别后面有“ETC”(等等)字样,由于保险公司不能在保险单上加注此字样,应联系开证人将“ETC”字样删除。

⑦对“Risk”(风险)字样的把握。因保险公司承保的风险不包括必然发生的损失如自然损耗(Normal Loss)和内在缺陷(Inherent Vice)等,为明确责任,避免误解,虽来证对一些附加险别没写上“Risk”字样,出单时应加上“Risk”,这不

等于单证不符，例如，Risk of Shortage（短量险）、Risk of Rust（锈损险）等。有些附加险不加“Risk”而加“Damage”字样，如 Hook Damage（钩损险），这种情况下不必改证。

⑧在买方投保情况下，有时信用证要求受益人将装船情况通知信用证指定的进口国某保险公司，经其签收回执（Acknowledgement of Insurance），凭回执与货运单据一起办理议付。这种规定不能接受，因难以把握能否在信用证有效期内收到回执，受益人无法控制其后果，会直接影响按时交单索汇。

⑨来证保险条款含义不清，应要求改证。例如，“Covering ... including delay”，由于“delay”（延迟）所造成的损失，保险公司是不负责任的，所以应要求删除“including delay”字样。若来证要求投保“Full Condition”，国际上无此险别和条款，自然也不能接受。来证不宜有含糊不清的保险术语，例如“Usual Risks”“Customary Risks”（惯常险）等，若使用这类术语，制单时按合同规定办理。根据 UCP600，倘若使用了这类词句，银行仍可接受所提交的保险单据，但对所保的险别概不负责。

⑩来证要求投保的险别属何种条款的问题。若来证规定“covering FPA or WPA or All Risks as per CIC”（按中国保险条款投保平安险或水渍险或一切险），我方欢迎；若来证规定 “covering clause (A) or clause (B) or clause (C) as per ICC”［按协会货物条款投保（A）货物条款或（B）货物条款或（C）货物条款］，我方也可同意，因（A）货物条款责任范围大体与我国的一切险相似，（B）货物条款的责任范围大体与水渍险相似，（C）货物条款的责任范围大体与平安险相似。个别来证甚至要求按协会老险别投保，即投保已不用的险别如平安、水渍、一切险，我方一般也可接受。若美国和个别拉美国家的来证要求按美国海运保险协会（American Institute of Marine Underwriters）所制定的“American Institute Cargo Clause”（美国协会货物条款）投保时，我方一般也可接受，因其基本险别也包括平安险、水渍险和一切险，内容与中国保险条款的基本险别相似，但后者无标签条款、岸上条款和机器条款。

（10）关于开证行的责任条款。来证通常应列明类似下列的保证条款，否则，不能体现信用证所具有的银行信用特点。“We hereby agree with the drawers, endorses and bona-fide holders of the draft(s) drawn under and in compliance with the terms of this credit, that such draft(s) shall be duly honored on due presentation."（凡根据本信用证并按其所列条款开出之汇票，若及时提供，本开证行同意对其出票人、背书人及善意持有人履行付款责任。）

若来证中无开证行保证付款的声明，或开证行为减轻其应负责任而附加了各种保留或限制条款，又称软条款，这种信用证对安全收汇缺乏保障，应要求加上开证行付款保证或删除对受益人不利的软条款后才能接受。

软条款即不可撤销信用证中规定开证行可单方面解除付款责任的弹性条款，它使受益人不能如期办理议付，或造成单证不符，实质就是使不可撤销信用证等同于可撤销信用证。常见的软条款有以下几种：①货到目的港要经进口商检验后才付款；②发票需进口商或其指定机构代表会签方有效；③船货样寄申请人经确认后受益人才可交单或装运；④信用证开出后的生效时间以开证行签发生效通知为准；⑤船公司、装运港、目的港、装船日期等须等开证申请人通知或同意，并以修改书的形式通知；⑥品质检验证书须由开证申请人出具并作为议付单据，等等。软条款往往条件苛刻又不易发现，受益人一旦接受了该类信用证，在履行过程中才会发现这些条款极难执行，其主动权将完全被开证行及开证申请人控制。所以，软条款实质上是一种陷阱条款，受益人须认真审证；遇到软条款应洽进口商删除，否则后果严重。例如，香港某银行向国内某公司开出一笔金额为USD220 000的信用证，该证规定，"商检证由开证申请人授权的签字人出具并签字，其签字须与其在开证行预留印鉴一致并证明……"，出口商收证后没有认真审核，如期交货；开证申请人派人前往出口地验货，并在商检证书上签字，出口商遂向银行交单议付；一周后，开证行收到单据并发出不符点电传称："商检证上的签字与申请人在开证行预留印鉴不符"，提出拒付。出口地银行向开证行发出反驳电传，指出，按UCP600，开立信用证和修改信用证的各项指示须以完整准确为依据，而开证行的信用证不完整，开证时应随附申请人预留的印鉴，以便议付行审单。但开证行仍坚持拒付，并通知货物仍滞留仓库，仓储费每天达960港币，申请人要求退单。经多次交涉无果，单据和货物只得由出口商自行处理，由此蒙受了严重损失。

（11）其他有关条款。

①银行费用问题。出口商承担的银行费用一般包括通知费、议付费、寄单邮费、单据处理费等，占发票金额的1%～4%。在20世纪70年代以前，因当时我国出口基本是卖方市场，国外来证中所有银行费用由买方承担；20世纪80年

代后，随着经济和对外贸易的高速发展，我国出口逐渐由卖方市场转变为买方市场，于是出现来证中规定，开证行以外的银行费用由受益人承担；进入20世纪90年代，有些来证甚至规定“All charges are for Beneficiary’s account”（所有银行费用由受益人负担），核查相关出口合同时，却发现合同未提及银行费用，这就是说，精明的外商已发现我方对银行费用的忽视。对银行费用的承担，应贯彻平等互利的原则，一般以各自承担己方费用为宜。

②对来证的有关词句，应仔细审核推敲。例如，某公司对外成交一批货物，双方同意用玻璃纤维袋或编织袋包装，但来证注明“PVC coated glass fiber 50kgs each woven bags 50kgs each”，两种包装之间漏了“or”字样，由于审核时没有注意到这个问题，交货时全部使用一种包装，结果单证不符，遭到银行拒付。

若信用证中条款自相矛盾也会使出口商处于两难之中。例如，来证规定“Insurance policy in assignable form showing Fortune Co. as the issued ...”，assignable是可指定、可转让的意思，理解为由出口商指定，需出口商背书，而后面又显示被保险人为进口商；当被保险人为进口商时，若我方背书就会与保险单自身矛盾，若不背书则与信用证不符。又如，某国外来证规定“All documents except drafts are to be made out to ... (opener)”（除汇票外所有单据应做成开证人抬头），同时规定“Full set of clean on board bill of lading made out to order of ... Bank (opening bank)”（提单做成开证行抬头），以上两条规定显然矛盾，必须提请开证人修改。

③错打国名。若发现来证中受益人、通知行、产地证的我国国名被错打，如称中国大陆，则应通过通知行正式向开证行声明我国的正确名称为中华人民共和国或简称中国，请开证行注意，并希望类似事情今后不再发生。此外，通知行还应声明，已通知受益人按正确的国名缮制有关单据。

④国外开证行只开来简电信用证，而未见航邮证实书（Mail Confirmation）。有些国外进口商让我方受益人提前作好诸如租船、报关、备货等货物装船前的准备，在开具正式信用证前，先通过银行给出口商发来简电信用证，而后很长时间仍未见证实书，在此情况下，受益人一方面应积极做好货物装船的准备工作，但不能将货物装船；另一方面积极与银行联系，及时取得信用证证实书。

二、信用证的改证

（一）改证的原因

来证经审核后，我方若发现不能接受的问题，则应向进口商提出修改信用证的部分内容。进口商改证主要是据出口商的要求进行的，也有个别进口商在改证时主动添加修改内容。改证工作可从以下几方面去理解和处理。

1. 明确改证的意义。只有改证，我方才能顺利履行合同，按时、按质、按量将货物装运出口，保证及时安全收汇。

2. 改证过程中，双方可能出现尖锐、复杂的争执，在国外市场价格变化时表现尤为突出，进口商想方设法拒不或拖延改证，或将改证费转嫁我方，对此，应有充分估计。

3. 掌握修改和不修改的界限。与出口商、银行、保险和运输公司等加强联系、密切配合，对来证规定，凡能做到或通过一定努力能做到的，尽量不改证。例如，来证规定的装船期很近，若货源有保障，又能订到舱位，就可不延展装船期限。但若信用证中有我方确实办不到的条款，例如，出口农产品时信用证要求我方提交制造商证明，或是信用证中有不利于我方的软条款等，须及时提出，要求开证人修改。

在贸易实践中，有时进口商也提出改证要求，通常基于以下几种原因：由于本国或国际形势的变化，需要改变货物数量或运输方式或保险险别等；进口商申请开证时遗漏了对某些重要问题如对议付单据等的规定；进口商有预谋地改证，以使出口商无法按信用证要求发货制单，从而达到其拒收货物、要求减价等目的。至于信用证与合同的不符，进口商一般不会主动修改，因这样对进口商有利。对于进口商提出的改证要求并经由通知行转递的信用证修改书，出口商应注意：要严格按贸易合同、UCP600 和出口商实际情况对修改书审验，此外，还要对照原信用证审查修改书是否可接受，搞清楚修改书是对原信用证的条款作了否定，还是作了添加、限制或修改。

（二）改证应注意的问题

1. 受益人必须及时提出改证。对信用证中与合同、UCP600 的不符之处较易发现,而与实际不符之处较难及时发现,往往在实际办理发货、制单时才发现无法达到要求。例如,信用证规定货物数量为 1 460 箱,集装箱运输,禁止分批装运,采用整箱交整箱接方式即 FCL/FCL(Full Container Load),出口商拿到单据时才发现,一个集装箱只能装1 456 箱,信用证又不允许分批装运,此时再要求改证就显得十分被动。所以,出口商必须熟悉进出口业务各环节的工作,结合实际业务情况审证,一旦发现信用证与实际不符则应及时提出改证。

2. 开证申请人通过开证行改证。有人认为改证由受益人通知出口地银行办理,有人认为由进、出口两地银行直接办理,这两种提法都不对。改证必须由开证申请人通过开证行书面作出,经原通知行传递方有效。

当信用证必须修改时,由受益人将修改的内容,以最快的传递方法,如电报、电传或传真等直接通知开证人;开证人若同意修改,则到原开证行办理改证手续并缴纳改证手续费,开证行将修改内容通知原出口地通知行;通知行收到修改通知后,通知受益人领取修改通知。应注意,受益人领取修改通知后,应与原信用证订在一起,俗称锁证。若不锁证,一旦修改内容丢失,则出口地银行在议付货款时没有依据,势必影响及时议付,给受益人造成损失。

3. 一次提出全部修改内容。当受益人要求开证人改证时,应将修改内容一次提出,避免多次修改。多次修改不仅增加双方往来电讯费用,也会增加开证人改证费用,易被开证人作为拒绝改证的借口,影响出运。若因审证不全面或考虑不周,在开证人已按受益人要求改证后,受益人又发现软条款等问题提出修改,开证人往往会以手续麻烦、费用高昂等理由拒绝改证,其真实目的是故意设下陷阱,也就是开证人本来就不想修改的软条款。

4. 查验修改内容。当受益人接到由通知行转来的改证通知书后,应仔细审核,检查修改的内容是否与要求修改的内容相符。若已按要求修改,则将修改内容附于原证后,作为原证不可分割的一部分。若开证人增添修改内容,则应考虑是否接受该通知书,要么全部接受,要么全部拒绝,绝不能接受部分内容而拒绝部分内容。根据 UCP600 第 10 条对改证的规定:“……在受益人向通知修改的银行表示接受该修改之前,原信用证(或先前已接受修改的信用证)的条款对受益人仍然有效。受益人应提供接受或拒绝接受修改的通知。如受益人未提供上述通知,当它提交给指定银行或开证行的单据与信用证以及尚未表示接受的修改的要求一致时,则该事实即视为受益人已作出接受修改的通知,并从此时起，该信用证已作修改”。上述规定，给受益人提供了很大方便，当受益人接到修改后，虽应向通知行表示是否接受该修改，但也可以不表态。若不表态，则原信用证条款仍然有效。受益人只要在提交单据时声明接受或不接受信用证条款即可，若提交的单据与原条款一致，也属单证相符；若提交的单据与修改一致，则认为受益人接受了修改。

5. 以银行修改通知书为准。当我方通知国外改证时，进口商往往回答："我方同意修改"或"我方已通知修改"，但进口商由于不熟悉业务或其他原因，有时根本没到银行对信用证进行修改，某些出口商凭对方一面之词，匆匆将货物装船，造成货已装出却不能议付货款的后果，给我方带来不应有的经济损失或使工作被动。所以，出口商一定要等银行转来修改通知书后方可装船。例如，国内某公司对新加坡出口一批货物，国外来证在单据条款中要求提供"全套清洁已装船的海运提单及一份不可议付的副本提单……和普惠制原产地证书格式 A"，在特别条款中又规定"一切单据除汇票及发票以外，不能标示信用证号及发票号"。但联合国贸发会议规定，普惠制原产地证书必须标示发票号，于是出口商向新加坡客商提出改证为："一切单据除发票、汇票、普惠制原产地证书以外，不能标示信用证号及发票号。"对方复电称已办理修改，出口商随即发运货物，但装船后一周仍未收到改证通知书，最后只好出具保函向议付行办理担保议付，却遭到开证行拒付。买卖双方反复交涉，由于当时价格趋于上升，买方才决定付款，导致收款拖延了三个多月，损失利息 14 000 美元。

6. 在改变价格术语和运输方式时，必须注意保险条款和单据条款。价格术语是贸易合同中比较重要的内容，决定了买卖双方权利与义务的划分，有时对价格术语的修改会给制单结汇带来麻烦。如原证规定 CIF 术语，在提单上要求显示"Freight Prepaid"（运费预付），而后由于某种原因改为 FOB 术语，而对提单中"Freight Prepaid"未予修改，这样，改证就产生了一个软条款。另外，当改变运输方式时投保的险种应作出相应修改，如原证要求海运而后修改为空运，而修改中未将保险条款由海运条款改为空运条款，则势必造成单证不符而遭银行拒付。可见，信用证中有一些条款相互关联，因此改证时应做到一改俱改，一变俱变。

例如，2017 年初，某外贸公司向马来西亚出口一批高级工艺水晶，按 CIF 术语成交，以即期信用证结算货款。出口商收到信用证后经审验无误，便按证备货制单。但在4月初，出口商收到一份修改书，将运输方式改为空运，出口商未对是否接受作出表示。4月20日出口商办理交单议付，议付行审单时发现原信用证要求提交一份受益人证明，证明出口商已将提单副本寄给开证人，修改中虽将海运改为空运但对该条款却只字未提，使出口商陷于两难境地。唯一的方法是要求开证行对修改内容予以澄清，但这样一来就错过了交单期。无奈只好按实际情况制单，遭开证行拒付。不久开证行来电称进口商同意在降价30%的条件下付款赎单。后经了解，因当时高级工艺品市场需求萎缩，马来西亚进口商对此情况估计不足，只得出此下策将一部分风险转嫁到出口商身上。由于出口商未能对修改书严格把关，导致遭遇商业风险。经多次协商，出口商不得不降价16%才得以结案。

7. 注意美国来证特点，酌情改证。美国是我国的主要贸易伙伴之一，其来证有其特点，受益人在审证时，应考虑是否让开证人修改或加以澄清。

(1)来证一般规定所有银行费用均由受益人支付，对此，应要求开证人删除此条款或规定各自负担开证行及议付行所产生的费用。

(2)开来即期信用证(L/C at sight)，但在偿付条款(Reimbursement Clause)中规定到期(At maturity)条款，而即期信用证不存在到期问题，因此，有必要让开证行加以澄清。

(3)来证一般不能采用电报索汇(T/T Reimbursement)，因此，不能采用此法作为交易中的付款条件之一，否则，来证会与成交条件不一致而不易修改。

(4)来证一般还规定开证行要收取单证不符的费用，即单据寄到开证行后，若发现单证不符，开证行要收取数十美元的单证不符费。若我方不愿接受，应及早联系国外进口商取消该项条款。

(三)改证常用措辞

1. 来证将受益人写错。应要求开证人改正受益人名称：

- Letter of Credit No.... fails to conform with Contract No.... in respect of the name of beneficiary, our correct name should be ... Please make the necessary amendment. 信用证第……号内的受益人名称与合同第……号不符，我方正确的名称应为……请作必要的修改。

2. 来证类型与合同不符。应要求开证人修改信用证类型：

• We regret to find that the L/C No. . . . is irrevocable credit. As this is not in conformity with the clause in Sales Contract No. . . . which calls for opening irrevocable and transferable credit. We have to request you to amend the credit to read irrevocable and transferable as soon as possible. 我们遗憾地发现,你方开来的第……号信用证仅是不可撤销信用证,这与第……号销售合同规定不符,该合同规定开立的是不可撤销的、可转让的信用证。我们请你方尽快将上述信用证修改为不可撤销的、可转让的信用证。

3. 来证总金额有误。应要求开证人修改信用证总金额:

• L/C No. . . . checking this figure up with the total value in S/C No. . . . we find that there is a deficiency of USD . . . in your credit. Please instruct the opening bank to make up the deficiency by cable/telex/fax. 信用证第……号经与销售合同第……号核对,发现该证金额短少……美元,请通知开证行用电报/电传/传真补充所缺金额。

4. 品名或规格、数量、包装、单价、合同号码及目的港口等有误。应要求开证人相应修改信用证:

• L/C No. . . . fails to conform with S/C No. . . . in respect of the name of goods (or specifications/quantity/packing/unit price/Contract No. /port of destination). Will you please amend the name of goods (or specifications/quantity/packing/unit price/Contract No. /port of destination) to read . . . 信用证第……号的品名(或规格/数量/包装/单价/合同号/目的港)与第……号销货确认书不符,请将证内的品名(或规格/数量/包装/单价/合同号/目的港)修改为……

5. 要求准许转运。这类改证可有以下表达方式:

• As there is no direct vessel for your port during month of . . . we have to ship via Hong Kong. Please cable/telex amendment your credit to allow transshipment at Hong Kong, so that the goods may be shipped in time. 由于在……月份内无直达船开往你方港口,我方不得不经香港转船。请用电报/电传将信用证修改为准许在香港转船,以便及时装运。

6. 要求准许分批。这类改证表达方式如下:

• L/C No. . . . We find that partial shipments are not allowed. It is clearly not in conformity with S/C No. . . . In order to enable us to ship your order on board in time, we must ask you to amend your credit by cable/telex to allow partial shipments immediately. 我方发现信用证第……号不允许分批装运,这显然与销货确认书不相符,为了及时将你方所订货物装船,务请即用电报/电传将信用证改为准许分批装运。

7. 增加溢短装条款。这类改证的表达以下为例:

- ... there is no more or less clause as mentioned in S/C No.... on your L/C No.... Please insert the wording 5% more or less is allowed after both the total value and the quantity to be delivered in the credit. 你方开来的信用证……号没有按照销货确认书第……号的规定列明溢短装条款,请在信用证内的总金额及数量后加上允许增减5%的文句。

8. 修改保险条款。此类修改例子如下:

- L/C No.... requires us to cover the goods against All Risks and War Risk for 150% of invoice value. As this is not in conformity with clause ... in S/C ... calls for coverage of All Risks and War Risk for 110% of invoice value, we have to request to make the necessary amendment. 信用证第……号要求我方按发票金额的150%投保一切险和战争险,这与第……号销售确认书第……条规定不符,该条规定按发票金额的110%投保一切险和战争险。望你方作必要修改。

9. 展延装运期。此类修改可如下:

- As there is no direct vessel for your port during the time of shipment stipulated in L/C No.... under the circumstances, we have to ask you to amend L/C to extend the time of shipment and the validity of the credit to ... and ... respectively. 由于无直达船在第……号信用证规定的期限内开往你方港口,在这种情况下,我方不得不要求你方修改信用证,将装运期及有效期分别延展至……日和……日。

第五节　信用证相关文书范例

一、跟单信用证开立申请书

跟单信用证开证申请书的样表分别如下。

（一）跟单信用证开证申请书（见表2－4）

表2－4　　APPLICATION FOR DOCUMENTARY CREDIT

TO：BANK OF CHINA，SHENZHEN BRANCH

<table>
<tr><td rowspan="2">Beneficiary（受益人）：</td><td colspan="2">Irrevocable Documentary Credit No.
valid for negotiation in　　　until
有效期在　　　至</td></tr>
<tr><td colspan="2">Amount：
金　额</td></tr>
<tr><td colspan="3">Please issue in favor of the above beneficiary an irrevocable documentary credit which is available by their draft（s） at sight for 100% invoice value on you accompanied by the following documents marked with numbers：
请开立以上述商号为受益人的不可撤销的跟单信用证，凭他们（受益人）出具的，以你行为付款人的100%发票金额的即期汇票，并随附下列注有号码的单据：
（　）Sighed commercial invoice in　　copies indicating contract No. and L/C No.
经签署之商业发票一式　　份，注明合同号码及信用证号码
（　）Full set of clean on board ocean bills of lading /forwarding agents' Cargo Receipts
全套洁净已装运的海运提单/运输行所出具的货运收据
made out to order and blank endorsed marked "freight　　　" notifying：
制成空白抬头，空白背书注明运费　　　通知
（　）Packing list/weight memo in　　copies showing quantity/gross and net weight for each package
装箱单或重量单一式　　份，注明每件货物毛重/净重
（　）Certificate of quality in　　copies issued by
由　　　出具之品质证　　份
（　）Insurance policy/Certificate covering W. A/All Risks/Overland Transportation Risks for 110% of the invoice value.
保险单/保险凭证按110%发票值投保水渍险/一切险/陆运险
（　）Certificate of Origin in　　copies.
产地证一式　　份
evidencing shipment of
证明装运

Price terms and contract number：
价格条款及合约号码</td></tr>
<tr><td colspan="3">Packing（包装）</td></tr>
<tr><td>Shipment from　　to
货自　　运至
Not later than
不得迟于</td><td>Partial shipment
分批装运
Permitted/Prohibited
允许　不允许</td><td>Transshipment
转运
Permitted/Prohibited
允许　不允许</td></tr>
<tr><td colspan="3">Special instructions：
特别条款</td></tr>
</table>

（二）不可撤销跟单信用证开证申请书（见表2－5）

表2－5　　IRREVOCABLE DOCUMENTARY CREDIT APPLICATION

TO：BANK OF CHINA

Beneficiary (full name and address)		L/C NO. Ex – Card No. Contract No. Date and place of expiry of the credit
Partial shipments ☐allowed ☐not allowed	Transshipment ☐allowed ☐not allowed	☐Issue by airmail ☐With brief advice by teletransmission ☐Issue by express delivery ☐Issue by teletransmission (which shall be the operative instrument)
Loading on board/ dispatch/ taking in charge at /from not later than for transportation to		Amount (both in figures and words)
Description of goods：		Credit available with ☐by sight payment ☐by acceptance ☐by negotiation ☐by deferred payment at against the documents detailed herein ☐and beneficiary's draft for % of the invoice value at on
Packing：		☐FOB ☐CFR ☐CIF ☐or other terms

Documents required：(marked with ×)

1. ( ) Signed Commercial Invoice in copies indicating L/C No. and contract No.
2. ( ) Full set of clean on board ocean Bills of Lading made out to order and blank endorsed, marked "freight [ ] to collect/[ ] prepaid [ ] showing freight amount" notifying
3. ( ) Air Waybills showing " freight [ ] to collect/[ ] prepaid [ ] indicating freight amount" and consigned to
4. ( ) Memorandum issued by consigned to

续表

5. (　) Insurance Policy/Certificate in 　copies for 　% of the invoice value showing claims payable in China in currency of the draft, blank endorsed, covering ([　] Ocean Marine Transportation/ [　] Air Transportation/ [ ] Over Land Transportation) All Risks, War Risks.
6. (　) Packing List / Weight Memo in 　copies indicating quantity/gross and net weight's of each package and packing conditions as called for by the L/C.
7. (　) Certificate of Quantity/Weight in 　copies issued by an independent surveyor at the loading port, indicating the actual surveyed quantity/weight of shipped goods as well as the packing condition.
8. (　) Certificate of Quality in 　copies issued by [　] manufacturer/ [　] public recognized surveyor.
9. (　) Beneficiary's certified copy of fax/telex dispatched to the accountees within 　hours after shipment advising [ ] name of vessel/ [　] flight No. / [　] wagon No., date, quantity, weight and value of shipment.
10. (　) Beneficiary's Certificate certifying that extra copies of the documents have been dispatched according to the contract terms.
11. (　) Shipping Co's Certificate attesting that the carrying vessel is chartered or booked by accountee or their shipping agents:
12. (　) Other documents, if any:
Additional instructions:
1. (　) All banking charges outside the opening bank are for beneficiary's account.
2. (　) Documents must be presented within 　days after the date of issuance of the transport documents but within the validity of this credit.
3. (　) Third party as shipper is not acceptable. Short Form/Blank Back B/L is not acceptable.
4. (　) Both quantity and amount 　% more or less are allowed.
5. (　) Prepaid freight drawn in excess of L/C amount is acceptable against presentation of original charges voucher issued by shipping Co. /Air Line /or its agent.
6. (　) All documents to be forwarded in one cover, unless otherwise stated above.
7. (　) Other terms, if any:

Account No.: 　with ______________________ (name of bank)

Transacted by: 　(Applicant: name, signature of authorized person)

Telephone No.: 　(with seal)

二、信用证通知书（见表 2-6）

表 2-6

BANK OF CHINA, SHANGHAI BRANCH

信用证通知书

Notification of Documentary Credit

To：致 JINSHAN SUB - BR(U26) SHANG HAI MACHINE TOOL IMPORT & EXPORT CORP 937 BEIJIN ROAD SHANGHAI 200101, CHINA		WHEN CORRESPONDING PLEASE QUOTE OUR REF No. MAY 8, 2018
Issuing Bank：开证行 PUSAN BANK OSAKA, JAPAN 099888		Transmitted to us through 转递行 / 转让行
L/C No. 信用证号 OSK - 04 - LC0155	Dated 开证日期 20180422	Amount 金额 US $ 12 520.00

Dear Sirs, 谨启者

We advise you that we have received from the a/m bank a (n) letter of credit, contents of which are as per attached sheet(s).

兹通知贵司，我行收自上述银行信用证一份，现随附通知。

This advice and the attached sheet(s), must accompany the relative documents when presented for Negotiation.

贵司交单时，请将本通知书及信用证一并提示。

This advice does not convey any engagement or obligation on our part unless we have added our confirmation.

本通知书不构成我行对此信用证的任何责任和义务，但本行对本证加具保兑的除外。

If you find any terms and conditions in the L/C which you are unable to comply with and or any error(s), it is suggested that you contact applicant directly for necessary amendment(s) so as to avoid any difficulties which may arise when documents are presented.

如本信用证中有无法办到的条款及/或错误，请径与开证申请人联系，进行必要的修改，以排除交单时可能发生的问题。

THIS L/C IS ADVICE SUBJECT TO ICC UCP PUBLICATION No. 600.

本信用证之通知系遵循国际商会第 600 号出版物跟单信用证统一惯例办理。

This L/C consists of ______ sheet(s) including the covering letter and attachment(s).

本信用证连同面函及附件共 ______ 页。

Remarks：

备注：

Yours faithfully,

FOR BANK OF CHINA

三、信用证修改申请书

信用证修改申请书样本如下。

APPLICATION FOR AMENDMENT TO LETTER OF CREDIT

信用证修改申请书

No. of Credit Facility: Date:
授信额度编号: 日期:

To: China Merchants Bank Branch (Sub - Branch)
致:招商银行 分(支)行

L/C No. ________ Amount: ________
信用证号码: ________ 金 额: ________

Amendment No.
修改号(银行填写):

Please amend the above L/C by Swift/Telex as follows <marked with (×)>:
请以 SWIFT/电传方式修改上述信用证如下<注有(×)部分>:

( ) Shipment date is extended to ________
( ) Expiry date is extended to ________
( ) Increasing credit amount by ________ to ________

Others:
( ) ________________

All other terms and conditions remain unchanged.
其余条款不变。

Charges and fees if any, are for our a/c No. ____________
修改之手续费及电信费用请从我司____________账号扣付。

Stamp and signature(s) of the applicant:
申 请 人 签 章:

银行审查意见:

经办:

复核: 授权:

四、SWIFT 信用证

SWIFT 信用证举例如下。

SWIFT INPUT：FIN 700 ISSUE OF A DOCUMENTARY CREDIT

SENDER：CITI BANK, NEW YORK, USA

RECEIVER：BANK OF CHINA, TIANJIN

---------------- MESSAGE TEXT ----------------

20：DOCUMENTARY CREDIT NUMBER	××××××××
27：SEQUENCE OF TOTAL	1/1
31C：DATE OF ISSUE	180616
31D：DATE AND PLACE OF EXPIRY	180915 AT NEGO BANK
32B：CURRENCY CODE AMOUNT	US DOLLAR 28286.85
40A：FORM OF DOCUMENTARY CREDIT	IRREVOCABLE
41D：AVAILABLE WITH ...	
BY ... NAME/ADDR	ANY BANK BY NEGOTIATION
42A：DRAWEE	CITI BANK, NEW YORK
42C：DRAFTS AT	45 DAYS AFTER SIGHT
43P：PARTIAL SHIPMENT	ALLOWED
43T：TRANSSHIPMENT	NOT ALLOWED
44A：ON BOARD/DISP/TAKING CHARGE	PREVIOUS RIVER
44B：FOR TRANSPORTATION TO	NEW YORK
44C：LATEST DATE OF SHIPMENT	180820

45A：DESCP OF GOODS

AS PER SALES CONFIRMATION NO. 100609, CIF NEW YORK

46A：DOCUMENTS REQUIRED

+ SIGNED COMMERCIAL INVOICES IN TRIPLICATE

+ FULL SET OF CLEAN ON BOARD OCEAN BILLS OF LADING MADE OUT TO ORDER OF CITI BANK, NEW YORK, MARKED FREIGHT PREPAID

+ MARINE INSURANCE POLICY OR CERTIFICATE IN DUPLICATE, ENDORSED IN BLANK FOR 110PCT OF THE INVOICE VALUE COVERING THE INSTITUTE CARGO CLAUSE A AND WAR RISK

+ PACKING LIST IN TRIPLICATE
+ CERTIFICATE OF ORIGIN

47A: ADDITIONAL CONDITIONS

THE AMOUNT OF EACH DRAFT MUST BE ENDORSED ON THE REVERSE OF THIS CREDIT BY THE NEGOTIATING BANK ALL DOCUMENTS MUST BE FORWARDED DIRECTLY TO US BY COURIER IN TWO SETS

WE WILL REIMBURSE YOU BY REMITTING THE PROCEEDS TO YOUR DESIGNATED ACCOUNT IN ACCORDANCE WITH YOUR INSTRUCTION AT MATURITY. INTEREST IS FOR ACCOUNT OF THE BENEFICIARY

WE HEREBY ENGAGE WITH DRAWERS, ENDORSERS AND/OR BONA FIDE HOLDERS THAT DRAFTS DRAWN AND NEGOTIATED IN CONFIRMITY WITH THE TERMS OF THIS CREDIT WILL BE DULY ACCEPTED ON PRESENTATION AND DULY HONORED AT MATURITY

THIS CREDIT IS SUBJECT TO UCP600 (2007 REVISION)

48: PERIOD FOR PRESENTATION

DOCUMENTS MUST BE PRESENTED IN 14 DAYS AFTER THE DATE OF ISSUANCE OF THE BILL OF LADING BUT WITHIN THE VALIDITY OF THIS CREDIT

49: CONFIRMATION INSTRUCTION	WITHOUT
50: APPLICANT	THE XYZ TRADING CO.
51A: APPLICANT BANK - BIC	CITI BANK, NEW YORK
59: BENEFICIARY	TIANJIN TEXTILE EXPORT CORP.
71B: CHARGES	ALL BANK CHARGES ARE FOR BENEFICIARY'S ACCOUNT
72: SENDER TO RECEIVER INFORMATION	×××××××××××××

--------------- MESSAGE TRAILER ---------------

有关补充资料:

发票号码:10GP3298	数量:1 台
提单号码:CANE100318	毛重:256KGS
船名:JOHNSENT V. 002	包装尺寸:600 × 248 × 389 CM^3
保险单号码:F1037281	发票日期:2018 年 8 月 27 日
货物描述:WELDING TESTING DEVICE	提单日期:2018 年 8 月 15 日

原产地证号:101898533　　货物包装情况:装1个内衬泡沫塑料的木箱

信用证号:002/100157　　净重:229KGS

装运港:上海

五、循环信用证

循环信用证举例如下。

From: Basler Kantonalbanke, Kantonalbank, Basler

To: Bank of China, Tianjin

Form of documentary credit: irrevocable

Credit no. 7 012. 037

Date of issue: 091212

Date and place of expiry: 2018. 07. 30 Tianjin

Applicant: George Robert Richer I & E Co. , Germany

Beneficiary: Tianjin Textiles I & E Corp, Tianjin

Currency Code Amount: USD 11,962. 50

Available with . . . by . . .

Six times with Basler Kantonalbank by payment

Partial shipment: allowed

Transshipment: allowed

Shipment of goods: Grey Cotton Shirt. art. 3054 38" 75/75 per inch 30/30ne HS no. 520812190 at USD 0. 435 per yard, CFR Hamburg according to order Gri3065 and S/C no. 01cude028a

Shipment/dispatch: From Chinese main port to Hamburg

27500 yards during Jan. 2018 but not later than 2018. 02. 15

27500 yards during Feb. 2018 but not later than 2018. 03. 15

27500 yards during Mar. 2018 but not later than 2018. 04. 15

27500 yards during Apr. 2018 but not later than 2018. 05. 15

27500 yards during May. 2018 but not later than 2018. 06. 15

27500 yards during Jun. 2018 but not later than 2018. 07. 15

Additional conditions:

1. this credits valid from Jan. 1, 2018 until July. 30, 2018

2. this credit is revolving five times

3. if possible, transshipment is to be made on a vessel of "Scan Dutch Line"

Period for presentations: 15 days

Confirmation Instructions: without

Instructions to the paying/accepting/negotiating bank: On receipt of the docs., we shall arrange cover according to the instructions of the negotiating bank

Documents required:

1. signed commercial invoice, 4 – fold.

2. full set (3/3) of clean bill of lading, issued to order of shipper, blank endorsed, marked "freight prepaid" and notifying: George Robert Richer I & E Co., Germany. (short form B/L are not acceptable)

3. detailed packing list, 5 – fold

4. certificate of origin (textile products), in duplicate

5. quota certificate/export license to be in USD for domestic consumption in Germany

6. Certificate of shipper, evidencing that he has airmailed directly to the applicant 2 copies each of invoice, packing list and non-negotiable bill of lading.

This credit is subject to UCP600.

有关补充资料(第一批货):

发票号码:22060B342	原产地证号:101898678
提单号码:LOT/MAD/10/287	货物包装情况:500YARDS/BALE
船名:SHUNFENG 68/ROSEMERRY V.2506	包装尺寸:$39\times75\times30$ $INCH^3$
发票日期:2018 年 2 月 22 日	装运港:天津新港(香港转船)
提单日期:2018 年 2 月 8 日	毛重:35KGS(GROSS FOR NET)

六、可转让信用证

可转让信用证举例如下。

NATIONAL PARIS BANK

WE ISSUE OUR IRREVOCABLE DOCUMENTARY CREDIT NUBBER:TH2018

IN FAVOUR OF :SUZHOU KNITWEAR AND MANUFACTURED GOODS IMPORT AND EXPORT TRADE CORPORATION

321, ZHONGSHAN ROAD SUZHOU, CHINA

BY ORDER OF: YI YANG TRADING CORPORATION

88 MARSHALL AVE

DONCASTER VIC 3108

CANADA

FOR AN AMOUNT OF USD 89 705.50

DATE OF EXPIRY: 15 NOV, 2018

PLACE: IN BENEFICIARY'S DRAFT DRAWN ON US

AT SIGHT IN MONTREAL

THIS CREDIT IS TRANSFERABLE

AGAINST DELIVERY OF THE FOLLOWING DOCUMENTS

+COMMERCIAL INVOICES IN 5 COPIES

+CANADA CUSTOMS INVOICES IN 6 COPIES

+FULL SET OF NEGOTIABLE INSURANCE POLICY OR CERTIFICATE BLANK ENDORSED FOR 110 PERCENT OF INVOICE VALUE COVERING ALL RISKS

+FULL SET OF ORIGINGAL MARINE BILLS OF LADING CLEAN ON BOARD PLUS 2 NON-NEGOTIABLE COPIES MADE OUT OR ENDORSED TO ORDER OF NATIONAL PARIS BANK, 24 MARSHALL VEDONCASTER MONTREAL, CANADA.

+SPECIFICATION LIST OF WEIGHTS AND MEASURES IN 4 COPIES COVERING SHIPMENT OF COTTON TEATOWELS.

AS PER S/C ST303.

FOR 1-300 SIZE 10 INCHES * 10 INCHES 16000 DOZ. AT USD 1.31/DOZ.

301-600 SIZE 20 INCHES * 20 INCHES 6000 DOZ. AT USD 2.51/DOZ.

AND 601-900 SIZE 30 INCHES * 30 INCHES 11350 DOZ. AT USD 4.73/DOZ

CIF MONTREAL

FROM CHINESE PORT TO MONTREAL PORT

NOT LATER THAN 31, OCT., 2018

PARTIAL SHIPMENTS: ALLOWED

TRANSSHIPMENT: ALLOWED

SPECIAL INSTRUCTIONS

+ALL CHARGES IF ANY RELATED TO SETTLEMENTS ARE FOR ACCOUNT OF BENEFICIARY

+IN CASE OF PRESENTATION OF DOCUMENTS WITH DISCREPANCY (IES) A CHARGE OF USD 55.00

THIS CREDIT IS SUBJECT TO UCP FOR DOCUMENTARY CREDITS 2007 REVISION ICC PUBLICATION 600 AND IS THE OPERATIVE INSTRUMENT

有关补充资料：

H. S. 编码:2041.3652　　发票号码:T03617

B/L No.: HJSHB142939　　运费:USD 800

登记手册编号:C22077100502　　出口企业代码:46785427

外汇核销单编号:28/1555451

SIZE	G. W.	N. W.	MEAS(m^3)
10"×10"	58kgs/BALE	57kgs/BALE	0.1624/BALE
20"×20"	54kgs/BALE	53kgs/BALE	0.176/BALE
30"×30"	53kgs/BALE	51kgs/BALE	0.13/BALE

七、不可撤销跟单信用证

不可撤销跟单信用证举例如下。

DOCUMENTARY CREDIT

BENEFICIARY:

SHANGHAI IMPORT & EXPORT TRADE CORPORATION

1321, ZHONGSHAN ROAD SHANGHAI, CHINA

DATE OF ISSUE: 01/04/18

ISSUING BANK:

NATIONAL AUSTRALIA BANK LIMITED SYDNEY

(TRADE AND INTERNATIONAL PAYMENTS)

FORM OF DOCUMENTARY CREDIT: IRREVOCABLE

DATE AND PLACE OF EXPIRY: 17/05/18 IN COUNTRY OF BENEFICIARY

APPLICANT:

THE CLOTHING COMPANY AUSTRALIA PTY LTD

101 BURWOOD HIGHWAY

BURWOOD VIC 3125

CURRENCY AND AMOUNT: USD 15 800.00

POS. /NEG. TOL. : 10/10

AVAILABLE WITH/BY

FREELY NEGOTIATIABLE AT ANY BANK

BY NEGOTIATION

DRAFTS AT ... : SIGHT

DRAWEE:

NATIONAL AUSTRALIA BANK LIMITED SYDNEY

(TRADE AND INTERNATIONAL PAYMENTS)

PARTIAL SHIPMENTS: PERMITTED

TRANSSHIPMENT: NOT PERMITTED

LOADING ON BOARD/DISPATCH/TAKING IN CHARGE AT/FROM ANY CHINESE PORT

FOR TRANSPORT TO MELBOURNE AUSTRALIA

LATEST DATE OF SHIP: 180503

DESCRIPTION OF GOODS:

KNITTED GARMENTS OF 92 PERCENT COTTON AND 8 PERCENT

SPANDEX AS PER ORDER No. 1354 MULTISTICH CREW

400 PCS　　USD 5.20　　USD 2 080.00

CFR MELBOURNE AUSTRALIA

DOCUMENTS REQUIRED (IN DUPLICATE UNLESS OTHERWISE STATED)

+FULL SET OF CLEAN ON BOARD MARINE BILL OF LADING MADE OUT TO THE ORDER OF SHIPPER BLANK ENDORSED AND MARKED FREIGHT PREPAID

+COMMERCIAL INVOICE

+PACKING LIST

+CERTIFICATE OF ORIGIN

+PACKING DECLARATION

ADDITIONAL CONDITIONS

+ALL DOCUMENTS IN DUPLICATE UNLESS OTHERWISE STIPULATED.

+DOCUMENTS NEGOTIATED WITH OR SUBJECT TO ACCEPTANCE. ANY DISCREPANCY WILL ATTRACT A HANDLING FEE OF USD 40. THIS FEE WILL BE

DEDUCTED FROM PROCEEDS REMITTED BY OURSELVES.

+ CONTACT AT SUNTOR AND BLOOMING IS JIMMY ON TELEPHONE 216399001.

+ ALL DOCUMENTS MUST BE IN THE NAME OF:

MAGGIET CORPORATION PTY. LTD

101 BURWOOD HIGHWAY

BURWOOD VIC 3125

+ INSTRUCTIONS FOR NEGOTIATING BANK: ON PRESENTATION OF DOCUMENTS UNDER THIS L/C, THE NEGOTIATING BANK'S PRESENTATION SCHEDULE MUST INDICATE THE NUMBER AND DATE OF ANY AMENDMENTS THAT HAVE BEEN AVAILED/REJECTED UNDER THEIR NEGOTIATION.

CHARGED:

ALL BANK COMMISSIONS AND CHARGED OUTSIDE AUSTRALIA, PLUS ADVISING AND

REIMBURSING COMMISSIONS, ARE FOR ACCOUNT OF BENEFICIARY.

PERIOD FOR PRESENTATION:

DOCUMENTS TO BE PRESENTED WITHIN 14 DAYS AFTER THE DATE OF SHIPMENT INDICATED ON TRANSPORT DOCUMENT BUT WITHIN THE CREDIT VALIDITY.

CONFIRMATION INSTRUCTIONS:

ADVISING BANK IS NOT REQUESTED TO CONFIRM THE CREDIT.

REIMBURSMENT BANK:

NATIONAL AUSTRALIA BANK LIMITED SYDNEY

(TRADE AND INTERNATIONAL PAYMENTS)

INSTRUCTIONS TO THE PAYING/ACCEPTING/NEGOTIATING BANK:

DOCUMENTS ARE TO BE FORWARDED TO NATIONAL AUSTRALIA BANK TRADE SOLUTIONS SERVICE CENTRE P. O. BOX 9909 4/20 BOND STREET, SYDNEY, NEW SOUTH WALES 2001 ORIGINALS BY AIR COURIER OR REGISTERED AIRMAIL, DUPLICATES BY AIRMAIL.

ON RECEIPT OF DRAFT AND DOCUMENTS OF NEGOTIATION (DRAWN IN COM-

PLIANCE WITH THE CREDIT) WE WILL REIMBURSE NEGOTIATING BANK BY TELEGRAPHICALLY REMITTING FUNDS AS INSTRUCTED. REIMBURSEMENT INSTRUCTIONS ARE TO INDICATE NAME OF CORRESPONDENT BANK AND NAME AND NUMBER OF ACCOUNT TO BE CREDITED.

ADVISE THROUGH BANK:

AUSTRALIA AND NEW ZEALAND BANKING
SWIFT: ANZBCNSH: XXX
LEVEL 39 SHANGHAI SENMAO INTERNL
BLDG, 101 YIN CHENG, SHANGHAI, CHINA

有关补充资料:

S/C No. : T228855　　INVOICE No. : 18SB200D
H. S. CODE: 61. 10　　COUNTRY OF ORIGIN: CHINA
GROSS WEIGHT: 9. 5KGS/CTN　　NET WEIGHT: 8. 5KGS/CTN
MEAS: $1m^3$/CTN
SHIPPING MARKS: MAGGIET/MELBOURNE, MADE IN CHINA
TOTAL: 400PCS (BLACK 200PCS, WHITE 200PCS), PACKED IN 16 CARTONS

第三章 国际贸易结汇单证

【学习要点与要求】

本章介绍国际贸易各种结汇单证的作用、内容、缮制方法及注意问题等，特别是对发票、汇票、提单、保险单这四种单据作详细阐述。

第一节 发票

一、商业发票(Commercial Invoice)

商业发票(样本见第七章表 7－2)是国际贸易结算中最重要的单据之一，所有其他单据都以它为中心来缮制。因此在制单顺序上，往往首先缮制商业发票。

商业发票是出口商详细列述货物价目的一种清单，也是陈述、申明、证明和提示某些事宜的书面文件，是进口国确定征收进口关税的基本资料。它对装运货物的全面情况进行描述，包括品质、数量、价格，有时还有包装。

(一)商业发票的作用

1. 发票是交易的合法证明文件，是货运单据的中心，也是装运货物的总说明。

2. 发票是买卖双方收付货款和记账的依据。

3. 发票是买卖双方办理报关、纳税的计算依据。

4. 在信用证不要求提供汇票的情况下，发票代替汇票作为付款依据。

5. 发票是出口人缮制其他出口单据的依据。

（二）商业发票的缮制

1. 出票人名称与地址（Exporter）：一般情况下，出票人即为出口商，制单时应标出其中英文名称和地址。当采用印刷空白发票或电脑制单时，已预先印上或在程序中编入出票人的名称和地址。出票人名称和地址应与信用证的受益人名称和地址一致。

2. 发票名称：发票名称必须用粗体标出“COMMERCIAL INVOICE”或“INVOICE”。

3. 发票抬头人名称与地址（Messrs.）：名称和地址不应同行放置。采用信用证支付货款时，若信用证上有指定抬头人，则按来证规定制单；否则，一般填写开证申请人（进口商）的名称和地址。采用托收方式支付货款时，填写合同买方的名称和地址。

4. 运输资料（Transport Details）：填写货物实际的起运港（地）、目的港（地）以及运输方式，若货物需经转运，应把转运港的名称表示出来，如：From Guangzhou to New York W/T Hong Kong by Vessel。

5. 发票号码（Invoice No.）：发票号码由出口商据本公司实际情况自行编制。

6. 发票日期（Invoice Date）：在所有结汇单据中，发票是最早签发的单据，该日期可以早于开证日期，但不得迟于信用证的议付有效期（Expiry Date）。

7. 信用证号码（L/C No.）：当采用信用证支付货款时，填写信用证号码；若信用证没有要求在发票上标明信用证号码，此项可不填。当采用其他支付方式时，此项不填。

8. 开证日期（L/C Date）：填写信用证的开证日期。

9. 合同号码（S/C No.）：合同号码应与信用证上列明的一致，一笔交易牵涉几个合同的，应在发票上表示出来。

10. 支付方式（Terms of Payment）：填写该笔业务的付款方式，如 L/C、T/T 等。

11. 唛头及件号(Marks & Number):发票的唛头应按信用证或合同规定填写,并与托运单、提单等保持严格一致。若为裸装货或散装货,可填写 N/M(No Mark)。若信用证或合同没有指定唛头,出口商可自行设计,内容包括客户名称的缩写、参考号(合同号或信用证号等)、目的港、件号等部分。若货物运至目的港后还要转运到内陆城市,可在目的港下面加打 In Transit to ... 或 In Transit 字样。

12. 货物内容(Description of Goods):一般包括货物的名称、规格、数量、单价、贸易术语、包装等项目,制单时应与信用证严格一致,省略或增加货名的字或句,都会造成单证不符,开证银行有权拖延或拒付货款。信用证引导货物内容的词或词组主要有:

- Description of Goods
- Description of Merchandise
- Shipment of Goods
- ... covering shipment of ...
- ... covering the following goods by ...
- ... covering value of ...

成交商品规格较多时,信用证常规定"as per S/C No. ...",制单时须分别详列各种商品的规格和单价;当使用托收等其他支付方式时,货物内容应与合同一致。

13. 商品的包装、件数(Quantity):填写实际装运的数量及包装单位,并与其他单据一致。凡信用证数量前有"约""大概"或类似词语,交货时允许数量有10%的增减幅度。

14. 单价(Unit Price):完整的单价由计价货币、计量单位、单位金额、价格术语四部分组成。凡信用证单价前有"约""大概"或类似词语,交货时允许单价有10%的增减幅度。

15. 总值(Amount):发票总值不能超过信用证规定的最高金额,按银行惯例的解释及UCP600,开证行可拒绝接受超过开证金额的商业发票,但信用证总值前有"约""大概"或类似词语,交货时允许总值有10%的增减幅度。实际装运时,若信用证金额有余,在开证人和开证行同意的情况下,可用发票金额制单结汇;若信用证金额不够,为保证发票金额与信用证金额一致,可做如下处理:

(1)发票金额比信用证金额多一点,例如8.20美元,可在发票上加注“Written off USD8.2, net proceed USD10 000.00”(实收货款10 000美元,少收8.20美元)。

(2)发票金额比信用证金额多一些,例如80.20美元,可在发票上加注“Less USD80.20 to be paid by D/D later, net proceed USD10 000.00”(实收货款10 000美元,80.20美元其后通过票汇收取)。

(3)发票金额比信用证金额多许多,例如300美元,则应征得进口商和开证行同意,具体操作是通过议付行电询开证行,方可按发票实际金额制单。

若来证要求在发票中扣除佣金,则必须扣除,折扣与佣金的处理方法相同。例如,来证要求“from each invoice 5 percent commission must be deducted”,且总金额规定为“USD145 935.00 FOBC5% Oslo”,则在价格栏中的金额应填写如下:

FOBC5%	OSLO	USD145 935.00
LESS	COMMISSION 5%	7 296.75
FOB	OSLO	USD138 638.25

有时证内无扣除佣金的规定,但金额正好是减佣后的净额,发票应显示减佣,否则发票金额超证。

以CIF价成交时,若来证要求“showing the FOB value, Freight and Insurance separately”(显示FOB价,并分列运费、保险费),制单时可填写如下:

		FOB USD UNIT PRICE	FOB USD TOTAL
NO.505	200 SETS	30.40	6080.00
NO.508	200 SETS	30.40	6080.00
	TOTAL FOB VALUE		USD12 160.00
	FREIGHT		USD 2 128.00
	INSURANCE		USD 912.00
	TOTAL CIF VALUE		USD15 200.00

16. 贸易术语(Trade Terms):贸易术语涉及买卖双方责任、费用和风险的划分,也是进口地海关核定关税的依据,因此,商业发票必须标出贸易术语。信

用证中的贸易术语一般在货物内容的单价中表示出来。

17. 声明文句:信用证要求在发票内特别加列船名、原产地、进口许可证号等声明文句时,制单时必须一一详列。常用的声明字句有:

(1)证明所列货物与合同或订单所列货物相符。如:

• We certify that the goods named have been supplied in conformity with order No. 123. 兹证明本发票所列货物与第 123 号合同相符。

(2)证明原产地。如:

• We hereby certify that the above mentioned goods are of Chinese origin. 或 This is to certify that the goods named herein are of Chinese origin. 兹证明所列货物系中国原产。

(3)证明没装载于或停靠限制的船只或港口。如:

• We certify that the goods mentioned in this invoice have not been shipped on board of any vessel flying Israeli flag or due to call at any Israeli port. 兹证明本发票所列货物没装载于悬挂以色列国旗或驶靠任何以色列港口的船只。

(4)证明货真价实。如:

• We certify that this invoice is in all respects true and correct both as regards to the price and description of the goods referred herein. 兹证明本发票所列货物在价格、品质规格各方面均真实无误。

(5)证明已航邮有关单据。如:

• This is to certify that 2 copies of invoice and packing list have been airmailed directly to applicant immediate after shipment. 兹证明发票、装箱单各两份,已于装运后即直接航邮开证人。

18. 出单人签名或盖章:商业发票只能由信用证中规定的受益人出具,除非信用证另有规定。若以影印、电脑处理或复写方法制作发票,作为正本者,应在发票上注明"ORIGINAL"(正本)字样,并由出单人签字。UCP600 规定商业发票可不必签字,但来证规定发票需手签的,则必须手签;对墨西哥、阿根廷出口,即使信用证没有规定,也必须手签。

(三)部分国家对发票的特殊规定

1. 智利:发票内要注明运费、保险费和 FOB 值。

2. 墨西哥:发票要手签。一般发票要求领事签证,可由贸促会代签,并注"There is Mexican consulate here"(此地无墨西哥领事),在北京可由墨西哥驻华使馆签证。

3. 澳大利亚:发票内应加发展中国家声明,可享受优惠关税待遇。声明如下:

• Development country declaration that the final process of manufacture of the goods for which special rates are claimed has been performed in China and that not less than one half of factory or works cost of the goods is represented by the value of the labored or materials or of labor and materials of China and Australia.

4. 伊拉克:要求领事签证,由贸促会代替即可。

5. 黎巴嫩:发票应加证实其真实性的词句。如:

• We hereby certify that this invoice is authentic, that it is only one issued by US for the goods herein, that the value and price of the goods are correct without any deduction of payment in advance and its origin is exclusively China.

6. 科威特:发票内要注明制造厂商名称和船名,注明毛净重并以千克表示。

7. 巴林:发票应注明货物原产地,并手签。

8. 斯里兰卡:发票要手签,并注明 BTN NO. 。

9. 秘鲁:若信用证要求领事签证,可由贸促会代替,发票货名应以西班牙文表示;同时列明价值、运费、保险费等。

10. 巴拿马:可由我贸促会签证并须注明"此地无巴拿马领事"。

11. 委内瑞拉:发票应加注西班牙文货名,由我贸促会签证。

12. 伊朗:发票内应注明关税号。

13. 阿拉伯地区:一般要求发票注明货物原产地并由贸促会签证或由贸促会出具产地证。

14. 尼泊尔、印度:发票手签。

15. 土耳其:产地证不能联合在发票内。

(四)信用证项下商业发票的缮制与审核注意事项

1. 标题。若信用证只要求发票而未作进一步定义,可提交任何形式的发票,如商业发票、海关发票、税务发票、最终发票、领事发票等。若信用证要求商业发票,可接受标题为“Invoice”的发票,不一定写明是“Commercial Invoice”,但不可提交形式发票(Pro-forma invoice)、临时发票(Provisional invoice)或类似的发票。形式发票是贸易成交时货物出运前由出口商开给进口商的一种非正式发票,虽然内容可能和商业发票完全一致,但往往注有“This pro-forma invoice is issued only for the purpose of applying import license by the importer. The terms and conditions contained herein will be deemed valid only after its final approval by the seller”(此发票仅供进口商申请进口许可证使用,本交易以卖方最后确认为有效)的语句,对双方没有约束力。临时发票是出口商在贸易成交前给买方的报价单,商品的规格、价格及可能与最后成交的贸易条件有很大出入。所以,在信用证要求提交发票时,不能提交形式发票或临时发票。

2. 出单人。托收方式下,出单人一般为合同中的卖方,即出口商。在信用证方式下,商业发票必须表面看来由信用证中具名的受益人出具,也就是说,出具时必须使用受益人的信笺。例如,受益人为 T 公司,出单时用印有 T 公司名称和地址等内容的信笺;若信用证的受益人为 T 公司(总公司),货物由其分部 ABC 公司发运,使用 ABC 公司的信笺格式制作发票,同时,ABC 公司为了满足信用证要求在发票上注了 T 公司的名称,对这种做法,据 UCP600 第 18 条,若信用证指定的受益人是总公司,则以其分部 ABC 公司名义出具的发票不能认为是由受益人出具的。UCP600 第 18 条也有“除非信用证另有规定”的措辞,在上述情况下,若受益人想提交某种特定单据,可设法让开证行在信用证中清楚地规定单据的样式和类型,例如加注“Documents presented on ABC Division's letter head acceptable”的条款,此时提交用 ABC 公司信笺格式制作的发票就满足信用证要求了。

3. 抬头人。托收方式下,抬头人一般为合同中的买方。信用证方式下,一般发票应以开证申请人为抬头,但在信用证对抬头有特别规定时,则应照办,这表明可能开证申请人不是货物的真正买主,只是中间商。至于发票抬头是否应包括申请人的地址,国际商会在 ICC632 R470 中指出,UCP600 第 18 条并未构成申请人地址必须出现在单据上的要求,仅提及发票要以申请人为抬头。可见,发票抬头可不包括开证申请人地址。

在转让信用证项下,可用第一受益人名称替代原信用证申请人的名称。在此情况下,第二受益人提交的发票可用第一受益人名称作为抬头,也可不用第一受益人名称而直接以原信用证申请人为抬头。若信用证另有特殊要求,就按信用证规定办理。例如,转让信用证的第一受益人为"Good Fortune Company Limited, Hong Kong",第二受益人为"China National Textiles Import and Export Corporation, Nanjing",据 UCP600 第 38 条(g)款,发票可做成"Good Fortune Company Limited, Hong Kong"抬头;但若该证还有以下条款:"Full set of clean on board ocean B/L made out to order and blank endorsed marked freight prepaid notify Wako Koeki Company Limited, Tokyo"和"Signed commercial invoice in three copies made out to above notify party",那么根据上述特别条款,第二受益人提供的发票则必须以提单通知人为抬头,即"To Wako Koeki Company Limited, Tokyo",若按常规把发票抬头做成"To Good Fortune Company Limited, Hong Kong",即为不符。

4. 货物描述。货物描述,即货物名称、规格、包装等,是对货物的详细说明。发票中的货物描述和价格条件必须与信用证规定一致。与其他单据相比,UCP600 对发票上货物描述的要求是较严格的。国际商会第 459 号出版物《跟单信用证案例研究》(ICC459) Case 42 中对装运"Emulsifying Agents"[乳化剂(复数)]的信用证项下,提单及装箱单上货物描述为"Emulsifying Agent"[乳化剂(单数)]是否可接受的问题,有两种不同意见,有的认为遗漏"s"不能视为不符,可按拼写错误对待;有的认为应视为严重不符,尤其是在该液体成分有数种时更是如此。对于装箱单、提单这些对货物描述要求不太高的单据,国际商会尚如此谨慎,发票上的货物描述与信用证一致的重要性可想而知,所以最为保险的做法是准确地引用信用证的措辞。

当贸易术语作为信用证中货物描述的一部分时,无论是与货物金额联系在一起表示,如"CIF New York USD 10 000.00",还是作为单独的一条与装运有关的规定,如"FOB Shanghai",发票都必须显示信用证指明的贸易术语。

若货物描述提供了贸易术语的来源,则发票必须表明相同的来源。例如,信用证规定"CIF New York INCOTERMS 2000",意指这里的 CIF 是依据 INCOTERMS 2000 的解释和定义,在发票的货物描述中应将这一表述全部显示,若只打"CIF New York"就不符合信用证要求。国际商会在《2000 年国际贸易术语解释通则》的引言中提醒:"鉴于 INCOTERMS 不时修订,所以如果合同当事方意图在销售合同中订入 INCOTERMS 时,清楚地指明所引用的 INCOTERMS 版本是很重要的。希望使用 INCOTERMS 2000 的商人,应在合同中明确规定该合同受 INCOTERMS 2000 的约束。"国际商会认为,"贸易术语是合同的重要部分,贸易双方均受其约束。贸易术语常被写进信用证的货物描述,被视做货物描述的一部分。不论它在信用证内被写进货物描述还是显示在别处,它都必须被写进商业发票内。如果商业发票未列明信用证规定的贸易术语,便构成不符,银行有权拒绝接受单据。"如 ICC632 R237 案例中,信用证的货物描述是:

Description	Quantity	Price	Total
		FOB Shanghai	
100% Silk Ladies Equipment Blouses	5 250	USD 6. 30	USD 33 075. 00
		Total:	USD 33 075. 00

提交的发票未注明"FOB Shanghai",国际商会认为,"FOB Shanghai"这一词语,经买卖双方同意并视为信用证中货物描述的一部分时,应视为对商业发票的一项要求,须由发票中的一项陈述予以满足。由于该发票未注明"FOB Shanghai"这一交货条件,有理由拒绝接受。

5. 数量。发票必须反映装运货物的实际数量,但若发票显示了信用证中提到的关于商品数量的描述,还显示了装运货物的实际数量,即提单上的数量,也可接受。例如,信用证的货物描述显示 10 辆卡车和 5 辆拖拉机两种货物,若信用证不禁止分批装运,常规做法是在发票上表明实际装运的数量,如 4 辆卡车;但若在发票上列明信用证规定的全部货物描述,即 10 辆卡车和 5 辆拖拉机,然后注明实际装运了 4 辆卡车,也是可以接受的。但发票中不得显示信用证未要求的货物,包括样品、广告材料等,即使注明这些货物是免费的(free of charges)也不行。例如,信用证规定出运 10 辆卡车,发票显示"10 辆卡车、10 只备用轮胎(免费)",则不可接受。

发票数量应满足信用证要求,即要符合 UCP600 第 30 条的规定。据 UCP600 第 30 条(a)款,信用证中若在数量前有 about、approximately、circa 等类似字样,数量可增减 10%。例如,信用证规定"about 100 M/T"或"approximately 100 cartons",所出货物可相应在 90 ~ 110 公吨或 90 ~ 110 箱之间。据 UCP600 第 30 条(b)款,若信用证未规定数量不可增减,当货物不是以包装单位或个体计数时,在支取金额不超过信用证金额的前提下,数量可有 5% 的增减,所谓"包装单位"包括箱、盒、桶之类的包装;"个体"指的是件(piece)、打(dozen)等。例如信用证规定出运货物“100M/T”,在满足其他条件时,可出数量为 95 ~ 105 公吨,而当信用证规定出运货物“100 cases”时,此伸缩幅度则不能适用。据 UCP600 第 30 条(c)款,若信用证禁止分批装运,当信用证对货物数量、单价有规定,且已全数装运、单价又未降低时,允许支取金额有 5% 的减幅。

要使发票上的数量满足信用证要求,除了考虑 UCP600 第 30 条的规定外,还要进一步考虑增减比例的适用范围,即增减比例是适用于总数量还是每一批出运的货物数量。有一信用证的货物描述为:40 000 吨(±10%),货名为 ABC 和 XYZ,未限制每种货物的数量,每种货物发货的比例为“50/50 approximately”,金额允许 10% 增减。提交的发票上显示货物为:

ABC　22 365 吨(超过 10% 的增减幅度)

XYZ　20 899 吨

总计: 43 264 吨(在 10% 的增减幅度内)

国际商会认为“approximately”这样的表述意图不是很明确,UCP600 第 30 条(a)款则认为在规定数量基础上允许有 10% 的增减。上述信用证条款中的“大约”一词没有直接用于整体的数量,而是用于不同货物的装运比例,这一限定意味着货物 ABC 装运数量为 16 200 ~ 24 200 吨,单据应被接受。具体计算为,总数量 40 000 吨减增 10% 分别为 36 000 吨(最少)和 44 000 吨(最多),再按比例 50% 减增 10% 计算,即单种货物最少量为 36 000 × 45% = 16 200,最多量为 44 000 × 55% = 24 200。

再如,信用证要求出运 37 000 磅马海毛纱,其中:20 000 磅最迟 8 月 22 日交货,17 000 磅最迟 8 月 27 日交货,每磅价格 23.98 港币,同时规定“L/C amount & quantity 5% more or less acceptable”(信用证金额及数量允许增减 5%)。发票显示:

8 月 19 日　出运 20 000 磅　HKD479 600.00

8 月 24 日　出运 18 000 磅　HKD431 640.00

开证行认为信用证中的 5% 增减适用于每一次交货,但议付行理解 5% 增减仅适用于总量。国际商会答复,若信用证对货物的数量、颜色、尺寸或其他规格作出了详细的规定,而且声明,对金额、数量或其他规格的某一限制并不只针对某个特定的金额或某个特定的规格,则这种对该限制的普遍接受的方式,使得该限制既适用于货物的各个组成部分,又适用于货物的全部。在本例中,信用证未说明增减5%的幅度只适用总量或其中某一批，故这一数量限制条件既适用于每一批交货，也适用于总数量。

6. 单价和总金额。发票必须表明装运货物的价值。若信用证规定了单价，发票上应显示与信用证一致的单价。有一信用证规定了单价，而其后提交的单据没有列明单价，只显示了总数量和总金额，据此能计算出单价，国际商会认为，若单据被明确要求注明单价，受益人必须完全照办。开证行、其指定银行都没有义务根据总金额除以总数量能否得到信用证中所要求的单价来决定单据是否可接受。而且，总金额除以总数量并不一定能得到信用证中所要求的单价。因此，如果上述单据没有注明单价，那么即使已显示总数量和总金额，仍可视做不符点。

发票上的总金额必须准确掌握。通常信用证金额就是开证申请人应支付的货款金额，也即是信用证允许受益人支取的最高限额，因此，信用证项下发票的金额应等于或小于信用证金额。

若发票金额大于信用证金额，可能是交货数量或货物单价方面的原因，除非信用证另有规定，这种发票可被拒绝接受。例如，信用证规定金额“not exceeding USD 19 250. 00”，同时强调“The gross CIF value of the goods before deduction of agent's commission, if any, must not exceed the credit amount”。提交的发票上金额为：

	USD 20 247. 50
Less commission	USD 997. 50
	USD 19 250. 00

发票上扣除佣金前的货物毛值为USD20 247. 50，超过了信用证金额，构成不符。

若信用证规定的金额为“For an amount of USD 3 325 000. 00”，同时要求提交“Separate credit note in 5 copies for 5% of the CIF value”，这时，发票的金额显示为USD 3 500 000. 00，则不能认为是超过了信用证允许支取的金额，因按信用证规定，还要出具以开证申请人为抬头、列明5%佣金额的贷记账单（Credit Note），注明“We have offset the amount by a corresponding deduction already made from our bill drawn under L/C No. . . . ”，将USD175 000. 00作为发票金额的减项予以扣除，受益人实际支取的金额是USD 3 325 000. 00，即信用证的金额。

有少数信用证规定单价为一种货币,而总值又是另一种货币,此时发票上的单价应使用信用证中单价所用货币,最终的总值再折合成信用证中总值的货币,且注意不应超过信用证规定的总值。

发票必须显示信用证要求的佣金和折扣。若信用证规定的价格中含佣金或折扣,如 CIFC2(CIF 价含佣 2%)、CIFD2(CIF 价格含折扣 2%),也要照此缮打,这是信用证规定扣除明佣的情况。若成交时约定以暗佣方式来支付中间商的佣金,发票上就不可出现佣金。扣除明佣和扣除暗佣可从信用证条款中加以辨别。若是明佣,信用证条款一般如"Invoice to show a deduction of 5% being commission payable to . . . ";若扣除暗佣,信用证的语句通常如"Draft for 95% of invoice value"(汇票做成发票的 95%),或要求在索汇时从索汇金额中扣除信用证规定比例的佣金,指示开证行付给信用证中指明的某中间商,如"at the time of negotiation the negotiating bank is authorized to pay beneficiary the draft amount less 3% being commission due to M/S . . . "或"an amount equal to 3% on the invoice value to be deducted from the amount payable to beneficiary, this amount not to be shown on the invoice but on a separate statement",或类似条款。

发票也可显示信用证未规定的预付款或折扣等有关的扣减额。有一信用证未显示任何预付款,后受益人提交的发票上减去了 30% 的信用证以外的预付款,保兑行以发票中显示了信用证中没有规定的减额(即预付款)为由拒绝接受单据。国际商会认为,UCP600 第 18 条(b)款允许被指定银行或开证行接受较高金额但支取金额不超过信用证金额的发票,注明有扣除预付款金额的单据应该被接受。

有时要求发票单列成本、运费和保险费,应照办,且成本、运费和保险费加总后不允许超出发票总金额,且单独列明的每一项也不可和其他单据上的相关金额矛盾。例如,信用证条款是"Commercial Invoice in one original and five copies indicating breakdown of cost and freight",则发票要分别列明成本和运费的细目,且计算相加后等于 CFR 价。同样,在 CIF 和 CIP 贸易条件下,若信用证要求注"breakdown of cost, insurance and freight",发票上也应分别列出,若同时提交的保险单注有保费,提单注有运费,还应将所注的运费、保费和其他单据(如出口许可证)的 FOB 金额相加,确保加总后的金额与 CIF 或 CIP 的总值相符。

7. 唛头。若信用证对唛头的细节作了规定,则载有唛头的单据必须显示这些细节,且额外信息可接受,只要它与信用证条款和其他单据内容不矛盾。因按国际商会的意见,信用证在规定唛头时,必须清楚表明是否只有该唛头才可接受,若无限制性词语,银行将接受在规定唛头以外的其他任何附加唛头的单据。

8. 加注。信用证有时会要求在发票上加注一些内容,对此应据具体情况加以掌握,不能以符合信用证规定为由,完全照搬信用证条款。若信用证要求“The goods should containerized and invoice should certify this”,那么发票应证明“The goods have been containerized”;若信用证规定“Invoice must specify type of garments and component material of chief value”,那么发票应注明实际出运服装的式样及所用原料的主要成分,主要成分是棉,则打上 CVC(Chief Value of Cotton),主要成分是人造纤维,则注明 CVS(Chief Value of Synthetic Fiber),在客户提供辅料生产服装的信用证中,有时会有“Commercial invoice should list all goods and services furnished for production of the merchandise not already included in the invoice price”条款,这时不能简单地在发票上注明“We have listed all goods and services furnished for production of the merchandise”,而要列明辅料和劳务成本的具体价格,以免进口商报关时会被认为价格偏低,引起倾销的误会。

9. 签字。据 UCP600 第 18 条,商业发票无须签字。但当信用证条款为“Signed commercial invoice in three copies”时,发票必须签字。有时虽未要求出具“Signed invoice”,但要求在发票上加注各类证明文句,如“Commercial invoice in 4 copies stating the name and address of manufacturer or processor certifying the origin of goods and contents to be true and correct”,或者信用证虽未要求加注证明文句,但受益人在发票上已额外加注了证明文句,这些情况下都需签字。因按国际商会第 515 号出版物《ICC 跟单信用证业务指南》(ICC515)所述,当跟单信用证要求一份单据作为证明开出时,单据须有签字。

单据签字可手签,也可用仿真签字(Facsimile Signature)、图章签字(Stamp Signature)、穿孔签字、符号或其他任何机械或电子证实的办法签字。有时信用证可能要求“manually signed”或“hand signed”(手签),此时必须采用原始手签,不可用盖章或用刻有手签签样的图章替代,否则会被认为是仿真签字或图章签字。若信用证要求“duly signed”,则受益人签章需显示公司名称及有权签字人的签字。

10. 正本和副本。按《国际标准银行实务》，除非信用证允许提交副本，每种规定的单据至少需提交一份正本，提交的正本单据数必须至少为信用证或 UCP600 要求的数量，或当单据自身表明了出具正本数时，至少为该单据表明的数量。UCP600 第 17 条(a)款也规定，“信用证中所规定的各种单据必须至少提供一份正本”。

有时从信用证的措辞难以判断要提交正本还是副本，对此，《国际银行标准实务》作了明确的规定：“Invoice”“One Invoice”“Invoice in 1 copy”，这些措辞可理解为要求一份正本发票；“Invoice in 4 copies”，则提交至少一份正本发票，其余用副本发票即满足要求；“One copy of Invoice”，提交一份副本发票即为符合要求，不过，在此情况下，也可提交正本发票。

可作为正本接受的单据有：①表面看来为出单人手工书写、用打字机打字而成、穿孔或盖章，包括手签、仿真签字、手工标记而成的复印件；②表面看来出具在出单人原始函电用纸上，包括将文本复印到原始函电用纸而成的单据；③声明其为正本，包括加盖有“Original”（正本）一词的单据、带有“Duplicate Original”（第二份正本）或类似声明的单据、带有“Third of Three”（三份中的第三份）或类似声明的单据、带有“It is void if another document of the same tenor and date is used”（另一份同样文本及日期的单据一经使用，本单据即告失效）或类似声明的单据，除非该声明看来不适用于该单据，如该单据表面看来为另一载有该声明的单据的复印件。

除非信用证另有规定，标明副本字样或没有标明正本字样的单据被视为副本单据，副本无须签字，包括：①表面看来是通过传真机产生的单据；②表面看来为另一份单据的复印件又未经手工标记完成或未复印在表面看来为原始函电用纸上；③在单据中声明其为另一单据的真实副本或另一单据为唯一正本。

（五）信用证商业发票条款举例

- Signed commercial invoice 3 – fold. 签署的商业发票一式三份。
- 5% discount should be deducted from total amount of the commercial invoice. 商业发票的总金额须扣除 5% 的折扣。
- Signed commercial invoice in quadruplicate showing a deduction of USD141.00 being ORC charges. 签署的商业发票一式四份，并显示扣除 141 美元

的 ORC 费用。

● Manually signed commercial invoice in triplicate indicating applicant's Ref. No. SCLI-05-0474. 手签的商业发票一式三份,并在商业发票上显示开证人的参考号。

● Beneficiary's original signed commercial invoices at least in triplicate issued in the name of the buyer indicating merchandise, country of origin and any other relevant information. 以买方名义开具,注明商品名称、原产国及其他有关信息,并经签署的受益人商业发票正本至少一式三份。

● Signed invoice combined with certificate of origin and value in duplicate as required for imports into Nigeria. 已签署的、联合有产地证明和货物价值证明的、输入尼日利亚所需的发票一式两份。

● Manually signed commercial invoices in six fold certifying that goods are as per Indent No. GA/MAMN/003/15 of 03.06.2018 quoting L/C No, BTN/HS No. and showing original invoice and a copy to accompany original set of documents. 手签的商业发票一式六份,证明货物是 2018 年 6 月 3 日号码为 GA/MAMN/003/15 的订单项下的,注明信用证号和 HS 税则分类号,显示正本发票和一份副本随附原套单证。

● Signed commercial invoice in triplicate showing separately FOB value, freight charge, insurance premium, CIF value and country of origin. 签署的商业发票一式三份,分开显示 FOB 总值、运费、保险费、CIF 总值和原产国。

● Signed invoice in quintuplicate, certifying merchandise to be of Chinese origin. 签署的发票一式五份,证明商品原产于中国。

● An amount equal to 6% of the invoice value to be deducted from the amount payable to beneficiaries, this amount not to be shown on the invoice, but a separate credit note (statement) in the name of ABC Co. covering his commission to be presented. 发票开列全部金额,汇票开列 94% 发票金额,另以 ABC 公司名义出具一份贷记账单(声明),支付其所得佣金。

● In the commercial invoice full and precise charges are required to be shown clearly for Australian Customs purpose including cost of granite, ocean freight, inland transport, stuffing packing charges, financial charges, value of outside packages, dock and port charges, transshipment charges then giving the CFR invoice total. 为满足澳大利亚海关要求,商业发票中应清楚列出成本、海洋运费、内陆运费、内包装费、银行费、外包装费、码头和港口费、转运费,然后给出 CFR 发票总额。

• Commercial invoice must indicate the following: a) that each item is labeled "made in China"; b) that one set of non-negotiable shipping documents has airmailed in advance to buyer. 商业发票上应证明以下内容:a)每件商品标明"中国制造";b)一套副本装运单据已预先航邮给买方。

• Each invoice to certify: CIF Bremen liner terms including seaworthy packing in wooden palletized crates. Crates to be handled by fork lift, container shipment acceptable. Crates lined with plastic sheet as a cover inside, goods are of Chinese origin, merchandise and packing as well to be absolutely neutral (no Chinese letters) only marking as prescribed is allowed. 每份发票上应证明 CIF Bremen. 班轮条件包括适合航运的木板条托盘包装,木板托盘用叉车起吊,允许集装箱装运;包装使用的木板条托盘内侧用薄塑料板作衬里;货物原产于中国,商品及包装是中性的,无中文字样出现,仅有规定中允许的标志。

二、海关发票(Customs Invoice)

海关发票是进口国(地区)海关制定的专用于向该国(地区)出口的一种特别的发票格式,要求出口商填制,主要内容是证明商品的成本价值和生产国。国外来证对海关发票所使用的名称或表达常见的有以下几种:①Customs Invoice;②Appropriate Certified Customs Invoice(证实发票);③Invoice and Combined Certificate of Value and Origin(估价和原产地联合证明书);④Certified Invoice in Accordance with ... Customs Regulations(根据……国海关法令开具的证实发票);⑤Signed Certificate of Value and Origin in Appropriate Form(签署的价值和原产地证实书)。

(一)海关发票的作用

海关发票由出口商填制后,供进口商在报关时提交给进口国(地区)海关,其主要作用是进口国海关以此:①作为进口货物估价完税的依据;②核定货物原产地,以实行差别税率政策;③查核货物在出口国市场的销售价格,以确定出口国是否以低价倾销而征收反倾销税;④作为统计资料的依据。

(二)要求提供海关发票的主要国家(地区)

要求提供海关发票的主要国家(地区)有美国、加拿大、澳大利亚、新西兰、牙买加、加勒比海共同市场国家、非洲国家等。由于各国(地区)海关的规定不同,各国(地区)有其不同的格式和不同的名称,各国(地区)常见的海关发票格式及名称如表 3－1 所示。

表 3－1　　各国(地区)常见的海关发票格式及名称

国家和地区	使用的海关发票格式及名称
美国	Special Customs Invoice FORM 5515 用于纺织品(Invoice Details for Cotton Fabrics and Linens) FORM 5523 用于鞋类(Invoice Details for Footwear) FORM 5520 用于钢材(Special Summary Steel Invoice, SSSI)
加拿大	Canada Customs Invoice
新西兰	Certificate of Origin for Exports to New Zealand, FORM 59A
西非格式(冈比亚、塞拉利昂、利比里亚)	Combined Certificate of Value and of Origin and Invoice of Goods for Exportation to west Africa, FORM C
东非(肯尼亚、乌干达、坦桑尼亚)	Combined Certificate of Value and Invoice in Respect of Goods for Importation into Kenya, Uganda and Tanzania
加勒比共同体 12 国	Caribbean Common Market Invoice, CARICOM
南非	Appendix "B", Customs Conference Form
巴布亚新几内亚	Combined Certificate of Value and of Origin No. 27
尼日利亚	Combined Certificate of Value and of Origin and Invoice of Goods for Exportation to Federation of Nigeria, Bowcourt No. 2
加纳	Combined Certificate of Value and Invoice in Respect of Goods for Importation into Ghana, FORM C61
赞比亚	Combined Certificate of Value for Exports to Zambia
牙买加、洪都拉斯、多米尼加	Invoice and Declaration of Value Required for Shipment to Jamaica

以上国家和地区的信用证中若要求出具"Certificated Invoice"就是指的海关发票。上述各式海关发票的出具人不能盖章,要求手签,即使更改也不能盖校对章,只能简签。有时海关发票格式有证明人(Witness)一栏的,其证明人的签字不能与其他单据的签字相同,应由第三者签字证明。

虽然海关发票种类较多,但据近年来国外来证情况,有些国家逐渐减少使用,同时,其内容除填列类同于商业发票的主要项目外,主要是证明商品的成本价值(Cost/Value)和生产国(Country of Origin)。

(三)海关发票的填制

以加拿大可填写的电子版海关发票为例,见表3-2。

加拿大海关发票是指销往加拿大的出口货物(食品除外)所使用的海关发票。其栏目用英、法两种文字对照,内容繁多,要求每个栏目都要填写,不得留空,若不适用或无该项内容,则必须在该栏目内填写"N/A"(Not Applicable)。具体填制规范如下。

1. Vendor Name and Address(出口商名称和地址):填写出口商名称和地址,包括城市和国家名称,信用证支付条件下填写受益人名称和地址。

2. Date of Direct Shipment to Canada(直接运往加拿大的日期):填写货物开始进行连续运输的日期,即装运日期,应与提单日期一致。若单据送银行预审,可请银行按正本提单日期代为加注。

3. Other Reference(其他参考事项):填写有关合约、订单或商业发票号码等。

4. Consignee(收货人的名称和地址):填写加拿大收货人的名称和地址,信用证项下一般为开证申请人。

5. Purchaser's Name and Address(买方名称和地址):填写向出口商购买货物的人,若与第4栏收货人相同,则此栏可打上"Same as Consignee"。

6. Country of Transshipment(转船国家):填写转船地点的名称。例如,在我国香港转船,可填写"From Guangzhou to Montreal with Transshipment at Hong Kong by Vessel"。若不转船可填写"N/A"。

7. Country of Origin of Goods(生产国别):填写China,若非单一国产货,则应在12栏中详细逐项列明各自的原产国名。

表 3－2　加拿大海关发票

Canada Border Services Agency　Agence des services frontaliers du Canada

CANADA CUSTOMS INVOICE
FACTURE DES DOUANES CANADIENNES

PROTECTED / PROTÉGÉ **B** when completed / une fois rempli

Page　of / de

1. Vendor (name and address) - Vendeur (nom et adresse)

2. Date of direct shipment to Canada - Date d'expédition directe vers le Canada
yyyy/mm/dd

3. Other references (include purchaser's order No.)
Autres références (inclure le n° de commande de l'acheteur)

4. Consignee (name and address) - Destinataire (nom et adresse)

5. Purchaser's name and address (if other than consignee)
Nom et adresse de l'acheteur (s'il diffère du destinataire)

6. Country of transhipment - Pays de transbordement

7. Country of origin of goods
Pays d'origine des marchandises
IF SHIPMENT INCLUDES GOODS OF DIFFERENT ORIGINS ENTER ORIGINS AGAINST ITEMS IN 12.
SI L'EXPÉDITION COMPREND DES MARCHANDISES D'ORIGINES DIFFÉRENTES, PRÉCISEZ LEUR PROVENANCE EN 12.

8. Transportation: Give mode and place of direct shipment to Canada
Transport : Précisez mode et point d'expédition directe vers le Canada

9. Conditions of sale and terms of payment
(i.e. sale, consignment shipment, leased goods, etc.)
Conditions de vente et modalités de paiement
(p. ex. vente, expédition en consignation, location de marchandises, etc.)

10. Currency of settlement - Devises du paiement

11. Number of packages / Nombre de colis	12. Specification of commodities (kind of packages, marks and numbers, general description and characteristics, i.e., grade, quality) / Désignation des articles (nature des colis, marques et numéros, description générale et caractéristiques, p. ex. classe, qualité)	13. Quantity (state unit) / Quantité (précisez l'unité)	Selling price - Prix de vente: 14. Unit price / Prix unitaire	15. Total

18. If any of fields 1 to 17 are included on an attached commercial invoice, check this box ☐
Si tout renseignement relativement aux zones 1 à 17 figure sur une ou des factures commerciales ci-attachées, cochez cette case
Commercial Invoice No. - N° de la facture commerciale ▶

16. Total weight - Poids total
Net　Gross - Brut

17. Invoice total
Total de la facture

19. Exporter's name and address (if other than vendor)
Nom et adresse de l'exportateur (s'il diffère du vendeur)

20. Originator (name and address) - Expéditeur d'origine (nom et adresse)

21. Agency ruling (if applicable) - Décision de l'Agence (s'il y a lieu)

22. If fields 23 to 25 are not applicable, check this box ☐
Si les zones 23 à 25 sont sans objet, cochez cette case

23. If included in field 17 indicate amount:
Si compris dans le total à la zone 17, précisez :
(i) Transportation charges, expenses and insurance from the place of direct shipment to Canada
Les frais de transport, dépenses et assurances à partir du point d'expédition directe vers le Canada
(ii) Costs for construction, erection and assembly incurred after importation into Canada
Les coûts de construction, d'érection et d'assemblage après importation au Canada
(iii) Export packing
Le coût de l'emballage d'exportation

24. If not included in field 17 indicate amount:
Si non compris dans le total à la zone 17, précisez :
(i) Transportation charges, expenses and insurance to the place of direct shipment to Canada
Les frais de transport, dépenses et assurances jusqu'au point d'expédition directe vers le Canada
(ii) Amounts for commissions other than buying commissions
Les commissions autres que celles versées pour l'achat
(iii) Export packing
Le coût de l'emballage d'exportation

25. Check (if applicable):
Cochez (s'il y a lieu) :
(i) Royalty payments or subsequent proceeds are paid or payable by the purchaser
Des redevances ou produits ont été ou seront versés par l'acheteur ☐
(ii) The purchaser has supplied goods or services for use in the production of these goods
L'acheteur a fourni des marchandises ou des services pour la production de ces marchandises ☐

Dans ce formulaire, toutes les expressions désignant des personnes visent à la fois les hommes et les femmes.

CI1 (08/09)　**If you require more space, please attach another sheet. - Si vous avez besoin de plus d'espace, veuillez joindre une autre feuille.**　BSF189

8. Transportation：Give Mode and Place of Direct Shipment to Canada(运输方式及直接运往加拿大的起运地点)：只要货物不在国外加工，不论是否转船，均填写起运地和目的地名称以及所用运载工具，如 From Guangzhou to Montreal by Vessel。

9. Condition of Sales and Terms of Payment(贸易条件及支付方式)：按商业发票的贸易条件填写，如 CFR Montreal by L/C at Sight 或 CIF Vancouver D/P at 60 Days Sight。

10. Currency of Settlement(货币名称)：卖方要求买方支付货币的名称，与商业发票一致，如 CAD。

11. No. of Packages(件数)：填写总包装件数，如 400 Cartons。

12. Specification of Commodities(商品描述)：商业发票的描述填写，并将包装情况及唛头填写在此栏。

13. Quantity(数量)：填写商品具体单位数量，而不是包装的件数。

14. Unit Price(单价)：按商业发票记载的每项单价填写，使用的货币与信用证和商业发票一致。

15. Total(总值)：按商业发票的总价填写。

16. Total Weight(总重量)：填写总毛重和总净重。

17. 发票总金额(Invoice Total)：按商业发票的总金额填写。

18. If any of Fields 1 to 17 are included on an attached Commercial Invoice, Check this box.(若 1 ~ 17 栏内容均已包括在所随附的商业发票内，则在方框内打"√")：并将有关商业发票号填写在横线上。

19. Exports Name and Address, if other than vendor(若非卖方，出口商名称及地址)：若出口商与第 1 栏的卖方不是同一名称，则列入实际出口商名称；若出口商与第 1 栏卖方为同一者，可将第 1 栏卖方名称及地址填入，也可打上"Same as Vendor"。

20. Originator Name and Address(负责人的姓名及地址)：填写出口商名称、地址、负责人签名。

21. Departmental Ruling, if any(主管当局的现行管理条例，如适用者)：指加方海关和税务机关对该货进口的有关规定，若有，则按要求填写；若无，一般填写"N/A"。

22. If Fields 23 to 25 are not applicable, Check this box(若 23 ~25 这三个栏目均不适用,在方框内打“√”)。

23. If included in field 17 indicate amount(若包括在第 17 栏内,请指出金额):(i) Transportation charges, expense and insurance from the place of direct shipment to Canada(自起运地至加拿大的运费和保险费),填运费和保险费的总和,允许以支付的原币填写在横线上面,若不适用则填“N/A”。(ii) Cost for construction, erection and assembly incurred after importation into Canada(货物进口到加拿大后进行建造、安装及组装而发生的成本费用),按实际情况填列,我出口纺织品和服装类商品不适用,可打上“N/A”。(iii) Export packing(出口包装费用),可按实际情况将包装费用金额打上,如无,则填“N/A”。

24. If not included in field 17 indicate amount(若不包括在第 17 栏内,请指出金额):(i)、(ii)、(iii)三栏一般均填写“N/A”,但若价格条件为 FOB,由出口商代进口商租船订舱出运,运费在货到时支付,则(i)栏可填实际运费金额。

25. Check if applicable(若适用则方框内打“√”):此栏与补偿贸易、来料加工、产品专卖等业务有关,一般出口业务不适用,(i)、(ii)两栏均打“N/A”。

三、其他类型的发票

实际工作中常会碰到要求提供各种不同类型的发票,这些发票从性质、作用来说,与商业发票有所不同,但往往与商业发票有一定联系。

(一)形式发票(Pro-forma Invoice)

出口商有时应进口商的要求,发出一份列有出售货物的名称、规格、单价等内容的非正式的参考性发票,供进口商向其本国贸易管理当局或外汇管理当局申请进口许可证或批准外汇等之用,这种发票叫做形式发票。形式发票不是正式发票,不能用于托收和议付,其所列单价等也仅是出口商据当时情况所作的估计,对双方无最终约束力,可以说形式发票只是一种估价单,正式成交后还要另外缮制商业发票。

形式发票与商业发票关系密切,信用证在货物描述后面常有“As per Pro-forma Invoice No. ... dated ...”(按某月某日之形式发票)等条款,对此援引只要在商业发票上打明即可。

(二)领事发票(Consular Invoice)

有些国家法令规定,进口货物必须领取进口国在出口国领事签证的发票,作为有关货物征收进口关税的前提条件之一。

领事发票与商业发票是平行的单据,是出口商根据进口国驻出口国领事馆的要求填写并经领事馆签章的发票。作为一份官方单证,对于领事发票的格式及其他要求各国有不同的规定,有些国家制定了固定格式,这种格式可以从领事馆获得;在实际工作中,较多的情况是有些国家仅要求在卖方出具的商业发票上有该国领事签章认证即符合规定,目的是证实商品的确实产地,该类发票称为领事签证发票,认证要收取认证费,在计算出口价格时,应将该费用考虑进去。

(三)厂商发票(Manufacturer Invoice)

厂商发票是厂方出具的以本国货币计算价格来证明出口国国内市场的出厂价的发票。若来证要求提供厂商发票,其目的是供进口国海关估价、核税、征收反倾销税之用。厂商发票的基本制作要求如下:①单据上部要印有醒目的粗体字"MANUFACTURER INVOICE" 字样;②抬头打出口商;③出票日期应早于商业发票日期;④货物名称、规格、数量、件数必须与商业发票一致;⑤货币应打出口国币制,价格可按发票价适当打个折扣,例如按 FOB 价打九折或八五折;⑥货物出厂时,一般无出口装运标志,除来证有明确规定,厂商发票不必填唛头;⑦厂方作为出单人,由厂方负责人签字盖章。

(四)样品发票(Sample Invoice)

出口商为了说明推销商品的品质、规格、价格,可在交易前发送实样,以便客户挑选。这种样品发票不同于商业发票,只是为了方便客户了解商品的价值、费用等,便于向市场推销和报关取样。样品发票上的货款,有的不收,有的减半,有的全收。不论何种情况,都应在发票上注明。

第二节　汇票

《中华人民共和国票据法》第 19 条对汇票作了如下定义:"汇票是出票人签

发的,委托付款人在见票或在指定日期无条件支付确定金额给收款人或持票人的票据”。按各国广泛引用或参照的英国票据法所下的定义,汇票是“由一人签发给另一人的无条件的书面命令,要求受票人见票时或于未来某一规定的或可确定的时间,将一定金额的款项支付给某一特定人或其指定人或持票人。”

一、汇票的当事人

汇票的当事人有三个:①出票人(Drawer),即签发汇票的人,在进出口业务中,通常是出口商。②受票人(Drawee),即汇票的付款人,在进出口业务中,通常是进口商或其指定的银行。在信用证付款方式下,若信用证没有指定付款人,据UCP600,开证行即是付款人。③受款人(Payee),即汇票规定的可受领金额的人,在进出口业务中,若信用证无特别指定,受款人常是出口商或其指定的银行。

在信用证方式下,即期付款有时不一定需要汇票,可用发票代替;而远期付款,汇票一般都是必要的,因付款人要凭汇票承兑,并承担到期付款责任,而持票人必要时可凭承兑汇票贴现或背书转让。

二、汇票的种类

(一)按出票时是否附有货运单据分为光票和跟单汇票

1. 光票(Clean Bill)。光票即出具的汇票既不带发票、装运单据、物权凭证或其他类似的单证,也可不带任何为取得付款而随附于汇票的单证。在国际贸易中,对小量货运,或收取保险费、运费等零星款项,可采用光票。

2. 跟单汇票(Documentary Bill)。跟单汇票包括一份或一份以上,并随附付款或承兑时所应交出的各种单证,主要包括发票、提单、装箱单、产地证和保险单等。

(二)按汇票付款时间不同分为即期汇票和远期汇票

1. 即期汇票(Sight Bill)。即期汇票是指规定付款人见票后立即付款的汇票。

2. 远期汇票(Usance Draft)。远期汇票是指汇票上规定付款人于将来的一定日期内付款的汇票。按付款人不同,远期汇票分为商业承兑汇票(Commercial Acceptance Draft)和银行承兑汇票(Banker's Acceptance Draft)。商业承兑汇票是指商业企业出票而以另一商人为付款人,并经付款人承兑后的远期汇票;银行承兑汇票是指商业企业出票而以银行为付款人,并经付款银行承兑的远期汇票。

(三)按出票人不同分为商业汇票和银行汇票

1. 商业汇票(Commercial Draft)。商业汇票是指汇票的出票人为商业企业的汇票。

2. 银行汇票(Banker's Draft)。银行汇票是指汇票的出票人为银行的汇票。

三、汇票的填制

汇票属资金单据,可代替货币进行转让或流通,故是一种很重要的有价证券。为防丢失,一般汇票都有两张正本,即 First Exchange 和 Second Exchange,据票据法规定,两张正本汇票具同等效力,但付款人付一不付二,付二不付一,先到先付,后到无效。银行在寄送单据时,一般也要将两张正本汇票分为两个邮件向国外寄发,以防在邮程中丢失。汇票的使用方式有逆汇法和顺汇法两种:逆汇法是指出口人开出汇票,要求付款;顺汇法是指进口人向其本地银行购买银行汇票,寄给出口人,出口人凭以向汇票上指定银行取款。汇票样表见第七章表 7-4,其每栏具体填制方法如下。

(1)出票依据(Drawn Under):信用证项下,出票依据一般要具备三项内容,即开证行名称、信用证号码和开证日期。出票依据是开证行在一定期限内对汇票金额履行保证付款责任的法律依据,是信用证项下的汇票不可缺少的重要内容之一。托收项下,一般应加发运货物的名称、数量,有的还加装运港和目的港以及合同号等;托收汇票应在出票条款栏内或其他位置加注"For Collection",有的在出票条款栏内只加此项内容而不加任何其他说明。下面是业务上常见的表达:

- Covering 1 000 cartons of garments shipped from Xingang to Hong Kong under Contract No. 10TSG030. 清偿第 10TSG030 号合同项下自新港装运至香港的

服装1 000箱。

• Covering 800 bags broad beans under Contract No. 64388. 清偿第64388号合同项下蚕豆800袋。

• Being amount of 1 200 crates window glass under Contract No. 667TMK6201. 系第667TMK6201号合同项下1 200箱窗玻璃之金额。

• Drawn under Contract No. 24560 – RM – 01 against shipment of 2 000M/T Maize from Dalian to Singapore. 从大连至新加坡装运的2 000公吨玉米,依据第24560 – RM – 01号合同出票。

• Drawn under Contract No. SK – 2345 – 68. 依据第SK – 2345 – 68号合同出票。

(2)年息:填写合同规定的利息率,若合同无规定,则该项留空。

(3)号码:填写商业发票号。

(4)小写金额:一般要求使用货币缩写,并用阿拉伯数字表示确切的金额小写数字,例如:USD345.00。除非信用证另有规定,汇票金额所用货币必须与信用证和发票一致,正常情况下,汇票金额应为发票金额的100%,以不超过信用证的最高金额为限。

(5)付款期限(Tenor):付款期限在各国票据中都被视为重要项目,没有确定期限的汇票是无效的。在缮制汇票付款期限时,应按信用证规定填写,即期的要打上"At Sight"或"* * *";证内规定开具远期汇票,应在"at"后面打上期限,依据起算日的不同主要有如下几种。

①以装船日期为起算日期。如:We hereby issue our irrevocable documentary letter of credit No.... available at 60 days after B/L date by draft. 制单时应在付款栏目中填写"60 days after B/L date"。

②以交单日期为起算日期。如:This L/C is available with us by payment at 30 days after receipt of full set of documents at our counters. 制单时应在付款栏目中填写"30 days after receipt of full set of documents at your counters."。

③以发票日期为起算日期。如:Draft at 30 days from invoice date. 制单时应在付款栏目中填写"30 days from invoice date"。

④以见票日期为起算日期。如:Draft at 90 days sight. 制单时应在付款栏目中填写"90 days"。

(6)受款人(Payee):又称收款人,是汇票的抬头人,是出票人所指定的接受票款的当事人,有的以出口商或其所指定的第三者为受款人。在国际票据市场上,受款人通常有如下三种写法。

①指示式抬头(Demonstrative Order),即在受款人栏目中填写"Pay to the order of ..."(付给……的指定人),这是最普遍使用的一种类型。

②限制性抬头(Restrictive Order),即在受款人栏目中填写"仅付给……"(Pay to ... only)或"限付给……不许转让"(Pay to ... only not transferable)。

③持票人抬头(Pay to Bearer),即在受款人栏目中填写"付给持票人"(Pay to bearer)。

在我国对外贸易中,汇票的受款人一般都是以银行指示为抬头。常见的信用证对汇票的受款人一般有以下三种写法。

其一,来证规定由中国银行或其他议付行指定,或来证对汇票受款人未作明确规定。通常,汇票的受款人应打印上:"Pay to the order of bank of China"(由中国银行指定)。

其二,当来证规定由开证行指定时,在汇票的这一栏目应打印上:"Pay to the order of ... bank.(开证行的名称)"。

其三,当来证规定由偿付行指定时,在汇票的这一栏目应打印上:"Pay to the order of ... bank.(偿付行名称)"。

(7)大写金额:用文字表示并在文字金额后面加上"ONLY",防止涂改。例如:"UNITED STATES DOLLARS ONE THOUSAND TWO HUNDRED AND THIRTY FOUR CENTS ONLY."大写金额应与上面的小写金额以及所使用的货币一致。如果大写与小写不符,议付行不予接受。

(8)付款人及付款地点:汇票的付款人(Payer)即汇票的受票人(Drawee),也称为致票人。在汇票中表示为"此致……"(to ...)。凡是要求开立汇票的信用证,证内一般都指定了付款人,若信用证没有指定付款人,依惯例,出票时以开证行为付款人。

①当信用证规定须开立汇票而又未明确规定有付款人时,应理解为开证行就是付款人,从而打印上开证行的名称和地址。

②当信用证要求"DRAFT DRAWN ON APPLICANT"时,应填写该证的开证人的名称、地址。

③当信用证要求"DRAWN ON US"时,应填写开证行的名称和地址。

付款人旁边的地点,就是付款地点。它是汇票金额支付地,也是请求付款地,或拒绝证书做出地。有时出票人也可在金额后写明何地的货币偿还。

(9)出票人及出票地点:出票人(Drawer)即签发汇票的人,在进出口业务中,通常是卖方(信用证的受益人)。按照我国的习惯,出票人一栏通常打上出口公司的全称,并由公司经理签署,也可以盖上出口公司包括有经理章字模的印章。

必须注意,汇票出票人应是信用证指定的受益人。若证内的受益人不是出具汇票的公司,应修改信用证;若未作修改,汇票的出票人应是信用证指定的受益人名称,按来证照打,否则,银行将当做出单不符而拒收。同时,汇票的出票人也应同其他单据的签署人名称相符。

汇票上必须注明出票地点,是因为汇票在一个国家出票,在另一个国家付款时,应确定以哪个国家的法律为依据,来判断汇票所具备的必要项目是否齐全,从而使之有效。对此,各国采用出票地法律或行为地法律的原则,即以出票行为当地的法律,认为汇票已具备必要项目而生效时,付款地点也同样认为有效。

四、汇票的使用

汇票的使用程序,除出票外,还有提示、承兑、付款等。

(一)提示(Presentation)

提示是指持票人将汇票提交付款人,要求承兑和付款的行为。付款人看到汇票叫做见票(Sight)。如系即期汇票,付款人见票后立即付款;如系远期汇票,付款人见票后办理承兑手续,到期立即付款。

(二)承兑(Acceptance)

承兑是指付款人对远期汇票表示承担到期付款责任的行为。其手续是由付款人在汇票正面写上"承兑"(Acceptance)字样,注明承兑日期,由付款人签名。付款人对汇票作出承兑,即成为承兑人(Acceptor)。承兑人有在远期汇票到期时付款的责任。

（三）付款（Payment）

对即期汇票，在持票人提示时，付款人即应付款，无须经过承兑手续；对远期汇票，付款人经过承兑后，在汇票到期日付款。

（四）背书（Endorsement）

背书是转让汇票的一种手续，就是由汇票抬头人（受款人）在汇票背面签上自己的名字，或再加上受让人，即被背书人（Endorsee）的名字，并把汇票交给受让人的行为。汇票经背书后，其收款权转移给受让人。汇票可经背书不断转让下去；对于受让人来说，所有在他以前的背书人（Endorser）以及原出票人都是他的“前手”；对于出让人来说，在他出让以后的所有受让人都是他的“后手”。前手对后手负有担保汇票必然会被承兑或付款的责任。

在国际市场上，汇票持有人如要求付款人付款前取得票款，可经背书将汇票转让给银行，银行在扣除一定的利息后将票款付给持票人，这叫做贴现（Discount）。银行贴现汇票后，就成为汇票的持票人，还可在市场上继续转让，或向付款人索取票款。

（五）拒付（Dishonor）

当汇票在提示时，遭到付款人拒绝付款或拒绝承兑，称为拒付。汇票经过转让，如果遭到拒付，最后的持票人有权向所有的“前手”追索，一直追索到出票人。持票人为了行使追索权，应及时做出拒付证书（Letter of Protect）。拒付证书，是由付款地的法定公证人或其他依法有权做这种证书的机构（例如法院、银行等）所做出的付款人拒付的文件，是最后持票人凭以向其“前手”进行追索的法律依据。如拒付的汇票已经承兑，出票人也可凭拒付证书向法院起诉，要求承兑汇票的付款人付款。

汇票的出票人或背书人为避免承担被追索的责任，可在背书时加注“不受追索”（Without Recourse）字样。凡列有该批注的汇票，在市场上很难转让流通。

五、信用证项下汇票的缮制与审核注意事项

（一）应有“汇票”字样

根据《日内瓦统一法》，汇票在文字中必须有“汇票”字样出现，而且必须用汇票的同种语言来表示。《英国票据法》虽无此要求，但在实务中，注出汇票名称是比较保险的做法，用英语中的“Bill of Exchange”或“Draft”均可。

（二）信用证规定须记载出票条款时，内容应与信用证规定相符

若信用证规定了出票条款(Drawn Clause)，汇票就应列明，以说明该汇票与某银行、某日期开出的某号信用证的关系。出票条款常包括开证行名称、开证日期、信用证号码三项。汇票上的开证行名称、开证日期和信用证号码均应与信用证规定相符。当信用证是转让信用证或是由另一家银行转递时，信用证上面可能会出现几家银行的名称和几个号码，这时候必须注意，汇票“Drawn under”后的银行名应为开证行名，所注的号码为开证行开立的信用证的号码。

（三）出票日不能迟于信用证的有效期和交单期

汇票的出具日期不可迟于信用证的有效期，也不可过交单期。如果信用证没有特别规定，按 UCP600 第 14 条(c)款，则交单期按提单日后 21 天内掌握。如果同一份汇票项下出具了两套提单，且货物装上了两条不同的船，则交单期应从较早一份提单日期起算。如果两套提单显示货物系用同一运输工具并经同一路线运往同一目的地，即使每套提单显示不同的装运港和不同的装船日，交单期从最迟的装船日起算。如果同一套提单上有多个装船批注，且所有的装船批注均显示同一批货物从一个信用证允许的地理区域或地区装上不同的船只，则以最早的装船日来计算交单日期。此外，从道理上讲，汇票的出票日期不应早于信用证规定的任何其他单据的出具日期，因为受益人只有在提供了信用证所要求的全部其他单据的情况下，才有权利在信用证项下提出支款要求(即出票)。

在信用证对汇票的出票日期有特别规定的情况下，则应按信用证的要求填制。如 The Bank of Tokyo - Mitsubishi limited，Tokyo 开来的一信用证条款如下：

Drafts at 90 days date for full invoice value.

Drafts to enface same date as date of shipment and will be payable at a fixed date.

Clean air waybill indicating actual flight.

空运单显示：Executive date：31 March 2018，Flight date：1 April 2018。因信用证规定汇票日期须与空运单同日，且该信用证同时又规定了空运单上须注明飞行日期，按照 UCP600 第 23 条(a)款，“如信用证要求实际发运日期，应对此日期作出专项批注。在空运单上如此表示的发运日期即视为装运日期”，所以该信用证项下汇票日期应该与飞行日期相同，即 2018 年 4 月 1 日。

(四)付款人和付款地必须与信用证规定相符

信用证项下汇票的付款人应是信用证条款中“drawee”一词或“drawn on”后面列明的银行，即“the person to whom it is addressed”。在直接付款信用证下，汇票的付款人应为开证行；在承兑信用证项下，汇票的付款人应为承兑行；在其他情况下，汇票的付款人应为信用证中规定的付款银行(通常为开证行)。但是，除非付款人是开证行和保兑行，信用证要求其他指定银行作为付款人时，可不承担付款责任；即使这些银行曾在汇票上承兑，到期后也可不付。这时，可直接要求开证行或保兑行按原来的到期日支付被指定银行已承兑的汇票。

(五)开立的金额应与发票金额一致，且未超过信用证可以利用的金额

信用证一般都规定“汇票金额为发票金额的 100%”。除非信用证特别规定汇票金额为发票金额的百分之几十，如 draft for 90% of invoice value，否则，汇票金额应与发票所载金额相同。

除非信用证另有规定，汇票金额不可超过信用证的可用余额。也就是说，若信用证金额前有 up to，maximum，to the extent of，not exceed 等字样加以限制时，汇票支取金额不能超过信用证金额。若信用证金额前有 about，approximately，circa，roughly，nearly，close to，around 等字样，汇票最多可支取信用证金额的 110%。

根据 UCP600 第 18(b)款规定，银行可接受金额超过信用证所允许金额的商业发票。信用证规定的被指定银行如果接受此类发票，只要该银行所作出付款、承担延期付款责任、已承兑汇票或已议付金额没超过信用证允许的金额,则此项决定对各有关方均具有约束力。

(六)金额大小写必须一致,货币必须与信用证的币别相符

按照《国际标准银行实务》:"如果汇票上同时出现大小写,大写金额必须准确反映小写的金额。"也就是说,汇票上的金额可以只用大写或小写表示,但如果两个金额同时出现且不一致时,由于《国际标准银行实务》提出了比票据法更严格的标准,故票据法中对大小写较为宽松的规定就不能适用于信用证项下的汇票,信用证下汇票的大小写必须一致。

汇票的货币一般必须使用信用证开立的货币,但也有例外。如有一信用证规定即期付款,提交以开证行为付款人的即期美元汇票。同时在单据要求一栏中规定提供以下单据:90 days sight Euro drafts evidencing the Euro-equivalent of the amount of negotiation at the rate of Euro1. 21 per USD1. 00 issued and signed by beneficiary of this letter of credit drawn on openers for refinancing purposes only. 这表明开证行拟向开证申请人提供融资,开证行按信用证条款即期向议付行支付美元,开证申请人远期向开证行偿还欧元。这时除提交一套美元即期汇票外,还应提交一套以开证申请人为付款人的等值美元的欧元远期汇票。

(七)注有信用证规定的付款期限

根据国际惯例,信用证项下汇票的票期必须与信用证条款一致。若信用证规定见票后即付(at sight),毫无疑问汇票的票期也应是即期;若信用证规定出票后定期付款,例如出票后60天付款,汇票上应将票期做成"at 60 days after the date";若信用证规定见票后定期付款,例如见票后60天付款,汇票上应将票期做成"at 60 days after sight"。除了这三种情况,若信用证规定汇票的票期是在某一事件后……天,那么汇票上的内容必须使人能确定到期日,例如信用证规定汇票的票期为提单日后60天,仅在汇票上照样打上"at 60 days after the date of Bill of Lading"是不行的,还需注明提单日,以便能计算出到期日;在信用证规定全套提单另寄的情况下,此点尤为重要。因此,当信用证要求汇票的票期是"at 60 days after Bill of Lading date",而提单日是2017年5月12日,汇票的票期可用以下几种方式来表达:

• 60 days after Bill of Lading date, 12 May 2017.

• 60 days after 12 May 2017.

• 60 days after Bill of Lading date,同时在汇票上另外注明“Bill of Lading date: 12 May 2017”。

• 60 days date,但汇票的出票日必须与提单日期相同。

• 直接打上到期日 11 July 2017。

注意上述第 4 种表达方式,若信用证的汇票条款就是 60 days date 时,汇票上也应将票期打成 60 days date,汇票的出票日期不是与提单日相同,而是须与装船日相同。

还要注意,假远期信用证(Usance Credit Payable at Sight)项下,汇票的票期仍要做成远期,因其是开证行给开证申请人融通资金的一种方式,受益人开立远期汇票,但可根据信用证条款即期收回款项。假远期信用证可从条款上辨别:一是汇票的期限条款为远期(draft drawn at 90 days sight on the issuing bank),二是要有“usance drafts to be negotiated on/at sight basis”(远期汇票按即期议付)或“discount charges and acceptance commission are for the applicant's account”(贴现及承兑费用由买方承担)的条款。所以,当信用证载有“120 days after sight. Usance drafts drawn under this credit are to be negotiated on sight basis”(见票后 120 天付款,本信用证项下开立的汇票可按即期议付)的条款时,可判定这是假远期信用证,出具汇票的票期要打成“120 days after sight”。

(八)准确计算到期日

根据《国际标准银行实务》,若信用证要求“提单日后某某日远期汇票”,而同一套提单上有多个装船批注,且所有装船批注均显示同一批货物从一信用证允许的地理区域或地区装运,则使用最早的装船批注日期计算汇票到期日。例如,信用证要求从欧洲港口装运,提单显示货物于 8 月 16 日在都柏林装上 A 船,于 8 月 18 日在安特卫普装上 B 船,则汇票到期日应为欧洲最早的装船日,也就是 8 月 16 日起的某某天。

若信用证要求“提单日后某某日远期汇票”,而一份汇票项下提交了不止一套提单,显示一批以上货物分别装上不同船只,则最晚的提单日将被用来计算汇票的到期日。

若提单显示货物系用同一运输工具并经同一路线运往同一目的地，即使每套提单显示不同的装运港和不同的装船日，也不视为分装。根据 UCP600 第 31 条，到期日按最迟的装船日起算，因为一直到这时，汇票款额所包括的货物才全部装上船。

根据《国际标准银行实务》，信用证项下汇票的到期日计算方法与光票有所不同。若汇票使用实际日期表示到期日，则该日期必须按信用证要求计算；若汇票是“提单日后 60 天”，就从装船日的翌日起算，60 天后为到期日，逢假顺延。若汇票是“见票后 60 天付款”，到期日应按如下方法确定：一是对于相符单据，或虽不相符但付款银行没有拒付的单据，到期日为付款银行收到单据后的第 60 天；二是对于不相符且付款银行拒付过但随后又同意接受的单据，汇票到期日最晚为付款银行承兑汇票后的第 60 天，汇票承兑日不得晚于同意接受单据的日期。

若一家银行开立了一份信用证，条款为“available by beneficiary's draft on the issuing bank at 120 days sight from the date of negotiation”，由另一家位于受益人所在国的银行加具保兑；受益人向保兑行交单后，若保兑行确认单证相符，无论受益人是否要求立即议付，保兑行都不能以汇票是以开证行为付款人为由，拒绝确认到期日，而应自己确定到期日，因按 UCP600 第 8 条，“a. 倘若规定的单据被提交至保兑行或者任何其他被指定银行并构成相符提示，保兑行必须：i. 兑付，如果信用证适用于：……由另一家被指定银行议付而该被指定银行未予议付。ii. 若信用证由保兑行议付，无追索权地议付。b. 自为信用证加具保兑之时起，保兑行即不可撤销地受到兑付或者议付责任的约束”。

还要注意上面条款中的“from”一词的解释。根据 UCP600 第 3 条，当使用“from”“after”确定汇票到期日时，不包括提及的日期在内，除非信用证特别规定包括该日。到期日的计算从单据日期、装运日期或其他事件的次日起算，也就是说，“10 days from 1 March”指从 3 月 1 日起 10 日，而“10 days after 1 March”指 3 月 1 日后 10 日，虽然表述不同，但到期日都是 3 月 11 日。

（九）收款人名称确定无误

信用证对收款人一般不作要求。根据票据法规定，出票人可将自己作为汇票的收款人，因此汇票上“pay to the order of”后最好将受益人作为收款人，再由受益人背书转让给接受单据的银行。

在票据业务中，占有票据的收款人、被背书人或持有票据的来人均称为持票人(holder)，若票据对价在某一时间已由某持票人或其前手支付过，则该持票人为对价持票人(holder for value)。换言之，直接支付对价的持票人及其所有后手均为对价持票人。而自己支付对价、善意(in good faith)取得票据、取得票据时票据未过期、假如票据曾被拒付过也不知情、在票据议付给他时没发现其前手在所有权方面的缺陷的持票人就是正当持票人(Holder in due course)，也称善意持票人(bona-fide holder)，其权利不受前手缺陷的影响。根据《英国票据法》，汇票的议付指汇票从一人转让给另一人，以使受让人成为持票人。UCP600 给议付下的定义是："议付意指被指定银行在其应获得偿付的银行日或在此之前，通过向受益人预付或者同意向受益人预付款项的方式购买相符提示项下的汇票(汇票付款人为被指定银行以外的银行)及/或单据。"国内习惯将汇票的收款人做成"order of ... bank"，但在议付信用证项下，若信用证指定议付行凭合格的单据办理议付，汇票的收款人最好打成"to order of ourselves"，即做成受益人的指定人，然后再由出票人背书转让给议付银行，只有这样，议付行才能成为正当持票人，才能在发生因单据伪造、欺诈，法院下达止付令时，受到票据法的保护。因根据《英国票据法》，受让人取得票据是善意的和付了对价给转让人的，他才成为该票据及其所代表的全部财产的完全合法所有人。汇票的收款人不能成为善意持票人，因为汇票总是签发给收款人的，而不是议付给收款人的。

(十)载有信用证要求的条款

汇票除应具备法定记载事项外，还应按信用证要求加列必要的条款，如"interest clause""without recourse"等。例如，信用证规定提交 90 天远期汇票，同时加列条款"We are authorized to pay interest at the rate of 5% p. a. for full invoice at maturity. Invoice and draft must show the amount of interest."此条款表明货款金额连同利息都可于见票 90 天后在信用证项下支付，开证行被授权按年息 5 厘计息到期付款。这时，汇票上应打出货款加利息的总金额，并注明"the amount of 90 days interest at 5% p. a. being ... is including"。

有时信用证要求汇票上加注进口许可证号等内容，这是为了提醒进口商办理有关手续,受益人应照办。在信用证规定"All documents must indicate the name of vessel, the number of Bill of Lading"等冗长的内容时,汇票作为金融单据,也应同其他单据一样全部加注,才能确保单证相符。大多数受益人使用的是现成印就的汇票,虽然纸张狭小,但也不能成为免注有关内容的理由,国外票据法对汇票的大小没有规定,完全可使用较大的纸张制作汇票。退一步讲,即便在印就的汇票上难以注明全部信用证要求的内容,也完全可在粘单上加注。

(十一)除非另有规定,不可加注"without recourse"

议付信用证项下,受益人将相符的单据提交给议付行要求议付,议付行向受益人付款后,若单据被开证行(保兑行)拒付,议付行有权向受益人追索。但若受益人作为出票人在汇票上加注了"without recourse"(不得追索),根据《英国票据法》,接受单据的银行即使付了对价,即议付了单据,若开证行或保兑行拒付,也无法向受益人追索,这是对议付行追索权的剥夺。所以,除非信用证规定"Drawn without recourse on the drawee",汇票不可加注"without recourse"字样。需要指出的是,由于信用证项下汇票的特殊性,议付行是否享有追索权与汇票上是否加注了不得追索并无直接关系。国际商会在 ICC632 R259 中称,在议付行未发现不符点时,议付行是否仍享有追索权,取决于当地法律及通知行与出口商之间的关系。

(十二)汇票的付款人必须是银行

UCP600 第 6 条 c 款规定,"不得开立包含有以申请人为汇票付款人条款的信用证"。这是国际商会对 UCP500 的重大改动之一,明确了汇票的付款人必须是银行。因此若收到信用证规定"Draft drawn on applicant",此信用证无效,应要求修改。

(十三)票面不应涂改

汇票若有修正和变更,必须在表面由出票人证实。但有些国家不接受带有修正和变更的汇票,即使有出票人的证实。虽然国际商会要求不接受该类汇票的国家应在信用证中作如此声明,但从谨慎合理的角度看,还是从严掌握为好。

六、信用证汇票条款举例

• Credit available with any bank, by negotiation, against presentation of beneficiary's draft(s) at sight, drawn on applicant in duplicate to order of ourselves. 该条款要求出具的即期汇票，做成以开证人为付款人，并进行记名指示背书。填制汇票时，应在汇票的背面填"议付行名称、地址 + TO ORDER OF + 开证行名称、地址"。

• All drafts must be marked "Drawn under the Royal Bank of Canada, Montreal L/C No. ... dated ... and Banco de Chile, Santiago Credit No. ... dated ...". 该出票条款中有两家银行、两个信用证号、两个开证日期。前者是转开行也是指定的付款行或保兑行，后者是原始开证行。由于原始开证行与通知行无代理关系，因此通过另一家银行转开信用证，这样就出现两家银行、两个证号、两个开证日期的条款，出口商在开立汇票时须按该条款的要求缮制。

• Draft to be enfaced with the following clause: "Payable with interest at bank's current rate of interest pertaining to the currency of this bill from date here of to the date of payment." 该条款要求在汇票上注明开证行自汇票开出的日期（即议付日期）起至其转向进口商收回垫款之日止这段时间的利息，开证人应按条款规定偿付给开证行。事实上这是开证行与进口商之间的利息结算，与出口商无关。但出口商仍须按此条款缮制汇票，以符合信用证的要求（一般由银行代加）。

• Draft at 90 days sight. We are authorized to pay interest at the rate of 9% p. a. for full invoice value at maturity. Invoice and draft must show the amount of interest. 该条款是 90 天远期汇票，见票后起算；开证行被授权按年息 9 厘计息到期付款，发票与汇票上必须显示利息金额。此条款表明货款金额连同利息都可在见票 90 天后在信用证项下支付，这就是真远期加利息。在发票上应打出"Plus 90 days interest ..."，然后再把货款加利息的总金额打在下面。汇票上应打："The amount of 90 days interest at 9% p. a. being ... is included."

• Drafts at 180 days sight drawn on Saitama Bank Ltd., Tokyo Office. Usance drafts drawn under this L/C are to be negotiated at sight basis. Discount charges and acceptance commission are for account of accountee. 该条款日本银行开来，汇票开

立远期见票 180 天付款，但可即期议付，其承兑费和贴现费均由开证人负担。对受益人来说是即期信用证，通常称为假远期信用证。

• Documentary Credit available with yourselves by payment against presentation of the documents detailed herein ... 该条款说明信用证可由通知行凭受益人提供证内所规定的单据付款，不需要提供汇票。

• We hereby establish this Irrevocable Credit which is available against beneficiary's drafts drawn in duplicate on applicant at 30 days sight free of interest for 100% of invoice value. "Document against acceptance"一般见于新加坡来证中，是真远期，见票 30 天付款，不计利息，承兑交单(D/A)。承兑交单是开证行与开证人之间的事，与受益人无关。汇票到达开证行后经开证人承兑，银行即交付单据。至于信用证项下的货款，开证行保证在 30 天到期时偿付给议付行。

• USD155 800 payable against sight draft and above documents USD8 200 payable against sight draft and presentation of independent surveyors report confirming quantity and quality of product as received at port of Newcastle, Australia and beneficiary's certificate adjusting invoice value. 该条款要求制作两张汇票，一张金额 155 800 美元，另一张 8 200 美元。因此，制单时应在金额为 8 200 美元的汇票空白处打上"Payable at sight draft and presentation invoice value of independent"的字样。

• By negotiation against the documents detailed herein a beneficiary's draft at 90 days after sight with A. B. C. Banking group LTD., 120 wall street, New York, U. S. A. 该条款要求汇票的受款人是美国的一家银行，实际上是限制在美国纽约的 A. B. C. 银行集团议付。在填写有这样要求的汇票时，应在 pay to the order of 之后的栏目中打上"A. B. C. Banking group LTD. 120 wall street, New York, U. S. A."。

• Invoice and drafts to be drawn on full CIF value but the beneficiary is to be paid 5% less as commission payable to openers and this should be incorporated on bank schedule. 该条款发票和汇票都开列货款全额，但议付行付给出口商货款时，必须扣除 5% 佣金；同时他向开证行索汇，也只收取 95% 货款，5% 佣金额在议付行寄送单据给开证行的表格上注明即可。出口商不开立贷记通知单。

第三节 海运提单

海运提单是由船长或承运人或其代理人签发给托运人，证明收到特定的货物，允诺将货物运至特定的目的地并交付于提单持有人的凭证。

《中华人民共和国海商法》第 71 条对提单的定义是：提单是用以证明海上货物运输合同和货物已由承运人接管或装载，以及承运人保证凭以交付货物的单据。

一、海运提单的作用

海运提单在国际贸易中具有重要的作用，主要体现在以下五方面。

第一，海运提单是承运人或其代理人签发的货物收据（Receipt for the Goods），证明承运人已按海运提单所列内容收到货物。

第二，海运提单是货物的所有权凭证（Documents of Title），其合法持有人可凭单在目的港向船公司提取货物，也可在载货船舶到达目的港之前，通过转让该提单而转移货物所有权，或凭以向银行办理抵押贷款。

第三，海运提单是托运人与承运人之间所订立的运输契约的证明（Evidence of Contract of Carrier），是处理承运人与托运人双方在运输中权利和义务问题的主要依据。

第四，海运提单可作为收取运费的证明，在运输过程中还起到办理货物装卸、发运和交付等方面的作用。

第五，海运提单是向船公司或保险公司索赔的重要依据。

二、海运提单的种类

（一）根据货物是否装船分类

1. 已装船提单（On Board B/L 或 Shipped B/L）：是指提单上载明货物“已由某轮装运”的字样和装运日期的提单。

2. 备运海运提单（Received for Shipment B/L 或 Alongside Bill）：是指承运人在收到托运货物等待装船期间，向托运人签发的提单。待运的货物一旦装运后,在备运提单上加上“已装船”字样,这样备运提单就变成“已装船提单”。

(二)根据提单上对货物外表状况有无不良批注分类

1. 清洁提单(Clean B/L):提单上印有“in apparent good order”(表面状况良好)字样,表明货物交运时表面状况良好,承运人在签发提单时未加任何货损、包装不良等批注的即为清洁提单。

2. 不清洁提单(Unclean B/L 或 Claused B/L 或 Foul B/L):是指承运人在提单上加注货物及包装状况不良或存在缺陷等批语的提单。

(三)根据收货人抬头分类

1. 记名提单(Straight B/L):亦称收货人抬头提单,是指填明收货人的姓名或单位名称的提单。

2. 不记名提单(Blank B/L 或 Open B/L 或 Bearer B/L):是指提单收货人栏内只填写“To bearer”(货交提单持有人),或不填写任何内容的提单。

3. 指示提单:是指提单收货人栏内填写“To order”(凭指示)或“To the order of ...”(凭某人指示)字样的提单。

(四)按运输过程中是否转船分类

1. 直达(直运)提单(Direct B/L):是指货物从装运港装船后,中途不经换船而直接驶达目的港卸货,按照这种条件所签发的提单。

2. 转船(转运)提单(Transshipment B/L):是指船舶从装运港装货后不直接驶往目的港而在中途的港口换船把货物输往目的港,按此条件签发的包括运输全过程的提单。

3. 联运提单(Through B/L):是指需经两种或两种以上的运输方式(如海陆、海河、海空或海海等)联合运输的货物,托运人在办理托运手续并交纳全程运费之后,由第一承运人所签发的包括运输全程并能凭以在目的港提取货物的提单。

4. 多式联运提单(Combined Transport B/L,简称 C. T. B.):是指由多式联运经营人(Combined Transport Operator, 简称 CTO)也就是经营运输的“无船承运人”签发的提单。货物从起运地(港)到最终目的地(港)的全程运输中需使用两种以上运输方式，由联运人作为全程运输的总承运人签发这种联运提单，作为对托运人的总负责人。

（五）按海运提单内容的繁简分类

1. 全式（繁式）提单（Long Form B/L）：是指通常应用的、在提单背面列有承运人和托运人的权利、义务等详细条款的提单。

2. 略式（简式）提单（Short Form B/L）：是指仅保留全式提单正面的必要项目，例如船名、货名、标志、件数、装运港、托运人等，而略去提单背面全部条款的提单。

（六）其他分类

1. 过期提单（Stale B/L）：是指错过规定的交单日期或迟于货物到达目的港的提单。前者是指超过信用证规定的日期或者超过提单签发日期 21 天才到银行议付的提单；后者是在近洋运输时，容易出现货物先于提单到达目的港的情况，故在近洋国家间的贸易合同中一般都订有“Stale B/L is acceptable”（过期提单可以接受）的条款。

2. 倒签提单（Ante Dated B/L）：货物由于实际装船日期迟于信用证规定的装运日期，若按实际装船日期签署提单，可能影响结汇。为让签发提单日期与信用证规定的装船日期相符，以利于结汇，承运人应托运人的要求，在提单上仍按信用证规定的装运日期填写，这种提单称为倒签提单。

3. 预借提单（Advanced B/L）：由于信用证规定的装船日期已到期，货主未能及时备妥货物装船或尚未装完船或因船期延误，影响货物装船，托运人要求承运人先行签发已装船提单，以便结汇。这种在货物装船前已被托运人借走的提单，称为预借提单。

4. 舱面提单（On Deck B/L）：有些货物（如危险品、活牲畜）只能装在甲板上，有时因舱位拥挤或货物体积过大也只能装在甲板上。对装在甲板上的货物，承运人或其代理人出具的提单为舱面提单，又称甲板货海运提单。

装在甲板上的货物不仅遭受损失的可能性较大，而且承运人对货物的灭失或损坏不负赔偿责任，一旦发生共同海损也不能得到分摊。因此，货主一般都在合同中或信用证上规定不准将货物装在甲板上，在非装不可的情况下则托运人或货主一定要投保甲板险。除非信用证另有规定，银行一般不接受舱面提单。

5. 集装箱提单(Container B/L)：是指以集装箱装运货物所签发的提单。它有两种形式：一种是在普通海运提单上加注“Containerized”(用集装箱装运)字样；另一种是使用多式联运提单，这种提单的内容增加了集装箱号码(Container Number)和封号(Seal Number)。使用多式联运提单，应在信用证上注明“Combined Transport B/L Acceptable”(多式联运提单可接受)或类似的条款。

6. 租船提单(Charter Party B/L)：是指承运人根据租船合同而签发的提单。在这种提单上注明“一切条件、条款和免责事项按照某年某月某日的租船合同”或批注“根据……租船合同出立”字样。这种受租船合同条款约束的提单，银行一般不接受。

7. 先期提单：是指提单的签发日期早于信用证开立日期的提单。过去一些银行也视这种提单为过期提单，但自 UCP500 生效后，其第 22 条规定，除非信用证另有规定，银行不得拒绝接受这种提单，但以在信用证有效期内为限。

三、海运提单的缮制

海运提单(样本见第七章表 7－14)内容分为固定部分和可变部分。前者是指海运提单背面的运输契约，这一部分一般不作更改；后者是指海运提单正面的内容，主要包括船名、装运港、目的港、托运人名称、收货人名称、被通知人名称、货物名称、唛头、包装、件数、重量、体积、运费、海运提单正本份数、海运提单签发地点和日期、承运人或船长签字等。这些内容根据运输的货物、运输时间、托运人以及收货人的不同而变化。填写海运提单本应是船公司或代理人经办的事，但在我国许多口岸都由出口商填写。

(1)托运人(Shipper/Consignor)：是指与承运人签订运输合同的关系人。托运人可能是发货人，也可能是收货人，一般是贸易合同中的卖方。

一般在填写海运提单 Shipper 一栏时，若信用证无特殊规定，都填写卖方的名称；许多制单人直接把公司的公章盖在这一栏目中。若信用证规定以第三者(Third Party)为发货人，则可用外运公司的名义填写。

(2)收货人(Consignee)：为提单的抬头人，他有权在目的港凭提单向承运人提取货物，一般收货人也是提单的受让人、持有人。根据信用证的规定来填写收货人一栏(如表3－3所示)。

表3－3　　信用证中与收货人相关的规定及在海运提单中对应的填写

信用证中与收货人相关的规定	在海运提单收货人一栏中对应的填写
Full set of B/L consigned to ABC Co.	Consigned to ABC Co.
Full set of B/L made out to order	To order
B/L issued to order of applicant	To order of ABC Co.(ABC Co. 为 Applicant 的名称)
Full set of B/L made out to our order	To order of … Bank 或 To…Bank's order
Full set of B/L made out to order of shipper	To order of shipper

(3)被通知人(Notify Party 或 Notify 或 Addressed to):指货到目的港时,船方发送到货通知的对象,可以是收货人,而通常显示收货人的代理人。①若来证没说明哪一方为被通知人,则应将 L/C 中的申请人名称、地址填入副本 B/L 的这一栏目中,正本的这一栏目保持空白。若"收货人"栏目已填"凭某某人指定",被通知人若另无规定,可不填。②若来证要求两个或两个以上的公司为被通知人,出口商应把这两个或两个以上的公司名称和地址完整地填写在这一栏目中;若填写不下,可在结尾部分做上记号"*",然后在提单中货物描述的内容空白处做上同样记号"*",接着打完应填的内容。

(4)前段运输(Pre-carriage by):若货物须转运,在这一栏目中填写第一程船的名称;若货物无须转运,空白这一栏目。但驳船用"Lighter"字样填入此栏目。若海运提单无此栏目,应将驳船的名称写在大船名称之前如 Lighter/Beijing(北京轮),但对日本、美国不能用"Lighter",须填驳船的具体名称,如"YUE HAI 110"(粤海110)。对多式联运提单,此栏可填运输工具统称,如"Train"或"Truck"。

(5)收货地点(Place of Receipt):若货物须转运,填写收货的港口名称或地点;若货物无须转运,空白这一栏目。

(6)海运船只、航次(Ocean Vessel, Voy. No):若货物须转运,填写第二程船的船名;若货物无须转运,填写第一程船的船名。

(7)装运港(Port of Loading):若货物须转运,填写中转港名称;若货物无须转运,填写装运港名称。例如,货物在广州装运,需在香港转船,则在此栏目填写"Guangzhou/ Hong Kong"。

(8)卸货港(Port of Discharge):填写卸货港(指目的港)名称。若货物须转运,可在目的港之后加注"with transshipment at Hong Kong"或简写为"W/T Hong Kong";若货物须经由目的港运送至内陆某地,或利用邻国港口过境,则在目的港后加注"in transit to ..."。例如,Kuwait in Transit to Saudi Arabia(目的港科威特转运至沙特阿拉伯)。

(9)交货地点(Place of Delivery):填写最终目的地名称。若货物的目的地就是目的港,则空白该栏。

(10)Container No.:填写集装箱箱号。

(11)Seal No. Marks & Nos:填写唛头和集装箱封号(若采用集装箱运输)。

(12)商品描述及数量:与托运单完全一致,不得有任何增减。商品描述使用文字:若无特别说明,应全部使用英文;来证要求使用中文填写时,应遵守来证规定。

数量是指本海运提单项下商品的总包装件数,填法如下:

①对于包装货,本栏应注包装数量和单位,例如"1 000Bales","250Drums"等。提单下面应加大写数量,大小写数量应一致。

②若是散装货,如煤炭、原油等,此栏可加"In Bulk",数量无须加大写。

③若是裸装货物,应加件数,如一台机器或一辆汽车,填"1 Unit",100 头牛应填"100 Heads"等,并加大写数量。

④若是集装箱运输,由托运人装箱的整箱货可只注集装箱数量,如"2 Containers"等。只要海关已对集装箱封箱,承运人对箱内的内容和数量即不负责任,提单内应加注"Shippers' s Load & Count"(托运人装货并计数)。须注明集装箱箱内小件数量时,数量前应加"said to contain ..."。

⑤若是托盘装运,此栏应填托盘数量,同时用括号加注货物的包装件数,例如,"5 Pallets(60 Cartons)"。提单内还应加注"Shipper' s Load and Count"。

⑥若是两种或多种包装,如"5 Cartons""10 Bales""12 Cases"等,件数栏内要逐项列明,同时下面应注合计数量,例如,上述包装数量可合计为"27 Packages",在大写栏内应加大写合计数量。

⑦若件数栏注 20 Cartons,但同时提单内又注有"shut out 2 cartons"或"short loaded (shipped)2 CTNS"等,表示少装 2 箱,发票和其他单据应注"18 cartons"。

⑧提单上不能加注关于包装状况的描述,例如"new bag"(新袋),"old

case”(旧箱)。

(13)Gross Weight:填写总毛重,应与其他单据所列毛重一致。如系散装货,没有毛重,而以“净”代“毛”时,应注明“Net Weight”或“N. W.”。

(14)Measurement:填写总尺码。一般以 m^3 或 CBM(立方米)为计量单位,小数点后的数保留 3 位,体积数应与其他单据中所列的体积一致。

(15)特殊条款:包括指定船名、强调运费的支付、出现“预计”条款、限制使用班轮公会条款或指定承运人条款,还有不显示发票金额、单价、总值等条款,或强调显示信用证号、合同号等的条款。

(16)运费条款:除非信用证有特别要求,几乎所有的海运提单都不填写运费的数额,只是表明运费是否已付清或什么时候付清。主要有:①运费已付(Freight Paid);②运费预付(Freight Prepaid);③运费到付(Freight Payable at Destination 或 Freight Collect)。若来证规定加注运费,一般可加注运费的总金额;若规定要详细运费,则必须将计算单位、费率等详细列明。

(17)签发地点和时间(Place and date of issue):海运提单签发时间表示货物实际装运的时间或已接受船方、船代有关方面监管的时间;海运提单签发地点,表示实际货物装运的港口或接受有关方面监管的地点。

(18)正本的签发份数[No. of Original B(s)/L]:承运人一般签发海运提单正本两份,也可应收货人的要求签发两份以上。签发的份数,应用大写数字,例如 TWO、THREE 等,在栏目内标明。信用证规定要求出口方提供“Full set or Complete set B/L”(全套海运提单),按国际贸易习惯,一般是提供两份海运提单正本。

(19)有效的签章(Stamp & Signature):海运提单必须经装载船只的船长签字才能生效,在没有规定非船长签字不可的情况下,船方代理可代办;来证规定手签的必须手签,印度、斯里兰卡、黎巴嫩、阿根廷等国港口,信用证虽未规定手签,但当地海关规定必须手签;有的来证规定海运提单要由中国贸促会签证,也可照办。

承运人或船长的任何签字或证实,必须表明承运人或船长的身份。代理人代表承运人或船长签字或证实时,也必须表明所代表的委托人的名称和身份,即注明代理人是代表承运人或船长签字或证实的。按上述规定,提单签字应据签字人的不同情况批注不同内容(如表 3-4 所示)。

表 3-4 根据签字人的不同情况，提单签字批注的不同内容

	提单上部填写	提单签字处填写
承运人签字	COSCO	COSCO （签字） As Carrier（或 The Carrier）
代理人签字	COSCO	ABC SHIPPING CO. （签字） As agent for and/or on behalf of the Carrier COSCO 或 As agent for and/or on behalf of COSCO as Carrier（或 The Carrier）
船长签字	COSCO	COSCO（或不注或注船名） （签字） As Master（或 The Master）
代理人签字	COSCO	ABC SHIPPING CO. （签字） As Agent for and/or on behalf of the master ... of the Carrier COSCO 或 As agent for and/or on behalf of ... as master（或 the master）of COSCO as Carrier（或 The Carrier）

四、关于海运提单的背书

只要收货人一栏不是记名收货人，海运提单都可经背书转让。

（一）背书的类型

1. 当收货人一栏填写凭指示（To order）时，由托运人（shipper）背书。

2. 当收货人一栏填写记名指示（To ... 's order 或 To order of ... ）时，由记名的一方背书。

（1）当收货人一栏填写凭托运人指示时（To order of shipper 或 To shipper's order 时），由托运人背书。

（2）当收货人一栏填写凭申请人或其他商号公司指示时，由申请人或其他商号公司背书。

（3）当收货人一栏填写凭某银行指示时，该银行应背书。

(二)背书方式

1. 空白背书:书写背书人的名称、地址。

2. 记名背书:既书写背书人的名称、地址,又书写被背书人(海运提单转让对象)的名称与地址。

3. 记名指示背书:既书写背书人的名称、地址,又要书写"To order of 被背书人(海运提单转让对象)的名称与地址"。

五、集装箱货运与海运提单

目前集装箱货运的比例越来越大,海运集装箱货运又具有自己的特点,具体如下。

(一)集装箱运输是先装箱,后装船

装箱有的在集装箱货运站(CFS)进行,有的在发货人的仓库或工厂进行,装箱时由装箱人填制集装箱装箱单(Container Load Plan),该单是记载每一个集装箱内所装货物详情的唯一单据,它的作用有:①在装货地点作为向海关申报的代用单据;②作为货运站(CFS)与集装箱堆场(CY)之间的货物交接凭证;③作为向承运人提供箱内所装货物的明细清单;④在卸货地作为办理集装箱保税转运手续的依据。

(二)集装箱的海关验放手续在装箱时进行

装箱人须事先联系海关,请海关派员到场监装,装毕在箱门加封印及号码(Seal No.),然后将集装箱装上运输工具。

(三)集装箱运输在国际上的做法是用场站收据代替大副收据

货物装箱后送入场站堆场,取得场站收据(Dock Receipt),即可向船公司或其代理换取收货待运提单(Receipt for Shipment B/L),其时集装箱尚未装船。若信用证规定须提供已装船海运提单的,则在集装箱装船后在收货待运海运提单上加上装船批注(On Board Notation),注明"装船"字样和装船日期,经船公司或其代理简签,就构成了合法的已装船海运提单。集装箱海运提单正规的做法

应在单据上打明集装箱号码、封印号码以及每箱所装货物的件数。

六、信用证项下海运提单的缮制与审核注意事项

（一）提交信用证规定的港至港运输提单

若信用证要求提交海运单据，则必须提交港至港运输单据。也就是说，单据名称不一定使用“海运”或“海洋”等措辞，甚至可无“Bill of Lading”的字样，只要运输单据表明使用了海洋运输方式，内容满足信用证条款，符合 UCP600 第 20 条的规定，即可接受。

（二）托运人、收货人和被通知人符合信用证规定

提单一般以信用证的受益人作为托运人。在转让信用证项下，通常以受让人作为托运人。托运人一栏，应当包括名称，但不一定加注地址。根据 UCP600 第 14 条(k)款，“显示在任何单据中的货物的托运人或发货人不必是信用证的受益人”。因此，若提单上的托运人栏填写的是信用证受益人之外的其他人，银行也应接受。

提单的收货人就是提单的抬头。提单的抬头与背书直接关系到提单的性质，牵涉到提单能否转让、物权归属等问题。若信用证要求提单抬头以某具名人为收货人，如“consigned to Bank ... ”（收货人为……银行），即记名方式，而不是“to order”（凭指示）或“to order of Bank ... ”（凭……银行的指示）等，则提单不得在具名人的名称前出现“to order”或“to order of ... ”的字样，不论该字样是打印的还是预先印就的。同样，若信用证要求提单抬头为“to order”或“to order of ... ”（凭某人指示），提单就不能做成以该具名人为收货人的记名方式。

若提单抬头是“to order of shipper”或“to order”，该提单必须经托运人背书；代理人为托运人或代表托运人所作的背书也是可以接受的，例如 Company T 发运了从第三方——某贸易公司购买的货物，提单上显示的托运人名称为“... Trading Company for and on behalf of Company T”，国际商会认为，在上述情况下，提单可由 ... Trading Company 作为 Company T 的代理来背书，或者由 Company T 背书。

若信用证规定了到货被通知人，无疑应按规定填写。但据《国际标准银行

实务》,若信用证未规定到货被通知人,提单的相关栏目可空白,或以任何方式填写。

(三)注明信用证规定的装货港和卸货港

随着集装箱业务的不断发展,海运的起点和终点不再限于港至港,常出现货物的接受监管地不同于装货港、最终目的地不同于卸货港的情况。正如ICC632R280中所指出的:“UCP并未区分收货地(接受监管地)或最终目的地(与指定的装运港或卸货港不同)是一个内陆地点或是港口的情况。在很多情况下,收货地可能就是受益人的所在地、运输行或船公司集装箱货场或集散地。在UCP600第20条项下,只要包括了有效的已装船批注,显示一内陆地点或另一个港口的提单是可以接受的。”也就是说,提单的装货港栏中应表明信用证要求的装货港,卸货港栏中应表明信用证要求的卸货港。国际商会称,不仅装船港和卸货港要注在正确的栏目中,而且还要保证两栏中所注的地名确为港口。

此外,根据ICC632 R454的观点,若信用证要求提交海运提单,而信用证规定的装运港或卸货港并非实际港口,遇此情况,应将信用证修改为提交多式运输单据。

(四)注明货物已装具名船只,已装船批注正确

信用证一般都要求已装船提单。已装船提单除载明已装船字样和其他事项外,还必须注明装货船名和装船日期。表明货物已装船或已装具名船只有以下几种方式。

1. 若为已装船提单,即提单上印就“Shipped on board in apparent good order and conditions”(货物已装船或已装具名船只),提单无须另加“On board”(已装船)批注,提单签发日期即视为装运日期。

2. 若为收妥备运提单,即提单上印就“Received by the Carrier from the shipper in apparent good order and conditions”(货物已收妥待运),则要以已装船日期的批注来证实。在船名一栏中应填写实际承载船名及航次号(如表3-5所示);已装船批注需具备“On board”字样和装船日期,已装船批注日期即视为装运日期。

表 3-5　　收妥备运提单相关栏目的填写示例

Pre-carriage by:	Place of Receipt:
Ocean Vessel: DONGFENG V. 01	Port of Loading: GUANGZHOU
Port of Discharge: NEW YORK	Place of Delivery:

已装船批注为:ON BOARD

DATED YY/MM/DD

3. 无论在上述第一还是第二种情况下,若所提交提单属下述情况之一,则已装船批注应按以下要求办理。

(1)若船名前有"Intended"(预期)字样或类似限定船只的词语,在船名一栏中应填实际承载船名及航次号(如表 3-6 所示);已装船批注应具备"on board"字样、装船日期和实际装货船名。

表 3-6　　提单相关栏目的填写示例

Pre-carriage by:	Place of Receipt:
Intended Ocean Vessel: DONGFENG V. 01	Port of Loading: GUANGZHOU
Port of Discharge: NEW YORK	Place of Delivery:

已装船批注为:ON BOARD DONGFENG V. 01

DATED YY/MM/DD

若船名前有"预期"字样,表示承运人打算将货物装上该船只,但实际上承运人也可将货物装上其他船只。换言之,装船批注中的船名可与预期船只相同,也可与预期船只不同。根据 UCP600,即使货物装上了提单上列明的预期船只,装船批注中也必须包含实际装货的船名。在实际操作中,还要注意提单正本和副本上这一部分应完全一致。曾有个案例,我国某外贸公司按信用证要求组织货源出口,该公司向银行提交的提单中船名标明"Intended Vessel Freesea",在"已装船"批注中填有经承运人加注实际已装船的船名和装船日期,并有承运人签章;结汇单据寄到国外后,开证行提出的其中一个单证不符是:正本提单上承运人加注了实际装船的船名和日期,但副本提单上却无此批注,开证申请人(即进口商)不同意接受。对于提单的"预期船名",我方向开证行提出,UCP600 第 21 条 a 款 II 项中规定:"……当提单中含有'预期船'字样或类似有关限制船只的词语时，必须以已装船批注来明确发运日期和实际装货的船名。”故我方所提供的提单已符合 UCP600 规定，构成“装上船”的要求。提单正本是有效文件，至于提单副本属于不生效的参考文件，承运人不可能在副本提单上加注和签章。根据上述情况，开证行应接受单据，按时付款。开证行对我方的申辩提出反驳意见：虽然承运人可对提单副本不进行签章，但其各方面内容均应与提单正本完全一样齐全，正本有而副本没有，即构成单单不符，申请人无法接受该单据。买卖双方经反复交涉，又由于当时货物价格趋涨，买方才决定付款，付款时间比正常收汇拖延，造成我方利息损失。

（2）若“Place of Receipt”（收货地）与“Port of Loading”（装货港）不一致（如表 3－7 所示），已装船批注应具备“on board”字样、装船日期、实际装货船名和信用证规定的装货港。

表 3－7　　提单相关栏目的填写示例

Pre-carriage by	Place of Receipt：DONGGUAN
Intended Ocean Vessel：DONGFENG V. 01	Port of Loading：GUANGZHOU
Port of Discharge：NEW YORK	Place of Delivery：

已装船批注应为：ON BOARD DONGFENG V. 01
FROM GUANGZHOU
DATED YY/MM/DD

国际商会在 ICC632 R282 和 R350 中确认，在采用集装箱运输的情况下，若收货地为集装箱堆场或集装箱货运站，且与规定的装货港相同（如表 3－8 所示），这些地点将被视为同一地点，无须在“装船批注”中注明装货港和船名，但前提是“Pre-carriage by”（前段运输）这一栏目为空。

表 3－8　　提单相关栏目的填写示例

Pre-carriage by：	Place of Receipt：HONGKONG CY
Ocean Vessel：DONGFENG V. 01	Port of Loading：HONGKONG
Port of Discharge：NEW YORK	Place of Delivery：

已装船批注应为:ON BOARD

DATED YY/MM/DD

4. 其他要求已装船批注的情况。除以上情况,据国际商会的意见,以下这些情况也要求已装船批注。

(1)提单装货港栏显示了一个以上的港口,提单的已装船批注要求注明船名。

例如,信用证要求由黄埔港至鹿特丹的港至港海运提单,允许转船,提单显示如表3-9所示。

表3-9 提单相关栏目的填写示例

Pre-carriage by:	Place of Receipt:
Ocean Vessel: DONGFENG V. 01	Port of Loading: HUANGPU/CHINA VIA HONGKONG
Port of Discharge: ROTTERDAM	Place of Delivery:

已装船批注为:ON BOARD XIFENG V. 01

AT HUANGPU

DATED YY/MM/DD

国际商会认为,该案例中,除装船批注中的XIFENG V. 01轮之外,在"Ocean Vessel"(海轮)一栏中显示有第二条船即DONGFENG V. 01轮不应认为有不一致之处,关键是装船批注中清楚地注明了在装货港装运货物的船名。"Ocean Vessel"一栏中注明的海轮名应认为是附加信息,即货物在香港转船时所装船只的名称。另外,在指定港口旁使用"via"(经由)一词来表明转船将在所述港口进行似乎是十分惯常的做法。

(2)若提单载明两艘船,但只有一个港口,那么提单也要求已装船批注写明船名。

(五)货物描述与信用证一致,唛头、数量等与其他单据所显示的相同

提单上的货物描述应按信用证规定注明,可使用与信用证规定不矛盾的货物统称,但应与信用证的用词相符。例如,信用证规定的货物描述为"Sweet Dried Grapes",提单可注为"Dried Grapes",如果注成"Raisin"则不能称为统称。同样,信用证规定货物描述为"Groundnut",发票注的也是"Groundnut",但提单

注成"Peanut"也是不符。

唛头必须与其他单据和包装外实际唛头一致,除《国际标准银行实务》中所述的额外内容外,既不能增加,也不能减少,上下次序不能颠倒,箱号不能搞错。散装货无须唛头,提单上应注明"No Marks"或"N/M",也可用"in bulk"表示。

集装箱运输货物的运输单据仅在唛头栏目中显示集装箱号码,而其他单据显示了详细的唛头,也不视为不符。

除散装货外,提单的包装栏内都要列明包装数量和包装单位,并且在大写件数栏中写上与小写一致的大写件数。若在同一提单上有两种以上包装单位,应分别填写;无论是什么货物,提单上都应列明毛重和尺码;运输单据一般以注毛重为主,除非是裸装货或信用证规定要在提单上表明净重的,或一些港口(如卡拉奇)规定提单上必须注明净重的,才需提供净重。重量是计算船只受载的基础资料,尺码用来计算货物占用舱位的体积,两者是计算运费的主要数据,所以提单上应注明。若信用证对包装单位有特别规定,应严格照办,例如信用证规定"The volume of drums in CB. FT. should be marked on relative documents",提交的提单上注的是 Measurement: $15M^3$,未按信用证要求注成体积(volume)是多少立方英尺(Cubic Feet),即构成了不符。

(六)有关运费的记载与发票和信用证的相关记载一致

提单上运费的填法根据交易价格来定。在 CIF、CFR 和 CPT、CIP 价格条件下,运费由托运人支付,提单应注"Freight Prepaid"或"Freight to be Prepaid"(运费预付);在 FOB 条件下,运费由收货人支付,提单应注明"Freight Collect"(运费到收)或"Freight Payable at Destination"(运费到付),但据 ICC434 R126,除非信用证明确作出相反规定,显示"Freight Prepaid"或"Freight Paid"的运输单据也是可接受的。

至于提单上加注附加费用的问题,要视信用证的具体规定。若信用证不禁止,根据 UCP600 第 26 条(c)款的规定,银行可接受用印戳或其他方式批注的附加费用。但若信用证明确规定"Transport documents bearing any reference to the costs additional to the freight charges shall not be acceptable"或简单地声明 UCP600 第 26 条(c)款不适用,则提单不得表明运费之外的其他费用已产生或将要产生。

（七）除非信用证另有规定，必须提交全套正本

正本提单一般签发一式几份，每份具有同等效力，一份凭以提货后，其余各份皆告失效。提单必须注明所出具的全套正本的份数。

若信用证要求提交全套提单，应将签发的正本提单一并交齐。但不一定只有注明"Original"（正本）字样的提单才视为正本，据《国际标准银行实务》，标注成"First Original"（第一正本）、"Second Original"（第二正本）、"Third Original"（第三正本）、"Original"（正本）、"Duplicate"（第二份）、"Triplicate"（第三份）等类似字样都是正本。当信用证要求提供几份副本提单时，也应如数提交。

（八）提单表面应注明承运人

提单表面应注明承运人的名称，由承运人或船长或其具名代理签署或以其他方式证实。国际商会作出决定，除非信用证有相反规定，不管在正面的顶、中、底部，提单从表面上看来要在某处注明承运人名称。"表面"是指不包括承运条款和条件的那一面，也就是含有满足信用证条款和 UCP600 有关条款的那一面。

若一份海运提单有一页或多页附件或附录，则每页必须表明其为某某号提单的附件及/或不可分割的一部分（或类似措辞）。在此情况下，在第一页附件上签字就能满足 UCP600 第 20 条中"表面"的含义。

正本提单必须以 UCP600 第 17 条规定的方式签署。UCP600 第 17 条规定的正本单据判断标准是：b. 除非单据本身表明其不是正本，银行将视任何单据表面上具有单据出具人正本签字、标志、图章或标签的单据为正本单据。c. 除非单据另有显示，银行将接受单据作为正本单据，如果该单据：i. 表面看来由单据出具人手工书写、打字、穿孔签字或盖章；或 ii. 表面看来使用单据出具人的正本信笺；或 iii. 声明单据为正本，除非该项声明表面看来与所提示的单据不符。不可转让的副本则不一定要显示承运人或其代理人的签字，或是加盖其组织的图章来表明他们的身份。

（九）装运日期不得迟于最后装运期限并符合 UCP600 的规定

按照《国际标准银行实务》，已装船提单的签发日就是装运日。若提交的是预先印就的"Shipped on board"（已装运于船）提单，提单的出具日期即视为装运

日，除非提单带有加注日期的单独装船批注，此时，该装船批注的日期即视为装运日，而不论该批注日期是在提单签发日期之前还是之后；若使用收妥备运提单格式，则提单应载有一个单独的批注，说明货物的已装船日期，已装船日期可迟于或早于收妥备运提单的签发日期。应注意的是，在信用证特别规定接受收妥备运提单时，如信用证同时规定"Draft at 90 days after B/L"，这时的 B/L date 就是提单签发日。但由于一般情况下，银行不会接受收妥备运提单，所以《国际标准银行实务》在提到汇票的票期时说，"如果用提单日之后……天表示票期，则装船日应视为提单日，即使装船日早于或晚于提单签发日"。

当信用证规定装运期限时，提单的装船日期不得迟于最后装运期限；当信用证未规定装运期限时，提单的装船日期不得迟于信用证的有效期；当信用证规定最早装运期时，也应严格按信用证条款办理，不能随意提前装运。

若使用"on or about"（于或约于）之类词语限定装运日期，应视为在所述日期前后各 5 天内装运，起讫日包括在内，例如信用证的条款为"CIF London from Guangzhou on or about 25 August 2018"，若已装船提单在"Place and date of issue"栏中打的是"Guangzhou 31 August 2018"，那么装期就过了 1 天。

诸如"to"（止）、"until"（至）、"till"（直至）、"from"（从）及类似意义词语用于规定信用证中有关装运的任何日期或期限时，包括所述日期。

若使用"after"（以后）则不包括所述日期。例如，信用证规定"Shipment must be effected after 20 May but not later than 31 May 2018"，那么装运日应在 5 月 21 日至 5 月 31 日期间，若在 5 月 20 日则为不符。

"first half"（上半月）是指每月的 1 至 15 日，"second half"（下半月）是指每月的 16 日至月末最后一天。"beginning of a month"（月初）、"middle of a month"（月中）和"end of a month"（月末）分别为每月 1 至 10 日、11 至 20 日、21 日至月末最后一天。

（十）符合 UCP600 关于分批/分期装运和转运的规定

除非信用证另有规定，允许分批装运。若信用证规定"in several shipments""in several consignment"或"in several lots"，货物应分三批或三批以上出运，因"several"一词意为三个或三个以上；若信用证规定"in two lots "，分两批出运即可。

若货物分装两条不同的船只，取得了两套提单，两套提单的装运日期不同，则以较早一份提单的日期来计算交单期。而且在这种情况下，可提交一套把两批分装货物和金额合并在一起的发票、装箱单、产地证等单据。

若信用证禁止分批装运，而提交的正本提单不止一套，装运港为一个或一个以上（在信用证特别允许或在信用证特别规定的特定地区范围内），只要单据表明运输的货物是用同一艘船并经同一航程，目的地为同一卸货港，则不视为分批装运。在此情况下，若提交的是一套以上的提单，而提单表明不同的装运日期，则最迟的装运日期将被用来计算交单期限，且该日期必须在信用证规定的最迟装运日或之前；若货装多艘船，即使这些船在同日出发并驶向同一目的地，也构成分批装运。

若信用证要求在给定期限内（within given period）分期装运，则各批货物必须在特定期限内装运。例如，信用证要求装运的货物总量为 30 000 公斤，信用证中的装运时间表及其对应的实际装运期限如表 3－10 所示。

表 3－10　　信用证中的装运时间表及其对应的实际装运期限示例

装运时间表	对应的实际装运期限
10 000 公斤　最晚于 2018 年 10 月 31 日 10 000 公斤　最晚于 2018 年 11 月 30 日 10 000 公斤　最晚于 2018 年 12 月 31 日	• 30 000 公斤货物可在 10 月 31 日前全部装运 • 或在 10 月 31 日前装运 10 000 公斤，11 月 30 日前装运余下的 20 000 公斤 • 或在 10 月 31 日前装运 10 000 公斤，11 月 1～30 日期间装运10 000 公斤，12 月 1～31 日期间装运 10 000 公斤 • 但若 10 月 31 日前没有装运至少 10 000 公斤，则以后各批均告失效；同样，若 10 月 31 日前装运了 10 000 公斤，但 11 月 30 日前没有运足 20 000 公斤，剩余各批也告失效
10 000 公斤　2018 年 10 月 1～31 日 10 000 公斤　2018 年 11 月 1～30 日 10 000 公斤　2018 年 12 月 1～31 日	此处规定了三个特定的装运期限，每期 10 000 公斤，各期不能合并装运。此类装运时间表适用 UCP600 第 32 条，即若其中任何一期未按信用证规定的期限装运，则信用证对该期及以后各期均告失效
5 000 公斤　最晚于 2018 年 9 月 30 日 5 000 公斤　2018 年 10 月 1～31 日 10 000 公斤　最晚于 2018 年 11 月 30 日 10 000 公斤　2018 年 12 月 1～31 日	第一批的装运可包括第三批的全部或者部分货物，但据 UCP600 第 32 条，在下列情况下，以后各期均告失效： • 9 月 30 日前，运出数量尚不足 5 000 公斤 • 或 9 月 30 日前，已发运至少 5 000 公斤货物，但在 10 月 1～31 日期间没装运够另外 5000 公斤 • 或 9 月 30 日前装运够 5 000 公斤，且 10 月内又装运够另外 5 000 公斤，但 11 月 30 日前总装运数量没达到 20 000 公斤

（十一）符合 UCP600 关于转运的规定

转运系指在信用证规定的装运港到卸货港之间的海运过程中，将货物从某船上卸下再装到另一船上的运输。除非信用证另有规定，允许货物转运。若卸货和再装货不是发生在装货港和卸货港之间，则不视为转运。例如，信用证规定“Shipment from port of X to port of Y”，提单显示如表 3 – 11 所示。此例中因卸货和再装货不是发生在信用证规定的装货港 X 和卸货港 Y 之间，则不视为转运。

表 3 – 11　　提单相关栏目示例

Pre-carriage by：VESSEL A	Place of Receipt：PORT OF W
Ocean Vessel：VESSEL B	Port of Loading：PORT OF X
Port of Discharge：PORT OF Y	Place of Delivery：

即使信用证禁止转运，但 UCP600 第 20 条（c）款仍允许在某些情况下进行转运：一是有关货物以集装箱、拖车或子母船装载，且海运全程使用同一提单；二是提单上注明承运人保留转运权利的条款，也就是说，在遇到特殊情况时，可能发生转运。但若信用证禁止转运，并且排除 UCP600 第 20 条（c）款中（i）和（ii）的适用，则表面注明将发生或可能发生转运的提单将被视为不符。

（十二）可接受的其他类型的提单

除非信用证另有规定，可接受简式提单、背面空白的提单、表明货物可能装于舱面的提单、据托运人报称的提单和发货人为第三方的提单。若提单的背面含有详细的条款，完整地规定了承运人和托运人的权利和义务，此即是全式提单；若提单的背面只规定了“All of the terms and conditions of carriage, or some of such terms and conditions by reference to a source or document other than the bill of lading”（承运条件参阅提单以外某一出处的文件），或“该货物的……接管、运输、费用各项均按照本公司全式提单条款办理”，此即是简式提单；若提单背面无印就条款，仅于正面声明“All transaction and contract entered into with the company incorporate the company's printed terms and conditions of business, a copy of which is available on request”，这种提单称为背面空白提单。简式提单和背面空白提单的功能和效力与全式提单相同，只在出现索赔等意外情况时，需参照全式提单来认定承运人和托运人双方的责任与权利。

UCP600 第 26 条(a)款规定："运输单据不得表明货物装于或者将装于舱面。声明货物可能被装于舱面的运输单据条款可以接受。"

UCP600 第 26 条(b)款规定："载有诸如'托运人装载和计数'或'内容据托运人报称'条款的运输单据可以接受。"

一般在整装集装箱情况下，即整箱交、整箱接时，提单上会出现"Shipper's Load and Count"和 STC(Said to Contain)的文字，其含义是"托运人装箱，承运人对箱内货物不负责任"。因货物由托运人自行装箱，承运人无法得知所装货物是否与提单上填写的货物相符，但有些集装箱收货人为保护自身利益，防止受益人诈骗，希望承运人能清点货物，以保证货物的存在。因此承运人在提单上加列上述不知悉条款，声明对箱内货物的准确性不负责任，以避免承担本不应由自己承担的责任，所以这类文句会对收货人的利益产生影响。有的信用证在条款中明确表示不接受含有类似"Said by shipper to contain"(内容据发货人报称)文字的单据，那么即使是采用集装箱装运，提单都不可显示"Shipper's Load and Count"和"STC one hundred and ten piece only"等类似的内容。

若信用证要求"Shipment must effected in container on LCL/LCL base"，提单的内容为"LCL/LCL, said by shipper to contain: Say Nine Cartons Only"，严格地讲，该提单与信用证不符。信用证要求货物以 LCL/LCL 装运，提单也已注明是装了拼装集装箱，那么就不存在由托运人点装货物的问题，另外又加注"said by shipper to contain: Say Nine Cartons Only"与"LCL/LCL"矛盾。

除非信用证另有规定，银行将接受表明以信用证受益人以外的一方为托运人的运输单据。一般情况下，提单显示的发货人应是信用证项下的受益人。然而，有时候受益人所出售货物的实际供货人不是自己，因而提单显示的发货人是实际供货人。例如，一信用证的受益人为 China National Textile Import and Export Corporation，制造商为 Antong Fabric Works Shanghai，在信用证无特别规定的情况下，可将制造商作为提单的托运人，但若信用证在"Special conditions"中明确声明"Transport documents showing as shipper a party other than beneficiary are not acceptable"，就只能以受益人为托运人。

(十三)不可接受的提单种类

除非信用证另有规定,不接受不清洁提单、租船提单、以风帆为动力的提单和运输行未以承运人或承运人代理身份签发的提单。

不清洁提单是指承运人明确声明货物及/或包装状况有缺陷,即对货物表面状况加有不良批注的提单。若提单注明货物装在开顶集装箱(open top container)内,不视为不清洁提单,该提单可接受。按照国际商会的解释,若运输单据载有如表3-12所示的不良批注,则视为"unclean"或"foul"。

表3-12　　提单上不良批注和非不良批注示例

视为"unclean"的批注	不构成"unclean"的批注
Content leaking	Second-hand packaging materials used
Packaging broken/holed/torn/damaged	Old packaging materials used
Packaging soiled by contents	Reconditioned packaging materials
Packaging contaminated	In open top container
Packaging badly dented	
Packaging damaged - contents exposed	
Goods chafed/torn/deformed	
Insufficient packaging	
Unprotected machinery	

即使信用证要求"清洁已装船提单"或注明"清洁已装船"的提单,提单也无须出现"清洁"字样。若提单上出现"清洁"字样,但又被删除,并不视为不清洁批注或不清洁,除非提单载有明确的声明货物或包装有缺陷的条款或批注。

租船合同下的提单,不是完全独立的文件(subject to charter party contract),加上提单可转让,就产生了各种当事人之间复杂的法律关系。信用证要求海运提单,且未规定接受租船提单时,银行拒绝接受租船提单。

从事海上运输的船只大多是机器操作,以汽油、柴油或其他能源为动力。以风帆为动力的船只是十分落后的运输工具,载重量小,速度慢,航行的安全系数小,货物风险大。除非信用证另有规定,不接受这种提单。

七、信用证提单条款举例

- Full set of clean on board marine bills of lading, made out to order of ABC

Co., marked Freight Prepaid, notify: applicant. 全套清洁已装船海运提单,做成以 ABC 公司指示为抬头,注明"运费预付",通知开证人。

• Full set of not less than two clean on board marine bills of lading marked Freight Prepaid and made out to order and endorsed to our order, showing ABC Co. as notifying party, short form Bills of lading are not acceptable. Bill of lading to state shipment has been effected in containers and container numbers. 全套不少于两份清洁已装船海运提单,注明"运费预付",空白抬头并背书给开证行,通知 ABC 公司,不接受简式提单。提单声明集装箱运输并标明集装箱号码。

• Full set clean on board ocean bills of lading, made out to the order and blank endorsed, evidencing shipment from Guangzhou to La Spezia port not later than April 05, 2018 marked freight prepaid and notify to the applicant. 全套清洁已装船海运提单,空白抬头并空白背书,证明运输从广州到拉斯佩齐亚,不迟于 2018 年 4 月 5 日装运,注明"运费预付"并通知开证人。

• 2/3 set of clean on board ocean bills of lading made out to order of shipper and blank endorsed and marked Freight Prepaid and notify ABC Co. 三份清洁已装船海运提单中的两份,空白抬头并空白背书,注明运费预付并通知 ABC 公司。

• Full set of clean shipped on board marine bills of lading, made out to our order, marked Freight Prepaid, notify: opener, indicating L/C No. and S/C No., Received for Shipment B/L not acceptable. 全套清洁已装船海运提单,做成以开证行指示为抬头,注明"运费预付",通知开证人,标明信用证号码和销货合同号码,不接受备运提单。

• Full set of clean shipped on board ocean bills of lading made out to the order of ABC Bank and notify applicant, showing Freight Prepaid mentioning L/C No.. 全套清洁已装船海运提单,做成以 ABC 银行指示为抬头并通知开证人,注明"运费预付",标明信用证号码。

• Bill of lading must specifically state that the merchandise has been shipped or loaded on board a named vessel and/or bill of lading must evidence that merchandise has been shipped or loaded on board a named vessel in the on board notation. 在提单上特别注明货物装上一指定船名的船。制单时可在提单的空白处打上"We hereby certify that the merchandise has been shipped on s/s ... "。

• Bill of lading should mark freight payable as per charter party, evidencing shipment from Huangpu, China to U. S. Gulf port. 在提单上标明运费根据租船契约支付,并标明装运由中国黄埔至美国的哥尔夫波特港。制单时就在提单的空白处打上"Freight has been payable as per charter party""The shipment has been made from Huangpu, China to U. S. Gulf port"。

• B/L showing invoice value, unit price, trade terms, contract No. , pro-forma invoice No. , and No. of this L/C unacceptable. 不将发票金额、单价、价格术语、合同号码、形式发票号码和信用证号码打在提单上。

• Full set of clean on board shipped bills of lading (3/3 negotiable copies minimum and 5 non-negotiable copies) issued to order of ABC Limited, mentioning destination Hong Kong. 全套清洁已装船提单(含至少三份可议付的正本和五份不议付的副本)做成"凭 ABC 有限公司指定",标上目的港香港。

第四节 保险单

一、保险单的作用和分类

保险单是保险人与投保人之间签订的一种正式保险合同,其上必须明确完整地记载保险合同双方当事人的权利及义务。它是在被保险货物遭受损失时,被保险人索赔的主要凭证;是保险人向被保险人收取保险费的依据;也是保险公司理赔的主要依据。保险单通常是保险人根据投保人的申请而开立,并由被保险人持有。在取得保险公司的保险单前,一般要填写投保单(样本见第七章表 7 - 11),列明投保事项。

保险单可分为以下几类。

(一)保险单(Insurance Policy)

保险单俗称大保单,一般由保险人根据投保人的投保申请逐笔签发,是一种正规的保险合同,承保在保单中所指定的经由指定船舶承运的货物在运输途中的风险。该保险单印有保险条款,它是一种独立的保险凭证,一旦货物受到损失,承保人和被保险人都要按照保险条款和投保险别来分清货损,处理索赔。

进出口货运险保险单一般由三份正本和两份副本组成,也可据投保人的要求增设正本或副本保单的份数。保险单是海上保险单中最有代表性、承保形式最完整的一种,其样本见第七章表 7 - 12。

(二)保险凭证(Insurance Certificate)

保险凭证俗称小保单,是一种简化的保险单据,同正式保险单具有同样的效力。保险凭证的正面依然载明了保险的基本项目,但背面未列保险条款,仅声明:“兹依照本公司正式运输险保险单内所载全部条款及本承保凭证所订立条款,承保下列货物保险,如保险单之条款与本凭证所订条款有抵触,应以本凭证所订条款为准。”

(三)联合保险凭证(Combined Insurance Certificate)

联合保险凭证由保险公司在商业发票上面加盖保险章,注明保险编号、险别、金额、装载船名、开船日期等,以此作为保险凭证,与保险单有同等效力,但不能转让。一般用于港澳地区中资银行开来的信用证项下业务。

(四)预约保险单(Open Policy)

预约保险单是保险人与被保险人事先约定在一定时期内对指定范围内的货物进行统一承保的协议,这种形式适用于经常有大批货物出运的投保人。预约保险单载明保险货物的范围、险别、保险费率、每批运输货物的最高保险金额以及保险费的结付办法等。凡属于预约保险范围内的进出口货物,一经起运,即自动按预约保险单所列条件承保,但被保险人在获悉每批保险货物起运时,应立即以起运通知书或其他书面形式将该批货物的名称、数量、保险金额、运输工具的种类和名称、航程起讫地点、开航日期等情况通知保险公司。

(五)保险批单(Endorsement)

保险批单是专门用于修改保险单的一种修改书。当被保险人投保后,由于某种原因需补充或修改保险单的内容,可向保险人提出修改申请,由保险人出具批单进行修改。批单应粘贴在保险单上,并加盖骑缝章,其效力优先于保险单。批单内容通常有:更改被保险人名称;更改货物名称;更改货物包装或数量；更改保险金额；更改承保险别；更改货物标记(唛头)；更改船名、加注转船或内陆目的地；更改开航日期；更改起运港或目的港；更改赔款偿付地点；更改出单日期；延长保险有效期(期限)等。

二、险别及保险单的缮制

(一)险别

海洋运输货物保险主要有中国人民保险公司的中国保险条款(CIC)和伦敦保险协会的协会货物条款(ICC)，根据1981年1月1日中国人民保险公司修改的条款，计有基本险别、一般附加险和特别附加险(如表3-13所示)。

表3-13　　中国人民保险公司货物运输保险主要险别

1. 基本险	
海洋运输险(Ocean Transportation Risks)	平安险(Free from Particular Average, F. P. A.) 水渍险(With Particular Average or With Average, W. P. A. 或 W. A.) 一切险(All Risks, A. R.)
陆上运输货物保险(Overland Transportation Cargo Insurance)	陆运险(Overland Transportation Risk) 陆运一切险(Overland Transportation All Risks)
航空运输货物保险(Air Transportation Cargo Insurance)	航空运输险(Air Transportation Risks) 航空运输一切险(Air Transportation All Risks)
邮运包裹保险(Parcel Post Cargo Insurance)	邮包险(Parcel Post Risk) 邮包一切险(Parcel Post All Risks)
2. 一般附加险	
碰损破碎险(Clash and Breakage Risk)	偷窃提货不着险(Theft Pilferage & Non-delivery Risk, TPND)
渗漏险(Leakage Risk)	淡水雨淋险(Fresh &/or Rain Water Damage, FRWD)
钩损险(Hook Damage)	甲板险(Jettison and/or Washing Over Board, JWOB Clause)
锈损险(Rust Risk)	混杂沾污险(Inter-mixture and Contamination Risk)
短量险(Shortage Risk)	包装破裂险(Breakage of Package Risk)
串味险(Taint of Odor Risk)	受潮受热险(Sweating and Heating Damage)
转船险(Transshipment Risk)	内陆附加险(Inland Extended Cover)

续表

3. 特别附加险	
战争险(War Risk)	码头检验险(Survey at Jetty Risk)
罢工险(Strikes Risk)	进口关税险(Import Duty Risk)
舱面险(On Deck Risk)	海关检验险(Survey in Customs Risk)
拒收险(Rejection Risk)	交货不到险(Failure to Delivery Risk)
黄曲霉素险(Aflatoxin Risk)	存仓火险责任扩展条款(Fire Risk Extension Clause for Storage of Cargo)

现行的伦敦保险协会海运货物保险条款(ICC)共有6种险别:①协会货物(A)险条款[Institute Cargo Clauses A,ICC(A)];②协会货物(B)险条款[Institute Cargo Clauses B,ICC(B)];③协会货物(C)险条款[Institute Cargo Clauses C,ICC(C)];④协会战争险条款(货物)(Institute War Clauses - Cargo);⑤协会罢工险条款(货物)(Institute Strikes Clauses - Cargo);⑥恶意损害险条款(Malicious Damage Clauses)。

(二)保险单的缮制

在缮制保险单时,有以下几点要注意。

1. 发票号码(Invoice No.):填写投保货物商业发票的号码。

2. 保险单号次(Policy No.):填写保险单号码。各套保险单的右上方一般预先印有一个与上、下套保险单前后相连的流水编号,但这并非是真正的保单编号,保单编号一般在制作保单时才编制确定。各保险公司编制保单编号的规定各不相同,但一般均由三部分构成,即该保险公司下属出具保单的分支公司编号、出单年份、同险种保险业务连续号。

3. 被保险人(Insured):若来证无特别规定,保险单的被保险人应是信用证的受益人,由于出口货物绝大部分均由外贸公司向保险公司投保,按习惯,被保险人一栏中填写出口商的名称。

信用证要求保险单"to order of ... Bank"或"in favor of ... Bank",即应在被保险人处填写"出口商名称 held to order of ... Bank"或"in favor of ... Bank"。

如信用证有特殊要求，要求所有单据以具体的某某为抬头人，那么，应在被保险人栏以信用证中指定的某某为被保险人，这种保险单不能背书转让。

信用证规定，保单抬头为第三者名称即中性名称，可打"to whom it may concern"(被保险利益人即填写)。

信用证规定，保单为空白抬头，被保险人名称应填写"The applicant 出口商名称，for the account of whom it may concern"。

4. 保险货物项目(Description of Goods)：与提单相同，填写货物的总称。

5. 包装及数量(Quantity)：与提单相同，填写最大包装的总件数。裸装货物填写货物本身件数；散装货物填写货物净重；有包装但以重量计价的应同时填写总件数和计价总重量。保单上若未表明货物的数量，银行便无法确定信用证所规定的货物数量是否已全部投保，开证行可据此拒付。

6. 保险金额(Amount Insured)：一般按发票金额加一成(即110%发票金额)填写，最终以双方商定的比例计算而成，但人保公司不接受保额超过发票总值的30%，以防止个别买主故意灭损货物，串通当地检验部门取得检验证明，向保险公司索赔。按惯例，保险金额货币单位应与信用证一致，若发票已扣除佣金或折扣，应按扣佣和折扣前的毛值投保。

7. 承保险别：出口商只需在副本上填写这一栏目的内容。当全套保险单填好交给保险公司审核、确认时，才由保险公司把承保险别的详细内容加注在正本保险单上。填制时应注意：

(1)应严格按信用证规定的险别投保；为了避免混乱和误解，最好按信用证规定的顺序填写。

(2)若信用证没规定具体险别，或只规定"Marine Risk""Usual Risk""Customary Risks""Transport Risk"等，则可投保一切险、水渍险、平安险三种基本险中的任何一种，银行将接受所提示的任何保单而不受任何漏保之责。

(3)若信用证规定的险别超出了合同规定，或成交价格为FOB或CFR，应由买方保险，但信用证规定由卖方保险，此时应与买方交涉，在买方同意支付额外保险费的情况下，按信用证规定的险别投保；否则，应要求取消此条款。

(4)若信用证规定使用伦敦协会条款，包括修订前的或修订后的，据中国人民保险公司的现行做法，可按信用证规定承保，保险单应按要求填制。

(5)若信用证要求投保转船险或无限转船险(Unlimited Transshipment

Risk)，即使直达提单也必须按规定保险，以防在运输途中由于特殊原因强迫或被迫转船而使货物受损。

(6)若信用证没有规定不计免赔率(IOP)，则保险单内可加注免赔率条款。

(7)投保的险别除注明险别名称外，还应注明险别适用的文本及日期。例如：

- Covering All Risks and War Risks as per Ocean Marine Cargo Clauses & Ocean Marine Cargo War Risks Clauses of The People's Insurance Company of China dated 1/1/1981. 按照中国人民保险公司 1981 年 1 月 1 日海运货物条款和海运货物战争险条款承保一切险和战争险。

- Covering Marine Risks Clauses(A)as per Institute Cargo Clauses (A) dated 1/1/1982. 按照伦敦协会 1982 年 1 月 1 日 A 条款承保海运险 A 条款。

(8)在实际业务中，有些文句可采用缩写形式，例如上述第一个条款可写成"... as per OMCC & OMCWRC of the PICC (CIC) dd 1/1/1981"或"... as per CIC All Risks & War Risks"；上述第二个条款可写成"... as per ICC (A) dd 1/1/1982"等。

8. 标记(Marks & Nos)：与提单相同，也可以填写"As per invoice No. ..."。但若信用证规定所有单据均要显示装运唛头，则应按实际唛头缮制。

9. 保险总金额(Total Amount Insured)：将保险金额以大写形式填入，计价货币也以全称形式填入，例如，美元不能用"USD"，而应写"U. S. Dollars"。注意，保险金额使用的货币应与信用证使用的一致，保险总金额大写应与其阿拉伯数字一致。

10. 保费(Premium)：一般已由保险公司在保险单印刷时填入"as arranged"字样，出口商在填写保险单时无须填写。但若来证要求"Insurance policy/certificate endorsed in blank full invoice value plus 10% marked premium paid."或"Insurance policy/certificate endorsed in blank full invoice value plus 10% marked premium paid USD ..."，对于这类要求，制单时应把原有的"as arranged"删去，加盖校对章后打上"Paid"或"Paid USD ..."字样。

11. 装载工具：填写装载船的船名。当运输由两程运输完成时，应分别填写一程船名和二程船名，例如，一程船名是 Mayer，二程船名是 Dongfeng，则该栏填写"Mayer/Dongfeng"；若转运到内陆即加"Other Conveyance"。

12. 开航日期：一般填写提单签发日期，也可填写提单签发日前后各5天内的任何一天的日期，或填写“As Per B/L”。

13. 起运港：填写装运港名称。

14. 目的港：填写目的港名称。当一批货物经转船到达目的港时，这一栏填写“目的港 W/T(VIA)转运港”；当一批货物到达目的港后须转运内陆某地买方仓库时，如到达纽约港后转运芝加哥，保单目的港可填“New York and Thence to Chicago”或“New York in Transit to Chicago”。

15. 保险单份数：当信用证没特别说明保险单份数时，出口商一般提交一套完整的保险单（一份“Original”，一份“Duplicate”）。中国人民保险公司出具的保险单一套五份，由一份正本（Original）、一份复联（Duplicate）和三份副本（Copy）构成。

当来证要求提供的保险单“in duplicate”“in two folds”“in 2 folds”“in 2 copies”时，出口商提交给议付行的是正本保险单和复联（复本）保险单，即构成全套保险单；其中的正本保险单可经背书转让。根据 UCP600 规定，正本必须有“正本”（Original）字样。

16. 赔付地点：通常将目的地作为赔付地点，将目的地名称填入该栏。若买方指定理赔代理人，理赔代理人必须在货物到达目的港的所在国内，便于到货后检验。赔款货币一般为投保额相同的货币。

17. 日期：指保险单的签发日期。由于保险公司提供仓至仓（Warehouse to Warehouse）服务，所以要求保险手续在货物离开出口商仓库前办理；保险单的日期也应是货物离开出口商仓库前的日期。除非信用证另有规定，或除非在保险单上表明“The cover is effective at the latest from the date of loading on board dispatch or taking charge of the goods”（保险责任最迟于货物装船或发运或接受监管之日起生效）外，银行将不接受出单日期迟于装船或发运或接受监管的保单。

18. 投保地点：填写投保地点的名称，一般为装运港（地）的名称。

19. 背书：

（1）空白背书（Blank Endorsed）。空白背书只注明被保险人的名称（包括出口商的名称和经办人的名字）。当来证没有明确背书方式时，使用空白背书方式。

（2）记名背书。记名背书在出口业务中较少使用。当来证要求“Delivery to or the order of ... Co. (Bank)”或“Endorsed in the name of ...”，即规定使用记名

方式背书。具体做法是在保险单背面注明被保险人的名称和经办人名字后，打上"Delivery to ... Co.（Bank）"或"in the name of ..."的字样。

（3）记名指示背书。当来证要求"Insurance policy or certificate in negotiable form issued to the order of ..."，在制单时，在保险单背面打上"to the order of ..."，然后签署被保险人的名称。

（4）特别情况。当被保险人不是出口商而是进口商时，即由出口商替进口商投保，出口商无须背书；若这时保险单需要转让，必须由被保险人背书才能转让；当被保险人既不是出口商也不是进口商时，该保险单无须任何方式的背书即可转让。当被保险货物在承保范围内遭受损失后，保险单的持有人享有向保险公司或其代理人索赔的权利并得到合理的补偿。

三、信用证项下保险单据的缮制与审核注意事项

（一）根据信用证要求提交相应的保险单据

保险单据的形式应符合信用证的规定。按 UCP600 第 28 条（a）款，"保险单据，例如保险单或预约保险项下的保险证明书或者声明书，必须看似由保险公司或承保人或其代理人或代表出具并签署。代理人或代表的签字必须标明其系代表保险公司或承保人签字"。据此，银行接受保险单（Insurance Policy）、保险凭证（Insurance Certificate）和保险声明（Insurance Declaration）三种保险单据。若信用证要求保险凭证或保险声明，可出保险单替代；若信用证没有明确种类，笼统地要求保险单据，则只要与信用证其他条件及 UCP600 第 28 条相符的单据都可受理。但除非信用证另有规定，不接受由保险经纪人签发的暂保单。

（二）由保险公司或保险商或其代理出具和签发

保险单据从表面上看必须由保险公司、保险商或其代理人开立并签署。虽然在信用证无特别授权时，保险经纪人出具的暂保单不能接受，但保险经纪人可作为具名保险公司或具名保险商的代理人签署保险单据。若使用保险经纪人的信笺出具保险单据，由保险公司或其代理人，或由保险商或其代理人签署，该保险单据可接受。

保险人不一定同意出具投保回执，若来证有此要求，受益人应要求对方改证。

（三）提交所出具的全套正本

UCP600 第 28 条(b)款称，“如果保险单据表明其以多份正本出具，所有正本均须提交”。据此，对保险单据的正本份数应按表 3 – 14 所示的原则掌握。

表 3 – 14　　信用证相关规定与对应的保险单据正本提交份数

信用证相关规定	对应的保险单据正本分数
信用证规定“full set”保险单据	若保险单据注明正本的份数为一份以上，应将所有正本如数提交
信用证未规定“full set”保险单据	若保险单据注明了全套的份数，应将所有正本如数提交
信用证未要求正本份数或“full set”保险单据	若被提交的一份正本保险单据本身未注明正本份数，则该保险单据必须注明系唯一正本
信用证要求两份正本保险单（in two originals）	提交的两份正本保单上，一份注明“Original”，另一份注明“Duplicate”，可以接受。这里的“Duplicate”意指第二份正本而不是副本。也就是说，两份为同时出具的一整套正本

（四）注意被保险人与保险单据背书的对应关系

通常情况下，保险单的被保险人（即保险单的抬头）做成信用证中的受益人，并由被保险人通过背书进行保险单的转让，即在保险单据的“at the request of ...”一栏填写信用证受益人的名称，并由其在保险单背面背书后转让。但若信用证对被保险人有特别规定，则必须照办。例如，中间商可能要对最终受让人保密，不愿保险单显示受益人的名称，或开证行因开证申请人保证金不足而需要控制提单和保险单，这种情况下，信用证往往对保险单的抬头有具体的要求。

保险单据的背书有空白背书和记名背书，采用何种方式，取决于信用证的规定。空白背书是指被保险人在保险单据背面只注明其名称并签字，不注明其他内容，若信用证未作特别规定，一般做空白背书。记名背书意为被保险人在保险单据背面除注明其名称并签字外，还在其签署之上注明被背书人，保单记名背书的文句一般为“Claims, if any, payable to order of ... ”。若信用证规定，需载有所规定的被保险人，而被保险人为保兑行/开证行/买方以外的一方，应恰当背书；若来证无其他规定，保险单的被保险人应是信用证上的受益人，并加空白背书，便于保单办理过户转让。

根据信用证不同的规定，保险单的被保险人及其背书事项如表 3 – 15

所示。

表 3－15　信用证相关规定与对应保险单的抬头及其背书事项

信用证相关规定	保险单抬头	背书事项
信用证无特殊规定；或要求保险单据“endorsed in blank”（空白背书）；或“issued（made out）in assignable（negotiable）form”，即以可转让的方式开立	应以信用证受益人为抬头，即在被保险人栏填上信用证受益人名称，可不填详细地址	由信用证受益人做空白背书，即在保险单据背面填上信用证受益人名称并签章
信用证指定以某特定方为抬头，例如“issued（made out）to ...”	在被保险人栏内直接填上该特定方的名称	信用证受益人无须背书
来证规定以凭某特定方指示为抬头，如“issued（made out）to the order of ...”	在被保险人栏内填“...（即信用证受益人）held to the order of ...”或“unto the order of ...（特定方）”	保险单据无须背书
信用证规定由某特定方为受益人，如“issued（made out）in favor of ...”	被保险人栏应为“...（即信用证受益人）held in favor of ...”	保险单据无须背书
来证要求保险单据背书给特定方，即“endorsed to the order of ...”	被保险人栏内填信用证受益人名称	作记名背书，即在保险单据背面填上“Claims, if any, payable to the order of ...”，并由信用证受益人签章
信用证未规定被保险人，但明确若发生赔偿请付给某特定方“Loss, if any, payable to ...”；或明确“Claims, if any, payable to ...”	以信用证受益人为被保险人； 在赔偿地点栏后填写“Claims payable to ...”	信用证受益人需要背书
信用证规定保险单据做成指示抬头，即“issued（made out）to order and endorsed in blank”	被保险人栏填“...（即信用证受益人）held to order”；或在被保险人栏填“...（即信用证受益人）for the account of whom it may concern”	信用证受益人需要背书
信用证规定保险单据为中性抬头，即“issued (made out) in neutral form”	被保险人栏应为“to whom it may concern”	保险单据无须也不能背书
信用证规定保险单据做成来人抬头，即“issued（made out）to bearer”	保险人栏直接填上“bearer”即可	保险单据无须背书

根据国际海上货物运输保险的习惯性做法，投保人对货物的所有权转移后，其在保险单中所享有的索赔权和合理补偿权也可通过背书方式转让给受让人。保险单的转让无须经保险人同意，背书是唯一的手续。保险单一旦转让，受让人就有权以自己的名义起诉，以自己的名义要求保险人在保险事故发生时赔偿承保范围内的损失。

在国际货物运输保险中，保险单往往随着运输单据的转让而转让，使受让人在取得货物所有权的同时能取得保险单项下的利益。为此，保险单的转让一般应与提单背书转让保持一致，并且往往前者的转让范围大于后者的转让范围，例如提单做成记名背书时，保险单可做记名背书，也可做空白背书。

（五）保险日期或保险生效日期最迟为货物装船、发运或接受监管的日期

保险单签发的日期应早于提单日期。通常情况下，保险单据的签发日期就是保险责任的生效日期。若这一日期晚于运输单据上货物装船、发运或接受监管的日期，即货物已经装船、发运或接受监管，保险还未生效，那么在此期间发生的货物的损害或灭失将不在保险时段之内，被保险人将无法获得赔偿。由此，保险单上的运输标志、包装及数量、货名、船名、大约开航日期、装运港和目的港等项内容应与提单一致。

（六）承保金额按信用证规定，或按相关规定

保险单据必须按信用证要求的金额出具。一般情况下，信用证对投保金额的规定是“110% of the invoice value”，此时应按 CIF 或 CIP 价的 110% 来承保；若信用证没有规定承保金额的最低比例，则最低承保金额必须是 CIF 金额的 110% 或 CIP 金额的 110%；若信用证要求保险不计免赔率，则保险单据不得含有表明保险责任受免赔率约束的条款；若 CIF 或 CIP 价值难以确定，则按 UCP600 第 28 条(f)款规定，按信用证要求付款、承兑或议付的金额或发票毛值的 110%，以两者之中较高金额作为最低承保金额。中国人民财产保险股份有限公司出具的保险单据，保险金额为整数，采用的是进位法而不是四舍五入法，即用发票金额乘以 110% 后，哪怕小数点后为 0.01 元，也进位为 1 元，而不是舍去这0.01元,这实际上也是为了满足“最低金额为发票金额的110%”的要求,若舍去0.01元,则不到110%。

(七)应使用与信用证相同的货币开立

保险单据必须使用与信用证相同的币种出具,不管是承保币别还是赔付币别都应和信用证的币别一致。至于保险单据的赔付币别,信用证一般不作特别规定,例如“Claim, if any, payable in USD”,通常仅声明“with claim, payable at destination”。虽然如此,保单上若加注了赔付币别,则赔付币别应和承保币别一致;否则,若发生货损,货主凭保险单据向保险公司索赔时,可能会因汇率变动而遭受损失。

(八)承保信用证规定的险别

信用证应规定投保的险别以及必要的附加险别。若信用证规定了承保险别种类,如“Insurance policy in assignable form and endorsed in blank, for at least 110% of CIF invoice value covering air/land transit/marine risks (ICC all risks), war risks and SRCC”,应按信用证要求投保伦敦协会险,若投保的是中国人民保险公司的险别,则为不符。

若信用证明确列明应承保的风险,则保险单据对上述风险必须不作任何排除。例如,信用证有下列条款:“90 percent of goods in bulk and loaded in separate tanks per grade the remainder thereof packed in drums and may be shipped on deck with covering the appropriate peril”,而装在桶内的货物确实已置于舱面,则应按信用证规定加保舱面险(On Deck Risks)。

若信用证要求一切险,则只要提交任何带有一切险条款或批注的保险单据,即使该单据声明不包括某些风险,也符合信用证要求;若保险单据标明承保伦敦协会货物保险条款(A)也符合信用证关于一切险条款和批注的要求。需强调的是,该条所说那些可不包括的险别,是指在一切险承保责任范围以外的险别,而不是一切险承保责任范围以内的险别。

(九)注意保险责任起讫

除非信用证另有规定,保险单据的保险责任的起讫应从信用证规定的装运地或发运地开始,一直到信用证规定的到货地或交货地为止。例如,信用证关于保险单据的规定是“Insurance policy in assignable form and endorsed in blank, for 110% of the CIF invoice value covering all risks and war risks to final warehouse at St. Louis”,装运条款是“Shipment from Guangzhou to San Francisco OCP in transit to St. Louis”,价格条款是“CIF San Francisco in transit to St. Louis”,按海运“仓至仓”条款,保险公司对被保险货物所负责任是从运离保险单载明的起运港(地)发货人的仓库开始,到保险单载明的目的港(地)收货人的仓库为止,所以该保险单据项下“仓至仓”应保至内陆仓库,否则从目的港至内陆仓库一段若发生货损,将无法得到赔偿。保险单据应显示“Covering all risks and war risks to final warehouse at St. Louis”。《国际标准银行实务》也明确规定,保险单据必须表明保险责任至少覆盖从信用证规定的货物装船或发运或接受监管地到卸货地或最终目的地之间的路程。

(十)在信用证特别要求时,注明保费

若信用证明确要求保险单据“Showing amount of the premium paid”(加注所支付的保险费),保险单据上应详注保费,而不可只打“as per arranged”(按照约定)。此外,当要求在发票上分别注成本、运费和保费时,单单之间还须对照,以保持一致。

(十一)对保险单据的其他要求

1. 大小写金额只能更改一处,其他地方不能超过两次,更改处需加盖校正章或签字确认。

2. 保险单上各个项目应按保单格式提供的位置填写,不能超出格式提供的空格位置,更不能与格式上的铅字重叠。

3. 内容排列应整齐,行距要统一。

4. 被保险人名称、商品名称、大写金额、条款、地名及月份等单词的第一个字母需大写的不能小写。

5. 保险单措辞要明确,内容要和发票、提单等有关单证相符。保险条款既要明确承保的责任范围,又要正确反映客户的要求。

四、信用证保险单条款举例

• Insurance policies or certificate, name of assured to be showed: ABC Co. Ltd. 保险单或保险凭证须做成以 ABC 有限公司为被保险人。

• Insurance policies or certificate settling agent's name is to be indicated, any additional premium to cover uplift between 10% and 17% may be drawn in excess of the credit value. 保险单或保险凭证须表明理赔代理人的名称,保险费如增加 10% ~17%,可在本证金额以外支付。

• Insurance policy/certificate, issued to the applicant, covering risks as per Institute Cargo Clauses(A), and Institute War Clauses (cargo), including Warehouse to Warehouse Clause up to final destination at Schorndorf for at least 110 pct of CIF Value, marked "Premium Paid", showing claims if any payable in Germany, naming settling agent in Germany. 保险单或保险凭证签发给开证申请人,按伦敦保险协会条款投保 ICC(A)和协会战争险,包括仓至仓条款到达最后目的地 Schorndorf,至少按 CIF 发票金额的 110% 投保,标明保费已付、注明在德国赔付,同时表明在德国理赔代理人的名称。

• Insurance policies or certificate in two fold payable to the order of Commercial Bank of Ceylon Ltd., covering marine institute cargo clauses A (1. 1. 1982), institute strike clauses cargo (1. 1. 1982), institute war clauses cargo (1. 1. 1982) for CIF invoice value plus 10% covering duty, defense levy and GST 37. 5% which should be shown separately. Insurance policy obtained from any of the Insurance Companies in the People's Republic of China, which provides settlement of claims if any, through a recognized U. K. underwriting company in U. K. and also indicating name and address of the U. K. underwriters. 保险单或保险凭证一式两份,凭锡兰商业银行的指示可赔付,按照 1982 年 1 月 1 日伦敦保险协会条款投保 ICC(A)、协会罢工险和协会战争险,按 CIF 发票金额加成 10%,分列征收防卫税和消费税 37. 5%。由中华人民共和国任何保险公司签发的保险单,必须由公认的英国本地保险公司提供验证声明,并表明英国保险公司的名称和地址。

• Insurance policy/certificate endorsed in blank of 110% of invoice value covering All Risks & War Risks as per CIC with claims payable at Kuala Lumpur in the currency of draft (irrespective of percentage), including 60 days after discharge of the goods at port of destination (or at station of destination) subject to CIC. 保险单或保险凭证空白背书,按发票金额的 110% 投保中国保险条款的一切险和战争险,按汇票所使用的货币在吉隆坡赔付(不计免赔率),保险期限在目的港卸船(或在目的地车站卸车)后 60 天为止。

• Marine insurance policy or certificate in duplicate, endorsed in blank, for full invoice value plus 10 percent stating claim payable in Thailand covering FPA as per ocean marine cargo clause of the People's Insurance Company of China dated 1/1/1981, including TPND loss and/or damage caused by heat, ship's sweat and odor, hoop-rust, breakage of packing. 保险单或保险凭证一式两份,空白背书,按发票金额加成 10% 投保,声明在泰国赔付,根据中国人民保险公司 1981 年 1 月 1 日的海洋运输货物保险条款投保平安险,包括偷窃提货不着、受热、船舱发汗、串味、铁箍锈损、包装破裂所导致的损失。

• Insurance effected by seller for account of buyer. We understand that the cost of insurance premium will be settled directly between buyer and seller outside the L/C. 出口商代办保险,保险费的支付由买卖双方在信用证外自行解决。

• Air and war risks for full landed value of invoice. 在 CIF 发票金额上投保空运险和战争险。(注:此处所谓 landed value of invoice 实际上就是 CIF invoice value,投保金额没有要求加成。)

• Negotiable insurance policy/certificate in duplicate by People's Insurance Co. of China incorporating their ocean marine cargo clauses (all risks) and war risks from China to Waterloo Ontario for 110% of invoice value, plus 23% for duty, additional cost of insurance is for buyer's account and to be drawn under this credit. 出具可转让的保险单或保险凭证一式两份,按发票金额的 110% 投保中国人民保险公司的一切险和战争险,额外加保 23% 的关税险,从中国保至安大略省的滑铁卢,超额保险费在信用证项下支付。

第五节 原产地证明书

一、原产地证明书的分类

原产地证明书,简称产地证,是证明货物原产地和制造地的文件,也是进口国海关采取不同的国别政策和关税待遇的依据。产地证可分为:①普通产地证(Certificate of Origin, C/O)。②普惠制产地证(Generalized System of Preference Certificate of Origin Form A,GSP Form A),又称格式A。③纺织品产地证[Certificate of Origin(Textile Products)]。④对美国出口的原产地声明书(Declaration of Country Origin)。其中,在对美国出口的纺织品交易中,一般使用原产地声明书,它有三种格式:或由出口公司出具,或由中国贸促会出具,或由生产厂商出具。

二、原产地证明书(C/O)

不使用海关发票或领事发票的国家,通常要求提供产地证明以确定对货物征税的税率。有的国家为限制从某国家或地区进口货物,要求以产地证来确定来源国。一般C/O产地证只签发一正三副,其中一份副本(黄色)为签证机构留存用。

(一)原产地证明书(C/O)的申请

根据我国的规定,企业最迟于货物报关出运前三天向签证机构申请办理原产地证,并严格按照签证机构的要求,真实、完整、正确地填写以下材料。

1.《中华人民共和国出口货物原产地证书/加工装配证明书申请书》(样本见第七章表7-5)。

2.《中华人民共和国出口货物原产地证明书》(样本见第七章表7-6),一式四份。

3. 出口货物商业发票。

4. 签证机构认为必要的其他证明文件。

（二）原产地证明书（C/O）的填制

1. 证书编号（Certificate No.）：此栏不得留空，否则，证书无效。

2. 出口方（Exporter）：填写出口公司的详细地址、名称和国家（地区）名。若经其他国家或地区需填写转口商名称时，可在出口商后面加填英文“via”，然后再填写转口商名称、地址和国家。例如：

- Guangdong Textiles Import & Export Knitwear Co. Ltd.
  15/F Guangdong Textile Mansion
  No.168 Xiao Bei Rd. Guangzhou, China
  via Hong Kong Daming Co. Ltd.
  No. 566, Guangdong Road, Hong Kong

3. 收货方（Consignee）：填写最终收货人的名称、地址和国家（地区）名，通常是外贸合同中的买方或信用证上规定的提单通知人。若信用证规定所有单证收货人一栏留空，则此栏应加注“To whom it may concern”或“to order”，但不得留空；若需填写转口商名称，可在收货人后面加填英文“via”，然后再填写转口商名称、地址、国家。例如：

- Alothaiman Trading Co. Ltd.
  P. O. Box 23631 Dubai, UAE
  via Hong Kong Daming Co. Ltd.
  No. 566, Guangdong Road, Hong Kong

4. 运输方式和路线（Means of Transport and Route）：填写目的港和装运港、运输方式。若经转运，还应注明转运地。例如，通过海运于2018年7月1日由广州港经香港转运至鹿特丹港，有如下两种表示方法：

- From Guangzhou to Hong Kong on July 1, 2018
  Thence Transshipped to Rotterdam by Vessel
- From Guangzhou to Rotterdam by vessel via Hong Kong

5. 目的地国家（地区）（Country/Region of Destination）：填写目的地国家（地区）。一般应与最终收货人或最终目的港（地）国别一致，不能填中间商国家名称。

6. 签证机构用栏（For Certifying Authority Use Only）：由签证机构在签发后

发证书、补发证书或加注其他声明时使用。证书申领单位应将此栏留空,一般情况下该栏不填。

7. 运输标志(Marks & Numbers):填写唛头。应按出口发票上所列唛头填写完整图案、文字标记及包装号码,不可简单填写"As Per Invoice No...."(按照发票)或"As Per B/L No...."(按提单);货物无唛头时,应填写 N/M(No Mark);此栏不得留空;若唛头多,本栏填写不下,可填写在第 7、8、9 栏的空白处,若还不够,可用附页填写。

8. 商品名称、包装数量及种类(Number & Kind of Packages; Description of Goods):填写商品名称及包装数量。商品名称要填写具体名称,不能用概括性表述,例如"Garment"(服装)。包装数量及种类要按具体单位填写,包装数量应在阿拉伯数字后加注英文表述,例如,100 箱彩电,应填写为"100 Cartons(One Hundred Cartons Only) of Color TV Set"。若货物为散装,在商品名称后加注"in bulk"(散装),例如,1 000 公吨生铁,填写为"1 000M/T(One Thousand M/T Only) Pig Iron in Bulk"。有时信用证要求在所有单证上加注合同号、信用证号等,可加注在此栏。本栏的末行要打上表示结束的符号"****************",以防加填内容。例如:

- One Hundred and Fifty(150) Cartons of
  Men's T/C Printed 2 PC Sets
  Sixty-seven(67) Cartons of
  Boy's T/C Printed 2 PC Sets
  ****
- 150 Cartons(One Hundred and Fifty Cartons Only) of
  Men's T/C Printed 2 PC Sets
  67 Cartons(Sixty-seven Cartons Only) of
  Boy's T/C Printed 2 PC Sets
  ****

9. 商品编码(H. S. Code):此栏要求填写 HS 编码,应与报关单一致。若同一证书包含有几种商品,则应将相应的税目号全部填写;此栏不得留空。

10. 量值(Quantity):此栏要求填写出口货物的量值以及商品的计量单位。如上述的 100 箱彩电,此栏填"100 Sets";1 000 公吨散装生铁,此栏填"N. W. 1 000M/T"

或“1 000M/T (N. W.)”(净重1 000公吨);若只有毛重时,则需注明“G. W. ”。

11. 发票号码及日期(Number & Date of Invoices):此栏填写申请出口货物的商业发票日期和号码;此栏不得留空。为避免对月份、日期的误解,月份一律用英文表述,如2018年12月10日,用英文表述为“DEC. 10, 2018”。

12. 出口方声明(Declaration by the Exporter):填写出口人的名称、申报地点及日期,由已在签证机构注册的人员签名并加盖有中英文的印章。

13. 签证机构签字、盖章(Certification):填写签证地址、日期。签证机构签证人经审核后在此栏(正本)签名,并盖签证印章。

(三)原产地证明书(C/O)的更改或重发

对签证机构已签发的原产地证明书,当申请单位需要更改其内容时,申请单位应书面申明理由,提交已更改的C/O产地证,并退回原证书正本。

对签证机构已签发的原产地证明书遗失或损毁,申请单位应书面说明遗失或损毁的原因,提交重新填制的C/O产地证及原证书副本或复印件。

三、普惠制产地证明书格式A(FORM A)的填制

Form A是出口商的声明和官方机构的证明合二为一的联合单证。联合国贸发会议优惠问题特别委员会对Form A的印刷格式,填制方法都有严格明确的规定,对所需纸张的质量、重量、大小尺寸,使用文种作了规定,并要求正本加印绿色检索图案,防止涂改或伪造。因此,填制必须十分细心,一律不得涂改,不得加盖校对章。证书一般使用英文填制,应进口商要求,也可使用法文;特殊情况下,第二栏可使用给惠国的文种。唛头标记不受文种限制,可据实填制。普惠制产地证明书的申请表样本见第七章表7-7,FORM A样本见第七章表7-8。具体填写规范如下。

(1)证书号码(Reference No.):此栏不得留空,否则,证书无效。

(2)出口商名称、地址和国家(Goods Consigned from):出口商的地址应填详细地址,包括街道名、门牌号码等。中国地名的英文译音应采用汉语拼音,如Guangzhou(广州)、Guangdong(广东)、Panyu(番禺)等。例如:

- China Art Export(Holdings)Corp. Guangdong Co.

  119(2nd Building),Liuhua Road, Guangzhou, China

(3)收货人名称、地址和国家(Goods Consigned to):根据信用证要求应填写给惠国的最终收货人名称,即信用证上规定的提单通知人或特别声明的收货人。若信用证未明确最终收货人,可填写商业发票的抬头人,但不可填中间商的名称。

欧盟各国、挪威对此栏有非强制性要求,若商品直接运往上述给惠国,而且进口商要求将此栏留空时,则可不填。例如:

- Jerson & Jessen, Lange Nehren 9, F - 2000, Hamburg, Germany

(4)所知的运输方式和航线(Means of Transport & Route):一般应填装货、到货地点(起运港)、目的港及运输方式(如海运、陆运、空运)等内容,对转运商品应加上转运港,如"via Hong Kong";该栏还要填明预定自中国出口的地点和日期。例如:

- On/After NOV. 6, 2018 from Guangzhou to Hong Kong by Truck
  Thence Transshipped to Hamburg by Sea

对输往内陆给惠国的商品,如瑞士、奥地利,由于这些国家没有海岸,因此,若系海运,都需经第三国再转运至该国,填证时应注明,且目的地可与提单的卸货港不一致。例如:

- On/After NOV. 6, 2018 by Vessel from Guangzhou to Hamburg
  W/T Hong Kong in Transit to Switzerland

(5)供官方使用(For Official Use):此栏目正常情况下留空。在下列特殊情况下,签证当局在此栏加注:①货物已出口,签证日期迟于出货日期,签发"后发"证书时,此栏盖上"Issued Retrospectively"红色印章。②证书遗失、被盗或损毁,签发"复本"证书时盖上"Duplicate"红色印章,并在此栏注明原证书的编号和签证日期,并声明原发证书作废,其文字是"This certificate is in replacement of certificate of origin No. . . dated which is cancelled"。

(6)商品顺序号(Item Number):如同批出口货物有不同品种,则按不同品种、发票号等分列"1""2""3"等;单项商品,此栏填"1"。

(7)唛头及包装号(Marks & Numbers of Packages):若没有唛头,应填写"N/M"或"No Mark"。若唛头过多,此栏不够填写,可填写在第7、8、9、10栏截止线以下的空白处;若还不够,此栏打上"See the Attachment",用附页填写所有唛头,附页纸张应与原证书一样大小,在右上角打上证书号,并由申请单位和签证当局授权签字人分别在附页末页的右下角和左下角手签、盖印,附页手签的笔迹、地点、日期均与证书第11、12栏相一致。

(8)包装件数、包装种类及商品的名称(Number & Kind of Packages; Description of Goods)。例如:

- One Hundred and Fifty(150)Cartons of Door Locks

应注意:①包装件数必须用英文和阿拉伯数字同时表示。②商品名称必须具体填写,不能笼统填写“Machine”(机器)等;对一些商品,比如,玩具电扇应载明为“Toys: Electric Fans”,不能只列“Electric Fans”,人造花类应载明“Artificial Flowers”,不能只列具体的花名“玫瑰”“兰花”等。③商品的商标、牌名(Brand)及货号(Art. No.)一般可不填。商品名称等项列完后,应在下一行加上表示结束的符号,以防止加填伪造内容。④国外信用证有时要求填具合同、信用证号码等,可加填在此栏空白处。

(9)原产地标准(Origin Criterion):此栏是国外海关审核的核心项目。对含有进口成分的商品,因情况复杂,国外要求严格,极易弄错而造成退证查询。

①若商品完全是出口国自产的,不含任何进口成分,则填写“P”。

②若出口商品有进口成分,出口到欧盟、挪威、瑞士和日本,填“W”,其后加上出口产品HS品目号,如“W”42.02。条件是:①产品列入了上述给惠国的“加工清单”,符合其加工条件;②产品未列入“加工清单”,但产品生产过程中使用的进口原材料和零部件要经充分加工,产品HS品目号不同于所用的原材料或零部件的HS品目号。

③含有进口成分的产品,出口到加拿大,填“F”,条件是进口成分的价值未超过产品出厂价的40%。

④含有进口成分的产品,出口到波兰、俄罗斯、乌克兰、白俄罗斯、捷克、斯洛伐克六国,填“Y”,其后加上进口成分价值占该产品离岸价格的百分比,如“Y”38%。条件是进口成分的价值未超过产品离岸价的50%。

⑤输往澳大利亚、新西兰的商品,此栏可留空。

(10)毛重和其他数量(Gross Weight or Other Quantity):此栏应以商品的正常计量单位填,如只、件、双、台、打等,例如3200 Doz或6280Kgs。以重量计算的则填毛重,只有净重的,填净重亦可,但要标上N. W.(Net Weight)。

(11)发票日期和号码(Number & Date of Invoice):此栏不得留空。月份一

律用英文,可用缩写表示;日期必须按正式商业发票填制。例如:

• PHK 50016

NOV. 2, 2018

(12)签证当局的证明(Certification):签证单位要填写商检局的签证地点(城市名及国名)、日期。商检局签证人经审核后在此栏(正本)签名,盖签证印章。本栏日期不得早于发票日期和申报日期,应早于货物的出运日期。例如:Guangzhou, Nov. 3, 2018。

(13)出口商声明(Declaration by the Exporter):在生产国横线上填"China";进口国横线上填最终进口国,必须与第3栏目的港的国别一致;若转运内陆目的地,应与内陆目的地的国别一致。凡运往欧盟范围内,进口国不明确时,进口国可填E. U. 。

申请单位应授权专人在此栏手签,标上申报地点、日期,并加盖申请单位中英文印章,手签人手迹必须在商检局注册备案。

此栏日期不得早于发票日期(第10栏),最早是同日。盖章时应避免覆盖进口国名称和手签人姓名。

四、纺织品产地证

纺织品产地证[Certificate of Origin(Textile Products)]是对欧盟、美国、土耳其等国家和地区输出配额纺织品、丝麻制品的产地证,以享受配额优惠税待遇。这种产地证由我国商务部配额许可证事务局及其下属部门签发。输美纺织品产地证见表3-16。

欧盟、美国等对那些属于配额范围内的商品,各有不同的规定,故出口前必须了解商品是否属配额范围,出证时应在产地证中将配额年份、税则号码等内容列明。

本类产地证书共有14栏,部分内容与格式A原产地证书相同,与格式A原产地证书不同的栏目有:第三栏"配额年度"(Quota Year)、第四栏"税则号码"(Category Number)、第六栏"原产国"(Country of Origin)、第七栏"目的国家"、第九栏"附加项目"(Supplementary details,若商品有其他编码可填此栏)、第十二栏"离岸价格"(FOB value,若本批货物是CIF价格,应将运费及保险费减去)等。

表3-16 输美纺织品产地证

CERTIFICATE OF ORIGION

正 本
ORIGINAL

1 出口商（代码、名称和地址） Exporter (EID, name & address)	2 产地证号码 CN Certificate NO.		
	3 年度 Year	4 类别号 Category NO.	
	5 发票号码 Invoice No.		
6 收货人（名称和地址） Consigness (name & address)	7 装运地、装运期及目的地 Place & time of shipment,destination		
	8 中国港口离岸价值 Value of FOB Chinese port		

9 唛头—包装件数—商品名称 Marks & number s-number of packages-DESCRIPTION OF GOODS	10 数量 Quantity	11 单价 Unit price	12 总值 Amount
13 生产厂家代码 M. I. D.			

14 出口商申明 Declaration by the exporter It is hereby declared that the above details and statements are correct, that all the goods were produced in China and that they comply with the Rules of Origin of the People's Republic of China.	15 发证机构签章 Issuing authorities' stamp and signature 日期 Date

五、信用证项下原产地证明书的缮制与审核注意事项

(一)应由信用证中指定的机构出具

原产地证明书必须由信用证中规定的一方出具。若信用证要求提供某一机构的产地证,可用以下方式满足:一是使用该机构的信笺或该机构指定的格式,即使单据上的内容是由受益人完成的,该机构仅盖章也可满足要求;二是不用该机构的信笺,而是使用“中性”单据,但在正文中表明单据由该机构完成和/或签署;但若利用受益人或该机构以外的任何一方的信笺出具,则不符合信用证要求。

若信用证要求原产地证明书由某一机构出具,但出口国无此机构,也可由另一方签发,只要在单据上声明为同一机构或代其签发即可。

若信用证要求原产地证明书由受益人、出口商或厂商出具,那么由商会出具的单据也是可接受的,只要该单据相应地注明了受益人、出口商或厂商的名称。

若信用证未规定原产地证明书的出具人,则任何人(包括受益人)出具均可。

但在实务操作中,进口商为保证产地证的客观性和证明效力,往往规定产地证由出口商所在国的商会或主管当局出具。按国际商业惯例,所谓主管当局,是指政府授权的具有签发产地证资格的机构。

(二)内容必须与信用证及其他单据的相关内容一致

产地证上的货物描述可使用统称,但不得与信用证规定的货物描述有抵触。例如,信用证规定货物品名是“Men's 100 percent cotton knitted T-shirt”,提交的产地证上货名却是“Men's 100 percent cotton”,虽说产地证用统称可接受,但产地证上品名的中心词“cotton”和信用证的中心词“T-shirt”意思完全不同,显然不能视为内容一致。

《国际标准银行实务》对产地证的收货人有明确规定,即若显示收货人的信息,则不得与运输单据中的收货人信息相矛盾。但若L/C要求运输单据做成“to order”“to order of shipper”“to order of the issuing bank”(凭开证行指示)或

“consigned to the issuing bank”(货发开证行)式抬头,则原产地证可显示 L/C 的申请人或 L/C 中具名的另一方作为收货人;若 L/C 已转让,则以第一受益人作为收货人也可接受,亦即除非 L/C 另有规定,当运输单据为指示式抬头时,或当 L/C 已转让时,产地证收货人不同于提单的收货人是可接受的。

产地证的发货人一栏显示信用证受益人或运输单据上的托运人以外的另一方也可接受。但鉴于我国的原产地证是特定机构对国内出口企业出具的、证明向国外出口的货物其原产地为中华人民共和国的一种确认和证明,所以,原产地证只能签发给中国的出口企业,不能签发给外国企业,因此,若信用证要求在产地证的第一栏填国外中间商的名称、地址和国家时,受益人不能照办,应要求修改信用证。

需要注意的是,GSP 产地证第十二栏是出口商的申报内容,应注明生产国和进口国,生产国应填 China,进口国一般应和第二栏的收货人和第三栏目的港的国别一致。若信用证规定收货人为 A 国客户,提单的目的港和产地证的目的港均为 A 国港口,但产地证进口国一栏填写的是 B 国,则为不符。

(三)应注明货物的产地

如同装箱单必须显示包装细节一样,原产地证明必须清楚地表明货物的原产地。例如,当信用证要求“由商会出具的产地证”时,提供的产地证上注明货物为“200 bales of Sudan Raw Cotton”(200 包苏丹生棉),受益人坚持认为该内容已很明确地显示了货物的产地为苏丹。那么“苏丹生棉”这一描述是否足以表明货物的产地是苏丹,而无须特别指出?对此国际商会认为,“苏丹生棉”这一货物描述也可能是某种产品的品牌,不能要求银行根据此内容判断其产地,必须清晰地表明货物的原产地。

(四)须注明日期

原产地证明书的签发日期应在信用证规定的交单期和有效期之内;除非信用证另有规定,也可早于信用证的开证日期。对于产地证的签发日期迟于货物出运日期的问题,国际商会的立场是:产地证的签发日期对于货物的装运、价值,或对货物原产地的声明不会造成损害。可见,除非信用证另有规定,签发日期迟于货物的装运日期的产地证是可接受的,但需注意的是,在提交普惠制产地证的情况下，除非是后发证书或信用证允许，签发日期不可迟于货物的出运日期，否则影响货物通关。此外，产地证上出口人申报的日期应早于签证机关的签发日期，否则明显与情理不符。

（五）根据信用证的要求签字、公证、认证或签证

原产地证明书是证明性质的文件，理应签字。

六、信用证原产地证明书条款举例

- Certificate of origin in two folds indicating that goods are of Chinese origin issued by Chamber of Commerce. 由商会签发的产地证一式两份，证明货物原产地在中国。

- GSP Certificate of Origin, Form A, certifying goods of origin in China, issued by competent authorities. 由授权机构签发普惠制原产地证书格式 A，证明货物原产地在中国。

- Certificate of origin GSP Form A, original and one copy, evidencing China as origin of goods. It must be marked "issued retrospectively" if issued after shipment date. 正本和一份副本普惠制原产地证明书格式 A，证明货物的原产地在中国；若在装船日后签发须标明"回签"。

- Certificate of origin should state that the goods do not contain any component of an Israeli origin whatever the proportion of such component, the exporter or supplier has no direct or indirect connection whatsoever with Israel. 产地证声明货物中不含任何以色列的原料和加工成分，出口商或供应商不曾与以色列有任何直接或间接联系。

- Certificate of origin should state that the goods being exported are of a national origin of the exporting country and that the goods do not contain any component of an Israeli origin whatever the proportion of such components is. The certificate should also contain a declaration by the exporter or supplier stating that the company producing the respective commodity is not an affiliate to, or a mother of, any company that appears on The Israeli Boycott Black List and also stating that the exporter or supplier has no direct or indirect connection whatsoever with Israel and that he will act in compliance with the principles and regulations of the Arab Boycott of Israel. The certificate of origin should be authenticated by the Chamber of Commerce &/or Union of Industry in exporting country and certified by the representative office of Socialist People's Libya Arab Jamahiryah in the exporting country if available, otherwise, by the representative office of any Arab Country except Egypt. 该条款要求产地证内容除证明我国原产地外,还须证明无以色列产品成分以及出口商与以色列厂商无直接或间接关系等事项,该证书须由中国贸促会或工业联合会签发,再由利比亚驻我国代表处认证。

• Photocopy of original certificate of Chinese origin or GSP Form A Required and such certificate combined with or referring to other documents not acceptable. 提供中国产地证或普惠制原产地证格式 A 正本的影印本,该产地证必须是一种独立的、完整的、不依附于其他单证的格式。

第六节 包装单据

我国出口商在出口报关时不仅需要提供包装单据,信用证往往也将此类单据作为结汇单据之一。实际上,装箱单、重量单和尺码单是商业发票的一种补充单据,是商品的不同包装规格条件、不同花色和不同重量逐一详细列表说明的一种单据,也是买方收货时核对货物的品种、花色、尺寸、规格和海关验货的主要依据。

一、包装单据的含义

包装单据是发票的附属单据,是对货物包装情况的书面说明。包装单据的名称较多,常见的有装箱单、重量单、尺码单、规格单、品种搭配单等,不同的单据名称表明要求突出的侧重点不同,例如装箱单着重表示包装情况,重量单侧重说明重量情况,尺码单则着重描述商品体积。对于不同特性的货物,进口商可能对某一方面或某几方面(例如包装方式、重量、体积、尺码)比较关注,因此希望对方重点提供某几方面的单据,例如 Packing and Weight Note(装箱/重量单)、Packing List and Weight Note and Measurement Note(装箱单/重量单/尺码单)。主要包装单据的含义如下。

（一）装箱单（Packing List 或 Packing Note）

装箱单又称花色码单或包装单，它表明装箱货物的名称、规格、数量、唛头、箱号、件数、重量及包装情况。信用证及托收项下，除散装货物外，一般都要求提供装箱单。若是定量装箱，每件都是统一的重量，则只需说明总件数多少，每箱多少重量，合计多少重量；若来证条款要求提供详细装箱单，则必须提供尽可能详细的装箱内容，描述每件包装的细节，包括商品的货号、色号、尺寸搭配、毛净重及包装的尺码等。装箱单样本见第七章表7-3。

（二）重量单（Weight List 或 Weight Note 或 Weight Certificate）

除装箱单上的内容外，重量单上应尽量清楚地表明商品每箱毛、净重及总重量的情况，供买方安排运输、存仓时参考。

按装货重量（Shipping Weight）成交的货物，装运时出口商须向进口商提供重量单/重量证明书，它证明所装货物的重量与合同规定相符，货到目的港有缺重量时出口商不负责任。若按照卸货重量（Delivered Weight）成交的货物，如果货物有缺重量，进口商必须提供重量证明书，才可向出口商、轮船公司或保险公司提出索赔。

（三）尺码单（Measurement List 或 Measurement Note）

尺码单偏重于说明货物每件的尺码和总尺码，即在装箱单内容的基础上再重点说明每件不同规格项目的尺码和总尺码；若不是统一尺码，应逐件说明。一般用“m^3”表示货物的体积，其他内容与重量单相同。

二、包装单据的缮制

包装单据的制作要以信用证、合同、备货单、出货单为凭证；若信用证上要求在包装单据上填写一些特殊条款，应照办。装箱单一般无须签署出单日期、抬头、单价和金额，不显示收货人、价格、装运情况，除非信用证有特殊规定。

（一）包装单据的内容

包装单据具体包括以下内容。

1. 进口公司中文、英文名称和地址。

2. 单据名称。填写装箱单、重量单和尺码单的中英文字样，中英文字样用粗体标出。

3. 进口公司的名称和地址。

4. 发票的开票日期。

5. 发票的号码。

6. 提单号码。

7. 合同号码或销售确认书号码。

8. 运输的装运港、目的港和中转港名称以及运输方式和船名。

9. 唛头。须与发票、远期信用证及实物印刷唛头完全一致。

10. 商品的数量。该数量为运输包装单位的数量，而不是计价单位的数量。

11. 商品的名称。装箱单中所表明的货物应为发票中所描述的货物，也可用与其他单据无矛盾的统称表示。

12. 商品的单位净重和总净重。

13. 商品的单位毛重和总毛重。

14. 商品的单位尺码和总尺码。

15. 数量的大写。

16. 特别说明。

17. 出口公司落款。

（二）信用证中包装条款的表示方法

信用证包装条款包括包装材料、包装方式及包装规格等，主要表示方法如下。

1. 只注包装方式、造型等。若为散装货，只注“in Bulk”。例如：

- Packed in carton. 箱装。
- Packed in bag. 袋装。

2. 加注包装材料。例如：

- Packed in wooden case. 木箱装。
- Packed in gunny bag. 麻袋装。

3. 包装内的货物数量或重量。例如：

- Each carton contains 2 sets. 每箱装 2 套。

• One dozen per bag. 每袋一打。

• 2 kgs/case. 每箱 2 千克。

4. 注明包装件数及每件内含量。例如：

• Packed in 100 cartons of 2 pieces each. 装 100 箱，每箱 2 件。

200 sets = 2 sets/CTN × 100CTNS. 200 套 = 每箱 2 套 × 共 100 箱。

• Packed in 160 export cartons each containing 5 piece of 56 inches × 20 yards. 装于 160 个出口包装箱，每箱 5 匹，每匹 56 英寸 × 20 码。

• 500M/T net packed in 2 500 drums of 200 kgs net each. 净重 500 公吨装 2 500桶，每桶净装 200 千克。

• Each piece in a poly bag, 1 000 PCS in 200 cartons and then in container. 每件装在一个聚乙烯塑料袋内，1 000 件装 200 箱，然后装在集装箱内。

5. 带附带说明的包装。例如：

• 25kgs net in poly woven cloth laminated with outer 1 – ply kraft paper bag. 每个聚乙烯塑料袋内净装 25 千克，外套单层牛皮纸袋。

• One set packed in a box tied up with stripe, two boxes per carton. 一个盒子内装一套，用带子扎起来，2 套装一箱。

• Each piece in a poly bag with a hanger, 2 500 PCS hanged in one container. 每件带一个衣架装在塑料袋内，2 500 件挂在一个集装箱内。

• Each piece/export carton carries a stamp/label indicating the name of country of origin in a non-detachable or non-alterable way. 每件装在一个出口包装箱内，并带有一个印章/标签，上面以不可分开或不能更改的方式注有产地国名称。

6. 包装相同，货物和货量不同的表示法：这种包装常以列表的形式表示（如表 3 – 17 所示）。

表 3 – 17　　　　相同包装、不同货物和货量的表示

Art No.	Descript	Quant. (CTN)	Set	G. W. (KG)	N. W. (KG)
SW0520 TS0450	DINNER SET TEA SET	300 450	@2/600 @4/1800	@18/5400 @15/6750	@14.5/4350 @12/5400
TOTAL		750	2400	12150	9750

7. 有的信用证规定“Seaworthy Packing”(适于海运的包装)、“Packing Suitable for Long Distant Transportation”(适于长途运输的包装)或“Strong Wooden Case Packing”(坚固木箱装)等。发票和装箱单应照抄。

三、信用证项下包装单据的缮制与审核注意事项

(一)应单独出具,不可与其他单据联合

根据《国际标准银行实务》,信用证列明的单据应作为单独单据提交。若信用证要求装箱单和重量单各一份,可用以下方法满足:一是提交两份单独的装箱单和重量单;二是提交两份正本的装箱和重量联合单据(Combined packing and weight list),该联合单据须同时表明装箱细节和重量细节,其中一份正本联合单据作为装箱单,另一份正本联合单据作为重量单。因按国际商会的观点,单据可使用信用证规定的名称或相似名称,或不使用名称,只要单据内容在表面上满足了所要求的单据的功能即可。在这里,国际商会其实指的是“documents issued in combined form”,即以联合方式出具的单据,由于这种单据只要提供了足够的正本份数,就不会出现同一份单据同时作为两种不同种类单据使用的情况。

(二)内容应符合信用证要求,并与其他相关单据不矛盾

若信用证仅要求提供包装单据,按UCP600第14条(f)款应规定由谁签发这种单据及单据的措辞和内容。一般来讲,包装单据应由受益人出具。但若无规定,无论由谁出具都应被接受。对单据内容也仅要求与其他单据无不一致之处。

但包装单据类别中的每种单据应注明其特定内容,例如,装箱单应有货物包装的描述,否则,连货物如何包装的内容都没有,单据的功能就不是装箱单了。

若信用证对包装单据的内容有具体要求,例如“Packing list must show gross weight, net weight, net net weight and line weight separately”,装箱单上就应分别注明毛重、净重、净净重和类别重量,漏一不可。

多数信用证要求装箱单除了要显示总的毛重、净重以外,还要注明每一包

装单位的详细情况，如"Packing list should show details of each bale"，那么装箱单上除了总的毛重和净重外，还必须注明每一包的毛重和净重，同时要对装箱单上的毛重、净重、内包装数量等予以核对，进行相应计算。

在信用证没有规定装箱单措辞及资料内容的情况下，装箱单可显示包装的单列信息或总体信息，只要所显示的总量与其他单据上的总量一致即可。

另外，在信用证要求出具"detailed packing list"时，单据上应列明每一包装的详细内容及其他相关信息。有人认为，信用证如果要求"detailed packing list"，装箱单的标题应用"detailed"字样，实际上这是错误的理解，此处的"detailed"一词用来修饰"packing list"，如同在信用证要求"Signed Commercial Invoice"时，发票的标题前从来不需要加注"Signed"字样。

（三）出具日期与其他单据不抵触

一般来说，包装单据的出单日期应与发票一致或不早于发票，并且与其他单据不矛盾。但有时受益人是根据生产商的包装单数量来缮制发票的，在这种情况下，包装单据的日期也可早于发票日期，但此时包装单据上不应记载发票的编号，否则不合常理。

另外，若信用证未加以规定，并且包装单据是在信用证交单期及有效期内提交的，可不注日期；若引用了信用证号码，能证明是在某一信用证项下提交的，也可不注日期。

（四）通常无须签字

除非信用证要求签字或要求某种证明内容，包装单据无须签字。根据ICC515，"凡是带 certificate、statement、declaration 等证明性质的，即单据上要求某种证明内容，无论信用证是否规定 signed，均须签署，并加注签发日期，否则构成不符点（如产地证、证明书、检验证、保单、提单等）。而 list、memo、note 之类非要式单据，可以不签"。所以，当信用证要求出具"Certificate of Weight"时，该单据必须签字；而当信用证要求出具"Weight List"，且重量单上无"We certify that ..."等类似内容时，则无须签字。

四、信用证包装单据条款举例

- Packing List in six-fold. 装箱单一式六份。

• Signed Packing List in quadruplicate showing gross weight, net weight, net net weight, measurement, color, size and quantity breakdown for each package, if applicable. 签名的装箱单一式四份,如果适用请标明每个包装的毛重、净重、净净重、尺码、颜色、尺寸和数量。

• Signed Packing List, original and nine copies. 签名的正本装箱单和9份副本。

• Manually signed Packing List in triplicate detailing the complete inner packing specifications and contents of each package. 手签装箱单一式三份,详注每件货物内部包装的规格和内容。

• Detailed weight and measurement list showing in detail the colors, sizes and quantities in each carton and also NT. WT and G. WT. 明细重量和尺码单,详注每箱货物的颜色、尺寸和数量以及毛重和净重。

第七节　装船通知

装船通知(Shipping Advice 或 Advice of Shipment)或称装船声明(Shipping Statement 或 Shipment Declaration),即按信用证或合同规定,发货人在装船后将装船情况通知进口商,以便及时办理保险或准备提货租仓等。接受通知的一般是进口商,也有的是进口商指定的保险公司。通知的方式通常为电报,电报抄本随其他单据交银行议付。

有些进口国规定保险必须在进口国投保,进口商与保险人签订预保合同,要求我方公司在装运时直接向进口国的保险人发出装船通知。这种装船通知在上述预保合同业务中,又叫保险声明(Insurance Declaration)。该装船通知没有固定格式,主要内容包括保险人名称、信用证号、预保合同号、出口公司、发票号、船名、装船通知、品名、数量、重量、发票、金额等装运项目。当保险人直接收到装船通知后,可以将预约保单及时转成为一份正式的保险单。

装船通知(样本见第七章表7－16)的主要内容有:收件人名称和地址、合同号或信用证号、货名、数量、金额、船名、开航日期、提单号码、发电日期等。

具体操作中,若买卖合同或信用证规定须有证明副本装船通知真实性的文句，则应在传真、电报或电传副本的出口商签章上端加具“Certified True Copy”字样。另外，发电日期不能超出信用证规定的时限，如信用证规定“within two days after shipment”（装船后两天内），假如提单日为21日，则最晚发电不能超过23日午12点；若信用证规定“immediately after shipment”或信用证条款中对装船通知的出单日无明确要求，则出口商应掌握在提单日后3天之内。

一、装船通知的作用及缮制

（一）装船通知的作用

装船通知的主要功能有两项：其一，可使以CIF或CIP价格成交的进口商了解货物装运情况、准备接货或筹措资金；其二，在FOB、CFR或FCA、CPT条件下，系进口商办理货物保险的凭证。

进口商为避免出口商因疏忽未及时通知，经常在信用证中明确规定，出口商必须按时发出装船通知，并规定通知的内容，而且在议付时必须提供该装船通知的副本，与其他单据一起向银行议付，因而装船通知也是提交银行结汇的单据之一。

（二）装船通知的缮制

1. 出口商中文和英文名称。

2. 电报挂号或电传号码。

3. 商业发票号码。

4. 抬头人名称和地址。

（1）在有预约保险合同的情况下，可以填写保险公司的名称和地址，即对进口商签发了预约保险单的保险人名称与地址。

（2）或填写开证人名称与地址。

（3）或填写信用证规定的代理人的名称与地址。代理人收到通知后，可及时通知保险公司实际装船情况以便及时投保，同时方便收货人准备收货或卖出在途货物。代理人可以是保险公司的代理人，也可以是开证人的代理人，甚至可以是收货人本人。

5. 单据名称。

6. 商品名称:填写商品的总称即可。

7. 数量:填写商品的包装总数量,而不是计价单位的总数量。

8. 发票总金额。

9. 船名:需要转船时,必须填写第一程和第二程的船名。

10. 开航日期。

11. 唛头。

12. 信用证号码。

13. 预约保单号码:其号码由开证人通过信用证条款或其他方式通知出口商。

14. 出口商名称及签章。

二、信用证装船通知条款举例

• Insurance covered by buyers, Shipping Advice must be sent to Credit & Commercial Insurance Co. Ltd. P. O. Box No. 397, Aden, by registered airmail immediately after shipment, advising full detailed shipping particulars and Cover Note No. . . . such copy of shipping advice to accompany the documents for negotiation. 该条款要求由进口商投保,装船通知必须在货物装船后立即通过挂号航空寄给指定的保险公司,告知全部的装运情况和预约保单号码,该装船通知副本议付时必须与其他单据一起提交银行。

• Certificate from beneficiary stating that they have advised applicant by cable date of shipment, number of packages, name of commodity, total net and gross weight, name of vessel and number of voyage within 5 days after shipment. 受益人出具证明书,在装船后 5 天内即以电报通知开证人,声明装运日期、包装数量、商品名称、总净重和总毛重、船名和航次号等有关事项。

• Beneficiary's certified copy of telex dispatched to the accountee within 3 days after shipment advising number and date of B/L, quantity and value of shipment, name of vessel, sailing date and estimated time of arrival. 受益人签字证明的电传副本必须在货物装船后 3 天内发给开证人,告知提单号码与日期、货物数量和金额、装运船名、开航日期以及预计到达目的港的日期。

• Shipment advice in full details including shipping marks, carton numbers, vessel name, B/L number, value and quantity of goods must be sent on the date of shipment to the following parties: (1) Consignee, (2) Applicant, (3) Notify party. Copy of this telex required for negotiation. 装船通知必须具备详细内容,包括唛头、箱号、船名、提单号码、货值和货量,于装船日以电传告以下各方:(1)收货人;(2)开证人;(3)被通知人。凭电传副本议付。

• Copy of cable stamped by post office, sent to Pila/Lyon indicating name of carrying vessel, actual date of shipment and amount of goods. 由邮电局加盖印戳的、发给 Pila/Lyon 的电报副本,须注明船名、实际装运日期及货物金额。

• Beneficiary cable applicant shipment particulars before shipment and copy of the cable should be presented for negotiation. 受益人发给开证申请人的有关装运细节的电抄本必须早于提单日期,并在议付时提交电抄本。

• Shipment advice must be sent by telex to ... Ins. Co. (Telex No. 11125 Sana) with details of shipment including value, name of vessel and date of shipment quoting their Policy No. H/MAR/23371. Copy of this telex to be presented with document upon negotiation. 装船通知以电传方式将货物装运情况包括货值、船名、装船日期及预约保单号 H/MAR/23371 通知……保险公司,议付时提交电传抄本。

第八节　受益人证明书

受益人证明书(Beneficiary's Certificate)是由受益人根据信用证条款、用来满足进口商需要而出具的一种附属单据和证明,证明自己履行了信用证规定的任务或按信用证的要求办事,如证明所交货物的品质、证明运输包装的处理、证明按要求寄单等。进口商有时因急需某种货物,又担心出口商收到信用证后并不急于或不能很快装运货物,往往在信用证条款中加列一些内容来要求出口商提交受益人声明,以表明其按信用证的要求于某时、某地将货物装于某条船上。例如,信用证条款要求:

• The following documents marked × should be presented to the negotiating bank:

(×) Beneficiary's declaration that merchandise have already been shipped on the vessel of Victory No. 1 on 20 Oct., 2018 at XinGang, Tianjin.

信用证要求标有×号的下列单据须提交给议付行:

(×)受益人出具的、说明于 2018 年 10 月 20 日货物在天津新港已经被装运于“胜利 1 号”船上的声明。

一、受益人证明书的种类

(一) 寄单证明

寄单证明是根据信用证规定,在货物装运前后一定期限内,由发货人邮寄给信用证规定收货人的全套或部分副本单据(个别的要求寄送正本单据),并单独出具寄单证明书,或将寄单证明内容列明在发票内,作为向银行议付的单证。

(二) 电抄本

电抄本是根据信用证规定,在货物出运前后一定期限内,由发货人按信用证规定,用电报、电传通知信用证规定的收电人,并以电报、电传的副本,或另缮制发电证明书,作为已发电的证明,交银行作为议付的单证。

(三) 履约证明

证实某件事实、货物符合成交合约或来自某产地,如交货品质证明,由发货人按信用证规定,证明所交货物的品质,该证明书可直接作为银行议付的单证。交货品质证明书中所证明的内容一般在发票或其他单据中已表明,但信用证要求单独出具该证明书,表明开证人对货物品质的关切程度。又如生产过程证明,由生产厂家说明产品的生产过程,该证明书可直接作为银行议付的单证。

二、受益人证明书的制作

受益人证明书的特点是自己证明自己履行某项义务。一份受益人证明书一般有几个栏目:①受益人中英文名称;②单据名称,一般标明“Beneficiary's Certificate”(受益人证明)或“Beneficiary's Statement”(受益人声明);③发票号码;④信用证号码;⑤出证日期;⑥证明内容;⑦受益人名称及签字。

受益人声明样式如下:

Beneficiary's Declaration

Date: 10 Sept., 2017

To whom it may concern:

RE: Invoice No. 03/1330 L/C No. 1324

We hereby declare that the merchandise (Raw Cotton 20 789kgs) have already been shipped on the vessel of Victory No. 1 on 10 Sep. 2017 at XinGang, Tianjin.

For XYZ Textile Export Co.

(Signature)

三、信用证受益人证明书条款举例

• One copy of invoice and packing list to be sent directly to Applicant immediately after shipment, and beneficiary's certificate to be effect is required. 装运后立即将发票和装箱单副本一份寄给开证人,并出具受益人证明书。

• One full set of non-negotiable documents should be sent to buyer by Airmail, and certificate to this effect together with the relative postal receipt should be accompanied with the documents. 给买方航邮全套副本单据一份,邮寄单据的证明以及邮局的航空挂号收据一并提供过去。

• Certificate in duplicate issued by the beneficiary to the effect that 1/3 original B/L, 1 invoice, 1 packing list has been sent by registered mail. Airmail to the above-mentioned shipping agent with irrevocable instructions to reforward the goods up to Bujumbura to the order of ... bank and notify buyer ... 该条款要求发货人除须出具上述寄单证明一式两份外,还须将证明内容的要求,函告该运输代理行照办。

• Beneficiary's certificate certifying that the following documents have been sent to applicant by expressed airmail or handed to applicant's representative after shipment effected:

① Certificate of origin issued by CCIB/CCIC in quadruplicate.

② Certificate of weight issued by CCIB/CCIC in quadruplicate.

③ Certificate of quality issued by CCIB/CCIC in quadruplicate and showing the actual value of rofat and moisture.

④ One full set of non-negotiable shipping documents.

该条款要求出具受益人证明书证明受益人已在装船后把产地证书、重量证书、质量证书和一套装运单据寄交开证人。

• Beneficiary's certificate stating that certificate of manufacturing process and of the ingredients issued by Guangdong Yue Feng Trading Co., should be sent to Sumitomd Corp. 该条款要求出具受益人证明书说明该出口公司出口货物的生产过程,并提交作为议付的单证。

• Beneficiary's declaration stating that the original of export license has been sent to applicant by express courier. 受益人声明书表明正本的出口许可证已通过快递方式寄给了开证人。

• Beneficiary's certificate certifying that one full set of N/N copies of documents has been sent to applicant by fax within 2 days after shipment date. 受益人证明书证明一整套不可议付的单据副本在装运日后两天内已通过传真发送给开证人。

• Beneficiary's certificate certifying that all items must have "Made in China" label. 受益人证明所有项目必须有"中国制造"标志。

• Certificate from the beneficiary to the effect that:

(A) In case of transshipment the following details are advised to the applicant by fax (fax No. 0094 - 1 - 421058) within 3 days of shipment.

(a) Where the consignment is being re-transported to.

(b) Arrival date of the vessel.

(c) Local agent's name and address of the carrier.

(B) Two sets of copy documents together with four copies of manually signed Invoices, non-negotiable Bills of Lading, Packing List and Insurance Policy were airmailed to the applicant within 2 days of shipment.

(C) Copy of each of the documents called for under the credit was faxed (fax No. 421058), couriered and airmailed to the applicant within 3 days of shipment. The relevant courier receipt and transmission activity report should accompany the original documents.

(D) Goods are packed in seaworthy wooden cases and or in strong seaworthy cartons and on pallets as usual to Colombo market, and each and every case and or carton clearly indicates the shipping marks and Nos.

该条款要求受益人证明书表明:

(A)如果转运,下列详细资料须在装运后3天内通过传真(传真号:0094-1-421058)告知开证人:(a)转运地点;(b)船舶的到达日期;(c)承运人当地代理的名称和地址。

(B)两套副本单据和四份手签发票副本、不可议付提单、装箱单和保险单在装运后两天内航邮给开证人。

(C)信用证项下要求的每份单据副本须在装运后3天内传真(传真号:421058)并通过航空快递寄给开证人,相关的快递收据和传送报告应随附于正本单据。

(D)货物应装于适合航海的木箱或坚固的适合航海的纸箱,并装在惯常的托盘上运至科伦坡市场,每个木箱或纸箱须清晰标明唛头及号码。

第九节　其他各种证明和声明

一、寄单证明(Beneficiary's Certificate for Dispatch of Documents)

信用证方式下的国外进口商出于控制出口商及早发运货物并提交单据的目的,或出于在进口国内申办有关手续的需要,常在信用证中加列一些条款,要求出口商发运货物后邮寄给该信用证申请人全套或者部分副本单据,并在出口商寄单后,要求其以证明的方式加以佐证,以作为向银行议付的单据,此单据即为寄单证明。

信用证中规定的寄单条款常表现为"One Set of non-negotiable shipping documents should be directly dispatched to the buyer after shipment"(发货后,一套非流通的装运单据需直接寄给申请人)。

寄单证明的样式通常如下：

Certificate

Date：10 Sept.，2017

To whom it may concern：

RE：L/C NO. ILC03/1330 INVOICE NO. 03100982

This is to certify that one set of non-negotiable shipping documents has been sent directly to the applicant by registered airmail.

For ABC Textile Export Co.

（Signature）

二、船籍及航程证明（Certificate of Registry/Itinerary）

阿拉伯国家将与以色列有往来的船只列入黑名单，禁止这些船舶与阿拉伯国家发生业务关系，其来证常要求出口商提交船公司或其代理人签发的装运船只国籍以及全部航程停靠港口的证明，进而杜绝上述事件的发生，这样的证明通常被称为船籍及航程证明。

船籍及航程证明式样通常如下：

Certificate of Itinerary

To whom it may concern：

This is to certify that s. s.... flying the flag of ... from ... to ... call at the following ports during this present voyage，according to the schedule，and so far as we know that she is not blacklisted by the Arabian Countries.

For XYZ Shipping Co.

（Signature）

船籍证明的样张如下。

VESSEL CERTIFICATE

1）NAME OF VESSEL SHANGHAI STAR1 004SS PREVIOUS NAME ____/____

NAME OF PLANE/FLIGHT NO. ______________/______________

NAME OF THE TRUCK COMPANY/TRUCK NO. ______________/______________

2) NATIONALITY OF VESSEL/PLANE/TRUCK ______GERMANY______

3) OWNER OF VESSEL ______CONTSHIP______

OWNER OF PLANE/COMPANY ________/________

OWNER OF TRUCK/COMPANY ________/________

4) SHIPMENT WILL CALL AT OR PASS THROUGH THE FOLLOWING POPTS/AIRPORTS/BORDERS ENROUTE TO SAUDI ARABIA:

1 HONGKONG 2 JEDDAH

(PLEASE LIST PORTS/AIRPORTS/BORDERS).

THE UNDERSIGNED(THE OWNER, AGENT, CAPTAIN OR COMPANY OF THE VESSEL/PLANE/TRUCK) ACCORDINGLY DECLARES THAT THE INFORMATION PROVIDED (IN RESPONSES 1 TO 4) ABOVE IS CORRECT AND COMPLETE AND THAT THE VESSEL/PLANE/TRUCK SHALL NOT CALL AT OR ANCHOR ON ANY OTHER PORTS/AIRPORTS/BORDERS OTHER THAN THAT MENTIONED ABOVE ENROUTE TO SAUDI AARABIA.

WRITTEN ON THE ____02____ DAY OF ____SEPTEMBER____ 2018 SWORN TO BEFORE ME, ON THE __02__ DAY OF ____SEPTEMBER____ 2018 AT SHANGHAI

L/C NO.: ________

B/L NO.: ________

NOTARY OR C. C. P, I, T, TRUCK'S SEAL AND SIGNATURE

SIGNATURE OF VESSRL'S/PLANE'S/ OWNER, CAPTAIN, AGENT OR COMPANY

Yours truly,

American President Lines, LTD., The Carrier

Phillip Chin

Vice President – Customer Support & eCommerce

THIS DOCUMENT AND SIGNATURE WERE PRODUCED BY ELECTRONIC MEANS IN ACCORDANCE WTTH ARTICLE 20b OF UCP600

三、船长签发随船单据的收据(Captain's Receipt)

对于买卖两地航线较短的交易而言,装货船只到达目的地的时间通常要早于装运单据的到达时间。进口商为了了解与掌握货物的发运情况,为了便于进行贸易融资,往往在一些信用证中要求货物装船后出口商需将有关单据交给装货船只的船长随船带给收货人。议付时,出口商需要提交船长签发的收据。

这样的收据常表示如下:

Captain's Receipt

Invoice No. ____________

Bill of Lading No. ____________

Vessel's Name: ____________

From ____________ to ____________

Covering ____________ cartons of ____________

I, the undersigned, Captain of carrying vessel, hereby certify having received from ____________(受益人) the following shipping documents for transmission to ____________(申请人) two copies each of

2 copies of B/L

2 copies of invoice

Ship's Master

(Signature)

或由出口商出函,由装货船长签发。如:

To the master,

Thank you very much for forwarding the documents to the consignee as below:

Two copies each of B/L, Invoice and Packing List.

Please acknowledge the receipt of the above documents by counter-signing this letter and return copy of the same to us.

Counter - signed: For XYX Export Co.

(Signature) (Signature)

船长签字 出口商签字

四、包装声明(Packing Declaration)

有些国家当局对进口货物包装所用的材料有严格规定。例如,新西兰、澳大利亚等国家要求,凡进口货物使用木材为包装材料,木材必须无虫、无菌、经过熏蒸处理才准许入境。新西兰来证常有这样的条款:If the Timber used for packing. the Declaration for Wooden Packing required.

根据上述条款,可出具该项声明,即用公司的抬头纸,利用打字机或电脑打上要求的内容,样式通常为:

Declaration for Wooden Packing

To whom it may concern:

I, ... corporation thereby declare that all timber used for packing the goods listed below has been inspected by ... and was to the best of my knowledge free from bark and from visible signs of insect and fungi attack when the goods were shipped to ...

____

(Signature)

若货物的包装并非以木材为包装材料,而是用纸箱(Cartons)、铁桶(Iron drums)或麻袋(Gunny bags)等,无木质包装声明样张如下页所示,也可出具以下声明:

Declaration

To whom it may concern:

We declared that no timber has been used in the packing of the goods under L/C No. ...

____

(Signature)

无木质包装声明

MAKINO
MAKINO MILLING MACHINE CO., LTD.

NO. 07062

致:中国出入境检验检疫机构

兹声明本批货物:加工中心和挟具(货名)1 台/26 940 公斤(总件数/重量)不含有木质包装。

东京都目黑区中心 2 丁目 3 番 19 号

出口公司名称: 株式会社牧野×××制作所

牧野二郎

日期:2018 年 3 月 29 日

Certificate of no wood packing material

To the Service of China Entry & Exit Inspection and Quarantine:

It is declared that this shipment of Makino CNC A81 and Fixture(commodity)1 set/26 940 kg (quantity/weight) does not contain wood packing materials.

L/C NO. L/C121080700138 DATED 180214

Name of Export Company: Makino Milling Machine Co. , Ltd.

Date: March 29, 2018

Manufacturer:

Makino Milling Machine Co. , Ltd.

五、船运公司(代理)的运费账单

国际贸易交易中,一般我方对外不主动提供有关运输费用方面的数据,但在 CIF 和 CFR 条件下,信用证要求提供这方面的证明,如 Freight Note, Freight Voucher, Invoice for Freight 或 Certificate from Shipping Company Certifying Amount of Freight Paid 等。在不必费时费力的情况下,可提供此类运费账单,并事先向船运公司或其代理言明其格式和内容,将船运公司收账的单据复印即可作为议付单据提交给银行。

若信用证条款还特别规定须在商业发票上加注运、保费及 FOB 金额,要注意三者注明的币制应相同,即与发票的币制相同。

六、寄样证明(Beneficiary's Certificate for Despatch of Shipment Sample)

有时买方要求货物装船时,需取样向买方寄样,信用证往往要求由受益人签发寄出船样、样卡、码样等情况的证明,其格式和内容如下:

Ccrtificate

To whom it may concern: Tianjin ______

Re: Invoice No. . . . under L/C No. . . .

We hereby certify that in compliance with the term of the relative L/C, We have sent requisite shipment sample by registered airmail to the nominees.

____

(Signature)

七、包装、唛头方面的证明

有些国家除对包装或唛头在信用证或合同中明确规定以外,还常要求受益人对包装或唛头另出具书面的证明。

(一)对伊拉克出口的包装、唛头证明

伊拉克来证对包装、唛头往往提出许多要求,可将其要求综合起来,出具一份证明,格式可参考如下:

Certificate

To whom it may concern: Tianjin ______

Re: Invoice No. . . . L/C No. . . .

We hereby certify that:

(1) Shipping item do not bear any Israeli sign, or symbol especially the six pointed star.

(2) Full name of the opener, Order and L/C No. . . . have been pointed on shipped cases in addition to the other shipping marks, as well as on the manifest.

(3) Goods have been packed according to internationally adopted commercial packing specification to ensure its safe, and sound arrival to final destination.

______

(Signature)

(二) 港澳地区要求的刷唛证明

香港和澳门来证常规定货物外包装须刷有中文“请勿用钩”字样,此时可按其要求由出口公司出具证明。格式和内容举例如下:

Certificate

To whom it may concern: Tianjin ______

Re: Invoice No. 08169, L/C No. 84304

We hereby certify that outside packing of each package of the goods shipped under the captioned invoice has been marked with Chinese words “请勿用钩”.

______

(Signature)

(三) 澳大利亚、新西兰要求的包装证明

澳大利亚、新西兰常要求包装清洁完好的证明。货物运往澳大利亚或新西兰时,一般两国防疫当局对外包装所用材料有严格规定,常要求出具特别证明,出口商应按信用证条款要求来办理。下面举例说明,供参考。

Certificate

To whom it may concern: Tianjin ______

Re: Invoice No. . . . L/C No. . . .

We hereby certify that the goods are packed in bales and the materials used for packing are clean, sound and new.

______

(Signature)

八、出口地无领事证明

有些国家来证，常规定我国出口货物的单据上要由其国家驻我国使领馆在上面认证或签证后，才能到银行交单议付，否则须出具出口地无领事证明。因我国各省、市不可能都设使领馆，所以要求使领馆认证，势必要增加难度，花费时间和额外开支。因此，一般可由出口商签发出口地无领事证明，并由当地贸促会盖章加以证明。例如：

Certificate

To whom it may concern: Tianjin ______

Re: Invoice No. . . . L/C No. . . .

This is to certify that there is no Consulate in our city.

______

(Signature)

第四章 报关及报关单证

【学习要点与要求】

本章介绍进出口货物报关程序，简述填写进出口货物报关单须知事项，详细阐述进出口报关单的填制规范。

中华人民共和国海关作为国家进出关境的监管机关，对内对外都代表国家执法，统一按海关法规和国家制定的其他有关法律、法规，对进出关境活动实施有效的监督管理，以维护国家主权和利益，保障现代化建设的顺利进行。

报关单位指已完成海关报关注册登记手续，有权向海关办理进出口货物报关手续的境内法人。《海关法》(2013 年修正版)第九条规定："进出口货物，除另有规定外，可以由进出口货物的收发货人自行办理报关纳税手续，也可以由进出口货物收发货人委托海关准予注册的报关企业办理报关纳税手续。"据此可知，向海关办理进出口货物报关纳税手续的企业主体是进出口货物的收发货人(自理报关)以及报关企业(代理报关)，参见图 4－1。

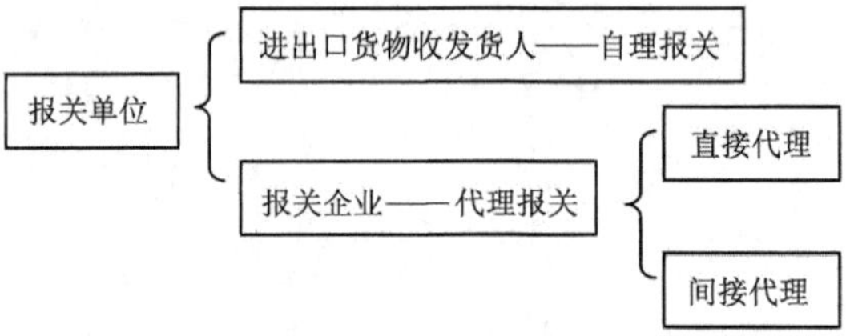

图 4－1　报关单位及其报关方式示意图

根据2004年颁布的《中华人民共和国对外贸易法》，进出口货物的收发货人是指依法直接进口或出口货物的中华人民共和国关境内的法人、其他组织和个人（外商投资企业除外），他们经营对外贸易实行备案登记制，只要向国务院主管部门或者其委托的机构办理备案登记，就可以取得对外贸易经营权，再经过报关注册登记手续就可以成为自理报关单位。

报关企业是指按照规定经海关准予注册登记，接受进出口货物收发货人的委托，向海关办理进出口货物报关纳税手续，从事代理报关服务的境内企业法人。报关企业的代理报关活动可采用以其委托人的名义（直接代理）或以报关企业自己名义（间接代理）两种不同的形式。直接代理时，报关企业与委托人是代理人与被代理人的关系，报关企业需要得到委托人的明确授权方可行使代理权；间接代理时，海关视同报关企业自己报关，其法律后果将直接作用于报关企业。报关企业应具备的条件是：①具备境内企业法人资格条件；②企业注册资本不低于人民币150万元；③具有健全的组织机构和财务管理制度；④报关人数不少于5名；⑤投资者、报关业务负责人、报关员无走私行为记录；⑥报关业务负责人具有5年以上从事对外贸易工作经验或者报关工作经验；⑦无因走私违法行为被海关撤销注册登记许可记录；⑧有符合从事报关服务所必需的固定经营场所和设施；⑨海关监管所需要的其他条件。

上述单位经在海关审批注册，即可直接向海关办理运输工具、货物、个人物品进出口手续。一般报关单位按海关要求指定专职人员经海关培训考核合格后，发给《报关员证件》，专职负责办理报关事宜。报关员有义务和责任，按国家有关进出口管理的政策、法令和海关有关法规，依照海关的规定和要求认真地如实填写报关单据，交验有关单证，办理进出口货物的报关手续；陪同海关查验，并负责开拆和重封货物包装，缴纳税款、罚金以及海关规定的费用；海关认为必要时，还应负责向海关提供有关合同、账册和其他文件。

进出口商向海关报关时的单证一般分为基本单证、特殊单证和预备单证三大类。

其一，基本单证是指与出口货物直接相关的商业和货运单证。主要包括：发票，装箱单，海运装货单、空运运单或邮运包裹单，出口收汇核销单，以及海关签发的出口货物减免税证明等。

其二，特殊单证是指国家有关法律法规实行特殊管制的证件。主要包括：

①出口配额许可证管理证件。包括对外贸易管理部门签发的出口货物许可证。②其他各类特殊管理证件,包括商品检验、动植物检疫、药品检验等主管部门签发的证件等。

其三,预备单证是指在办理出口货物手续时,海关认为必要时需查阅或收取的证件,主要包括:贸易合同,货物原产地证明,委托单位的工商执照证书、其账册资料,及其他有关单证。

第一节 一般贸易进出口货物报关程序

一般贸易进出口货物,主要指经批准有权经营进出口业务的企业单边对外订购进口或接受境外客户单边出口订货的正常贸易进出口货物,包括专业外贸公司、工贸公司自营进口在国内销售,或代理进口交收货部门自用或销售,自营生产、采购出口或代理境内其他企业、事业单位出口的一切进出口货物。

《海关法》规定,货物或运输工具进出境时,收、发货人或其代理人必须向进出境口岸海关请求申报,交验规定的证件和单据,接受海关人员对其所报货物和运输工具的查验,依法缴纳海关税、费和其他由海关代征的税款,然后才能由海关批准货物和运输工具的放行。这一请求和接受办理进出境通关手续的整个过程,通常称为报关。

具体可从海关和收、发货人两条线来看进出境货物的通关程序。从海关方面看,海关对一般进出口货物的监管程序是:接受申报、查验货物、征收税费、结关放行。作为进出境货物收、发货人,相应的报关手续应为:提出申报、接受查验、缴纳税费、凭单取货或装船出运。收、发货人或其代理人,在申报前要作好向海关申报的准备,包括填好报关单,办妥许可文件、证明文件,取得货运单据等。以下详述整个通关过程。

一、申报(Declaration)

申报也可理解为狭义上的报关,是指货物运输工具和物品的所有人或其代理人在货物、运输工具、物品进出境时,向海关呈交规定的单证并申请查验、放行的手续。申报与否,包括是否如实申报,是区别走私与非走私的重要界限之一。因此,海关法律对货物、运输工具的申报,包括申报的单证、申报时间、申报内容都作了明确规定,把申报制度以法律的形式固定下来。

海关在接受申报时,将严格审核有关单证,这是海关监管的第一个环节,是海关是否接受申报的前提。海关通过审核单证可检查进出境的货物、运输工具和物品是否符合海关法和国家有关政策、法令。因此,报关员在准备单证时,必须注意所报单证是否齐全、正确、有效;是否违反国家的有关法令规定,这样,不仅为海关监管的查验和放行环节打下基础,也为海关的征税、统计、查私工作提供可靠的单证和资料。

(一)报关地点

根据现行海关法规的规定,进出口货物的报关地点,应遵循以下三个原则。

1. 进出境地原则。在正常情况下,进口货物应由收货人或其代理人在货物的进境地向海关申报,并办理有关进口海关手续;出口货物应由发货人或其代理人,在货物的出境地向海关申报并办理有关出口海关手续。

2. 转关运输原则。由于进出口货物的批量、性质、内在包装或其他一些原因,经收发货人或其代理人申请,海关同意,进口货物也可在设有海关的指运地,出口货物也可在设有海关的启运地向海关申报,并办理有关进出口海关手续。这些货物的转关运输,应符合海关监管要求,必要时,海关可派员押运。

3. 指定地点原则。经电缆、管道或其他特殊方式输送进出境的货物,经营单位应按海关要求定期向指定海关申报并办理有关进出口海关手续。这些以特殊方式输送进出境的货物,输送路线长,往往需要跨越几个海关甚至几个省份;输送方式特殊,一般不会流失;有固定的计量工具,如电表、油表等。因此,上一级海关的综合管理部门协商指定其中一个海关管理,经营单位或其代理人直接与这一海关联系报关即可。

(二)申报时间与期限

报关期限是指货物运到口岸后,法律规定收发货人或其代理人向海关报关的时间限制。

1. 进口货物的申报时间与期限。我国《海关法》第 24 条规定,进口货物的报关期限为自运输工具申报进境之日起 14 日内。进口货物的收货人或其代理人超过 14 天期限未向海关申报的,由海关征收滞报金;滞报金的日征收金额为进口货物到岸价格的0.5‰。进口货物滞报金期限的起算日期为运输工具申报进境之日起第15日;邮运的滞报金起收日期为收件人接到邮局通知之日起第15日。转关运输滞报金起收日期有两个:一是运输工具申报进境之日起第15日,二是货物运抵指运地之日起第15日,两个条件只要达到一个,即征收滞报金;若两个条件均达到,则要征收两次滞报金。

进口货物自运输工具申报进境之日起超过3个月还没有向海关申报的,其进口货物由海关提取变卖处理;若属于不宜长期保存的,海关可根据实际情况提前处理;变卖后所得价款在扣除运输、装卸、储存等费用和税款后尚有余款的,自货物变卖之日起一年内,经收货人申请,予以发还;逾期无人申领,上缴国库。

2. 出口货物的申报时间与期限。根据《海关法》第24条的规定,出口货物的发货人除海关特准外,应在装货的24小时前向海关申报。至于装货24小时以前到什么程度,是3天、5天,还是1个月,可由报关人视口岸仓储能力自定,海关一般不予过问。

(三)报关时应交验的单证

1. 进口货物报关时所需提供的单证包括:

(1)由报关员自行填写或由自动化报关预录入人员录入后打印的报关单。

(2)进口货物属于国家限制或控制进口的,应交验对外经济贸易管理部门签发的进口货物许可证或其他批准文件。

(3)进口货物的发票、装箱单(装箱清单)。

(4)进口货物的提货单(或运单)。

(5)减税、免税或免验的证明文件。

(6)入境货物通关单(法定检验货物)。

(7)海关认为必要时,可调阅贸易合同、原产地证明和其他有关单证、账册等。

(8)其他有关文件。

2. 出口货物报关时所需提供的单证包括:

(1)由报关员自行填写或由自动化报关预录入人员录入打印的报关单一式多份,其所需份数根据各部门需要而定。出口退税时加填一份黄色出口退税专用报关单。

(2)出口货物属于国家限制出口或配额出口的应提供许可证件或其他证明文件。

(3)货物的发票、装箱清单、合同等。

(4)出境货物通关单(法定检验货物)。

(5)对方要求的产地证明。

(6)出口收汇核销单(指创汇企业)。

(7)其他有关文件。

二、海关查验(Inspection)

海关查验也即验关,是指海关接受报关员的申报后,对进出口货物进行实际核对和检查,以确定货物的自然属性及其数量、规格、价格、金额以及原产地等是否与报关单所列一致。海关查验货物时,出口发货人或代理人应当到场,并负责搬移货物,开拆和重封货物的包装。海关认为必要时,可径行搬运、拆箱、开验、复验或重封、提取货样。

海关查验,一方面是要复核申报环节中所申报的单证及查证单货是否一致,通过实际查验发现审单环节不能发现的无证进出口问题及走私、违规、逃漏关税等问题;另一方面,通过查验货物才能保证关税的依率计征。进口货物税则分类号别及适用税率的确定,申报的货价海关是否予以接受,都决定于查验的结果。若查验不实,税则分类及估价不当,不仅适用的税率可能发生差错,且估价易或高或低,因而使税负不公,国家或进口厂商将蒙受损失。例如,某市外运分公司申报进口制冷机,应归入税号 8415,但该税号有 8 个子目,子目 84158210 税率为 130%,子目 84158220 税率为 90%,所附单据看不出制冷机的制冷温度和容量。通过实际查验,确定该机应归入税号 84158220,按税率 90% 计征关税,从而避免进口厂商负担其不应负担的关税额,体现了海关征税工作的严肃性,维护了集体的利益。

海关查验的方式有两种:一般查验和重点查验,或者说外形查验与开箱查验。对属于正常往来的进出口货物可不予查验或进行一般性检查,即所谓外形查验。比如核对货名、规格、生产国别和收发货单位等标志是否与报关单相符;检查外包装是否有开拆、破损痕迹以及有无反动字样、黄色文字图像等。根据货物的品种、性质、贵重程度，以及国内外走私违规动态、收发货单位经营作风等历史资料，分析数量或其他方面是否有问题和存在走私破坏嫌疑(如进口成套组装散件、伪报为零部件化整为零进口等)的货物，则应开箱检查，必要时可逐件细查细验，防止进行经济、政治破坏。

出口货物的查验，一般在海关规定的时间、场所，即海关的监管区域的码头、机场、车站的仓库、场院进行。为促进对外贸易的发展，海关在货运监管方面进行了许多改革，在坚持必要制度的前提下，进一步简化海关手续，加速验放，方便进出口企业。对进出口的散装货物、大宗货物和危险品等，可结合装卸环节，到现场直接验收。对成套设备、精密仪器、贵重物资、急需急用的物资和“门到门”运输的集装箱货物等，在海关规定地区查验有困难的，经报关人申请，海关可派员到监管区以外的地点，就地查验放行货物，但申请单位应按规定缴纳规费，并提供往返交通工具、住宿等方便条件。

为保护出口商的合法权益，《海关法》第54条规定：海关查验进出境货物、物品时，损坏被查货物，应赔偿实际损失。并颁布实施了《海关查验货物、物品造成损失的赔偿办法》。

三、征税(Taxing)

关税是一国根据本国的经济、政治需要，由海关按国家制订的关税税法、税则，对准许进出境货物和物品所征收的一种税，它具有强制性、无偿性和固定性等特点，具有增加财政收入、保护与促进国内生产、调节进出口商品结构和经济利益分配等作用。关税一般可分为进口税(Import Duties)、出口税(Export Duties)、过境税(Transit Duties)、进口附加税(Import Surtaxes)等。

关税征收的特定对象是进出口货物及进出境的行李物品、邮递物品及其他物品。国家对上述货物和物品征收关税，是因为进口货物和进境物品要在国内消费，影响了国内经济建设与生产，影响了国内的商品市场；而国内货物出口或物品出境也会影响到国内的经济及资源结构。另外，进出口关税在国际经济贸易活动中，也是国与国之间交往时使用的一种手段。因此，关税体现了国家的经济和对外政策。

我国海关在审核单证和查验货物后，据《中华人民共和国关税条例》规定和《中华人民共和国海关进出口税则》规定的税率，对实际货物征收进出口关税。

另外，据有关规定可减、免、缓、退、保税的，报关单位应向海关送交有关证明文件；我国海关还代征增值税、消费税和船舶吨税。

《海关法》规定，进口货物的收货人、出口货物的发货人、进出境物品的所有人都是关税的纳税义务人；有权经营进出口业务的企业和海关准予注册的报关企业也是法定纳税人。上述纳税义务人应在海关签发税款缴纳证的次日起（节假日包括在内，其末遇节假日顺延）15日内，向指定银行缴纳税款。逾期不缴纳的，由海关按日征收欠缴税款总额0.5‰的滞纳金。对超过3个月仍未缴纳税款的，海关可责令担保人缴纳税款或将货物变价抵缴，必要时，可通知银行在担保人或者纳税义务人存款内扣款。纳税义务人同海关发生纳税争议时，应先缴纳税款，然后自海关填发税款缴纳证之日起30天内向海关书面复议。

四、放行（Release）

进出口货物在办完向海关申报、接受查验、完纳税款等手续以后，由海关在货运单据上签印放行。收发货人或其代理人必须凭海关签印放行的货运单据才能提取或发运进、出口货物。未经海关放行的海关监管货物，任何单位和个人不得提取或发运。

货物的放行是海关对一般贸易进出口货物监管的最后一个环节，若把关不严，把不该放行的货物放了，则会导致经济上的损失甚至不良的政治影响，所以海关必须采取严肃认真的态度对待货物的进出口。放行前，由专人将该票货物的全部报关单证及查验货物记录等进行全面复核审查并签署认可，然后在货运单据上盖印放行，交货主签收；对违反进出口政策、法令规定，尚未缴纳应缴纳的税款以及根据上级指示不准放行的进出口货物，海关均不予以放行。

对一般贸易货物来说，放行表示解除海关监管，进境货物可由收货人自由处置，出境货物可由发货人装船出运。但对担保放行货物、保税货物、暂时进口货物和海关给予减免税进口的货物来说，放行并不等于办结海关手续，还要在办理核销、结案或补办进出口和纳税手续后，才能结关。也就是说，海关办理放行手续，有两种方式。

（一）签印放行

一般进出口货物，报关人如实向海关申报并如数缴清应纳税款和有关费用,海关关员应在有关进出口货运单据上签盖放行章,进口货物凭以到海关监管仓库提货进境,出口货物凭以装货启运出境。

(二)销案

按担保管理办法的进口货物或暂时进口货物,在进口收货人全部履行承担的义务后,海关应准予销案。这意味着,取得了海关的最后放行。

经海关查验放行的合法进出口货物,应报关人或货物所有人的要求,可取得《进(出)口货物证明书》,这是证明某些货物实际进口或出口的文件。进出口货物所有人在办理各种对内、对外业务中,常需要证明其货物是进口的或已经出口,海关签发《进(出)口货物证明书》是为了方便货物所有人。

五、结关

结关是指对口岸放行后,仍需继续实施后续管理的货物,海关在规定的期限内进行核查,对需要补证、补税货物作出处理直至完全结束海关监管的工作程序。

第二节　进出口货物报关单填写须知和填制规范

一、进出口货物报关单填写须知

货物进出境时,收发货人或其代理应在海关规定的期限内向海关申报。进出口货物报关的主要事项之一就是在货物进出境时,由进出口企业的报关员填写进口或出口货物报关单。

进出口货物报关单(The Import /Export Cargo Declaration)是向海关申报的书面单证,是办理报关手续的一项法律行为,其填写的质量如何,直接关系到报关效率、企业的经济效益和海关的征、减、免、验、放等工作环节。因此,填写进出口货物报关单时,要注意以下几点。

第一,报关单填报要准确、齐全。各栏要逐项详细填写,内容要齐全、准确;尽可能打字,若用笔写,字迹要清楚、整洁,不可用铅笔和红墨水;若有更改,要盖校对章。

第二，不同合同的货物，不能填报在一份报关单上。

第三，一张报关单上若有多种不同商品，应分别填报清楚，但一张报关单上一般最多不要超过 5 项海关统计商品编号的货物。

第四，报关单必须做到单证相符、单货相符。单证相符，即报关单要与合同、批文、许可证、发票和装箱单上所记载内容相一致；单货相符，即报关单所填报的内容与实际进出口货物一致。

第五，已向海关申报的报关单，若事后由于各种原因，出现原来填写的内容与实际货物有出入的情况，需向海关办理更正手续，填写报关单更正单，更改内容必须清楚，一般情况下，错什么，改什么。但若更改的项目涉及货物数量的变化，则除应对有关货物的数量进行更改外，与数量有关的项目也应作相应的更改，如件数、重量、金额、体积等。若一张报关单上有两种以上的不同货物，更正单应具体列明更改哪一项货物。

第六，为实行报关自动化，申报单位除填写报关单上的有关项目外，还应填上有关项目的代码。

第七，进出口货物报关单（样本见第七章表 7－15）的基本联一式三联，第一联供海关留存；第二联供海关统计；第三联供企业留存。一般进口货物（付汇的）应填写进口货物报关单（蓝色底纹、黑字）一式四份，分别供海关留存、海关统计、企业留存和进口付汇核销；出口货物（需退税和收汇的）填制一式五联报关单（蓝色底纹、黑字），分别供海关留存、海关统计、企业留存、出口收汇核销和出口退税专用。来料加工、补偿贸易货物进口时应填写专用报关单（绿色底纹、黑字）一式四联，分别供海关留存、海关统计、企业留存和海关核销；出口（收汇时）填一式五联报关单（绿色底纹、黑字），分别供海关留存、海关统计、企业留存、出口收汇和海关核销；进料加工货物出口时填一式六联专用报关单（粉红色底纹、黑字），一式四份，分别供海关留存、海关统计、企业留存、出口收汇核销、出口退税和海关核销专用。出口退税联采用黄红色出口退税专用报关单，上述各种报关单只是颜色有别，报关单中所列项目及格式完全相同。

二、我国海关进出口货物报关单填制规范

为统一进出口货物报关单的填报要求，保证报关单数据质量，根据《海关法》及有关法规，2016 年修订了相关规范。此规范采用“报关单”或“进口报关

单”“出口报关单”的提法。

进出口货物报关单各栏目的填制规范如下。

（一）预录入编号

本栏目填报预录入报关单编号，预录入编号规划由接受申报的海关决定。

（二）海关编号

海关编号指海关接受申报时给予报关单的编号，一份报关单对应一个海关编号。

报关单海关编号为18位，其中第1－4位为接受申报海关的编号（海关规定的《关区代码表》中相应海关代码），第5－8位为海关接受申报的公历年份，第9位为进出口标志（“1”为进口，“0”为出口；集中申报清单“I”为进口，“E”为出口），后9位为顺序编号。

（三）收发货人

本栏目填报在海关注册的对外签订并执行进出口贸易合同的中国境内法人、其他组织或个人的名称及编码。编码可选填18位法人和其他组织统一社会信用代码或10位海关注册编码任一项。特殊情况下填制要求如下：

1. 进出口货物合同的签订者和执行者非同一企业的，填报执行合同的企业。

2. 外商投资企业委托进出口企业进口投资设备、物品的，填报外商投资企业，并在标记唛码及备注栏注明“委托某进出口企业进口”，同时注明被委托企业的18位法人和其他组织统一社会信用代码。

3. 有代理报关资格的报关企业代理其他进出口企业办理进出口报关手续时，填报委托的进出口企业。

4. 使用海关核发的《中华人民共和国海关加工贸易手册》、电子账册及其分册（以下统称《加工贸易手册》）管理的货物，收发货人应与《加工贸易手册》的“经营企业”一致。

（四）进口口岸/出口口岸

本栏目应根据货物实际进出境的口岸海关，填报海关规定的《关区代码表》

中相应口岸海关的名称及代码。特殊情况填报要求如下：

进口转关运输货物应填报货物进境地海关名称及代码，出口转关运输货物应填报货物出境地海关名称及代码。按转关运输方式监管的跨关区深加工结转货物，出口报关单填报转出地海关名称及代码，进口报关单填报转入地海关名称及代码。

在不同海关特殊监管区域或保税监管场所之间调拨、转让的货物，填报对方特殊监管区域或保税监管场所所在的海关名称及代码。

其他无实际进出境的货物，填报接受申报的海关名称及代码。

（五）进口日期/出口日期

本栏目为8位数字，顺序为年（4位）、月（2位）、日（2位）。进口日期填报运载进口货物的运输工具申报进境的日期。出口日期指运载出口货物的运输工具办结出境手续的日期。本栏目供海关签发打印报关单证明联用，在申报时免予填报。无实际进出境的报关单填报海关接受申报的日期。

（六）申报日期

申报日期指海关接受进出口货物收发货人、受委托的报关企业申报数据的日期。以电子数据报关单方式申报的，申报日期为海关计算机系统接受申报数据时记录的日期。以纸质报关单方式申报的，申报日期为海关接受纸质报关单并对报关单进行登记处理的日期。申报日期为8位数字，顺序为年（4位）、月（2位）、日（2位）。本栏目在申报时免予填报。

（七）消费使用单位/生产销售单位

1. 消费使用单位填报已知的进口货物在境内的最终消费、使用单位的名称，包括：①自行从境外进口货物的单位；②委托进出口企业进口货物的单位。

2. 生产销售单位填报出口货物在境内的生产或销售单位的名称，包括：①自行出口货物的单位；②委托进出口企业出口货物的单位。本栏目可选填18位法人和其他组织统一社会信用代码或10位海关注册编码或9位组织机构代码任一项。没有代码的应填报“NO”。

3. 有10位海关注册编码或18位法人和其他组织统一社会信用代码或加

工企业编码的消费使用单位/生产销售单位，本栏目应填报其中文名称及编码，没有编码的应填报其中文名称。使用《加工贸易手册》管理的货物，消费使用单位/生产销售单位应与《加工贸易手册》的“加工企业”一致。减免税货物报关单的消费使用单位/生产销售单位应与《中华人民共和国海关进出口货物征免税证明》(以下简称《征免税证明》)的“减免税申请人”一致。

(八)运输方式

运输方式包括实际运输方式和海关规定的特殊运输方式，前者指货物实际进出境的运输方式，按进出境所使用的运输工具分类；后者指货物无实际进出境的运输方式，按货物在境内的流向分类。本栏目应根据货物实际进出境的运输方式或货物在境内流向的类别，按照海关规定的《运输方式代码表》(参见表4-1)选择填报相应的运输方式。

1. 特殊情况填报要求如下：

(1)非邮件方式进出境的快递货物，按实际运输方式填报。

(2)进出境旅客随身携带的货物，按旅客所乘运输工具填报。

(3)进口转关运输货物，按载运货物抵达进境地的运输工具填报；出口转关运输货物，按载运货物驶离出境地的运输工具填报。

(4)不复运出(入)境而留在境内(外)销售的进出境展览品、留赠转卖物品等，填报“其他运输”(代码9)。

2. 无实际进出境货物在境内流转时填报要求如下：

(1)境内非保税区运入保税区货物和保税区退区货物，填报“非保税区”(代码0)。

(2)保税区运往境内非保税区货物，填报“保税区”(代码7)。

(3)境内存入出口监管仓库和出口监管仓库退仓货物，填报“监管仓库”(代码1)。

(4)保税仓库转内销货物，填报“保税仓库”(代码8)。

(5)从境内保税物流中心外运入中心或从中心运往境内中心外的货物，填报“物流中心”(代码W)。

(6)从境内保税物流园区外运入园区或从园区内运往境内园区外的货物，填报“物流园区”(代码X)。

(7)保税港区、综合保税区、出口加工区、珠澳跨境工业区(珠海园区)、中哈霍尔果斯边境合作区(中方配套区)等特殊区域与境内(区外)(非特殊区域、保税监管场所)之间进出的货物,区内、区外企业应根据实际运输方式分别填报"保税港区/综合保税区"(代码Y)、"出口加工区"(代码Z)。

(8)境内运入深港西部通道港方口岸区的货物,填报"边境特殊海关作业区"(代码H)。

(9)经横琴新区和平潭综合实验区(以下简称综合试验区)二线指定申报通道运往境内区外或从境内经二线制定申报通道进入综合试验区的货物,以及综合试验区内按选择性征收关税申报的货物,填报"综合试验区"(代码T)。

(10)其他境内流转货物,填报"其他运输"(代码9),包括特殊监管区域内货物之间的流转、调拨货物,特殊监管区域、保税监管场所之间相互流转货物,特殊监管区域外的加工贸易余料结转、深加工结转、内销等货物。

表4-1　　运输方式代码表

代码	运输方式名称	代码	运输方式名称	代码	运输方式名称
0	非报税区	6	邮件运输	W	物流中心
1	监管仓库	7	保税区	X	物流园区
2	江海运输	8	保税仓库	Y	保税港区/综合保税区
3	铁路运输	9	其他运输	Z	出口加工区
4	汽车运输	A	全部运输	H	边境特殊海关作业区
5	航空运输	H	边境特殊	T	综合试验区

(九)运输工具名称

本栏目填报载运货物进出境的运输工具名称或编号,填报内容应与运输部门向海关申报的舱单(载货清单)所列相应内容一致。具体填报要求如下:

1. 直接在进出境地或采用区域通关一体化通关模式办理报关手续的报关单填报要求如下。

(1)水路运输:填报船舶编号(来往港澳小型船舶为监管簿编号)或者船舶英文名称。

(2)公路运输:启用公路舱单前,填报该跨境运输车辆的国内行驶车牌号,深圳提前报关模式的报关单填报国内行驶车牌号+“/”+“提前报关”。启用公路舱单后,免予填报。

(3)铁路运输:填报车厢编号或交接单号。

(4)航空运输:填报航班号。

(5)邮件运输:填报邮政包裹单号。

(6)其他运输:填报具体运输方式名称,例如管道、驮畜等。

2. 转关运输货物的报关单填报要求如下。

(1)进口:①水路运输:直转、提前报关填报“@”+16位转关申报单预录入号(或13位载货清单号);中转填报进境英文船名。②铁路运输:直转、提前报关填报“@”+16位转关申报单预录入号;中转填报车厢编号。③航空运输:直转、提前报关填报“@”+16位转关申报单预录入号(或13位载货清单号);中转填报“@”。④公路及其他运输:填报“@”+16位转关申报单预录入号(或13位载货清单号)。⑤以上各种运输方式使用广东地区载货清单转关的提前报关货物填报“@”+13位载货清单号。

(2)出口:①水路运输:非中转货物,填报“@”+16位转关申报单预录入号(或13位载货清单号)。如多张报关单需要通过一张转关单转关的,运输工具名称字段填报“@”。中转货物,境内水路运输填报驳船船名;境内铁路运输填报车名(主管海关4位关区代码+“TRAIN”);境内公路运输填报车名(主管海关4位关区代码+“TRUCK”)。②铁路运输:填报“@”+16位转关申报单预录入号(或13位载货清单号),如多张报关单需要通过一张转关单转关的,填报“@”。③航空运输:填报“@”+16位转关申报单预录入号(或13位载货清单号),如多张报关单需要通过一张转关单转关的,填报“@”。④其他运输方式:填报“@”+16位转关申报单预录入号(或13位载货清单号)。

3. 采用“集中申报”通关方式办理报关手续的,报关单本栏目填报“集中申报”。

4. 无实际进出境的报关单,本栏目免予填报。

(十)航次号

本栏目填报载运货物进出境的运输工具的航次编号,具体填报要求如下:

1. 直接在进出境地或采用区域通关一体化通关模式办理报关手续的报关单,航次号填报要求如下。

(1)水路运输:填报船舶的航次号。

(2)公路运输:启用公路舱单前,填报运输车辆的8位进出境日期[顺序为年(4位)、月(2位)、日(2位),下同]。启用公路舱单后,填报货物运输批次号。

(3)铁路运输:填报列车的进出境日期。

(4)航空运输:免予填报。

(5)邮件运输:填报运输工具的进出境日期。

(6)其他运输方式:免予填报。

2. 转关运输货物的报关单,航次号填报要求如下。

(1)进口:①水路运输:中转转关方式填报"@"+进境干线船舶航次。直转、提前报关免予填报。②公路运输:免予填报。③铁路运输:"@"+8位进境日期。④航空运输:免予填报。⑤其他运输方式:免予填报。

(2)出口:①水路运输:非中转货物免予填报。中转货物:境内水路运输填报驳船航次号;境内铁路、公路运输填报6位启运日期[顺序为年(2位)、月(2位)、日(2位)]。②铁路拼车拼箱捆绑出口:免予填报。③航空运输:免予填报。④其他运输方式:免予填报。

3. 无实际进出境的报关单,本栏目免予填报。

(十一)提运单号

本栏目填报进出口货物提单或运单的编号。一份报关单只允许填报一个提单或运单号,一票货物对应多个提单或运单时,应分单填报。具体填报要求如下:

1. 直接在进出境地或采用区域通关一体化通关模式办理报关手续的。

(1)水路运输:填报进出口提单号。如有分提单的,填报进出口提单号+"*"+分提单号。

(2)公路运输:启用公路舱单前,免予填报;启用公路舱单后,填报进出口总运单号。

(3)铁路运输:填报运单号。

(4)航空运输:填报总运单号+“-”+分运单号,无分运单的填报总运单号。

(5)邮件运输:填报邮运包裹单号。

2. 转关运输货物的报关单。

(1)进口:①水路运输:直转、中转填报提单号。提前报关免予填报。②铁路运输:直转、中转填报铁路运单号。提前报关免予填报。③航空运输:直转、中转货物填报总运单号+“-”+分运单号。提前报关免予填报。④其他运输方式:免予填报。⑤以上运输方式进境货物,在广东省内用公路运输转关的,填报车牌号。

(2)出口:①水路运输:中转货物填报提单号;非中转货物免予填报;广东省内汽车运输提前报关的转关货物,填报承运车辆的车牌号。②其他运输方式:免予填报。广东省内汽车运输提前报关的转关货物,填报承运车辆的车牌号。

3. 采用“集中申报”通关方式办理报关手续的,报关单填报归并的集中申报清单的进出口起止日期[按年(4位)月(2位)日(2位)年(4位)月(2位)日(2位)]。

4. 无实际进出境的,本栏目免予填报。

(十二)申报单位

自理报关的,本栏目填报进出口企业的名称及编码;委托代理报关的,本栏目填报报关企业名称及编码。本栏目可选填18位法人和其他组织统一社会信用代码或10位海关注册编码任一项。本栏目还包括报关单左下方用于填报申报单位有关情况的相关栏目,包括报关人员、申报单位签章。

(十三)监管方式

监管方式是以国际贸易中进出口货物的交易方式为基础,结合海关对进出口货物的征税、统计及监管条件综合设定的海关对进出口货物的管理方式。其代码由4位数字构成,前两位是按照海关监管要求和计算机管理需要划分的分类代码,后两位是参照国际标准编制的贸易方式代码。本栏目应根据实际对外贸易情况按海关规定的《监管方式代码表》(参见表4-2)选择填报相应的监管方式简称及代码。一份报关单只允许填报一种监管方式。特殊情况下加工贸易货物监管方式填报要求如下：

1. 进口少量低值辅料(即5 000美元以下,78种以内的低值辅料)按规定不使用《加工贸易手册》的,填报“低值辅料”。使用《加工贸易手册》的,按《加工贸易手册》上的监管方式填报。

2. 外商投资企业为加工内销产品而进口的料件,属非保税加工的,填报“一般贸易”。外商投资企业全部使用国内料件加工的出口成品,填报“一般贸易”。

3. 加工贸易料件结转或深加工结转货物,按批准的监管方式填报。

4. 加工贸易料件转内销货物以及按料件办理进口手续的转内销制成品、残次品、未完成品,应填制进口报关单,填报“来料料件内销”或“进料料件内销”；加工贸易成品凭《征免税证明》转为减免税进口货物的,应分别填制进、出口报关单,出口报关单本栏目填报“来料成品减免”或“进料成品减免”,进口报关单本栏目按照实际监管方式填报。

5. 加工贸易出口成品因故退运进口及复运出口的,填报“来料成品退换”或“进料成品退换”;加工贸易进口料件因换料退运出口及复运进口的,填报“来料料件退换”或“进料料件退换”;加工贸易过程中产生的剩余料件、边角料退运出口,以及进口料件因品质、规格等原因退运出口且不再更换同类货物进口的,分别填报“来料料件复出”“来料边角料复出”“进料料件复出”“进料边角料复出”。

6. 备料《加工贸易手册》中的料件结转转入加工出口《加工贸易手册》的,填报“来料加工”或“进料加工”。

7. 保税工厂的加工贸易进出口货物,根据《加工贸易手册》填报“来料加工”或“进料加工”。

8. 加工贸易边角料内销和副产品内销,应填制进口报关单,填报“来料边角料内销”或“进料边角料内销”。

9. 企业销毁处置加工贸易货物未获得收入,销毁处置货物为料件、残次品的,填报“料件销毁”;销毁处置货物为边角料、副产品的,填报“边角料销毁”。企业销毁处置加工贸易货物获得收入的,填报为“进料边角料内销”或“来料边角料内销”。

表 4－2　　　　贸易方式代码表

贸易方式代码	贸易方式简称	贸易方式全称	贸易方式代码	贸易方式简称	贸易方式全称
0110	一般贸易	一般贸易	0130	易货贸易	易货贸易
0214	来料加工	来料加工装配贸易进口料件及加工出口货物	0243	来料以产顶进	来料加工成品以产顶进
0245	来料料件内销	来料加工料件转内销	0255	来料深加工	来料深加工结转货物
0258	来料余料结转	来料加工余料结转	0265	来料料件复出	来料加工复运出境的原进口料件
0300	来料料件退换	来料加工料件退换	0320	不作价设备	加工贸易外商提供的不作价进口设备
0345	来料成品减免	来料加工成品凭征免税证明转减免税	0420	加工贸易设备	加工贸易项下外商提供的进口设备
0444	保区进料成品	按成品征税的保税区进料加工成品转内销货物	0445	保区来料成品	按成品征税的保税区来料加工成品转内销货物
0446	加工设备内销	加工贸易免税进口设备转内销	0456	加工设备结转	加工贸易免税进口设备结转
0466	加工设备退运	加工贸易免税进口设备退运出境	0513	补偿贸易	补偿贸易
0544	保区进料料件	按料件征税的保税区进料加工成品转内销货物	0545	保区来料料件	按料件征税的保税区来料加工成品转内销货物
0615	进料对口	进料加工(对口合同)	0642	进料以产顶进	进料加工成品以产顶进
0644	进料料件内销	进料加工料件转内销	0654	进料深加工	进料深加工结转货物
0657	进料余料结转	进料加工余料结转	0664	进料料件复出	进料加工复运出境的原进口料件
0700	进料料件退换	进料加工料件退换	0715	进料非对口	进料加工（非对口合同）

续表

贸易方式代码	贸易方式简称	贸易方式全称	贸易方式代码	贸易方式简称	贸易方式全称
0744	进料成品减免	进料加工成品凭征免税证明转减免税	0815	低值辅料	低值辅料
0844	进料边角料内销	进料加工项下边角料转内销	0845	来料边角料内销	来料加工项下边角料内销
0864	进料边角料复出	进料加工项下边角料复出口	0865	来料边角料复出	来料加工项下边角料复出口
1110	对台贸易	对台直接贸易	1139	国轮油物料	中国籍运输工具境内添加的保税油料、物料
1215	保税工厂	保税工厂	1233	保税仓库货物	保税仓库进出境货物
1234	保税区仓储转口	保税区进出境仓储转口货物	1300	修理物品	进出境修理物品
1427	出料加工	出料加工	1500	租赁不满一年	租期不满一年的租赁贸易货物
1523	租赁贸易	租期在一年及以上的租赁贸易货物	1616	寄售代销	寄售、代销贸易
1741	免税品	免税品	1831	外汇商品	免税外汇商品
2025	合资合作设备	合资合作企业作为投资进口设备物品	2215	三资进料加工	三资企业为履行出口合同进口料件和出口成品
2225	外资设备物品	外资企业作为投资进口的设备物品	2439	常驻机构公用	外国常驻机构进口办公用品
2600	暂时进出货物	暂时进出口货物	2700	展览品	进出境展览品
2939	陈列样品	驻华商业机构不复运出口的进口陈列样品	3010	货样广告品 A	有经营权单位进出口的货样广告品
3039	货样广告品 B	无经营权单位进出口的货样广告品	3100	无代价抵偿	无代价抵偿货物
3339	其他进口免费	其他进口免费提供货物	3410	承包工程进口	对外承包工程进口物资
3422	对外承包出口	对外承包工程出口物资	3511	援助物资	国家和国际组织无偿援助物资

续表

贸易方式代码	贸易方式简称	贸易方式全称	贸易方式代码	贸易方式简称	贸易方式全称
3611	无偿军援	无偿军援	3612	捐赠物资	华侨、港澳台同胞、外籍华人捐赠物资
3910	有权军事装备	直接军事装备（有经营权）	3939	无权军事装备	直接军事装备（无经营权）
4019	边境小额	边境小额贸易（边民互市贸易除外）	4039	对台小额	对台小额贸易
4200	驻外机构运回	我驻外机构运回旧公用物品	4239	驻外机构购进	我驻外机构境外购买运回国的公务用品
4400	来料成品退换	来料加工成品退换	4500	直接退运	直接退运
4539	进口溢误卸	进口溢卸、误卸货物	4561	退运货物	因质量不符、延误交货等原因退运进出境货物
4600	进料成品退换	进料成品退换	5000	料件进出区	用于区内外非实际进出境货物
5015	区内加工货物	加工区内企业从境外进口料件及加工出口成品	5033	区内仓储货物	加工区内仓储企业从境外进口的货物
5100	成品进出区	用于区内外非实际进出境货物	5200	区内边角调出	用于区内外非实际进出境货物
5300	设备进出区	用于区内外非实际进出境货物	5335	境外设备进区	加工区内企业从境外进口的设备物资
5361	区内设备退运	加工区内设备退运境外	9639	海关处理货物	海关变卖处理的超期未报货物、走私违规货物
9700	后续补税	无原始报关单的后续补税	9739	其他贸易	其他贸易
9800	租赁征税	租赁期一年及以上的租赁贸易货物的租金	9839	留赠转卖物品	外交机构转售境内或国际活动留赠放弃特批货
9900	其他	其他			

（十四）征免性质

本栏目应根据实际情况按海关规定的《征免性质代码表》（参见表4-3）选择填报相应的征免性质简称及代码，持有海关核发的《征免税证明》的，应按照《征免税证明》中批注的征免性质填报。一份报关单只允许填报一种征免性质。加工贸易货物报关单应按照海关核发的《加工贸易手册》中批注的征免性质简称及代码填报。特殊情况填报要求如下：

1. 保税工厂经营的加工贸易，根据《加工贸易手册》填报“进料加工”或“来料加工”。

2. 外商投资企业为加工内销产品而进口的料件，属非保税加工的，填报“一般征税”或其他相应征免性质。

3. 加工贸易转内销货物，按实际情况填报（如一般征税、科教用品、其他法定等）。

4. 料件退运出口、成品退运进口货物填报“其他法定”（代码0299）。

5. 加工贸易结转货物，本栏目免予填报。

表4-3　　征免性质代码表

征免性质代码	征免性质简称	征免性质全称	征免性质代码	征免性质简称	征免性质全称
101	一般征税	一般征税进出口货物			
201	无偿援助	无偿援助进出口物资	299	其他法定	其他法定减免税进出口货物
301	特定区域	特定区域进口自用物资及出口货物	307	保税区	保税区进口自用物资
399	其他地区	其他执行特殊政策地区出口货物			
401	科教用品	大专院校及科研机构进口科教用品	403	技术改造	企业技术改造进口货物
406	重大项目	国家重大项目进口货物	412	基础设施	通信、港口、铁路、公路、机场建设进口设备

续表

征免性质代码	征免性质简称	征免性质全称	征免性质代码	征免性质简称	征免性质全称
413	残疾人	残疾人组织和企业进出口货物	417	远洋渔业	远洋渔业自捕水产品
418	国产化	国家定点生产小轿车和摄录机企业进口散件			
501	加工设备	加工贸易外商提供的不作价进口设备	502	来料加工	来料加工装配和补偿贸易进口料件及出口成品
503	进料加工	进料加工贸易进口料件及出口成品	506	边境小额	边境小额贸易进口货物
601	中外合资	中外合资经营企业进出口货物	602	中外合作	中外合作经营企业进出口货物
603	外资企业	外商独资企业进出口货物	606	海上石油	勘探、开发海上石油进口货物
608	陆地石油	勘探、开发陆地石油进口货物	609	贷款项目	利用贷款进口货物
611	贷款中标	国际金融组织贷款、外国政府贷款中标机电设备零部件			
789	鼓励项目	国家鼓励发展的内外资项目进口设备	799	自有资金	外商投资额度外利用自有资金进口设备、备件、配件
801	救灾捐赠	救灾捐赠进口物资	898	国批减免	国务院特准减免税的进出口货物
998	内部暂定	享受内部暂定税率的进出口货物	999	例外减免	例外减免税进出口货物

（十五）备案号

本栏目填报进出口货物收发货人、消费使用单位、生产销售单位在海关办理加工贸易合同备案或征、减、免税备案审批等手续时，海关核发的《加工贸易手册》《征免税证明》或其他备案审批文件的编号。一份报关单只允许填报一个备案号。具体填报要求如下：

1. 加工贸易项下货物，除少量低值辅料按规定不使用《加工贸易手册》及以后续补税监管方式办理内销征税外，填报《加工贸易手册》编号。

使用异地直接报关分册和异地深加工结转出口分册在异地口岸报关的，本栏目应填报分册号；本地直接报关分册和本地深加工结转分册限制在本地报关，本栏目应填报总册号。

加工贸易成品凭《征免税证明》转为减免税进口货物的，进口报关单填报《征免税证明》编号，出口报关单填报《加工贸易手册》编号。

对加工贸易设备之间的结转，转入和转出企业分别填制进、出口报关单，在报关单"备案号"栏目填报《加工贸易手册》编号。

2. 涉及征、减、免税备案审批的报关单，填报《征免税证明》编号。

3. 涉及优惠贸易协定项下实行原产地证书联网管理（如香港 CEPA、澳门 CEPA）的报关单，填报原产地证书代码"Y"和原产地证书编号。

4. 减免税货物退运出口，填报《中华人民共和国海关进口减免税货物准予退运证明》的编号；减免税货物补税进口，填报《减免税货物补税通知书》的编号；减免税货物进口或结转进口（转入），填报《征免税证明》的编号；相应的结转出口（转出），填报《中华人民共和国海关进口减免税货物结转联系函》的编号。

（十六）贸易国（地区）

本栏目填报对外贸易中与境内企业签订贸易合同的外方所属的国家（地区）。进口填报购自国，出口填报售予国。未发生商业性交易的填报货物所有权拥有者所属的国家（地区）。

本栏目应按海关规定的《国别（地区）代码表》选择填报相应的贸易国（地区）或贸易国（地区）中文名称及代码。无实际进出境的，填报"中国"（代码142）。

（十七）启运国（地区）/运抵国（地区）

启运国（地区）填报进口货物起始发出直接运抵我国或者在运输中转国

(地)未发生任何商业性交易的情况下运抵我国的国家(地区)。

运抵国(地区)填报出口货物离开我国关境直接运抵或者在运输中转国(地区)未发生任何商业性交易的情况下最后运抵的国家(地区)。

不经过第三国(地区)转运的直接运输进出口货物,以进口货物的装货港所在国(地区)为启运国(地区),以出口货物的指运港所在国(地区)为运抵国(地区)。

经过第三国(地区)转运的进出口货物,如在中转国(地区)发生商业性交易,则以中转国(地区)作为启运/运抵国(地区)。

本栏目应按海关规定的《国别(地区)代码表》选择填报相应的启运国(地区)或运抵国(地区)中文名称及代码。无实际进出境的,填报"中国"(代码142)。

(十八)装货港/指运港

装货港填报进口货物在运抵我国关境前的最后一个境外装运港。

指运港填报出口货物运往境外的最终目的港;最终目的港不可预知的,按尽可能预知的目的港填报。

本栏目应根据实际情况按海关规定的《港口代码表》选择填报相应的港口中文名称及代码。装货港/指运港在《港口代码表》中无港口中文名称及代码的,可选择填报相应的国家中文名称或代码。无实际进出境的,本栏目填报"中国境内"(代码142)。

(十九)境内目的地/境内货源地

境内目的地填报已知的进口货物在国内的消费、使用地或最终运抵地,其中最终运抵地为最终使用单位所在的地区。最终使用单位难以确定的,填报货物进口时预知的最终收货单位所在地。

境内货源地填报出口货物在国内的产地或原始发货地。出口货物产地难以确定的,填报最早发运该出口货物的单位所在地。

本栏目按海关规定的《国内地区代码表》选择填报相应的国内地区名称及代码。

（二十）许可证号

本栏目填报以下许可证的编号：进（出）口许可证、两用物项和技术进（出）口许可证、两用物项和技术出口许可证（定向）、纺织品临时出口许可证。一份报关单只允许填报一个许可证号。

（二十一）成交方式

本栏目应根据进出口货物实际成交价格条款，按海关规定的《成交方式代码表》（参见表4－4）选择填报相应的成交方式代码。无实际进出境的报关单，进口填报CIF，出口填报FOB。

表4－4　成交方式代码表

成交方式代码	成交方式名称	成交方式代码	成交方式名称
1	CIF	4	C&I
2	CFR	5	市场价
3	FOB	6	垫仓

（二十二）运费

本栏目填报进口货物运抵我国境内输入地点起卸前的运输费用、出口货物运至我国境内输出地点装载后的运输费用。运费可按运费单价、总价或运费率三种方式之一填报，注明运费标记（运费标记"1"表示运费率，"2"表示每吨货物的运费单价，"3"表示运费总价），并按海关规定的《货币代码表》（参见表4－5）选择填报相应的币种代码。

表4－5　常用货币代码表

货币代码	货币符号	货币名称	货币代码	货币符号	货币名称
110	HKD	港币	300	EUR	欧元
113	IRR	伊朗里亚尔	302	DKK	丹麦克朗
116	JPY	日本元	303	GBP	英镑
118	KWD	科威特第纳尔	326	NOK	挪威克朗

续表

货币代码	货币符号	货币名称	货币代码	货币符号	货币名称
121	MOP	澳门元	330	SEK	瑞典克朗
122	MYR	马来西亚林吉特	331	CHF	瑞士法郎
127	PKR	巴基斯坦卢比	332	SUR	卢布
129	PHP	菲律宾比索	398	ASF	清算瑞士法郎
132	SGD	新加坡元	501	CAD	加拿大元
136	THB	泰国铢	502	USD	美元
142	CNY	人民币	601	AUD	澳大利亚元
143	TWD	台币	609	NZD	新西兰元
201	DZD	阿尔及利亚第纳尔			

（二十三）保费

本栏目填报进口货物运抵我国境内输入地点起卸前的保险费用、出口货物运至我国境内输出地点装载后的保险费用。保费可按保险费总价或保险费率两种方式之一填报，注明保险费标记（保险费标记“1”表示保险费率，“3”表示保险费总价），并按海关规定的《货币代码表》选择填报相应的币种代码。

（二十四）杂费

本栏目填报成交价格以外的、按照《中华人民共和国进出口关税条例》相关规定应计入完税价格或应从完税价格中扣除的费用。可按杂费总价或杂费率两种方式之一填报，注明杂费标记（杂费标记“1”表示杂费率，“3”表示杂费总价），并按海关规定的《货币代码表》选择填报相应的币种代码。应计入完税价格的杂费填报为正值或正率，应从完税价格中扣除的杂费填报为负值或负率。

（二十五）合同协议号

本栏目填报进出口货物合同（包括协议或订单）编号。未发生商业性交易的免予填报。

（二十六）件数

本栏目填报有外包装的进出口货物的实际件数。本栏目不得填报为零，裸装货物填报为“1”。特殊情况填报要求如下：

1. 舱单件数为集装箱的，填报集装箱个数。

2. 舱单件数为托盘的，填报托盘数。

（二十七）包装种类

本栏目应根据进出口货物的实际外包装种类，按海关规定的《包装种类代码表》选择填报相应的包装种类代码。

（二十八）毛重（千克）

本栏目填报进出口货物及其包装材料的重量之和，计量单位为千克，不足一千克的填报为“1”。

（二十九）净重（千克）

本栏目填报进出口货物的毛重减去外包装材料后的重量，即货物本身的实际重量，计量单位为千克，不足一千克的填报为“1”。

（三十）集装箱号

本栏目填报装载进出口货物（包括拼箱货物）集装箱的箱体信息。一个集装箱填一条记录，分别填报集装箱号（在集装箱箱体上标示的全球唯一编号）、集装箱的规格和集装箱的自重。非集装箱货物填报为“0”。

（三十一）随附单证

本栏日根据海关规定的《监管证件代码表》选择填报除本规范第十八条规定的许可证件以外的其他进出口许可证件或监管证件代码及编号。本栏目分为随附单证代码和随附单证编号两栏，其中代码栏应按海关规定的《监管证件代码表》（参见表4－6）选择填报相应证件代码；编号栏应填报证件编号。

1. 加工贸易内销征税报关单，随附单证代码栏填写“c”，随附单证编号栏填写海关审核通过的内销征税联系单号。

2. 优惠贸易协定项下进出口货物。

有关优惠贸易协定项下报关单填制要求将另行公告。

表 4-6　　监管证件代码表

监管证件代码	监管证件名称	监管证件代码	监管证件名称
1	进口许可证	N	机电产品进口证明
2	汽车进口许可证	O	机电产品进口登记表(地方签发)
4	出口许可证	P	进口废物批准证书
5	定向出口商品许可证	Q	医药检验合格证
7	重要工业品或外商或自动登记证明	R	兽药进口报验证明
8	禁止出口商品	S	进出口农药登记证明
9	禁止进口商品	T	银行调运外币现钞进出境许可证
A	检验检疫入境货物通关单	U	白银进口准许证
B	检验检疫出境货物通关单	W	麻醉药品进出口准许证
F	濒危物种进出口允许证	X	有毒化学品环境管理放行通知单
G	被动出口配额证	Z	音像制品发行许可证或样带提取单
H	文物出口证书	a	请审查是否需要审价
I	精神药物进(出)口准许证	o	机电产品进口登记表(经贸部签发)
J	金产品出口证或人总行进口批件	r	预归类标志
K	非军事枪药进(出)口批件	u	进口许可证(加工贸易、保税)
L	无线电设备进关审查批件	x	出口许可证(来料加工、招标、化武等)
M	保密机进口许可证	y	出口许可证

(三十二)标记唛码及备注

本栏目填报要求如下:

1. 标记唛码中除图形以外的文字、数字。

2. 受外商投资企业委托代理其进口投资设备、物品的进出口企业名称。

3. 与本报关单有关联关系的,同时在业务管理规范方面又要求填报的备案号,填报在电子数据报关单中“关联备案”栏。

加工贸易结转货物及凭《征免税证明》转内销货物,其对应的备案号应填报在“关联备案”栏。

减免税货物结转进口(转入),报关单“关联备案”栏应填写本次减免税货物结转所申请的《中华人民共和国海关进口减免税货物结转联系函》的编号。

减免税货物结转出口(转出),报关单“关联备案”栏应填写与其相对应的进口(转入)报关单“备案号”栏中《征免税证明》的编号。

4. 与本报关单有关联关系的,同时在业务管理规范方面又要求填报的报关单号,填报在电子数据报关单中“关联报关单”栏。

加工贸易结转类的报关单,应先办理进口报关,并将进口报关单号填入出口报关单的“关联报关单”栏。

办理进口货物直接退运手续的,除另有规定外,应当先填写出口报关单,再填写进口报关单,并将出口报关单号填入进口报关单的“关联报关单”栏。

减免税货物结转出口(转出),应先办理进口报关,并将进口(转入)报关单号填入出口(转出)报关单的“关联报关单”栏。

5. 办理进口货物直接退运手续的,本栏目填报《进口货物直接退运表》或者《海关责令进口货物直接退运通知书》编号。

6. 保税监管场所进出货物,在“保税/监管场所”栏填写本保税监管场所编码,其中涉及货物在保税监管场所间流转的,在本栏填写对方保税监管场所代码。

7. 涉及加工贸易货物销毁处置的,填写海关加工贸易货物销毁处置申报表编号。

8. 当监管方式为“暂时进出货物”(2600)和“展览品”(2700)时,如果为复运进出境货物,在进出口货物报关单的本栏内分别填报“复运进境”“复运出境”。

9. 跨境电子商务进出口货物,在本栏目内填报“跨境电子商务”。

10. 加工贸易副产品内销,在本栏内填报“加工贸易副产品内销”。

11. 公式定价进口货物应在报关单备注栏内填写公式定价备案号,格式为:“公式定价”+备案编号+“@”。对于同一报关单下有多项商品的,如需要指明某项或某几项商品为公式定价备案的,则备注栏内填写应为:“公式定价”+备案编号+“#”+商品序号+“@”。

12. 获得《预审价决定书》的进出口货物,应在报关单备注栏内填报《预审价决定书》编号,格式为预审价(P+2 位商品项号+决定书编号),若报关单中有多项商品为预审价，需依次写入括号中，如：预审价(P01VD511500018P02VD511500019)。

13.含预归类商品报关单，应在报关单备注栏内填写预归类 R－3－关区代码－年份－顺序编号，其中关区代码、年份、顺序编号均为4位数字，例如 R－3－0100－2018－0001。

14.含归类裁定报关单，应在报关单备注栏内填写归类裁定编号，格式为"c"＋四位数字编号，例如 c0001。

15.申报时其他必须说明的事项填报在本栏目。

(三十三)项号

本栏目分两行填报及打印：第一行填报报关单中的商品顺序编号；第二行专用于加工贸易、减免税等已备案、审批的货物，填报和打印该项货物在《加工贸易手册》或《征免税证明》等备案、审批单证中的顺序编号。有关优惠贸易协定项下报关单填制要求将另行公告。加工贸易项下进出口货物的报关单，第一行填报报关单中的商品顺序编号，第二行填报该项商品在《加工贸易手册》中的商品项号，用于核销对应项号下的料件或成品数量。其中第二行特殊情况填报要求如下：

1.深加工结转货物，分别按照《加工贸易手册》中的进口料件项号和出口成品项号填报。

2.料件结转货物(包括料件、制成品和未完成品折料)，出口报关单按照转出《加工贸易手册》中进口料件的项号填报；进口报关单按照转进《加工贸易手册》中进口料件的项号填报。

3.料件复出货物(包括料件、边角料)，出口报关单按照《加工贸易手册》中进口料件的项号填报；如边角料对应一个以上料件项号时，填报主要料件项号。料件退换货物(包括料件、不包括未完成品)，进出口报关单按照《加工贸易手册》中进口料件的项号填报。

4.成品退换货物，退运进境报关单和复运出境报关单按照《加工贸易手册》原出口成品的项号填报。

5.加工贸易料件转内销货物(以及按料件办理进口手续的转内销制成品、残次品、未完成品)应填制进口报关单，填报《加工贸易手册》进口料件的项号；加工贸易边角料、副产品内销，填报《加工贸易手册》中对应的进口料件项号。

如边角料或副产品对应一个以上料件项号时，填报主要料件项号。

6. 加工贸易成品凭《征免税证明》转为减免税货物进口的，应先办理进口报关手续。进口报关单填报《征免税证明》中的项号，出口报关单填报《加工贸易手册》原出口成品项号，进、出口报关单货物数量应一致。

7. 加工贸易货物销毁，本栏目应填报《加工贸易手册》中相应的进口料件项号。

8. 加工贸易副产品退运出口、结转出口，本栏目应填报《加工贸易手册》中新增的变更副产品的出口项号。

9. 经海关批准实行加工贸易联网监管的企业，按海关联网监管要求，企业需申报报关清单的，应在向海关申报进出口（包括形式进出口）报关单前，向海关申报“清单”。一份报关清单对应一份报关单，报关单上的商品由报关清单归并而得。加工贸易电子账册报关单中项号、品名、规格等栏目的填制规范比照《加工贸易手册》。

（三十四）商品编号

本栏目填报的商品编号由 10 位数字组成。前 8 位为《中华人民共和国进出口税则》确定的进出口货物的税则号列，同时也是《中华人民共和国海关统计商品目录》确定的商品编码，后 2 位为符合海关监管要求的附加编号。

（三十五）商品名称、规格型号

本栏目分两行填报及打印，第一行填报进出口货物规范的中文商品名称，第二行填报规格型号。具体填报要求如下：

1. 商品名称及规格型号应据实填报，并与进出口货物收发货人或受委托的报关企业所提交的合同、发票等相关单证相符。

2. 商品名称应当规范，规格型号应当足够详细，以能满足海关归类、审价及许可证件管理要求为准，可参照《中华人民共和国海关进出口商品规范申报目录》中对商品名称、规格型号的要求进行填报。

3. 加工贸易等已备案的货物，填报的内容必须与备案登记中同项号下货物的商品名称一致。

4. 对需要海关签发《货物进口证明书》的车辆，商品名称栏应填报“车辆品牌+排气量(注明cc)+车型(如越野车、小轿车等)”。进口汽车底盘不填报排气量。车辆品牌应按照《进口机动车辆制造厂名称和车辆品牌中英文对照表》中“签注名称”一栏的要求填报。规格型号栏可填报“汽油型”等。

5. 由同一运输工具同时运抵同一口岸并且属于同一收货人、使用同一提单的多种进口货物,按照商品归类规则应当归入同一商品编号的,应当将有关商品一并归入该商品编号。商品名称填报一并归类后的商品名称;规格型号填报一并归类后商品的规格型号。

6. 加工贸易边角料和副产品内销,边角料复出口,本栏目填报其报验状态的名称和规格型号。

7. 进口货物收货人以一般贸易方式申报进口属于《需要详细列名申报的汽车零部件清单》(海关总署2006年第64号公告)范围内的汽车生产件的,应按以下要求填报:

(1)商品名称填报进口汽车零部件的详细中文商品名称和品牌,中文商品名称与品牌之间用“/”相隔,必要时加注英文商业名称;进口的成套散件或者毛坯件应在品牌后加注“成套散件”“毛坯”等字样,并与品牌之间用“/”相隔。

(2)规格型号填报汽车零部件的完整编号。在零部件编号前应当加注“S”字样,并与零部件编号之间用“/”相隔,零部件编号之后应当依次加注该零部件适用的汽车品牌和车型。

汽车零部件属于可以适用于多种汽车车型的通用零部件的,零部件编号后应当加注“TY”字样,并用“/”与零部件编号相隔。

与进口汽车零部件规格型号相关的其他需要申报的要素,或者海关规定的其他需要申报的要素,如“功率”“排气量”等,应当在车型或“TY”之后填报,并用“/”与之相隔。

汽车零部件报验状态是成套散件的,应当在“标记唛码及备注”栏内填报该成套散件装配后的最终完整品的零部件编号。

8. 进口货物收货人以一般贸易方式申报进口属于《需要详细列名申报的汽车零部件清单》(海关总署2006年第64号公告)范围内的汽车维修件的,填报规格型号时,应当在零部件编号前加注“W”,并与零部件编号之间用“/”相隔;进口维修件的品牌与该零部件适用的整车厂牌不一致的,应当在零部件编号前加注“WF”,并与零部件编号之间用“/”相隔。其余申报要求同上条执行。

(三十六)数量及单位

本栏目分三行填报及打印。

1. 第一行应按进出口货物的法定第一计量单位填报数量及单位,法定计量单位以《中华人民共和国海关统计商品目录》中的计量单位为准。

2. 凡列明有法定第二计量单位的,应在第二行按照法定第二计量单位填报数量及单位。无法定第二计量单位的,本栏目第二行为空。

3. 成交计量单位及数量应填报并打印在第三行。

4. 法定计量单位为“千克”的数量填报,特殊情况下填报要求如下:

(1)装入可重复使用的包装容器的货物,应按货物扣除包装容器后的重量填报,如罐装同位素、罐装氧气及类似品等。

(2)使用不可分割包装材料和包装容器的货物,按货物的净重填报(即包括内层直接包装的净重重量),如采用供零售包装的罐头、化妆品、药品及类似品等。

(3)按照商业惯例以公量重计价的商品,应按公量重填报,如未脱脂羊毛、羊毛条等。

(4)采用以毛重作为净重计价的货物,可按毛重填报,如粮食、饲料等大宗散装货物。

(5)采用零售包装的酒类、饮料,按照液体部分的重量填报。

5. 成套设备、减免税货物如需分批进口,货物实际进口时,应按照实际报验状态确定数量。

6. 具有完整品或制成品基本特征的不完整品、未制成品,根据《商品名称及编码协调制度》归类规则应按完整品归类的,按照构成完整品的实际数量填报。

7. 加工贸易等已备案的货物,成交计量单位必须与《加工贸易手册》中同项号下货物的计量单位一致,加工贸易边角料和副产品内销、边角料复出口,本栏目填报其报验状态的计量单位。

8. 优惠贸易协定项下进出口商品的成交计量单位必须与原产地证书上对应商品的计量单位一致。

9. 法定计量单位为立方米的气体货物,应折算成标准状况(即摄氏零度及1个标准大气压)下的体积进行填报。

（三十七）原产国（地区）

原产国（地区）应依据《中华人民共和国进出口货物原产地条例》《中华人民共和国海关关于执行〈非优惠原产地规则中实质性改变标准〉的规定》以及海关总署关于各项优惠贸易协定原产地管理规章规定的原产地确定标准填报。同一批进出口货物的原产地不同的，应分别填报原产国（地区）。进出口货物原产国（地区）无法确定的，填报"国别不详"（代码701）。本栏目应按海关规定的《国别（地区）代码表》选择填报相应的国家（地区）名称及代码。

（三十八）最终目的国（地区）

最终目的国（地区）填报已知的进出口货物的最终实际消费、使用或进一步加工制造国家（地区）。不经过第三国（地区）转运的直接运输货物，以运抵国（地区）为最终目的国（地区）；经过第三国（地区）转运的货物，以最后运往国（地区）为最终目的国（地区）。同一批进出口货物的最终目的国（地区）不同的，应分别填报最终目的国（地区）。进出口货物不能确定最终目的国（地区）时，以尽可能预知的最后运往国（地区）为最终目的国（地区）。本栏目应按海关规定的《国别（地区）代码表》选择填报相应的国家（地区）名称及代码。

（三十九）单价

本栏目填报同一项号下进出口货物实际成交的商品单位价格。无实际成交价格的，本栏目填报单位货值。

（四十）总价

本栏目填报同一项号下进出口货物实际成交的商品总价格。无实际成交价格的，本栏目填报货值。

（四十一）币制

本栏目应按海关规定的《货币代码表》（参见表4－5）选择相应的货币名称及代码填报，如《货币代码表》中无实际成交币种，需将实际成交货币按申报日外汇折算率折算成《货币代码表》列明的货币填报。

(四十二)征免

本栏目应按照海关核发的《征免税证明》或有关政策规定,对报关单所列每项商品选择海关规定的《征减免税方式代码表》(参见表4-7)中相应的征减免税方式填报。

加工贸易货物报关单应根据《加工贸易手册》中备案的征免规定填报;《加工贸易手册》中备案的征免规定为“保金”或“保函”的,应填报“全免”。

表4-7　　征减免税方式代码表

征免税方式代码	征免税方式全称	征免税方式代码	征免税方式全称
1	照章征税	6	保证金
2	折半征税	7	保函
3	全免	8	折半补税
4	特案	9	全额退税
5	征免性质		

(四十三)特殊关系确认

本栏目根据《中华人民共和国海关审定进出口货物完税价格办法》(以下简称《审价办法》)第十六条,填报确认进出口行为中买卖双方是否存在特殊关系,有下列情形之一的,应当认为买卖双方存在特殊关系,在本栏目应填报“是”,反之则填报“否”:

1. 买卖双方为同一家族成员的。
2. 买卖双方互为商业上的高级职员或者董事的。
3. 一方直接或者间接地受另一方控制的。
4. 买卖双方都直接或者间接地受第三方控制的。
5. 买卖双方共同直接或者间接地控制第三方的。
6. 一方直接或者间接地拥有、控制或者持有对方5%以上(含5%)公开发行的有表决权的股票或者股份的。
7. 一方是另一方的雇员、高级职员或者董事的。
8. 买卖双方是同一合伙的成员的。

买卖双方在经营上相互有联系，一方是另一方的独家代理、独家经销或者独家受让人，如果符合前款的规定，也应当视为存在特殊关系。

（四十四）价格影响确认

本栏目根据《审价办法》第十七条，填报确认进出口行为中买卖双方存在的特殊关系是否影响成交价格，纳税义务人如不能证明其成交价格与同时或者大约同时发生的下列任何一款价格相近的，应当视为特殊关系对进出口货物的成交价格产生影响，在本栏目应填报"是"，反之则填报"否"：

1. 向境内无特殊关系的买方出售的相同或者类似进出口货物的成交价格。
2.《审价办法》倒扣价格估价方法的规定所确定的相同或者类似进出口货物的完税价格。
3. 按照《审价办法》计算价格估价方法的规定所确定的相同或者类似进出口货物的完税价格。

（四十五）支付特许权使用费确认

本栏目根据《审价办法》第十三条，填报确认进出口行为中买方是否存在向卖方或者有关方直接或者间接支付特许权使用费。特许权使用费是指进出口货物的买方为取得知识产权权利人及权利人有效授权人关于专利权、商标权、专有技术、著作权、分销权或者销售权的许可或者转让而支付的费用。如果进出口行为中买方存在向卖方或者有关方直接或者间接支付特许权使用费的，在本栏目应填报"是"，反之则填报"否"。

（四十六）版本号

本栏目适用加工贸易货物出口报关单。本栏目应与《加工贸易手册》中备案的成品单号版本一致，通过《加工贸易手册》备案数据或企业出口报关清单提取。

（四十七）货号

本栏目适用加工贸易货物进出口报关单。本栏目应与《加工贸易手册》中备案的料件、成品货号一致，通过《加工贸易手册》备案数据或企业出口报关清单提取。

（四十八）录入员

本栏目用于记录预录入操作人员的姓名。

（四十九）录入单位

本栏目用于记录预录入单位名称。

（五十）海关批注及签章

本栏目供海关作业时签注。

本规范所述尖括号（< >）、逗号（,）、连接符（-）、冒号（:）等标点符号及数字，填报时都必须使用非中文状态下的半角字符。

相关用语的含义：

报关单录入凭单：指申报单位按报关单的格式填写的凭单，用作报关单预录入的依据。该凭单的编号规则由申报单位自行决定。

预录入报关单：指预录入单位按照申报单位填写的报关单凭单录入、打印由申报单位向海关申报，海关尚未接受申报的报关单。

报关单证明联：指海关在核实货物实际进出境后按报关单格式提供的，用作进出口货物收发货人向国税、外汇管理部门办理退税和外汇核销手续的证明文件。

第三节　其他国家的出口货物报关单

出口报关单是出口商向海关报告其出口交易细节，申请海关审查、放行货物的法律文件，是海关对出口货物进行监管、征税、统计以及开展稽核与调查的依据，是办理出口货物核销、出口退税以及外汇管理的重要凭证。

不同的国家，其报关单的名称也不同。在美国，出口报关单称为托运人出口报关单（Shippers Export Declaration，SED），欧盟的出口报关单叫单一管理文件（Single Administrative Document，SAD）（分别见表4-8和表4-9）。出口报关单由出口商/发货人出具并由其提交给出口国的出口当局。在有些情况下，出口报关单还需出口当局的认证。

表 4 –8　　托运人出口报关单(SED)

U.S. DEPARTMENT OF COMMERCE – Economics and Statistics Administration – U.S. CENSUS BUREAU – BUREAU OF EXPORT ADMINISTRATION

FORM **7525-V** (7-18-2003)　　**SHIPPER'S EXPORT DECLARATION**　　OMB No. 0607-0152

1a. U.S. PRINCIPAL PARTY IN INTEREST (USPPI)(Complete name and address)

ZIP CODE

2. DATE OF EXPORTATION

3. TRANSPORTATION REFERENCE NO.

b. USPPI'S EIN (IRS) OR ID NO.

c. PARTIES TO TRANSACTION ☐ Related ☐ Non-related

4a. ULTIMATE CONSIGNEE *(Complete name and address)*

b. INTERMEDIATE CONSIGNEE *(Complete name and address)*

5a. FORWARDING AGENT *(Complete name and address)*

5b. FORWARDING AGENT'S EIN (IRS) NO.

6. POINT (STATE) OF ORIGIN OR FTZ NO.

7. COUNTRY OF ULTIMATE DESTINATION

8. LOADING PIER *(Vessel only)*

9. METHOD OF TRANSPORTATION *(Specify)*

14. CARRIER IDENTIFICATION CODE

15. SHIPMENT REFERENCE NO.

10. EXPORTING CARRIER

11. PORT OF EXPORT

16. ENTRY NUMBER

17. HAZARDOUS MATERIALS ☐ Yes ☐ No

12. PORT OF UNLOADING *(Vessel and air only)*

13. CONTAINERIZED *(Vessel only)* ☐ Yes ☐ No

18. IN BOND CODE

19. ROUTED EXPORT TRANSACTION ☐ Yes ☐ No

20. SCHEDULE B DESCRIPTION OF COMMODITIES *(Use columns 22–24)*

D/F or M (21)	SCHEDULE B NUMBER (22)	QUANTITY – SCHEDULE B UNIT(S) (23)	SHIPPING WEIGHT (Kilograms) (24)	VIN/PRODUCT NUMBER/ VEHICLE TITLE NUMBER (25)	VALUE (U.S. dollars, omit cents) (Selling price or cost if not sold) (26)

27. LICENSE NO./LICENSE EXCEPTION SYMBOL/AUTHORIZATION

28. ECCN *(When required)*

29. Duly authorized officer or employee

The USPPI authorizes the forwarder named above to act as forwarding agent for export control and customs purposes.

30. I certify that all statements made and all information contained herein are true and correct and that I have read and understand the instructions for preparation of this document, set forth in the **"Correct Way to Fill Out the Shipper's Export Declaration."** I understand that civil and criminal penalties, including forfeiture and sale, may be imposed for making false or fraudulent statements herein, failing to provide the requested information or for violation of U.S. laws on exportation (13 U.S.C. Sec. 305; 22 U.S.C. Sec. 401; 18 U.S.C. Sec. 1001; 50 U.S.C. App. 2410).

Signature

Confidential – Shipper's Export Declarations (or any successor document) wherever located, shall be exempt from public disclosure unless the Secretary determines that such exemption would be contrary to the national interest (Title 13, Chapter 9, Section 301 (g)).

Title

Export shipments are subject to inspection by U.S. Customs Service and/or Office of Export Enforcement.

Date

31. AUTHENTICATION *(When required)*

Telephone No. (Include Area Code)

E-mail address

This form may be printed by private parties provided it conforms to the official form. For sale by the Superintendent of Documents, Government Printing Office, Washington, DC 20402, and local Customs District Directors. The **"Correct Way to Fill Out the Shipper's Export Declaration"** is available from the U.S. Census Bureau, Washington, DC 20233.

表 4－9　　单一管理文件(SAD)

EUROPEAN COMMUNITY

A OFFICE OF DISPATCH /EXPORT

Copy for the country of dispatch/export

1

2 Consignor/Exporter　No

1 DECLARATION

3 Forms　4 Loading lists

5 Items　6 Total pack -ages　7 Reference number

8 Consignee　No

9 Person responsible for financial settlement　No

10 Country first dest -in.　11 Trading coun -try　13 C.A.P.

14 Declarant/Representative　No

15 Country of dispatch/export　15 C.disp./exp. Code a| b|　17 country desti -n. Code a| b|

16 Country of origin　17 Country of destination

18 Identity and nationality of means of transport at departure　19 Ctr.　20 Delivery terms

21 Identity and nationality of active means of transport crossing the border　22 Currency and total amount in -voiced　23 Exchange ra -te　24 Nature of transaction

25 Mode of trans -port at the border　26 Inland mode of transport　27 Place of loading　28 Financial and banking data

1

29 Office of exit　30 Location of goods

31 Packag -es and descript -ion of goods　Marks and numbers-Container No(s)-Number and kind　32 Item No　33 Commodity Code

34 Country orig -in Code a| b|　35 Gross mass (kg)

37 PROCEDURE　38 Net mass (kg)　39 Quota

40 Summary declaration/Previous document

41 Supplementary units

44 Additional informa -tion/Doc -uments Produced/ Certificates and auth -orizations　A.I.Code

46 Statistical value

47 Calcula -tion of taxss

type	Tax base	Rate	Amount	MP
		Total:		

48 Deferred payment　49 Identification of warehouse

B ACCOUNTING DETAILS

50 Principal　No　Signature:

represented by

Place and date:

C OFFICE OF DEPARTURE

51 Intended offices of transit (and country)

52 Guaran -tee not valid for　Code　53 office of destination (and country).

D CONTROL BY OFFICE OF DEPARTURE　Stamp:

Result:

Seals affixed: Number.

identity:

Time limit (date):

Signature:

54 Place and date:

Signature and name of declarant/representative:

区域性贸易协定进出口报关单是由区域性贸易集团成员共同使用的标准进出口文件,其中包含履约、管理及统计方面的信息。当货物从某一贸易协定成员国出口到非成员国时,该文件作为出口报关单;当货物运输通过成员国边境时,该文件既作为进口报关单又作为出口报关单。由于采用标准格式,因此,该文件的处理通常使用计算机系统,以便贸易协定成员国出口及进口当局之间进行电子信息交换。

欧盟(EU)的单一管理文件(SAD)是区域性贸易协定进口/出口报关单的首选样本,由欧共体委员会于 1988 年制定,目的是使海关文档管理标准化并简化国际贸易程序。该特别文件既被用做进出口报关单,又被用做货物在欧盟及EFTA(欧洲自由贸易区)国家过境时的报关单,可通过计算机将其直接传递给欧盟所有 27 个成员国的海关。有些非欧盟国家对使用 SAD 也表现出兴趣,有些国家的进口单证已采用该文件,如保加利亚。

每个国家都有自己的出口报关单,它通常包括以下内容:①卖方的名称和地址;②买方的名称和地址;③签发日期;④货物描述;⑤出运货物的原产地国家(或货物原产地声明);⑥货物的最终目的地国家;⑦货物的数量和说明;⑧货物运输的细节,即货物的重量、包装件数、唛头及编码、承运人及运输方式;⑨声明不会违反出口国家法律而将货物转移到另一个国家;⑩有关履约、管理及统计信息方面的其他内容。

出口报关单被有关国家的海关用于控制出口和编辑统计资料。很少有要求进口商提供出口报关单的,但出口当局常要求出口商提供出口报关单。

第五章 出入境检验检疫及相关单证

【学习要点与要求】

本章介绍了检验证书的作用及其签发机构，出入境货物报检规定和要求及其所需的单证，概述了进出境商品报检单的填制方法，介绍了检验证书的种类及其文本和一些注意事项。

出入境检验检疫工作是国家检验检疫部门依照相关法律法规规定，对进出境的商品（包括动植物产品）、动植物以及运载这些商品、动植物和旅客的交通工具、运输设备，分别实施检验、检疫、鉴定、监督管理和对出入境人员实施卫生检疫及口岸卫生监督的统称。

出入境检验检疫工作的主要内容和目的是：①对进出口商品进行检验、鉴定和监督管理，其目的是保证进出口商品符合质量（标准）要求、维护外贸有关各方的合法权益，促进对外经贸的顺利发展；②对出入境动植物及其产品，包括其运输工具、包装材料的检疫和监督管理，其目的是防止危害动植物的病菌、害虫、杂草种子及其他有害生物由国外传入或由国内传出，保护本国农、林、渔、牧业生产和国际生态环境及人类的健康；③对出入境人员、交通工具、运输设备以及可能传播检疫传染病的行李、货物、邮包等物品实施国境卫生检疫和口岸卫生监督，其目的是防止传染病由国外传入或由国内传出，保护人类健康。

第一节　出入境商品检验检疫的概念及作用

国际贸易中的买卖双方交易的商品一般都要进行检验。商品检验(Commodity Inspection)主要是指按合同规定,对进出口商品的质量、数量(重量)、包装等进行鉴定,并出具商品检验证明,作为买卖双方交接货物、银行结算和处理索赔的必要依据。因此,进出口商品检验是国际贸易中的一个重要环节,交易双方必须就有关商品检验的时间和地点、商品检验机构、商品检验证明书等在合同中作明确规定。进出口商品检验是我国对外贸易交往中必不可少的一个重要环节,为做好商品检验工作,必须有与之配套的管理和服务,即检验前接受和办理有关单位申请检验的手续,也称接受报检,以及检验结束后,签发商品检验证书,以保证出口商品符合合同规定的等级标准、品质、卫生检疫和数量及重量等要求。

一、商品检验检疫证书的概念

进出口商品的商品检验检疫证书(Inspection Certificate)是由某机构出具的,证明货物在装运前已得到检验(一般依据一套行业、消费者、政府或承运人规格进行检验)并注明检验结果的书面证明文件,一般由中立、独立的第三方检验服务机构或政府商检部门出具签发,也可由制造厂商出具。在某些国家,对某些商品,商检证书必须由特殊的政府机构出具。

商检证应包括下列内容:①发货人名称与地址;②收货人名称与地址;③货物描述;④检验日期;⑤抽样方法说明;⑥检验结果说明;⑦姓名、签字及/或检验机构签章。

在确定或形容某一可接受的检验机构时,买方应避免使用“一流的”“著名的”“合格的”“独立的”“官方的”“有资格的”“当地的”等类似词语。最好当事各方事先确定某一具体检验组织或实体,买方应在跟单信用证(使用时)中具体规定其所要求的认证机构或实体。在信用证交易中,只要单证不是由受益人(卖方)出具的,类似含糊的表述将导致银行接受任何“表面上”符合跟单信用证要求的相关的文件。

二、检验机构

出具商检证的机构,应是买卖双方以外的第三者。国际贸易中商品检验证明书的签发者一般是专业检验机构,很多国家都有专业的商品检验和鉴定机构,接受委托进行商品检验与公证鉴定工作。这些机构有的是国家设立的官方机构,如中国质检总局;有的是私人或同业公会、协会等开设的公证行,如美国的劳合公证行和瑞士的日内瓦通用鉴定公司;也有由买卖双方自己检验出具证书的。但总括而言,商检证书的签发者无外乎政府检验机构、非官方检验机构、生产制造商和用货单位或进口商四类,出具瑞士 SGS 检验证书(Inspection Certificate of Societe Generale de - Surveillance S. A.)、日本 OMIC 检验证书(Inspection Certificate Issued by OMIC)、法国 BV 检验证书(Inspection Certificate Issued by BV)、出口商/生产厂家检验证明书(Inspection Certificate Issued by Exporter/Manufacturer)、进口商指派专人签发的检验证书(Inspection Certificate Signed by Importer's Nominee)等检验证书。下面着重介绍政府检验机构和非官方检验机构。

(一)政府检验机构

世界各国为了维护本国的公共利益,一般都制定检疫、安全、卫生、环保等方面的法律,由政府设立监督检验机构,依照法律和行政法规的规定,对有关进出口商品进行严格的检验管理,这种检验称为"法定检验""监督检验""执法检验"。有的官方的检验机构只对特定商品(粮食、药物等)进行检验,如美国食品药物管理局(FDA)。我国的出口商品检验检疫主要由官方的中华人民共和国质检总局下的 CIQ(出入境检验检疫局)及其分支机构承担,此外还有各种专门从事动植物、食品、药品、船舶、计量器具等检验的官方检验机构。

我国的出入境检验检疫局于 1998 年在国务院机构改革中组建。国务院在关于国家出入境检验检疫局的职能配置、内设机构和人员编制规定中明确规定:①将原由卫生部承担的国境卫生检疫、进口食品卫生监督检验的职能,交给国家出入境检验检疫局。②将原由农业部承担的进出境动植物检疫的职能,交给国家出入境检验检疫局。③将原由国家进出口商品检验局承担的进出口商品检验、鉴定和监管的职能,交给国家出入境检验检疫局。

新组建的国家出入境检验检疫局是主管出入境卫生检疫、动植物检疫和商品检验的行政执法机构。其主要职责任务是:①研究拟定有关出入境卫生检疫、动植物检疫及进出口商品检验法律、法规和政策规定的实施细则、办法及工作规程,督促检查出入境检验检疫机构贯彻执行。②组织实施出入境检验检疫、鉴定和监督管理;负责国家实行进口许可制度的民用商品的入境验证管理;组织进出口商品检验检疫的前期监督和后续管理。③组织实施出入境卫生检疫、传染病监测和卫生监督;组织实施出入境动植物检疫和监督管理;负责进出口食品卫生、质量的检验、监督和管理工作。④组织实施进出口商品法定检验;组织管理进出口商品鉴定和外商投资财产鉴定;审查批准法定检验商品的免验和组织办理复验。⑤组织对进出口食品及其生产单位的卫生注册登记及对外注册管理;管理出入境检验检疫标志、进口安全质量许可、出口质量许可并负责监督检查;管理和组织实施与进出口有关的质量认证认可工作。⑥负责涉外检验检疫和鉴定机构(含中外合资、合作的检验、鉴定机构)的审核认可并对其依法监督。⑦负责商品普惠制原产地证和一般原产地证的签证管理。⑧负责管理出入境检验检疫业务的统计和国外疫情的收集、分析、整理,提供信息指导和咨询服务。⑨拟定出入境检验检疫科技发展规划;组织有关科研和技术引进工作;收集和提供检验检疫技术情报。⑩垂直管理出入境检验检疫机构。⑪开展有关的国际合作与技术交流,按规定承担技术性贸易措施和检疫协议的实施工作,执行有关协议。

2001 年 4 月 10 日原国家出入境检验检疫局和国家质量技术监督局合并,组建国家质量监督检验检疫总局(以下简称质检总局),为国务院正部级直属机构,原国家出入境检验检疫局设在各地的出入境检验检疫机构、管理体制及业务不变。

(二)非官方检验机构

除政府设立的官方商品检验检疫机构外,世界上许多国家中还有由商会、协会、同业公会或私人设立的半官方或民间商品检验检疫机构,担负着国际贸易货物的检验检疫和鉴定工作。由于非官方商品检验检疫机构承担的民事责任有别于官方商品检验检疫机构承担的行政责任,所以,在国际贸易中更易被买卖双方所接受。民间商品检验检疫机构根据委托人的要求,以自己的技术、信誉及对国际贸易的熟悉,为贸易当事人提供灵活、及时、公正的检验鉴定服务,受到对外贸易关系人的共同信任。国际贸易中的商品检验主要由诸如公证鉴定人(Authentic Surveyor)、宣誓衡量人(Sworn Measurer)等民间机构承担,民间商检机构具有公证机构的法律地位,比较有名望和权威的有:瑞士日内瓦通用鉴定公司(SGS)、日本海外货物检验株式会社(OMIC)、美国保险人实验室(UL)、美国材料与试验学会(ASTM)、英国劳合氏公证行(Lloyd's Surveyor)、法国船级社(BV)、加拿大标准协会(CSA)、国际羊毛局(IWS)、中国商品检验公司(CCIC)以及香港天祥公证化验行等。

1. 瑞士通用公证行(SGS)。瑞士通用公证行(Societe Generale de Surveillance,SGS),又称瑞士通用鉴定公司,是目前世界上最大的专门从事国际商品检验、测试和认证的集团公司,创建于1878年,其总部设在日内瓦,在世界各地共有6万多名员工,在全世界140多个国家设立了318个分支机构、1 180多个办事处和321个实验室,商品检验业务量占世界贸易总量的5%。SGS是一个综合性的检验机构,可进行各种物理、化学和冶金分析,包括破坏性和非破坏性试验,向委托人提供一套完整的数量和质量检验以及有关的技术服务,提供装运前的检验服务,提供各种与国际贸易有关的诸如商品技术、运输、仓储等方面的服务,监督跟购销、贸易、原材料、工业设备、消费品迁移有关联的全部或任何一部分的商业贸易及操作过程。在SGS内部,按商品分类,设立了农业服务部、矿物化工和冶金服务部、非破坏性试验科、国家政府合同服务部、运输和仓库部、工业工程产品服务科、风险和保险服务部等部门。

该公司在新中国成立前以"远东公证行"的名义在我国挂牌营业,后停歇,1978年与我国建立业务关系,与我国CCIC签订了委托业务协议,凡进口商要求或来证要求,可委托商检公司代办检验,但证书须由SGS在香港签发,对我国出口贸易的顺利开展有一定的影响。特别是从20世纪60年代开始,许多国家实施全面进口监管计划(Comprehensive Import Supervision Scheme,CISS),其进口法规规定,进入该国的货物必须由SCS在出口供货国进行装船前检验。1991年,SGS公司和隶属于国家技术监督局的中国标准技术开发公司(CSTC)共同投资建立的、有中国法人资格的合资企业"通标标准技术服务有限公司"(SGS-CSTC Standards Technical Service Ltd.),在上海、天津、大连、青岛、厦门、广州、深圳设立了50多个分支机构和几十间实验室,拥有9 000多名训练有素的专家，代表SGS集团在中国为客户提供检验、认证服务，是中国第一家加入国际检验机构联盟（IFLA）的检验、认证服务公司，标志着通标标准技术服务有限公司作为独立、第三方的商业性检验机构的地位得到了国际承认。

2. 英国英之杰检验集团（IITS）。英之杰检验集团（Inchcape Inspection and Testing Services）是一个国际性的商品检验组织，总部设在伦敦。为加强其在世界贸易领域中的竞争地位，IITS通过购买世界上有名望、有实力的检验机构，组建自己的检验集团，包括嘉碧集团、天祥国际公司、安那实验室、英之杰劳埃德代理公司（汉基国际集团、马修斯旦尼尔公司）、英特泰克服务公司及英特泰克国际服务有限公司等，这些附属机构独立经营，均有自己的专业技术人员和设备，以自身名义提供服务，财务由英之杰总部协调。IITS各集团、公司与其分支机构在世界上90多个国家与地区设有办事机构与实验室，与中国CCIC有多年的友好往来，并签订有委托检验协议。

3. 日本海事检定协会（NKKK）。日本海事检定协会（Nippon Kaiji Kentei Kyokai，英文名 Japan Marine Surveyors & Sworn Measurer's Association）创立于1913年，是一个社团法人检验协会，主要是为社会公共利益服务，总部设在东京，除在本国各主要港口设有检验所外，还在泰国、新加坡、马来西亚、菲律宾和印度尼西亚等国设有海外事务所，在国内外设立的分支机构有70多个，主要检验项目有：舱口检视、积载鉴定、状态检验、残损鉴定、水尺计重、液体计量、衡重衡量及理化检验等，还接受从厂家到装船或从卸货到用户之间的连续检验。NKKK与中国商品检验机构签订长期委托检验协议，多年来，双方有着密切的相互委托检验业务和频繁的技术交流。

4. 新日本检定协会（SK）。新日本检定协会（Shin Nihon Kentei Kyokai，英文名 New Japan Surveyors & Sworn Measurer's Association）创立于1948年，是日本的 一个财团法人检验协会，为财团的经济利益服务，其主要业务是海事检定、一般检验、集装箱检查、理化分析和一般货物检查等。SK总部设在东京，在日本国内设有9个分支机构、22个办事处、2个实验室，在新加坡、马来西亚、印度尼西亚等国有其营业所、办事处或代理。SK与韩国、美国、巴基斯坦等国客户签有代理合同，与中国商品检验机构有良好的委托业务关系。

5. 日本海外货物检查株式会社（OMIC）。日本海外货物检查株式会社（Japan Overseas Merchandise Inspection Company）是经日本运输省、农林省、厚生省注册登记认可的、具有较完善的检验技术和设备的国际性股份有限检验公司。其主要检验业务有：工业品检验；化肥、化学品、医药品检验；矿产品检验和农作物土特产品检验；此外，OMIC 还接受日本政府指定的国外检验业务。OMIC 成立于 1954 年，总部设在东京，内部设总务部、业务部、财务部、检查部、咨询部、粮食部、油脂饲料食品部、钢材部、机械成套设备部等 9 个部和 1 个中央研究所。国内在大阪、福山、广岛、北九州、名古屋设有分公司或办事处，国外在泰国、波兰、马来西亚、印度、菲律宾、加拿大设有分支机构。OMIC 与世界上 70 多个国家的检验机构或贸易企业签署业务合作协议，与中国商品检验总公司（CCIC）签订合作协议，由 CCIC 代其办理中国对尼日利亚、巴基斯坦、伊朗等国出口商品的装船前检验业务，代其签发进口国商人通关用的清洁报告书（Clean Report of Findings，CRF）。

6. 美国安全试验所（UL）。美国安全试验所（Underwriters Laboratories Inc.）始建于 1894 年，总部设在伊利诺伊州的诺斯布鲁克，在纽约长岛、佛罗里达州的坦帕、加利福尼亚州的桑塔克莱拉等地设有分支机构，是美国最有权威的、也是世界上最大的对各类电器产品进行检验、测试和鉴定的民间检验机构。美国许多州的法律明文规定，没有 UL 标志的家电产品不准在市场上销售。在美国，无论个人、家庭、学校、机关，在市场上选购电风扇、电熨斗、电褥子、电吹风、电烤箱、微波炉、电热水器、电按摩器等家用电器时，看到贴有 UL 标志，便觉得放心，用起来有安全感，这是其长期从事机电产品安全性能鉴定树立起良好信誉的结果。UL 工程检验分为六个部门：防盗和信号；灾害和化学危害；电气；防火；供暖、空调和冷冻；船舶用品。UL 公司的业务主要是按 UL 标准提供对建筑材料、防火设备、机械电器设备、海事设备、石油天然气设备等产品设计的安全性能审核、测试、鉴定和对工厂生产过程进行跟踪测试检验，并加贴 UL 标志。

UL 产品标准自成体系。测试鉴定重点专注于产品安全性能，如对大小电器的开关、变压器、导线等产品都要作多项试验，经鉴定符合 UL 标准规定的，方予认可，准许列名、投产和加贴 UL 标志。UL 人员可在事先不作通知的情况下到工厂进行检查，以确定使用 UL 标志的产品是否真正符合 UL 的安全标准。

UL 公司除在美国本土设有分支机构外，还与加拿大、德国、瑞典、英国、日本、中国内地、中国香港等的检验机构建立了业务关系。UL 在中国的业务由 CCIC 及其下属分公司承办。

7. 美国材料与试验学会(ASTM)。美国材料与试验学会(American Society for Testing and Materials)成立于 1896 年,总部设在费城,是美国资格最老、规模最大的学术团体之一,是从事工业原材料标准化的一个非官方组织。ASTM 的业务范围涉及冶金、机械、化工、纺织、建筑、交通、动力等领域所生产或使用的原材料及半成品。ASTM 所制定的标准范围广、影响大、数量多,其中大部分被美国国家标准学会(ANSI)直接纳入国家标准。美国的一些专业学会,如钢铁、纺织、机械工程等,都与 ASTM 有合作关系。ASTM 在国际上也很有影响,它所制定的标准被国际上很多贸易双方采用为供货合同的品质条款,我国进口的原材料检验也常用 ASTM 标准。此外,ASTM 制定的分析、测试方法,也被世界各国许多实验室用来作为方法标准。

8. 加拿大标准协会(CSA)。加拿大标准协会(Canadian Standards Association)成立于 1919 年,其目的是在工业界建立规则,负责制定电气领域里自愿采用的标准。加拿大标准协会实验室负责设备标准试验和认证。CSA 制定的用于安全认证的标准,适用于各种各样的电气设备,从工业用设备、商业用设备到家用电器等。

9. 国际羊毛局(IWS)。国际羊毛局(International Wool Secretariat)成立于 1937 年,是一个非营利性机构,宗旨是为各成员国的养羊人士建立羊毛制品在全球的长期需求。成员国中最大的羊毛出口国是澳大利亚、新西兰及南半球一些国家,他们出口的原毛占全球年成交量的 80% 左右。IWS 总部设在伦敦,其产品开发和市场服务中心设在伦敦的依其利,它在世界上 34 个最重要的羊毛市场上设有分支机构,组成了一个国际性的服务网。

IWS 本身并不制造和销售羊毛制品,但它在建立羊毛需求的过程中,常与纺织工业各层次单位保持密切联系,包括为零售商和羊毛纺织工业生产单位提供原毛挑选、加工工艺、产品开发、款式设计、品质控制、产品推广等方面的协助和支持,并与他们联合进行宣传活动,如推行世界知名的纯羊毛标志。

IWS 中国分局设在香港九龙,主要活动是:推广纯羊毛标志,利用电视、杂志等媒介,向消费者宣传纯羊毛标志的意义,利用每季度的《国际羊毛局通讯》,传递各种活动情况及其他资料;搜集和分析经济及市场资料,向国内有关单位提供信息和咨询服务;审批纯羊毛标志挂牌工厂,向其提供技术和品质控制的协助,保证挂牌产品的质量;利用培训班、时装表演等形式,提供国际最新的时装和潮流信息,协助有关企业提高产品设计质量水平。

10. 中国商品检验公司(CCIC)。全称是中国进出口商品检验总公司(China National Import & Export Commodities Inspection Corporation),于1980年7月经国务院批准成立,是国家商品检验局指定的实施进出口商品检验和鉴定业务的检验实体,属民间商品检验机构。CCIC在全国各省、市、自治区设有分支机构,接受对外贸易关系人的委托,办理各项进出口商品检验鉴定业务,为之提供顺利交接结算、合理解决索赔争议等方面的服务。CCIC还在世界上20多个国家设有分支机构,承担着装船前检验和对外贸易鉴定业务。

三、商品检验检疫证书的作用

商检证书虽不属国际贸易结算基本单据,但倘若证明书中的检验结果不符合信用证或合同规定,进口商可据此拒付或索赔。在国际贸易中,商检证书有多方面的作用。

(一)作为议付货款的单据之一

许多产品的定价取决于商品的等级,或某些主要成分的含量。因此,进出口合同中订有价格与金额的增减条款,以适应不同的检验结果。在进出口实务中,一般根据检验证书中标明的产品等级和主要成分含量,确定合适的价格并计算出货值。

若合同或信用证规定需由某检验机构出具有关要求的商检证书,则检验证明中所列的项目或结果必须与信用证的要求相符,否则,银行可以单证不符为由拒付,因此,此时的商检证书是不可缺少的议付单据。

(二)作为证明履约、交货接收的有效证件

商品检验证书对出口商品的品质、规格、物理和技术指标、交货数量或重量等提供科学的依据。货物经长途运输后难免会出现质量变化或数量缺损、包装损坏等情况,引起进口商的争议。出口商为了免责,必须提供权威机构签发的货物装船前检验证书,证明其已合格履行交货任务。可凭以认定商品是否符合

规定,对商品的品质规格等方面起保障作用。

出具商检证书可保证出口货物的质量,维护出口国的对外贸易信誉。例如,以品质证书控制商品的质量;以数量或重量证书控制交货的数量、重量和包装等情况;以兽医或卫生证书控制动物产品的疫情和其他卫生情况;以植物检疫证书控制植物产品的虫害、疫情等情况。一份由信誉良好的商检机构签发的证书,不仅使买方在付款时增加了安全感,也为卖方解除了交货后可能产生的品质、数量等方面争议的顾虑。

(三)作为索赔、仲裁、诉讼的佐证文件

货物运达进口地后一般都需进行检验,以确定收货时的质量、数量、状况等,这样做,既便于进口商转售,又可在发现问题时提起争议,据检验结果,明确责任归属,提出赔偿要求,如需进行仲裁或诉讼,也必须提供商检证书作为对货物缺陷、残损等事实的说明。所以,商检证书在买卖双方发生争议或索赔时作为科学的依据。

(四)作为某些出口商品计价的依据

有些商品价格依照品质规格幅度进行价格的增减。例如,棉花、羊毛、粮食等商品。棉花等纺织品原料都是按公量计价的,公量,是指该商品的干燥重量加上国际上公认的或买卖双方协议的含水率而得到的重量。又如粮食类,双方设定含水分标准为8%,实际交货的水分高于该标准者,每高1%,其价格减扣1%;低于标准者,每低1%,其价格增价1%。所以,商检的结果关系到价格的确定。

(五)作为验收报关的有效凭证

许多国家为维护本国及消费者利益,通常规定某些商品必须进行强制性检验,如食品等。进口商必须出示出口地检验机构签发的证明商品合格或符合国家进口标准的检验证书才能报关验收,否则禁止进口。这是有效防止人类、牲畜病害或传染疾病扩大传播的一道屏障,也是海关验放、征收关税和优惠减免关税的必要证明。

第二节　出入境货物的报检

一、报检规定和要求

报检是依法向检验检疫机构申报检验检疫、办理相关手续、启动检验检疫流程的行为。报检人是报检单位和报检员的统称，报检行为的主体是报检单位，报检工作由报检单位的报检员来负责。报检员是获得国家质检总局规定的资格，经检验机构注册，负责办理出入境检验检疫业务的人员，他们必须服务于某一报检单位而不能独立其外。

出入境检验检疫中接受报检和签发检验证书的工作，一是在检验之前，一是在检验之后，这两项工作对作好商品检验的全过程起着十分重要的作用。1989 年 9 月 1 日我国原进出口商品检验局发布了《进出口商品报检规定》，2001 年 1 月 1 日开始实施由国家出入境检验检疫局颁布的《出入境检验检疫报检规定》，2015 年 4 月 1 日起开始实施《出入境检验检疫报检企业管理办法》，其主要内容有以下几个方面。

（一）报检单位

报检单位是发生报检行为的主体。按其登记的性质，可分为自理报检单位和代理报检单位两种类型。

1. 自理报检单位。自理报检单位指根据我国法律法规规定办理出入境检验检疫报检/申报，或委托代理报检单位办理出入境检验检疫报检/申报手续的出入境货物或其他报检物的收发货人、进出口货物的生产、加工、储存和经营单位等。检验检疫机构对自理报检单位实行备案管理制度，自理报检单位主要包括：①有进出口经营权的国内企业；②进口货物的收货人或其代理人；③出口货物的生产企业；④出口货物运输包装及出口危险货物运输包装生产企业；⑤中外合资、中外合作、外商独资企业；⑥国外（境外）企业、商社常驻中国代表机构；⑦进出境动物隔离饲养和植物繁殖生产单位；⑧进出境动植物产品的生产、加工、存储、运输单位；⑨对进出境动植物、动植物产品、装载容器、包装物、交通运输工具等进行药剂熏蒸和消毒服务的单位；⑩有进出境交换业务的科研单位；

⑪其他需报检的单位。

2. 代理报检单位。代理报检单位指经检验检疫机构注册登记,依法接受有关关系人委托,为有关关系人办理出入境检验检疫报检/申报业务,在工商行政管理部门注册登记的境内企业法人。检验检疫机构对代理报检单位实行注册登记制度,取得《代理报检单位注册登记证书》后方可进行代理报检业务。受理注册登记申请的时间为每年 1 ~2 次,每次时间为 1 个月,具体时间由国家质检总局于申请开始前 1 个月对外公布。实行网上申请(www. eciq. cn),书面确认的方式。代理报检单位的资格条件如下。

(1)取得工商行政管理部门颁发的《企业法人营业执照》或《营业执照》。

(2)注册资金人民币 150 万元以上。

(3)有固定场所及符合办理检验检疫报检业务所需的条件和设施。

(4)有健全的、行之有效的代理报检管理制度。

(5)有不少于 10 名经检验检疫机构考试合格并取得《报检员资格证》的人员,并与每个报检员有合法的《劳动合同》,为每个报检员缴纳社会保险。

(6)实事求是地提交声明,声明符合《出入境检验检疫代理报检管理规定》有关条款。

(7)国家质检总局规定的其他条件。

(二)报检员

报检员分为自理报检员和代理报检员。自理报检员只能办理本企业授权承办的检验检疫报检业务。“报检员证”或“代理报检员证”是报检员办理检验检疫报检业务的资格凭证。“报检员证”适用于自理报检行为。自理报检时,出境货物的报检,要求申报的发货人必须与申报的报检单位一致;入境货物的报检,要求申报的收货人必须与申报的报检单位一致。“代理报检员证”适用于代理报检行为。代理报检时,须向检验检疫机构提供委托书。委托书由委托人按检验检疫机构规定的格式填写。

申办“报检员证”必须符合下列几个条件。

1. 所在单位已办理出入境检验检疫报检单位登记。

2. 所在单位推荐。

3. 拥有“报检员资格证书”。

申办“代理报检员证”的,除具备以上条件外,所在单位必须已获代理报检单位资格。

(三)报检范围

1. 国家法律法规规定必须由出入境检验检疫机构检验检疫的。

2. 输入国家或地区规定必须凭检验检疫机构出具的证书方准入境的。

3. 有关国际条约规定须经检验检疫的。

4. 申请签发原产地证明书及普惠制原产地证明书的。

二、外贸报检所需单证

(一)进口

1. 进口时验收货物的程序:

(1)进口货物运达港口卸货时,港务局进行卸货核对。若发现短缺,应及时填制短卸报告交由船方签认,并根据短缺情况向船方提出保留索赔权的书面证明。

(2)卸货时若发现残损,货物应存放于海关指定仓库,待保险公司会同商检局检验后作出处理。

(3)对于法定检验的进口货物,必须向卸货地或到达地的商检机构报验。未经检验的货物不准投产、销售和使用。

(4)若进口货物经商检局检验,发现有残损短缺,应凭商检局出具的证书对外索赔。

(5)对合同规定在卸货港检验的货物,或已发现残损短缺有异状的货物,或合同规定的索赔期即将期满的货物等,都需在港口进行检验。

2. 检验检疫入境货物报检时应提供的单证。一般应提供外贸合同、国外发票、提(运)单、装箱单、进口货物到货通知单(也称货物流向单)等。此外还有如下要求。

(1)申请品质、规格、安全检验的,还应提供国外的检验证书或质量保证书、产品使用说明书以及有关标准和技术资料。凭样成交的,应提交成交样品;以品级或公量计价结算的,应同时申请重量鉴定。

(2)申请重量鉴定的,应提交国外的重量、水分检验证书和重量明细单。申请木材材积鉴定的,应提供国外的材积明细单。

(3)申请残损鉴定、载损鉴定、积载鉴定、海损鉴定的,要提供各程提单、海运散件货物港船交接时的理货残损溢短单、铁路商务记录、空运事故记录等。此外,船方还应提供航海日志、海事报告、舱单、配载图、验舱证书、验舱报告等各种有关资料。

(4)申请外商投资财产价值、品种、质量、数量和损失鉴定的,还应提供财产的明细单、发票及各种价值的证明、财产的已使用年限、财产维修保养情况等各种有关的资料。

(5)在办理国内委托检验时,除按要求填写"委托检验申请单"外,还应提供检验的样品、检验标准和方法。国外委托人在办理委托检验时,还应提供有关函电、资料。

(6)凡实施安全质量许可、卫生注册、强制性产品认证、民用商品验证或其他需经审批审核的货物,应提供有关审批文件。

(7)报检入境废物的,应提供国家环保总局签发的《进口废物批准证书》、废物利用风险报告和经认可的检验机构签发的装运前检验合格证书等。

(8)报检入境旧机电产品的,应提供与进口旧机电产品相符的进口许可证明。

(9)报检入境动植物及其产品的,在提供贸易合同、发票、产地证书的同时,还必须提供输出国家或地区官方的检疫证书;需办理入境审批手续的,还应提供入境动植物检疫许可证。

(10)报检过境动植物及其产品的,应持分配单和输出国家或地区官方出具的检疫证书;运输动植物过境时,还应提交国家质检总局签发的动植物过境许可证。

(11)报检入境旅客、交通员工携带伴侣动物的,应提供进境动物检疫审批单及预防接种证明。

(12)报检进口食品的,应按规定提供《进出口食品标签审核证书》或《标签审核受理证明》。

(13)报检进口化妆品的,应按规定提供《进出口化妆品标签审核证书》或《标签审核受理证明》。

(14)报检来自美国、日本、欧盟和韩国的入境货物的,应按规定提供有关包装情况的证书和声明。

(15)报检因科研等特殊需要输入禁止入境物的,必须提供国家质检总局签发的特许审批证明。

(16)报检入境特殊物品的,应提供有关的批件或规定的文件。

(二) 出口

出口商品在报检时,一般应提供外贸合同或销售确认书及函电、信用证原本的复印件或副本,必要时提供原本。合同若有补充协议的要提供补充的协议书;合同、信用证有更改的,要提供合同、信用证的修改书或更改的函电。对订有长期贸易合同而采取记账方式结算的,各外贸进出口公司每年一次将合同副本送交商检机构。申请检验时,只在申请单上填明合同号即可,不必每批附交合同副本。凡属危险或法定检验范围内的商品,在申请品质、规格、数量、重量、安全、卫生检验时,必须提交商检机构签发的出口商品包装性能检验合格单证,商检机构凭此受理上述各种报检手续。此外还有如下一些要求。

1. 凭样成交的商品,必须提供经国外买方确认,双方签封或合同、信用证已明确须经商检机构签封的样品;临时看样成交的商品,申请人还必须将样品的编号送交商检机构;对服装、纺织品、皮鞋、工艺品等,在报检时还应提交文字表达不了的样卡、色卡或实物样品。

2. 属于必须向商检机构办理卫生注册和出口商品质量许可证的商品,报检时必须提供商检机构签发的卫生注册证书或出口质量许可证编号和厂检合格单。冷冻、水产、畜产品和罐头食品等须办理卫生检验检疫时,必须交附商检机构签发的卫生注册证书和厂检合格单。

3. 经发运地商检机构检验合格的商品,需在口岸申请换证的,必须交附发运地商检机构签发的"出口商品检验换证凭单"(简称"换证凭单")正本。

4. 经生产经营部门检验的,应提交其检验结果单。

5. 第一次检验不合格,经返工整理后申请重新检验的,应交附原来的商检机构签发的不合格通知单和返工整理记录。

6. 申请重量/数量鉴定的,应交附重量明细单、装箱单等资料。

7. 申请积载鉴定、监视装载的,应提供配载图、配载计划等资料。

8. 申请出口商品包装使用鉴定的,应交附商检机构签发的包装性能检验合格单。

9. 申请委托检验时,报检人应填写"委托检验申请单"并提交检验样品、检验标准和方法;国外委托人在办理委托检验手续时还应提供有关函电、资料。

(三)报检时限和地点

出入境检验检疫局对报检时限和地点的要求具体如表5-1所示。

表5-1　报检时间和地点要求

	报检时间	报检地点	备注
入境货物	入境前或入境时	入境口岸、指定的或到达站的检验检疫机构	
入境的运输工具及人员	入境前或入境时	入境口岸、指定的或到达站的检验检疫机构	
入境货物需对外索赔出证的	在索赔有效期前不少于20天	到货口岸或货物到达地的检验检疫机构	
输入微生物、人体组织、生物制品、血液及其制品或种畜、禽及其精液、胚胎、受精卵的	入境前30天	入境口岸、指定的或到达站的检验检疫机构	
输入其他动物的	入境前15天	入境口岸、指定的或到达站的检验检疫机构	
输入植物、种子、种苗及其他繁殖材料的	入境前7天	入境口岸、指定的或到达站的检验检疫机构	对个别检验检疫周期较长的货物,应留有相应的检验检疫时间
出境货物	报关或装运前7天	出境口岸检验检疫机构	
出境的运输工具和人员	出境前	出境口岸检验检疫机构	报检或申报
需隔离检疫的出境动物	出境前60天预报;隔离前7天报检	出境口岸检验检疫机构	

(四)报检注意事项

1. 报检员必须按规定认真填写报检单,每份清单只限填报一批商品,做到字迹清楚,不得随意涂改,项目填写齐全、明确,中英文内容正确一致。

2. 报检人对所需商检证书的内容如有特殊要求应预先申明。

3. 申请报检时，应缴纳规定的检验检疫费。

4. 报检人应预先约定抽样检验、鉴定的时间并提供必要的工作条件。

5. 已报检的出口商品，若国外来证要求修改，凡涉及商检有关的条款，须及时将修改函送商检局，办理更改手续。

6. 报检人如因特殊原因需撤销报检，经书面申明理由后，可办理撤销。

7. 报检人领取证书时，应如实签署姓名和领证时间，对证书妥善保管，防止丢失。各类证书应按其特定范围使用，不得混用。

（五）出运限期

经检验检疫机构检验合格发给检验证书或放行单的出口商品，一般应在证单签发之日起两个月内装运出口；鲜活类商品应在两周内装运出口。超过上述期限的应向商检机构重新报检，并交回已签发的所有检验证书和放行单。

三、进出境商品报检单

（一）出境商品报验单

出口商品报检时，如果出口商品需要检验放行以便通关而不需出具证书，可提供出口合同（出口确认书）、出口货物报关单和商业发票，必要时需提供信用证；若出口商品需经检验后并出证明，除提供上述单据外，还需提供“出境商品报验单”（样本见第七章表 7－9），其主要内容和填制介绍如下。

1. 编号：由检验检疫机构报检受理人员填写，前 6 位为检验检疫机构代码，第 7 位为报检类代码，第 8～9 位为年代码，第 10～15 位为流水号。实行电子报检后，该编号可在受理电子报检的回执中自动生成。

2. 报检单位：填写报检单位全称。

3. 报检单位登记号：填写报检单位在检验检疫机构备案或登记的代码。

4. 联系人／电话：填写报检人员姓名和联系电话。

5. 报检日期：检验检疫机构实际受理报检的日期，由检验检疫机构受理报检的人员填写。

6. 发货人（中英文）名称：根据不同情况填写。预检报检的，可填写生产单位;出口报检的,应填写外贸合同中的发货人或出口公司的中英文名称或信用证中的受益人。

7. 收货人(中英文):填写外贸合同、信用证中的收货人或进口商的中英文名称。

8. 货物名称(中英文):按进出口合同、信用证上的内容填写本批货物的品名。

9. HS 编码:填写本批货物的商品编码(8 位或10 位编码),以当年海关公布的商品税则编码分类为准。

10. 产地:指货物的生产/加工地,填写省、市、县名。

11. 数/重量:按实际申请检验检疫数/重量填写。重量还应填写毛/净重。

12. 货物总值:填写本批货物的总值和币种,应与合同、发票所列货物总值保持一致。

13. 包装种类和数量:填写本批货物实际运输包装的种类和数量,应注明包装材料。

14. 运输工具名称号码:填写装运本批货物的运输工具的名称和号码。

15. 合同号:填写外贸合同、订单或形式发票的号码。

16. 信用证号:填写本批货物对应的信用证编号。

17. 贸易方式:填写本批货物出口的贸易方式,据实际情况选填一般贸易、来料加工、进料加工、易货贸易、补偿贸易、边境贸易、无偿援助、外商投资、对外承包工程进出口货物、出口加工区进出境货物、出口加工区进出区货物、退运货物、过境货物、保税区进出境仓储、转口货物、保税区进出区货物、暂时进出口货物、暂时进出口留购货物、展览品、样品、其他非贸易性物品、其他贸易性货物等。

18. 货物存放地点:填写本批货物存放的地点。

19. 贸易国别(地区):填写本批进口货物的贸易国别(地区)。

20. 发货日期:填写出口装运日期,预检报检可不填。

21. 输往国家和地区:指外贸合同中买方(进口方)所在国家或地区,或合同注明的最终输往国家和地区。

22. 许可证/审批号:对已实施许可/审批制度管理的货物,报检时应填写质量许可证编号或审批单编号。

23. 生产单位注册号:指生产、加工本批货物的单位在检验检疫机构注册登记的登记号、质量许可证号等。

24. 起运地:填写装运本批货物离境的交通工具的起运口岸/城市地区名称。

25. 到达口岸:填写本批货物最终抵达目的地停靠的口岸名称。

26. 集装箱规格、数量及号码:货物若以集装箱运输,应填写集装箱规格、数量及号码。

27. 合同订立的特殊条款以及其他要求:填写合同中特别订立的有关质量、卫生等条款或报检单位对本批货物检验检疫的特别要求。

28. 标记及号码:填写货物的标记号码,应与合同、发票等有关外贸单据保持一致。若没有标记号码,则填"N/M"。

29. 用途:填写本批货物的用途。按实际情况选填种用或繁殖、食用、奶用、观赏或演艺、伴侣动物、实验、药用、饲用、其他。

30. 随附单据:按实际向检验检疫机构提供单据,在对应的"□"上打"√"或补填。

31. 需要证单名称:按所需由检验检疫机构出具的证单,在对应的"□"上打"√"或补填。并注明所需证单的正副本数量。

32. 报检人郑重声明:由报检人员亲笔签名。

33. 检验检疫费:由检验检疫机构计费人员填写。

34. 领取证单:由报检人在领取证单时填写实际领证日期并签名。

填好上述内容的报检单后,加盖公司公章,并准确填写本单位在检验检疫机构备案或注册登记的代码,与其他报检单据一起向检验检疫机构报检。

另外,经本地区预检的商品需在本地区换证出口时,应加附由该局签发的预检结果单;凡必须由商检局办理卫生注册及出口质量许可证的商品,必须交附商检局签发的卫生注册证书、厂检合格单或出口质量许可证;冷冻、水产、畜产品和罐头食品等须办理卫生证时,还需交附商检局签发的卫生注册证书和厂检合格单。

外贸关系人申请鉴定业务的报检,需要交附有关合同、国外发票、提单、商务记录、重量明细单、拟装货物清单、舱单、配载图、船方函电或书面说明、海事报告或其他有关证明。

申请危险品包装检验的报检，一是包装性能鉴定，要提供有关产品标准和工艺规程等有关资料；二是包装使用鉴定，要提供包装性能鉴定报告及有关单证。

申请委托检验的报检，申请人应提交检验样品，列明检验要求，必要时提供有关检验标准或检验方法。国外委托人委托检验和鉴定业务时，应提供有关的函电和资料。

（二）进境商品报验单

进境商品报验单按下述规定填写申请单内黑线以上的内容。其中未作说明的栏目按实际情况填写，或打“√”，

1. 编号：由检验检疫机构报检受理人员填写，前6位为检验检疫机构代码，第7位为报检类代码，第8～9位为年代码，第10～15位为流水号。实行电子报检后，该编号可在受理电子报检的回执中自动生成。

2. 报检单位：填写报检单位的全称。

3. 报检单位登记号：填写报检单位在检验检疫机构备案或登记的代码。

4. 联系人/电话：填写报检人员姓名和联系电话。

5. 报检日期：检验检疫机构实际受理报检的日期，由受理报检的人员填写。

6. 发货人（中英文）名称：填写外贸合同中的发货人或出口公司的中英文名称。

7. 收货人（中英文）：填写外贸合同中的收货人或进口商的中英文名称。

8. 货物名称（中英文）：按进口合同、商业发票上的内容填写本批货物的品名。如为废旧货物应注明。

9. HS编码：填写本批货物的商品编码（8位或10位编码），以当年海关公布的商品税则编码分类为准。

10. 原产国（地区）：填写本批货物的生产/加工的国家或地区。

11. 数/重量：填写本批货物的数、重量，注意与合同、发票或报关单等单据上所列的保持一致，并注明数/重量单位。

12. 货物总值：填写本批货物的总值和币种，应与合同、发票或报关单上所列的货物总值保持一致。

13. 包装种类和数量：填写本批货物实际运输包装的种类和数量，注明包装

材质。散装货物填“In Bulk”;单位包装的按实际情况填写,如纸箱装、木箱装、铁桶装等。

14. 运输工具名称号码:填写装运本批货物的运输工具的名称和号码。

15. 合同号:填写外贸合同、订单或形式发票的号码。

16. 贸易方式:填写本批货物进口的贸易方式,据实际情况选填一般贸易、来料加工、进料加工、易货贸易、补偿贸易、边境贸易、无偿援助、外商投资、对外承包工程进出口货物、出口加工区进出境货物、出口加工区进出区货物、退运货物、过境货物、保税区进出境仓储、转口货物、保税区进出区货物、暂时进出口货物、暂时进出口留购货物、展览品、样品、其他非贸易性物品、其他贸易性货物等。

17. 贸易国别(地区):填写本批进口货物的贸易国别(地区)。

18. 提/运单号:货物海运提单号或空运单号,有两程提单的应同时填写。

19. 到货日期:填写本批货物到达口岸的日期。

20. 起运国家(地区):填写本批货物的交通工具的起运国家或地区。

21. 许可证/审批号:需办理进境许可证或审批的货物应填写有关许可证号或审批号。

22. 卸毕日期:填写本批货物在口岸卸毕的实际日期。

23. 起运口岸:填写本批货物的交通工具的起运口岸。

24. 入境口岸:填写本批货物的交通工具进境时首次停靠的口岸。

25. 索赔有效期至:按外贸合同规定的日期填写,特别要注明截止日期。

26. 经停口岸:填写本批货物起运后,到达目的地前中途曾经停靠的口岸名称。

27. 目的地:填写本批货物预定最后到达的交货地。

28. 集装箱规格、数量及号码:若以集装箱运输应填集装箱规格、数量及号码。

29. 合同订立的特殊条款以及其他要求:填写合同中特别订立的有关质量、卫生等条款或报检单位对本批货物检验检疫的特别要求。

30. 货物存放地点:填写本批货物存放的地点。

31. 用途:填写本批货物的用途。据实际情况选填种用或繁殖、食用、奶用、观赏或演艺、伴侣动物、实验、药用、饲用、其他。

32. 随附单据:按实际向检验检疫机构提供单据,在对应的“□”上打“√”或补填。

33. 标记及号码:填写货物的标记号码,应与合同、发票等有关外贸单据保持一致。若没有标记号码则填“N/M”。

34. 外商投资财产:由检验检疫机构报检受理人员填写。

35. 报检人郑重声明:由报检人员亲笔签名。

36. 检验检疫费:由检验检疫机构计费人员填写。

37. 领取证单:由报检人在领取证单时填写实际领证日期并签名。

填好上述内容的报检单后,加盖公司公章,并准确填写本单位在检验检疫机构备案或注册登记的代码,与其他报检单据一起向检验检疫机构报检。

第三节　检验证书的种类和文本

检验检疫机构对进出口商品实施检验或鉴定后,据受验货物的实际检验结果,结合对外贸易合同或信用证的要求,对外签发检验证书。检验证书是检验检疫机构作为官方机构对外签发的具有法律效力的证明,直接关系到对外贸易、运输、保险契约各方的合法权益和争议各方的利害得失,也是商检机构全部检验工作和管理工作水平的集中反映。检验证书的分类主要依据检验项目,因此种类繁多。

中国质检总局(CCQB)是我国对外的合法公证机构,以国家行政机构的身份办理我国进出口公司的商品检验检疫工作,并签发证书。近年来为了适应对外开放的需要,国家又设立了中国进出口商品检验公司(CCIC),除承担我国出口商品的检验出证外,其主要职能是受理外商的检验申请,收取外汇检验费用。

瑞士通用公证行(SGS),是国际上公认的公证机构。有时,国外来证要求我国出口商品需要SGS机构检验,并由其出具证明。下面分别叙述。

一、进出口检验检疫机构出具的商品检验证书

(一)检验证书的结构内容

检验证书由国家质检总局统一设计、印制,虽然出具的证明内容不同,但就

证书的结构而言,基本由五部分组成。

1. 检验检疫机构的名称。包括中英文名称、地址、电报挂号和电话等内容。

2. 证书的名称种类。包括正本和副本、证书印制顺序号、证书号和签证时间。

3. 商品识别部分。包括发货人、收货人、商品名称、报检数量或重量、标记及号码、运输工具、发货港、目的港等。

4. 证明内容。即检验或鉴定的结果和评定,是证书的核心内容。

5. 签署部分。包括检验日期和地点、签证机构签证专用章、签署人的签字。据国家质检总局的规定,在证书的右上角加盖 CCIB 字样钢印的方为有效证书。

(二)检验证书的种类

据证明内容和检验方式的不同,检验证书的文本种类主要有以下几种。

1. 品质检验证书(Inspection Certificate of Quality)。又称质量检验证书,证明进出口商品的品质、规格、等级、成分、性能等,证明内容主要包括抽样过程、检验过程、检验结果和评定意见四项基本内容。

对评定合格的出口商品所签发的品质检验证书,是交接货物、银行结汇和进口国海关通关时需要的主要单据之一,因此,使用得最多。有时成交合同或买方信用证要求我国检验检疫机构签发规格证书、分析证书或成分证书等,均属品质证书的范畴。因此,应尽量与买方事先商定,要求出具单据的名称从文字上与我国检验检疫机构出具的单据名称相一致,这样方能确保单证相符,便于结汇。

品质检验证书是出口商品交货结汇和进口商品结算索赔的有效凭证;法定检验商品的证书,是进出口商品报关、输出输入的合法凭证。商检机构签发的放行单和在报关单上加盖的放行章有与商检证书同等通关效力;签发的检验情况通知单同为商检证书性质。

2. 重量或数量检验证书(Inspection Certificate of Weight or Quantity)。系证明进出口商品的重量或数量的证件。一般内容为证明货物经何种计量方法得出的重量或数量,是对外贸易双方交接货物、报关纳税、结算货款和运费、装卸费以及索赔的有效证明。数量检验证书的样本见第七章表 7 - 10。

3. 兽医检验证书(Veterinary Inspection Certificate)。系证明出口动物产品经过检疫合格的检验证书,其证明的内容一般为产品所采用的畜、禽系来自安全非疫区,经宰前、宰后检验,未发现检疫对象等,它适用于冻畜肉、冻禽、皮张、肠衣等商品。证书由主任兽医签字出证方为有效。

4. 卫生检验证书(Sanitary Inspection Certificate),又称健康机构卫生证书(Sanitary Certificate of Health)。系出口动物产品、食品以及人发等商品时,证明经过卫生检验或检疫合格的证书,例如肠衣、罐头食品、蛋品、乳制品等;内容一般证明产品符合卫生要求,适合人类食用或使用。

5. 温度检验证书(Inspection Certificate of Temperature)。证明出口冷冻商品在冷藏库保管的温度情况和装冷藏集装箱或冷藏船舱的温度情况。

6. 货载衡量检验证书(Certificate of Measurement or Weight)。证明进出口商品的重量、体积吨位,是承运人计算运费和制订配载装货计划的依据,也是国外报关纳税的依据。

7. 船舱检验证书(Inspection Certificate of Hold/Tank)。证明承运出口商品的船舱情况,例如,船舱的清洁、密固、冷藏效能及其他装运及技术条件是否符合保护承载商品的质量和数量完整与安全的要求,可作为承运人履行租船契约适载义务,对外贸易关系方进行货物交接和处理货损事故的依据。

8. 熏蒸/消毒检验证书(Inspection Certificate of Fumigation/Disinfection)。证明畜产品或其他需经消毒产品已进行消毒处理,保证安全卫生,例如猪鬃、马尾、羽毛、山羊毛、羽绒制品等。其样张见表5-2。

9. 积载鉴定证书(Inspection Certificate on Hatch and/or Cargo)。证明船方和集装箱装货部门正确配载积载货物,可作为证明履行运输契约义务的证件,供货物交接或发生货损时处理争议之用。

10. 价值证明书(Certificate of Valuation)。作为进口国管理外汇和征收关税的凭证,在发票上签盖商检机构的价值证明章与价值证明书具有同等效力,也是对外贸易关系人和司法、仲裁、验资等有关部门索赔、理赔、评估或裁判的重要依据。

11. 生丝品级及公量检验证书(Inspection Certificate for Raw Silk Classification and Conditioned Weight)。这是出口生丝的专用证书,其作用相当于品质检验证书和重量/数量检验证书。

表 5-2 中华人民共和国出入境检验检疫

ENTRY-EXIT INSPECTION AND QUARANTINE

OF THE PEOPLE'S REPUBLIC OF CHINA

熏蒸/消毒证书

编号 No.:

FUMIGATION/DISINFECTION CERTIFICATE

发货人名称及地址
Name and Address of consignor ____________________

收货人名称及地址
Name and Address of consignee ____________________

品名
Description of goods ____________ 产地
Place of Origin ____________

报检数量 Quantity Declared ____________	标记及号码 Mark & No.
标记及号码 Mark & No. ____________	
起运地 Place of Despatch ____________	
到达口岸 Port of Destination ____________	
运输工具 Means of Conveyance ____________	

杀虫和/或灭菌处理 DISINFESTATION AND/OR DISINFECTION TREATMENT

日期
Date ____________

药剂及浓度
Chemical and Concentration ____________

处理方法
Treatment ____________

持续时间及温度
Duration and Temperature ____________

附加声明 ADDITIONAL DECLARATION

印章
Official Stamp

签证地点 Place of Issue ________ 签证日期 Date of Issue ________

授权签字人 Authorized Officer ________ 签名 Signature ________

12. 产地证明书(Certificate of Place of Origin)。这是出口商品在进口国通关输入和享受减免关税优惠待遇和证明商品产地的凭证。

13. 舱口检视证书、监视装/卸载证书、舱口封识证书、油温空距证书、集装箱监装/拆证书。作为证明承运人履行契约义务,明确责任界限,处理货损货差责任事故的证明。

14. 集装箱租箱交货检验证书、租船交船剩水/油重量鉴定证书。可作为契约双方明确履约责任和处理费用清算的凭证。

除上述这几种常需签发的证书外,还有如包装检验证书(Inspection Certificate of Packing)、集装箱检验证书(Inspection Certificate of Container)以及进口商品需要的残损检验证书(Inspection Certificate on Damaged Cargo)等,主要根据合同或信用证要求,在我国检验检疫机构所能签发的证书范围内出具。否则,应与进口商联系说明情况,以便做到单证一致,顺利结汇。

检验证书的内容一般用中英文联合签发,证明内容部分则常常用英文,也可根据报检人或进口国的要求用其他文种。证书一般是正本一份,副本若干份。商检证书并不是所有结汇当中必备的单据,是否需要需根据国家的有关规定和进口商的要求,有些商品是我国出口要求检验的,如《种类表》内所列属于国家法定检验的商品,出口时必须经检验合格,海关才准许出运,若进口商在信用证中并未规定在结汇中提供,那样只需在“出口货物报关单”上加盖商检机构的检验放行章。有些不是必检商品,客户又无要求,则不必提供检验证书。

二、中国检验检疫机构出具的动植物检验检疫证书

我国动植物产品出口,如需出具植物检疫证书(Phytosanitary Certificate)和熏蒸/消毒证书(Fumigation/Disinfection Certificate)两种证书,需向我国检验检疫机构申请检验,报检时填写报检单以及所需报关单、发票副本等,经审核后出具并签发检验证书。这两种证书的格式基本相同,与检验检疫出具的各种证书的格式也类似。以植物检疫证书为例,它主要由以下五部分组成。

第一,签发机构名称与证书名称。包括签发机构和证书的中英文名称,证书的正、副本及格式和证书的编号。

第二,出口商品的识别。包括发货人及地址、收货人及地址、品名与数量、

标记唛头、产地、到达口岸及运输工具等，该部分内容要与其他单据和信用证的要求相一致。

第三，证明内容。即检验的结果及需证明的内容，主要证明出口货物经检验，“被认为不带有检疫性病虫害，且基本不带有其他有害病虫害，因而被认为符合进口国现行植物检疫规定”，以及除虫或灭菌处理情况，如处理方法、处理时间及温度等。熏蒸证书主要证明货物熏蒸或消毒处理的情况，如熏蒸或消毒的日期和处理的时间、方法、药剂种类和浓度等。

第四，附加声明（Additional Declaration）。进口商或信用证对证书上要求加注与货物有关的其他内容时，可填写在此栏，如船名、装货港和被通知人等格式上没有要求而信用证规定需在证书上注明的内容。

第五，签署。需签证机关及负责人签章；若信用证或进口国当局规定需手签，则照办。如马耳他规定，证书只有盖章无效，必须用手签才有效。

另外，有些国家对动植物产品的检验有特殊规定或做法的，必须注意尽量按其要求办理。如黎巴嫩兽医卫生检疫法规定，对该国出口的动物、畜产品及其副产品、食品罐头和易腐、易坏的食品，必须随运输工具附正式卫生检疫证书，否则禁止货物入境；对南斯拉夫和意大利等国出口农产品或畜产品等，必须随货寄交卫生检验证书给目的港的港口当局，否则不许交货。若上述随运输工具带商检证书的，而信用证又要求提供正本议付，则可提供一份副本由船方代理转目的港当局，正本应作为议付、结汇使用。

三、SGS 检验

（一）SGS 检验证书样本

我国出口商品主要使用商检局的检验证书，但随着对外贸易的不断深入发展，有时按国外商人及信用证要求，需提供 SGS 检验并出具商检证书（样本如表5－3所示）。

（二）SGS 装船前检验程序

我国最常用的基本 SGS 业务为装船前检验（Pre-shipment Inspection），其检验证书的填写指南见表5－4，具体程序如下。

表 5-3 瑞士 SGS 数量和重量证书

SGS Canada inc. ORIGINAL 正本

50 - 655 West Kent Avenue N. Vancouver, British Columbia

PRISM SULPHUR CORPORATION

Canada V6P 6T7 STE. #3060, 300 - 5 - 5AVENUE S. W.

Telephone(604)324 - 116 CALGARY, ALBERTA T2P 3C4

Fax(604)324 - 1177

Certificate No. : 4001

Certificate of Quantity/Weight

DESCRIPTION:

TONNAGE:

LOADED TO THE VESSEL:

TERMINAL:

STOWAGE:

LOADED ON BOARD:

PORT OF LOADING:

BUYER:

CONTRACT NO:

IRREVOCABLE DOCUMENTARY CREDIT NUMBER:

THIS IS TO CERTIFY:

THIS SHIPMENT, BEING PART OF THE TOTAL LOADED, REPRESENTS:

THIS IS THE ____________ ORIGINAL OF TWO (2)

SGS Canada Inc.

This certificate is issued by the Company under its General Conditions for Inspection and Testing Services, printed overleaf. The issuance of this Certificate does not exonerate buyers or sellers from exercising all their rights and discharging all their liabilities under the Contract of Sale. Stipulations to the contrary are not binding on the Company. The Company's responsibility under this certificate is limited to proven negligence and will in no case be more than ten times the amount of the fees or commission. Except by special arrangement, samples, if drawn, will not be retained by the Company for more than three months.

表 5－4　　SGS 装船前检验证书填写指南

SGS

NOTIFICATION OF PRESHIPMENT ACTIVITIES IN ACCORDANCE WITH COUNCIL REGULATION (EC) No 3287/94

GUIDELINES OF IMPORTS FOR THE TRADE	
PRE-SHIPMENT INSPECTION	
COUNTRY **PHILIPPINES (Bulk and Break Bulk Cargo)**	
This data sheet has been prepared specifically in respect of exports to the "PHILIPPINES" and supplements our publication "Guidelines for Exporters"	
Date issued : 05/06/2010	Last Modification :05/06//2010

1. PRE-SHIPMENT INSPECTION MANDATE	
PSI MANDATED BY :	President of the Republic of the Philippines
THE COUNTRY IS A MEMBER OF THE WTO:	X YES
APPLICABLE REGULATION(S) :	Presidential Administrative Order No: 243-A dated 16 September 2009. Implementing Rules and Regulations issued by the Committee for the Accreditation of Cargo Surveying Companies dated 28 October 2009. Customs Administrative Order No: 3-2010 dated 12 May 2010 Customs Memorandum Order No: 18-2010 dated 12 May 2010.
ACCREDITED PSI COMPANY(IES) :	SGS Inspection Services S.A. Intertek Inspection Services Ltd Bureau Veritas S.A. Cotecna Inspection S.A.
SELECTION OF PSI COMPANIES :	Accredited by the Committee for the Accreditation of Cargo Surveying Companies
SCOPE OF PSI :	☐ Quality and Quantity X Quality & quantity (For Customs purposes only) ☐ Export Market Price (For Foreign Exchange purposes) ☐ Export Market Price (For Govt.Information purposes) X Value for Customs purposes (as declared) X Customs classification (as declared) ☐ Import eligibility ☐ Risk Assessment
MINIMUM ORDER VALUE SUBJECT TO PSI :	No minimum
PART SHIPMENT :	Permitted
EXEMPTIONS FROM PSI:	All goods shipped by air and all goods shipped by sea freight in shipping containers.

2. INTERVENTION ORDER "I.O." (The instruction for SGS to intervene)	
I.O NAME :	There is no Inspection Order
DESTINATION INSPECTION :	Bulk and break bulk cargoes subject to the regulations listed above which are shipped to the Philippines without first being surveyed by an Accredited Cargo Surveying Company (ACSC) in the country of supply will be subject to a Discharge Inspection by an ACSC. Such shipments will be treated as high risk cargoes by the Bureau of Customs and will be subject to penalties.

SGS Société Générale de Surveillance SA | 1, place des Alpes P.O. Box 2152 CH-1211 Geneva 1
t (41-22) 739.91.11 f (41-22) 739.98.86 www.sgs.com

续表

SGS

3. INSPECTION REQUIREMENTS / RESTRICTION	
SEALING OF FCL CONTAINERS REQUIRED :	Not applicable. Containerized cargoes are exempt.
SECOND HAND GOODS LICENCE/APROVAL REQUIRED :	Not applicable
PROHIBITED IMPORTS :	Not applicable
RESTRICTED IMPORTS :	Not applicable
LABELLING REQUIREMENTS :	Not applicable
OTHER SPECIAL REQUIREMENTS :	None

4. PRICE COMPARISON / SELLER'S INVOICE REQUIREMENTS	
BUYING / CONFIRMING COMMISSION :	No requirements
INSURANCE :	No requirements
FINANCIAL INTEREST :	No requirements
FINAL INVOICE TO SHOW :	No requirements

5. REPORTING REQUIREMENTS	
DOCUMENTS REQUIRED TO ISSUE REPORT :	Packing List, Certificate of Analysis (where applicable), Final Invoice or other document showing price paid or payable.
TYPE OF REPORT ISSUED :	Load Port Survey Report (LPS) and Summary Report (SR)
REPORT PURPOSE :	Customs Clearance

6. INSPECTION FEES
Paid by the exporter or importer to the Accredited Cargo Surveying Company

7. LISTING OF GOODS EXEMPTED FROM PRE-SHIPMENT INSPECTION
All goods shipped by air or goods shipped by sea freight that are in shipping containers.

8. PROHIBITED IMPORTS
Not applicable

9. RESTRICTED IMPORTS
Not applicable

10. OTHER RELEVANT INFORMATION

11. INSPECTION ZONES AND RESPONSIBLE COMPANIES
Accredited Cargo Surveying Companies listed in Section 1 in all countries of supply to the Philippines

The information contained herein is for the purpose of facilitating pre-shipment inspection and does not relieve exporters or importers from their obligation in respect of compliance with the import regulations of the country of importation. Although every effort has been made to ensure the correctness of the information, as at the date of issuance of this data sheet, SGS does not accept any responsibility for errors or omissions and, furthermore, the information may subsequently be subject to change as may be announced by the Authorities in the country of importation. Consequently, exporters and importers are advised to check with SGS, prior to shipment of the goods, if there is any doubt concerning the issuance of a Load Port Survey Report or any other Certificate. For further information, or clarification, please contact the SGS GIS Administrative Office in the country of inspection of the goods.

2/2

1. 出口成交。出口商按正常的贸易程序向进口商出口供货,进口商把有关此笔交易的情况通知本国的 SGS,同时通知出口商需要由 SGS – CSTC 验货。

SGS – CSTC 收到进口国 SGS 的通知(Inspection Order)后,邮寄或传真给出口商一份注明“SGS 检验编号”(Ⅰ. O. No.)和 SGS – CSTC“ICN”编号的检验申请表(RFI),通知出口商提交单据安排验货。

2. 为安排检验,SGS 要求提交的单据。出口商填写带有 SGS 检验编号的检验申请表(RFI)后,连同下述单据一起寄或传给距离验货地点最近的 SGS – CSTC 办事处:①形式发票;②形式装箱单;③样本;④制造商测试报告(机器/设备);⑤制造商分析报告(化工/医药/石油/染料产品);⑥卫生证书(食品);⑦植物检疫证书(全部农产品);⑧产品技术规格资料;⑨产品图纸;⑩信用证等。所有提交给 SGS – CSTC 的单据均要注明 SGS 检验编号;在检验申请表上列明供货商的详细资料,以便 SGS – CSTC 与之联系安排检验。

3. SGS – CSTC 进行检验。由 CISS 国家法规要求的装船前检验,SGS – CSTC 不向出口商收取费用;出口商有义务把货物备妥并提供必要的劳力和设备,以便检验顺利完成。出口商若委托供货商安排验货,则出口商有义务使供货商清楚检验要求;若货物没有按要求准备好或不具备检验条件,SGS – CSTC 保留中止检验的权利。出口商必须在检验日期的 5 个工作日前把 RFI 和上述单据提交给负责检验的 SGS – CSTC 办事处,RFI 上必须写明检验时间、验货地点、联系人及联系电话,SGS – CSTC 的检验员将对照出口商的形式文件检验货物的规格名称和数量,必要时要抽取样品。

4. SGS – CSTC/SGS 出具清洁报告要求的最终文件。SGS – CSTC 完成检验后,出口商需按国别把下述单据分别寄或传给 SGS – CSTC 上海经济事务部(简称 EAD)或北京 EAD。

(1)最终出口商业发票,要求分别列出离岸价格(FOB)、运费、保险费及付款方式。

(2)最终装箱单/重量单。

(3)有签字的正本提单或空运单的复印件,此项要求只适用于运往以下国家的货物:印度尼西亚、安哥拉、玻利维亚、布基纳法索、布隆迪、埃塞俄比亚、马拉维、墨西哥、秘鲁、卢旺达、坦桑尼亚、扎伊尔、赞比亚、桑给巴尔。

出口到巴基斯坦和菲律宾时,要求在提交的出口商业发票上注明预计的装运情况,如船期、船名、毛重、装运港、目的港及转运港。

5. 获得安全标签。若出口商收到的信用证要求在出口商业发票上贴 SGS 安全标签(Security Label),出口商可提交一份最终出口发票给最近的 SGS - CSTC 办事处领取安全标签,或要求 SGS - CSTC 邮寄给出口商。只有完成了前述检验程序后,SGS 才会签发安全标签。

第四节　检验证书的其他事项

一、信用证项下检验证书的缮制与审核注意事项

(一)应由信用证规定的检验机构出具并签发

若信用证规定了检验证书的出具人,则必须由该指定人出具;若信用证规定有权机构(Competent Authority)出证,因为有权机构是指有公证资格或经政府授权的机构,则应视具体情况由有关商检机构出具。检验证明书的出证地点应在货物装船口岸,除非信用证有特别规定。检验证明书的名称则应与合同或信用证的规定相符。

(二)内容必须与发票或其他单据的记载保持一致,并符合信用证规定

检验证书上的货物品名、数量、包装单位等都要和信用证、商业发票及其他单据的记载无抵触,尤其是货物描述更要注意。对以毛作净计价商品,检验证书中报检重量应以毛重表示,在重量检验证书检验结果中需表示毛、皮、净各项重量,货物名称可用统称。

例如,在一起提交给国际商会的信用证案例中,信用证和商业发票的货物描述是"Pakistanis Blue Poppyseed"(巴基斯坦蓝色罂粟种子),而检验公司出具的报告中的货物描述为"Pakistanis Blue (Colored) Poppyseed",即巴基斯坦蓝色(有色的)罂粟种子。对此国际商会认为,附加的"Colored"字样,使得报告中的货物描述与信用证和商业发票中的货物描述不一致,单据不符。

据 ICC632 R445,在一笔进口石化产品的交易中,信用证要提交一份数量损耗报告(Ullage Report),但未规定该报告上的数量是否可与其他单据上的数量

有差异。开证行收到提交的单据后,以损耗报告上的数量少于其他单据上的数量为由拒付。受益人在向国际商会征询意见时特别强调,由于提单的数量依据的是岸上的贮罐计量表,而损耗报告上的数量依据的是船上的贮罐计量表,故损耗报告上的数量总会与提单上不同。国际商会在考虑了受益人的特别说明后指出,按照 UCP 的规定,只要单据内容与其他单据内容不相抵触,银行将予以接受。由于信用证未允许损耗报告上的数量可与其他单据上的数量有差异,故重量不同的损耗报告视为与其他单据有抵触,拒付有效。

(三)检验证书上的发货人和收货人应正确填写

检验证书上的发货人和收货人栏内容应符合合同或信用证的规定,并与其他单据保持一致。一般的,检验证书的发货人应是交货一方,即信用证受益人。但当实际发货人不是受益人而是第三者时,发货人一栏应与提单托运人一栏名称相同。收货人则应和提单收货人名称相同。若提单上收货人是银行、空白抬头或凭开证行指示,按通行的商业习惯,检验证书上的收货人可做成中性抬头:“To whom it may concern”。

(四)签发日期最好不迟于提单日期

出证日期直接关系到证书是否成立和有效的问题。其出具日期应不迟于提单日期,但也不得过早于提单日期,最好在提单日之前两天或最少与提单日期相同。

信用证若规定“issued at the time of shipment”(在装船时出证),则检验证明书的签发日期原则上应与提单日期相同,一般不得与提单日期相差超过 3 天;若检验证书的出具日期晚于装运日期,而无另外声明检验日期是在装运日期当天或是于装运日期,则该单据是不可接受的。例如,某信用证关于检验证书的条款是“Inspection certificate for cleanness of vessel’s tanks pumps and hoses”,装运货物为“Chinese groundnut oil”,信用证要求提交的是对装运花生油容器清洁情况进行检验的证书,只有检验完毕,才能装油,装货后则无法检验,若该检验证书的出具日期在装船日期之后,且没有在证书上另外声明检验日期早于装运日或与装运日相同,或未用其他方式暗示检验的实际行为发生于装船日前或装船当日,就是不符。

检验证书的日期迟于提单的日期，该证书便可能被拒绝接受，但不意味着检验证书的日期越早越好。检验单位对各类商品都规定了不同的有效期，证书有效期一般为两个月。若证书日期太早，超过了有效期限才装船交货，将会使收货人产生异议，甚至要求重新检验。对于较易变质的农副产品或供人食用的各种商品，检验证书的日期要求尤其严格，如鲜活商品的检验证书有效期仅为两个星期。因此，检验证书日期最好略早于运输单据的日期。

（五）除非信用证授权，否则不可载有对货物、规格、品质、包装等的不利陈述

出具检验证书的目的就是证明货物在品质、卫生等多方面符合特定的标准，证书上当然不能有对货物的不利内容。检验证书是否包含对货物、规格、品质、包装等内容的不利的陈述，只能由银行据信用证条款来判断，而不能据信用证没有说明的政府规定或其他银行没有义务知悉的商务、技术性规定或标准来判断。

（六）检验结果

检验结果即商检机构或公证行等进行检验或鉴定的结果，是检验证明中的核心内容，在此栏中记载报检货物经检验的现状。货物现状是衡量货物是否符合合同或信用证规定的凭证，亦是交接货物或索赔、理赔的具有法律效力的证明文件。

（七）须经签字

根据《国际标准银行实务》，检验证书自身的性质决定其必须签字。签字可手签，也可以仿真签字、穿孔签字、盖章、符号表示或其他任何机械或电子证实的方法处理。但有些国家有特殊规定，例如，对马耳他出口商品所提供的检验证书要求手签，否则即使已盖章，仍会被认为无效。若这一类要求已反映在信用证中，则应予照办；若信用证对检验证书的签署人有规定，还必须由该指定人来签署。ICC632 R403 中，信用证规定检验证书必须由检验员 A 和/或作为 B 贸易公司指派的检验员签署，然而，检验证书实际上是由检验员 B 签署的，但他不是 B 贸易公司指派的。国际商会指出，由于检验证书不是由检验员 A 签署的,同时检验员 B 在签字时也未说明他是受 B 贸易公司指派的,故单据存在不符,银行也无义务另行确定检验员 B 是受 B 贸易公司指派的。

检验证书的内容若有变更,仅在变更处加盖“变更已批准”章,同时由单据签发人进行改签的,仍属不符,还应在单据上加上“变更内容已经出单人授权”之类的文字,否则不能证明变更已真正获得批准。

二、检验证书的补充、更改或重发

商检证书发出后,申请人或银行在核对信用证与合同的过程中,若发现问题,或在装船时发生退关等情况,需更改或补充商检证书内容时,属于申请人责任的,应填写更改申请单,注明更改原因和要求,经商检机构有关部门审核同意后,给予补充或更改,原发证书的正副本需全部收回作废,另行换取纠正内容的证书。若证书已寄到国外,则应签发补充证书或更改证书。证书的编号用原证号码,但必须在原证书号码前加“R”(Revision)或“S”(Supplement),证书的签发日期应改填为更正或补充时的日期,同时还必须在证书中注明“本证书系……号证书的更正(或补充)”。

申请人领取证书后,若因故遗失等,应书面向商检机构叙明理由,经法人签字,加盖公章,并登报声明,经商检机构审核同意,方能重新补发证书。重发证书应另行编号,并在证书中注明“本证书系原……号证书的重本,原发……号证书作废”。

任何人对商检证书一律不准涂改、伪造,违者按《商检法》有关规定予以惩处。

三、检验证书的质量要求

根据质检总局制定的《进出口商品检验签证办法》第 19 条,商检证书的质量由检验工作的质量、证明内容的质量以及证面缮制质量三方面构成。

(一)检验工作的质量是证书质量的内涵

检验工作的质量是保证“货证相符”的基础。若检验结果不准确,证书的内容就不准确,整个证书的质量也就无从谈起。

（二）证明内容是整个检验过程、依据、结果和评定意见的正确表述

证明内容的质量，要求用准确的文字完整地表达为证明文字，证书的每个证明项目，都必须有明确的证明目的、完整的证明内容和确定的证明语言，以表明商检机构鲜明的证明态度和独立负责的地位。证明内容必须做到：证题明确，内容完整；论理严谨，论证周密；文辞通顺，言简意赅；用字准确，译文确切。此外，至关重要的一点就是证明的语言文字必须符合合同或信用证的要求。

（三）证面质量是衬托证书内在质量和证明语言质量的外表形体

证书要求做到不错不漏、编排得当、清晰、整洁、美观。商品名称、数/重量、标记号码、检验数据、评定结论、签证日期等可能引起对方提出异议的内容，不得涂改，其他项目如经涂改，需加盖商检机构的更正章，方为有效。

四、检验证书的注意事项

第一，商品检验的申报工作必须在货物装运前，甚至出仓或出厂前办理，因货物一经装上运输工具，商检工作就无法进行了。

第二，检验证书上的发证日期必须早于运输单据的日期或与运输单据的日期相同。

第三，检验证书上的发货人、品名、检验数量、重量、标记及号码必须与信用证的规定和实际出运货物及发票内容相一致。

第四，检验结果必须与信用证的要求相符，无特殊规定的应力求简明，一般只打“与……号合同（或信用证）规定相符”字样即可；若有具体的数量、指标要求，必须与信用证规定的幅度相同。

第五，检验证书是我国官方机构签发的文件，切勿擅自涂改。若确有需要，须按规定办理更改手续。

第六，外商来证习惯上以 CCIB（China Commodity Inspection Bureau）来表示商检局，而以 CCIC（China Commodity Inspection Corporation）表示商检公司，两者只有一字之差，在接到来证后要注意按要求进行申报商检工作，不可弄错。

五、订立检验条款时应注意的问题

在订立检验条款时，除明确检验时间、地点、检验机构名称及证书种类外，

还应注意以下几个问题。

（一）检验条款同其他条款的衔接

在洽谈检验时，应注意同其他条款的衔接。例如，品质规格要订得明确、具体、合理，不能接受目前我方难以办到或过于烦琐的项目，如“猪肉不准带毛”“胶合板不得有虫蛀”等；又如，在信用证支付方式下，检验条款中有关商检机构、检验证书等规定必须与支付条款有关议付单据的规定相一致，以防止我方提交的商检证书与信用证规定不符，遭银行拒付。

（二）复检期限、复检机构与复检地点

当买方有权对进口商品进行复检时，合同中应对复检的期限、机构和地点予以明确规定。复检期限，实际上就是索赔期限，超过复检期限买方就失去索赔权；复检期限的长短，应视商品的性质和港口情况而定。《联合国国际货物销售合同公约》指出，要在“实际可行的最短时间内进行复检”。此外，根据不同商品的特点，还需增加一些特殊规定，如质量保证期限、使用期限等。关于复检机构的确定，在我国出口业务条件下，国外进口商所选择的检验机构，以经我方事先认可的为宜，以利于业务上相互合作。在我国进口业务中，关于进口商品的检验地点，由于业务经营情况的不同而有所不同。一般说来，进口商品应在口岸或集中储存地点检验；对按合同规定或国际贸易惯例，需结合安装调试检验的一些商品，如成套设备、机电仪器等，可在收货、用货地点检验；集装箱运输的进口货物可在拆箱地点检验；同时到货分拨各地使用的，应尽可能在口岸组织检验，在口岸检验确有困难的，订货部门应负责汇总各地检验结果报所在地商检机构。

进口合同中规定需由国外出口商来华共同检验，或到货后发现问题需由出口商派员会同检验的，必须在合同规定的验收地点进行检验。至于复检费用由谁负担的问题，也应在合同中作出明确规定。

六、信用证商检证书条款举例

- Inspection Certificate of quality and weight issued by China Commodity Inspection Bureau. 由中国商品检验局签发的质量和重量检验证书。

• Inspection certificate signed by Mr. Henry Nassen is required (The gentleman is applicant's representative). 该条款指定由开证人的代表签署。代表有的常驻我国国内,有的是临时派遣工作的,应视具体情况,决定是否接受。

• Inspection Certificate issued and signed by Miss ... holder of Hong Kong I. D. Card No. G522089 (A) of Bravery Co. Ltd., Hong Kong whose signature must be verified by Bank of China, Shanghai. 该条款将其指定检验人员的香港身份证号码告诉中国银行和受益人,要求中国银行审核检验证书上的签名与证件上的签名是否相符。

• Inspection Certificate issued and signed by Lee Yao Shan of No. 1 Boutique which is to be verified by the advising bank (whose signature to follow and to be retained by the advising bank) stating that the goods have been inspected and found in conformity with the conditions of the relative contract. 该条款指定对方派员检验,检验人员的签字样将通过开证行寄给通知行,以备议付时银行核验检验证书上的签字是否相符。

• Clean report of finding issued by Societe Generale de Survillance, Hong Kong evidencing that quality, quantity and packing of goods conform to the terms and conditions of the relative contract. 该条款要求由香港的日内瓦通用鉴定公司出具检验报告证明货物的品质、数量和包装都符合有关合同条款的规定。

第六章 国际贸易电子单证

【学习要点与要求】

本章介绍国际贸易电子单证的概念、分类、发展现状与前景，重点介绍国际贸易中的电子信用证业务及相关问题，并概述国内外海关的电子化进程及海关电子化系统和电子检验检疫管理系统。

电子商务对出口商、进口商、进出口当局以及国际贸易领域的很多服务供应商起着革命性的影响作用。几年前，人们还在沿用19世纪的单证处理程序，每个国家都有自己独特的规章制度和单证要求。文件正本是关键，副本也很重要，有些国家（如哥伦比亚）要求某些进口文件需要提供24～36个副本，以便政府的各个厅、署和委员会各有一套用以备案。

随着科学技术的进步，新的科技工具逐步应用于贸易领域，国际空运、传真、计算机、互联网和无线通信相继出现，社会和政治也朝着地区化和全球化的方向发展。在国际贸易中，大量信用证传递已运用环球银行金融电讯协会网络系统（Society for Worldwide Interbank Financial Telecommunication，SWIFT）；大量的信息传递使用国际电话（International Direct Dialing，IDD）、传真（Fax）和Email，最明显的是，以电子的方式提交标准化进出口文件，大大减少了文书工作，并节省了大量的时间和金钱。

第一节 概述

国际贸易电子单证可理解为国际贸易单证的电子化，它包括对外合同履行过程中备货、托运、装船、结汇等各阶段单证制作与传递的电子化，即通过电子计算机系统制作贸易过程中的各种单证，将一张张各自独立的外贸业务表格根据它们之间的相互联系形成有机的、统一的整体，最大可能地实现数据共享，并通过计算机联机或联网将单证上的数据在不同的国家或地区之间传递和交换，进行贸易的磋商谈判、办理运输保险、进出境报检、贸易结汇和海关报关等。

与传统纸面单证相比，国际贸易电子单证具有不可比拟的优势，除了极大地提高工作效率，节约人力、物力外，还可解决重复输入相同数据，出错概率大的问题，最大限度地减少单证不符、单单不符，避免不必要的风险和经济损失。

一、套合式单证及其应用

早在20世纪50年代，国际上就出现了单证改革浪潮。瑞典是最早简化单据工作的国家，在1957年创造了“套合式”一致的单据形式，仅此一项就使单据缮制费用减少了70%，并大大降低了单据的差错率。瑞典的实践引起了欧洲以及联合国有关组织的重视，1973年联合国欧洲经济委员会拟定了《欧洲经济委员会单据设计样式》（EEC Layout Key），作为国际贸易单据标准格式正式向全球各国推荐；1978年更名为《联合国贸易单证设计样式》（U. N. Layout Key），由联合国贸易简化程序委员会出版并向世界发行、推广。按《联合国贸易单据设计样式》拟制的套合式标准单证格式，可减少各种单证相同内容的重复缮打、重复审核。国际贸易单证种类虽多种多样，用途不一，但就其内容而言，约有80%是相同的，例如，货物名称、数量、收货人、发货人、起运地、目的地等，对这些相同的内容，由于格式不同，每一种单证都要单独填制，重复核对、审查，若有错填，又需逐一更正，花费大量的时间和物力，仍难免出错。据美国国际贸易单证委员会的调查：美国商人过去出口一批货物，最多要填写46种单据，其中正、副本共360份，仅制单一项，就要花费3天，平均制单费用占出口货物价值的7.5%左右。由此可见，传统的制单工作量大、差错率高，已成为对外贸易工作中的一种障碍。

套合式单证统一了单据的大小，并将各种单据中相同的项目放在同一位置上，制单时只需用打字机将各项内容打在一张总单据上，英文称“Master Document”。然后据各种单据的需要，利用复印和影印技术将事先设计的有方格的遮盖板把不需要的部分盖住，复制出各种所需的单据，这样只需一次制单，校对和改错也一次完成,大约半小时即可将所有单据制成,大大节省了人力和时间,避免了差错,提高了工作效率。因此 UCP600 规定,“除非信用证另有规定,银行将接受下述方法或从表面上看是用下述方法制作的单据作为正本单据:①影印、自动处理或计算机处理;②复写。但条件是上述方法制作的单据须加注‘正本’字样,并如有必要,在表面上签署”。各国不同程度地采用了该套合式简化单证,使国际贸易单证工作有了很大改进。同时,单证的规范化和标准化又为单证制作的电脑化和单据传递的电子化提供了前提条件。

二、封闭环境中的电子单证及电脑制单的应用

进出口商直接利用电子单证办理货物运输的国家或地区的数量有限,相反,用于进出口的电子单证却为人们广泛接受并为托运人、经纪人和物流公司所使用,这是因为这些企业已在一种所谓的封闭系统(或环境)中与其客户建立了一种合法的关系。

在封闭系统中,所有当事人都事先就各自的权利和义务达成协议。例如,已为很多企业所熟悉的封闭环境就是由 Visa 信用卡、万事达信用卡、美国捷运公司和其他信用卡机构成员开发和使用的安全电子交易(SET),SET 系统使安全电子交易的各方当事人(信用卡持有人、商人和成员银行)通过数字签字来确定其在系统中的身份;各方当事人的权利和义务则通过一系列的合同来确定。与客户之间使用电子商务系统的托运人、报关行和物流公司也是以同样的方式在以合同为基础的封闭环境中开展业务的。

单证工作的现代化,是随科学技术的发展而实现的。随着传真、复印技术、电脑的广泛运用,单证简化及单证传递的速度进一步提高。国际上已越来越多地使用电脑制单,即单证内容的各项资料编好程序纳入计算机系统,利用电子计算机功能来制作单据。我国不少外贸公司采用电脑制单,这种方法可使单证内容一次输入,多次、反复输出,使单据的审核、修改一次完成,避免在单据上出现错误和涂改,使单据整洁、清晰,提高单证的制作水平和质量,加快制单速度,节省大量时间和人力,加快单证的流转,从而提高效率。随着电脑制单的不断应用和发展,除专门用来处理外贸企业对外贸易的各类单证,即业务类单证、运输类单证、报关报检类单证和出口结汇类单证以外,已应用于信用证分析、信用证管理、交单日期的预报、运输数据的储存等方面。

目前经贸系统的电脑制单产品不下几十种,各成体系,其标准化、软件环境各有不同。比如,技术部门开发的制单系统灵活性强,用户界面好,但不如业务部门开发的实用性强,业务部门开发的系统在结构设计、灵活性和界面方面又存在一些不尽如人意之处,而用户希望兼顾二者优点。

商务部大力提倡改革目前我国对外贸易单证的不规范、不统一情况,以实现单证的标准化、规范化,但缺乏统一的标准和要求。国际标准化贸易单证以及20世纪80年代兴起的一种新颖的电子化贸易工具"电子数据交换"(EDI)系统正在世界各国普及和采用,我国只有尽快加速单证的标准化、规范化,实现对外贸易单证的计算机处理,使对外贸易文件处理接近发达国家水平,才能适应国际贸易发展的趋势,不会被排挤到全球贸易的不利位置。

三、EDI和电子单证的发展现状与前景

(一)电子数据交换(Electronic Data Interchange,EDI)

EDI是按协议对具有一定结构特征的标准经济信息,经过通信网络,在商业贸易伙伴的电子计算机系统之间,进行自动交换和自动处理,使国际贸易往来不再依赖纸面单证,而逐渐被电子单证所代替。简言之,EDI是一种商业信息快速传递的手段。

EDI是20世纪80年代发展起来的一种新颖的电子化贸易工具,是现代计算机与通信技术相结合的产物,是随科学技术的飞速发展在国际贸易领域内出现的新变化和新发展,其最大特点是将商业文件标准化,用电子数据通信方式将市场需求、原料采购、生产制造、合同签订、商检、保险、银行汇兑、货物托运及海关申报等贸易链中的各个环节有机结合起来,使贸易过程时间缩短,降低人为干预程度,减少人为错误,提高经济效益。所以,有人称EDI是改变传统商业贸易运行习惯的催化剂,是一场结构性的商业革命。EDI信息传递技术相对于纸张单据,具有以下三个特征。

1. 信息传递更安全。在实际业务中,纸张单据的存在并不安全。不仅表现在纸张易灭损和丢失,还表现在不法当事人借助纸张单据,可进行各种形式的欺诈,对贸易的健康发展非常不利。

EDI技术可按规定的模式及标准,准确传递有关信息,经收到方确认后有

效,大大减少了信息传递发生差错的可能。

2. 信息传递更及时。纸张单据的填制很烦琐,有些单据的项目非常多,填制起来较费事。同时,当单据从一方传递到另一方时,寄送的时间较长,在一定程度上影响了商品的流通。

当采用 EDI 技术时,单据处理的速度及信息传递的速度均大大提高。

3. 信息传递更节省。采用纸张单据传递信息时,由于单据的制作、寄送、转交、保管都需由人工完成,相应地进出口业务处理费用较为昂贵。

采用 EDI 技术时,处理业务的人工减少了,纸张也无须像以前那样大规模地购买了,纸张档案的保管也取消了,业务费用得到了较大降低。虽然 EDI 技术的历史不长,但通过其传递信息的规模不断扩大,业务发展速度飞快。

(二)EDI 的标准化

世界各国为争取贸易机会,都在积极地开展、推广 EDI。但由于各国和地区发展 EDI 的时间和程度不同,采用的标准化数据格式也有不同。

EDI 标准的发展经历了从产业标准、国家标准到国际标准的三个阶段。其中,较著名的国家标准,如美国国家标准局(ANSI)授权 ASC X. 12 委员会依据行业 TDCC 标准开发、建立的跨行业且具有一般性的 ANSI X. 12 国家标准;欧洲较广泛使用的是由联合国欧洲经济理事会从事国际贸易程序简化工作的第四工作组(UN/ECE/WP. 4)负责发展及制定的 TDI 及 GTDI 标准;英国则应用 TRADECOMS 等。在全球推广 EDI,就必须制定统一的国际标准而非国家标准。

因此,1985 年在联合国的赞助下,欧、美两大标准(北美 ANSI X. 12 与欧洲 GTDI)开始接触与合作,开展国际 EDI 通用标准的研究与发展,UN/ECE/WP. 4 承办了国际性 EDI 标准制定任务。考虑到各国 EDI 的发展状况,他们将 EDI 国际标准分为三个领域:行政(Administration)、商业(Commerce)和运输(Transportation),于 1986 年正式以 UN/EDIFACT(United Nations/Electronic Data Interchange for Administration, Commerce and Transport)的形式作为国际性 EDI 通用标准发布,该标准 1987 年为国际商业协会体系所承认,后者向 ISO – TC/154 建议 EDIFACT 的语法规则,并于 1987 年 8 月获得通过。另一方面,ANSI ASC X. 12 于 1992 年决定在其第四版标准制定后不再继续发展,全力与 UN/EDIFACT 结合;1997 年后,全世界统一为 UN/EDIFACT 标准。

UN/EDIFACT 宣布之后,得到了世界上大多数国家的支持,UN/ECE 也不再是单纯的欧洲国家组织,从 1986 年到 1988 年,分别成立了北美、西欧和东欧三个地区性的 EDI 委员会,任何联合国的正式成员若对 UN/ECE 的某个主题感兴趣,均可参加 UN/ECE 会议。1990 年 4 月,澳大利亚和新西兰加入成为第四个委员会;后来,亚洲和非洲也相继成立了相应的委员会,我国是亚洲 EDIFACT 委员会(ASEB)的成员国,1991 年成立了中国 EDIFACT 委员会(CEC),对内称中国促进 EDI 应用协调小组。

由于是欧洲和北美的融合体,UN/EDIFACT 标准保持了原有的灵活性和有效性,具有广泛的适用性和前期应用基础,既可作为跨行业、跨地域的标准,也可作为政府或专用标准,应用起来比较灵活,适用面相当广;UN/EDIFACT 标准有一套严格的报文程序,保证报文完全符合标准的要求,因而具有国际范围应用的功能,使 EDIFACT 成为全球 EDI 应用最流行的标准。我国在推广应用 EDI 的过程中,已明确把采用 UN/EDIFACT 国际标准作为一项发展战略,与此同时,我国还积极参与了 UN/EDIFACT 标准的有关工作和亚洲 EDIFACT 委员会的各项活动,通过对 EDIFACT 标准的广泛宣传,使我国广大 EDI 用户和开发单位,尽快地熟悉和掌握了 EDIFACT 标准,使 EDI 技术迅速地在我国相关行业得到了普及和应用。

(三)各国 EDI 发展情况及前景

为维护本国的商业利益和经济地位,各国都非常重视商业文件的快速传递和处理,积极开发、推广、应用电子数据交换技术。美国具有较高的电算化管理水平和较好的网络设施,是最早开发、应用 EDI 的国家之一。由于美国发展 EDI 是自下而上的,形成了多种标准共存的局面,如存在上述提到的 ANSI X. 12 国家标准,涉及零售业、汽车制造业、电子工业及化工等多种行业;还有行业标准,如美国电子交换委员会(EDIA)的标准,涉及海运、空运和陆运,再如百货公司的条形码(UCS)等。它们在一些具体数据元、代码的定义、文件格式等方面不尽相同,一定程度上限制了 EDI 的发展。随着对 EDI 标准问题的逐渐重视,美国积极开展不同标准的转换工作,希望达到传输 EDI 标准格式的目的。美国海关于 1993 年 3 月开始接收第一份 EDIFACT 标准格式的报关单和海关批复单试用本。据统计,美国前 100 家大企业 97% 使用了 EDI。因此,EDI 统一的国际标准一经确定，美国跨行业的 EDI 应用就取得了飞跃发展。

亚洲国家和地区，如日本、新加坡、韩国、中国台湾和中国香港地区等都在积极推进 EDI 的应用。Tradenet 是新加坡政府主导开发成功的 EDI 系统，自上而下展开，连接贸易主管机构及有关业务单位贸易文件，其目标是对外与世界其他国际贸易网络连接，建立新加坡在世界经济体系中的新地位，对内协助解决烦琐的贸易文件处理和传送问题，节省文件处理成本，提高业务效率，增强竞争力。Tradenet 网络一开始就汇集了相当规模的用户，解决了网络安全及电子文件法律地位问题，简化了行政程序。

中国香港的应用不同于新加坡。由于香港小型企业多，国际市场竞争激烈，劳动力紧缺，电子贸易在香港很快得到了发展，成为普遍的经商方式，无论在企业内部还是与海外企业之间均进行数据通信，并大力探讨推进和实现 EDI 工程。

韩国由数据通信公司主持 EDI 工作，以国际贸易应用为重点，美国的 EDI 公司、加拿大 EDI 协会、北美的 EDI 厂商都参与了韩国前期的 EDI 工作。

据世界海关组织（WCO）对海关改革和现代化情况的调查，有近 90% 的海关正扩大使用包括人工智能、条形码和文件成像等技术，目标是优化海关与企业之间的电子通信线路，最终走向无缝数据流，或综合数据交易。这些改革是因为有关国家能获得切实的利益，而通常情况下并不是为了给进出口商人提供便利。例如，WCO 的调查显示，发达国家更新 EDI 系统更多是出于打击诸如洗钱等跨国犯罪的需要。另外，很多人认为更新 EDI 系统是具有战略意义的，是进行政策、战略和立法变革的途径。菲律宾海关总署对理想的电子处理进行了很好地描述，“每个海关官员和职员将牢记自己的职责，在促进国家安全、正义、健康和其他目标实现的同时，推进国家和国际贸易的发展”。除此之外，EDI 系统还将为政府带来最大的收益。这些目标的实现有赖于海关提高自己的能力，“通过电子方式在几分钟的时间内处理所有文件……并在几个小时内对货物放行”。

（四）我国的 EDI 发展状况

与世界其他国家和地区相比，我国 EDI 的研究与开发起步较晚。1986 年，外经贸部计算中心对全国经贸系统的计算机应用和信息管理制定了发展规划，即发展外经贸部、各省市经贸厅(委)、各地市经贸机构和外贸公司“三级网络”,并为此提出了经贸系统推广计算机必须遵守的四个原则:统一规划、统一机型、统一软件工程设计规范、统一数据格式和代码标准。外经贸部把 EDI 纳入部“八五”计算机应用规划中,从 1990 年开始,召开会议专门研讨,采用走出去、请进来的方式,了解国际的 EDI 发展情况,宣传和推动该项工作。经几年的努力,外经贸系统计算机应用有了很大进展,各省、市部属外贸公司、院校等建立了电脑开发部门,实际应用深入到外贸、对外投资、对外经济技术合作等环节,并从单机应用向网络化发展。1994 年 4 月 1 日,国家“八五”重点科技攻关项目之一,我国第一个 EDI 应用系统“海关自动化通关系统”(H883 系统)在首都机场海关试运行获得成功,填补了我国在 EDI 技术研究领域尚无应用实例的空白,有力地推动了我国对外贸易与国际惯例接轨的进程,呈现出较为明显的应用前景。

1996 年北京海关发展了 31 家 EDI 用户,从 1995 年普货 EDI 空运方式扩展到海、陆、空运输方式。EDI 快件系统试运行的成功,使 EDI 通关系统在全关区报关业务中发挥了良好的作用。1995 年在实现海关与北京经济开发区 SMC 公司的计算机联网的同时,发展该企业为 EDI 通关用户,使北京海关 EDI 通关业务从普货快递扩展到了保税加工方式。1996 年底,北京海关与中国银行北京分行联网合作开发的电子划税款系统正式开通运行,当年就有中国邮电器材进出口公司等 10 家进出口企业成为首期电子划款用户。北京海关又与中国国际航空公司合作,利用国际上最大的数据网实现了北京海关与世界各地航空公司联网,实现了出口舱单自动传送。除北京海关外,上海、厦门、青岛、深圳、蛇口、天津等地海关的 EDI 开发也得到了不同程度的发展。从全国的海关系统来看,一个几乎包容所有海关业务程序在内的报关自动化系统已开始运行,它有 18 个子系统,包括申报、数据录入、审单、核销、查验、征税等。其他部门如银行、外运、外汇管理、许可证管理部门等,已实现了全国计算机联网,以“金关”工程带动的 EDI 已在全国范围内展开。特别是 1996 年 12 月联合国贸易网络中国发展中心在北京正式成立,随后外经贸部成立了国际贸易 EDI 中心,标志着我国 EDI 发展战略已经提到重要的日程上,成为实现“九五”计划和推动对外经贸事业的一项重要内容,各地海关的电子报关系统亦初具规模。例如,2001 年深圳市正式启动的 EDI 通关系统, 已与海关实现联网,使得深圳市的企业和有关单位在自己的办公室就可直接上网，全天 24 小时申办各类货物进出口通关手续。

尽管我国 EDI 技术发展取得了一定的进展，但与国外相比还存在很大差距。首先，发展的范围只局限于海关及与外贸相关的部门，而适合商业领域的 EDI 标准尚属空白。其次，由于我国 EDI 发展起步较晚，起点较低，仍在进行大量的基础设施建设、标准制定和改进等工作，进展速度较慢。再次，EDI 是涉及多学科、多行业的系统工程，发达国家已由发展阶段进入到行业的融合阶段，而我国虽注意了与相关部门的共同开发，但多数部门仍各行其是，即使是海关和外贸部门也仅限于"减少重复输入""减少人工差错和纸张作业"等最基本的应用收益。最后，我国发布的国家标准尽管已超过 90 项，但部分行业的局部标准仍属空白。

我国 EDI 的发展之所以存在这些问题，有主观因素，也有客观因素。首先，我国大部分企业对这一新兴技术的认识不足，缺乏相关知识，无法预见 EDI 将来的发展趋势及其对社会经济生活的巨大影响和冲击，因而不热衷于这一技术的开发和采用。其次，由于 EDI 的实现必然引起传统贸易方式、操作方法、行政和业务管理的改变，导致传统经验的失败和重新寻找新方法的成本，也是企业犹豫甚至拒不接受的原因。再有，EDI 的实现需要大量的前期投入用于研发，高成本的资金投入和回报存在时滞，也影响了 EDI 的实施。最后，单证的标准化难以在短期内完成。各行业、各部门仍坚持使用自己格式的单证，加之要使标准单证格式既与国际统一标准兼容，又兼具中文特色，短期内难以构筑完成，从而影响到 EDI 在我国的发展进程。

总之，EDI 是一项涉及面广、影响深远的信息处理和通信技术，在 21 世纪得到了迅速的发展和应用。目前，全球已有数以万计的企业使用 EDI 处理贸易文件，预期 EDI 将如电话一样普及用于商务文件处理，不采用 EDI，就会失去贸易和工作机会。例如，新加坡贸易发展局宣布从 1990 年开始，贸易均需电子数据申报；美国及欧盟决定，从 1992 年起，采用 EDI 方式处理海关业务，不采用 EDI 方式的海关手续将被推迟受理。因此，采用 EDI 势在必行，否则会失去机会，失去顾客和用户。另一方面，采用 EDI 将加速企业的资金周转，节省库存，减少办公开支，提高工作效率和服务质量，从而大大降低成本。事实证明，EDI 的开发和应用，不仅会降低成本，还会使贸易伙伴之间的联系更加紧密，从而增加贸易机会，延长合作期限。特别是采用标准化的数据格式，将消除不同国家的语言、文化障碍,加速国际一体化进程。因此,EDI的应用,是一场内涵丰富、影响深远的商业革命。不采用EDI,就像当初集装箱和条形码技术不被认识一样,会削弱我国在国际贸易中的地位。积极推广和应用EDI,不仅使我国在技术上赶超世界发达国家,更重要的是,可使我国在对外经济贸易发展方面提高竞争力,令对外贸易有新的、更大的发展。

进入21世纪以来,随着金关工程的完成,中国电子口岸系统正式启用,它是为企业提供网上办理进出口业务的国家信息系统。电子口岸系统与海关通关系统,尤其是在H883基础上发展的H2000通关系统连接起来,构成了覆盖全国的进出口贸易服务和进出口贸易管理的信息网络系统。EDI无纸通关完全可以通过电子口岸来进行,利用信息化技术和联网监管的优势,由海关计算机系统对进出口货物报关单证和报文进行自动处理,在确保专业化审单、物流监控和实物放行三大环节相互衔接、连续作业的基础上,实现联网申报、联网付税、联网核查、联网验放、联网监控的电子通关。据统计,2003年1~4月,仅上海海关无纸通关报关单量就达10万余份,其中3月和4月的月增长率均超过22%;4月EDI电子支付税费金额22.52亿元,占同期税费的30.05%。2008年年底,宁波海关成立了通关中心,其可为企业提供365天24小时预约报关、无纸通关、双A类企业特快窗口、加急货物绿色通道、“两岸直航”专用通道等各类通关便利措施和“全天候、无假日”通关服务,2009年1月2日共为企业审放报关单6 004票,其中出口6 001票,进口3票,创单日单量历史新纪录。可见,我国在外贸EDI应用方面已经有了很大的发展。

(五)我国进出口许可证的电子化管理

近年来,配额许可证管理电子化工作取得了一定的进展,其内容主要包括以下三方面。

1. 实行了全国进出口企业代码制度,统一了进出口商品代码。原外经贸部于1998年1月1日起开始正式使用进出口企业代码,对全国各类进出口企业初步实现了规范化管理。

2. 在配额招标中,尝试使用电子方式接受企业投标和交纳中标金。为减少企业在招标过程中的费用和成本,原外经贸部研究了电子标书的可行性,进行模拟实验和培训工作,在1998年下半年进行的1999年度纺织品被动配额招标中开始使用。1998 年 10 月,通过金关工程主干网首次实现了纺织品被动配额电子招标。

3. 利用电子方式发放进出口许可证。出口许可证申领系统已于 1998 年 5 月通过验收,并推广使用。同时,已实现向海关总署逐日传输许可证发证数据,海关总署也已实现逐月传输许可证报关核销数据,并于 1999 年 7 月 1 日起逐日传输核销数据。原外经贸部在与美国、欧盟、加拿大、土耳其等国海关实现纺织品配额联网核查的基础上,完成了与全国 62 个许可证签证机关的计算机联网管理和电子数据网上核查。截至 2000 年底,累计通过该系统申领和发放进出口许可证超过 106.8 万份,涉及金额超过 535 亿美元。2000 年,原外经贸部与海关总署联合发文,从 2000 年 10 月 1 日起,在全国许可证发证机关和海关口岸全面试行进出口许可证联网核销。

2000 年配额许可证管理电子系统正式全面投入使用。仅 2000 年,原外经贸部共进行电子招标 115 次,其中涉及纺织品配额 21 大类,主动配额 17 大类,仅 2000 年就涉及企业 9 549 家次,大幅度降低了招标成本(目前,商务部所有招标商品全部实现了电子招标)。同时,还先后开发和投入使用了全国进出口商品配额执行情况反馈系统、进出口许可证发证查询系统、对韩国大蒜联网审批管理系统等一批电子贸易管理系统,有效实现了科学化、规范化,并提高了网络管理服务水平。中国国际招标网是国内唯一经商务部、财政部、国家发改委授权的电子招投标平台,截至 2010 年年末,中国国际招标网累计在线运营国际招标项目 93 264 个,委托招标项目金额合计超过 1 959 亿美元,中标金额合计超过 1 669 亿美元,节约资金约 290 亿美元,平均节资率达 14.8%。目前,中国国际招标网日浏览量已达 20 万次,日均发布各类商机信息 4 000 余条、行业资讯 1 000余条,内容涵盖设备、工程、政府采购、货物、服务五大领域,45 个产业门类、超过 600 个行业。根据全球权威互联网统计机构 Alexa 的排名统计,中国国际招标网已成为中国领先的招投标网站。

2002 年,原外经贸部决定在启用新的进出口许可证管理系统、实现网上发证的基础上,自 2003 年 1 月 1 日起,在全国推广使用企业网上申领许可证系统。它通过网络技术,连接各级配额管理机关、许可证发证机构、海关及进出口企业,对进出口配额的分配、进出口许可证网上申领和审批、同海关的联网核查等进出口业务和管理的各环节实现全面监管,形成全国进出口配额许可证管理闭合网络,从而贯彻落实了国务院领导提出的"要抓紧实现全面联网并进一步走向企业网上申领许可证"的指示精神。该系统减少了办证流程,提高了办证效率,降低了办证成本,完善了发证管理,强化了监控手段,同时也将进一步增强许可证签发管理工作的公开性和透明度,促进签证工作的规范化、标准化和科学化。

目前,配额许可证的申领可在商务部配额许可证事务局的网站(www. licence. org. cn)上进行,并能在网上查询、统计发证系统中各类证书的申领和签发情况。到2006年,系统经过几轮升级,除了实现许可证的申请、领证、查询、统计等功能外,还有检测预警功能。该系统与海关进行了数据联网,进行双向核查,杜绝伪证的出现,另外,管理机构可对发证数据及海关数据进行统计分析,必要时采取相关控制措施。

2014年,国务院办公厅关于支持外贸稳定增长和加强进口的两个政策文件明确提出,要"推行通关作业无纸化,加快通关速度""加快自动进口许可管理商品无纸化通关试点"。为推动落实这一贸易便利化措施,2015年以来,商务部会同海关总署在上海等10个海关试点自动进口许可证无纸化通关,截至2015年底,全国共签发自动进口许可证电子证书超过7.5万份,占全部自动进口许可证的近60%。为加大外贸"稳增长调结构"政策落实力度,提升贸易便利化水平,商务部会同海关总署发布公告,于2016年2月1日起,将自动进口许可证无纸化通关范围推广至全国所有海关。

(六)我国电子单证的发展历程

我国电子单证的发展呈现出阶段性的特点,主要可划分为以下四个阶段。

第一阶段,是外贸企业内部信息化和内部单证电子化,即在企业内部管理电脑化的基础上,将各科室与基层、仓库及伙伴通过联机系统建立企业一级的数据库。与此同步的是银行、海关、商检、运输、保险等部门内部联机系统的建设。这是相辅相成的一个战略体系。最早的外贸电子单证是基于DOS平台下由各企业独立使用的,例如,许王电脑制单有限公司的"制单专家"软件早期的版本,当时已应用于广东丝绸进出口公司等外贸企业,该软件在输入外贸制单基本内容后,可自动生成各种外贸单据,避免数据的重复输入,基本解决了外贸制单中要求"单单相符"的原则,且可实现标准单证的套打,即可将自动生成的单证按标准的单证格式打印出来。由于受到 DOS 平台的局限,界面不是太友好,使用不是很方便,后来该软件升级到了 Windows 平台。20 世纪 90 年代中期开始出现基于 Windows/Windows NT 等平台下的单证软件。除保持原 DOS 平台下的各项功能外,其界面更友好,操作更方便,易学易用。这类软件包括有升级后的许王制单专家软件、www. abin. com 公司制作的 Easy to Do 轻松制单软件、西安轻工王智敏制作的 EXPDOC 出口单据软件、www. young. com. cn 公司制作的远景外贸单证通软件、深圳市蓝极典计算机有限公司与深圳市华新报关服务有限公司合作开发的 HI – PASS 通关软件、加工贸易企业辅助报关系统等。我国的企业信息化已推行了相当长一段时间,有些企业中运行着各种不同的应用系统,甚至在一个企业中就有若干种互不兼容的系统在同时运行,使得企业中的各种信息不能进行交换和数据共享,企业信息流受到阻碍。这些都大大降低了信息系统的效率,加重了企业的信息技术应用成本。

第二阶段,是省市地区内外经贸相关行业的信息化建设和同行业务电子单证标准化。这主要是要解决同行业务上的标准化和规范化问题,便于实现同行业内部数据的传输和交换。银行的通存通兑系统就是这方面的例子。另外,我国银行正在打造的所谓银行单证中心,则是集银行外汇管理业务、SWIFT 业务、客户授信业务和资金清算业务等为一体。在外贸企业用的软件系统方面,很多软件开发公司开始由开发单纯的单证软件,转向开发以单证管理为核心的集成信息管理系统,如远景的外贸单证通开始在软件中加入了合同管理的内容、HI – PASS软件在单证制作的同时加入了辅助报关系统等;同时,除了开发单机版以适合业务量、关务量较小的中小企业使用外,还开发有网络版,并支持数据库功能,适合业务量大、关务频繁且需要网络支持的大型企业;在语言环境方面,除英文版外,还有适合国内企业使用的中文简体(GB)版及适合中国香港、中国台湾在内地的独资或合资企业使用的中文繁体(BIG 5)版。随着“金”字号工程的启动和运营,银行、税务、运输、保险、海关管理系统、商检、外汇交换系统等形成了各自的信息管理系统,缺乏通用信息平台。

第三阶段,是各省市地区内外经贸、银行、海关、商检、运输等部门之间,跨行业有关范围内的信息网络系统的整合与跨行业电子单证的传输与交换。这需要由国家行政部门和技术专家成立专门的实施小组进行研究和贯彻,最重要的是可行的国家标准的逐步形成。为了实现我国的“大通关”策略,国家启动并大力推行了“金关”“金卡”等金字工程，取得了一定成果，1992 年 2 月，国家计委将 EDI 列入了“八五”计划，1994 年 4 月 1 日，海关自动化通关系统(H883)在首都机场海关试运行，中国图书进出口总公司、北京国际交换系统有限公司、大通国际运输有限公司、中国航空器材进出口公司等单位参加系统运行获得成功。在 H883 报关系统的基础上发展的 2000 海关业务科技一体化工程和中国电子口岸执法系统，是为政府管理机关提供跨部门、跨行业联网数据核查，为企业提供网上办理各种进出口业务的国家信息系统，使进出口企业可以通过电信公网“一点接入”，直接向海关、商检、外贸、外汇、工商、税务、银行等申办各种进出口手续。2005 年 1 月中外运空运发展股份有限公司宣布正式启动的货运信息管理系统，通过对分公司之间业务信息通道和单证处理方式的优化，最终建立一个完善的全国物流网络和功能强大的信息平台，该系统可实现对整个作业环节从签订协议、接货入库、订舱、配舱、制单、报关、报检、发货预报、出库交运到货物保险和结算等环节的全程信息管理。

第四阶段，是与全球信息网络的融合与电子单证的国际化。这种融合不只是单证数据的传输，还涉及业务知识、业务逻辑等诸多方面的统一协调，并与国际单证标准化趋势保持一致，运用国际标准格式、参照国际统一的语法规则、遵从电子单证的相关国际法律规定来建立、完善和整合我国与全球信息网络的融合。我国目前大量的电子信用证就是利用环球同业银行金融电讯协会(SWIFT)系统开立和传递的。这只是涵盖国际贸易结算的部分业务，我国与全球网络融合的广度和深度仍有待加强。

由于国际电子贸易尚属新鲜事物，国际商务电子单证在我国的应用非常不平衡，在发达地区应用比较普遍，比如在上海，外贸“大通关”电子平台基本形成，口岸通关数据中心投入运行，国际商务单证 70% 实现“电子化”；在内地的很多地区则不是很普及，有的进出口企业，特别是中小型的外贸企业对其尚不太熟悉或干脆不知道。推进国际贸易电子化任重道远。

四、国际贸易电子单证的主要类型

国际贸易电子单证中，有的是企业自己制作的，有的是专门机构签发的；有的是货方联系有关工作的凭证，有的是凭以收取货款的结汇单证。它们之间相互联系，又相对独立，每一种单证都有其独特的性质和用途。

按外贸电子单证系统应用传输的平台,国际贸易电子单证可分为单机使用的国际贸易电子单证、EDI 国际贸易电子单证和基于 Internet 的国际贸易电子单证等。目前,国内外普遍使用的以 EDI 国际贸易电子单证为多。

按国际贸易电子单证在外贸业务流程中的作用,其可分为电子国际货物托运及运输单证、电子报关单证、电子检验检疫单证、电子议付结汇单证、电子保险单证和外贸企业内部管理工作电子单证等。下面简单介绍几种常用的电子单证。

(一)电子提单

电子国际货物托运及运输单证是在进出口货物托运和运输过程中产生的。电子运输单证中目前较多运用的是电子提单,它是一种通过计算机,利用电子数据交换系统,对海上货物运输中的货物所有权进行转让的程序。在这种特定程序中,贸易各方(包括买卖双方、银行、发货人、收货人以及货物所有权持有人和承运人)之间建立以承运人为中心,通过专门设计的密码和计算机网络系统完成在运输途中货物所有权的转让。传统纸质提单背书转让的过程没有了,而是由承运人在接到货物所有权持有人的通知并确认后,销毁原货物所有权持有人的密码,然后发给新的货物所有权持有人一个新的密码,新货物所有权持有人凭密码向承运人发出交货指示,整个过程完全通过电子计算机密码进行。

(二)电子信用证

电子信用证是利用电子手段开展的信用证业务,是集电子开证、电子通知、电子交单、电子审单、电子支付全过程于一体的电子化运作,是信用证运作全过程、各环节的电子化。国际上的电子信用证业务主要有两类:一类是由各类商业银行系统主导的电子信用证业务;另一类是由电子商务公司主导的电子信用证业务,如美国的 Tradecard 系统、伦敦的 Bolero 系统和加拿大的 CCEWeb 系统等。

(三)电子报检单据

电子报检是指报检人使用电子报检软件通过检验检疫电子业务服务平台将报检数据以电子方式传输给检验检疫机构,经检验检疫机构业务管理系统和检验检疫工作人员处理后，将受理报检信息反馈给报检人，实现远程办理出入境报检业务的过程。目前经国家质检总局评测合格并认可使用的电子报检软件主要是宁波九城科技有限公司开发的系统。“中国电子检验检疫”是国家电子政务12个重点信息系统之一，除电子报检外，还包括电子监管、电子转单、电子出入境集装箱报检申请、电子原产地证书(GSP和一般的)签证、电子放行等功能。其中，电子放行是通过2003年1月1日在主要口岸检验检疫机构和海关推广使用的电子通关单联网核查系统来实现的，传递的主要单据是电子出入境通关单。

(四)电子报关单证

电子报关是指进出境货物的收、发货人或其代理人通过微机或终端，利用现代通信和网络技术，向海关传送规定格式的报关单电子数据，并据海关计算机系统反馈的审核及处理结果办理海关手续的申报方式。我国海关法规定：“办理进出口货物的海关申报手续，应当采用纸质报关单和电子数据报关单的形式。”这一规定确立了电子报关单证的法定报关单形式的法律地位。

第二节　电子信用证

信用证是国际贸易的主要支付手段，在其运作过程中，其形式也随着贸易的电子化发生着变化：由传统的纸质信用证到网上信用证再到电子信用证。电子信用证虽然已经存在了一段时间，但对其概念的界定一直都很模糊。很多媒体上提到的所谓电子信用证，其实质上只是网上信用证的替代说法。而真正意义上的电子信用证可理解为利用电子手段开展的信用证业务，是集合电子开证、电子通知、电子交单、电子审单、电子支付全过程的电子化运作，是信用证运作全过程、各环节的电子化。电子信用证因其方便、快捷、准确等优点，逐步成为国际贸易结算的新工具。

一、从信用证运作方式的演变看国内外信用证电子化的历程

信用证从产生之初至今有百余年的历史，由于其很好地解决了国际贸易中买卖双方的风险分担问题，促进了国际贸易的发展，被誉为国际贸易的“生命血

液”。

信用证的前身大概可追溯到12世纪,作为一种最简单的“商业信用证”,其运作方式是以支付汇票换取所有权单据。这种支付要通过第三方“开证人”进行,开证人充当中介人的角色。有银行承担义务的现代商业信用证出现于19世纪,最早是芬兰进口商在1840年从巴西进口咖啡豆时使用的。间隔不到一个世纪,国际商会制定了《跟单信用证统一惯例》,推动和规范了信用证在国际贸易结算中的应用。

信用证最初以纸制、手开、信开等方式运作。20世纪七八十年代,随着通信技术的发展,信用证的开证、通知、修改等方式通过电报、电话、电传进行,称为电开信用证。

在当代国际贸易单据由纸制向无纸化演变的过程中,传统信用证业务的单证运作模式受到了很大冲击。随着电子提单等电子单证的应用,电子交单和电子审单已提上议事日程。借助于现代网络科技的发展,信用证迈开了电子化的步伐。

所谓信用证电子化,就是在网络平台上操作传统纸张信用证。由于网上国际贸易在有关机构的推动下已露端倪,规范电子商务的法律纷纷出台。早在1989年国际商会通过的《国际贸易术语解释通则(1990)》(INCOTERMS 1990)就认可了电子信息传输的使用,并在INCOTERMS 2000及2010版中继续认可了电子单证的效力。国际商会银行委员会于1999年起草了《电子贸易和支付统一规则》,2000年和2007年,国际商会又对《跟单信用证统一惯例》进行了重新定义和解释,即UCP500和UCP600,对适应电子通信技术的发展,特别是电子数据交换(EDI)的广泛应用所引发的国际货物交付、运输、邮递等业务的相应变化,作出了明确、实际、科学的修订。2002年国际商会正式发布了《UCP电子交单增补》(UCP Supplement for Electronic Presentation,EUCP1.0),用来专门解决电子交单和电子审单问题。各发达国家针对电子单证进行了专门的立法修改,使得信用证的电子化成为可能并迅速展开。

20世纪90年代,通过SWIFT系统进行的电开信用证和信用证通知已得到广泛应用。SWIFT又称为“环球同业银行金融电讯协会”,是国际银行同业间的国际合作组织,也可理解为一种银行专用网络。凡通过SWIFT系统开立的或通过SWIFT通知的信用证称为SWIFT信用证,它是正式和合法的,是被信用证诸当事人所接受的国际通用的信用证，其特点是快速、准确、简短、明了和可靠，费用是电传的18%左右、电报的2.5%左右，格式标准化。在西欧、北美、南美及亚洲的国际贸易市场，SWIFT被广泛采用，世界各国和地区大多数的银行都加入了该协会并采用其电讯业务信息系统，我国的大多数专业银行都是其成员。

在互联网应用普及之后，信用证的开证和通知也可通过开放式因特网进行，出现了所谓的网上信用证。1999年，一种包括付款与运输流程在内的完全电子化信用证运作已在Bolero. NET网站上试验性地操作成功，Bolero是由总部设在伦敦的运输业共同保险机构T. T. CLUB和SWIFT合资成立的一个以互联网为基础，支持国际贸易流程参与各方（包括进出口商、银行、保险公司、运输行、承运人、港务机构、海关、检验机构等）传输、交换电子单据与数据的网络平台。其国际结算环节中的各家银行业务人员经授权进入Bolero中心注册系统，进行开证、通知信用证、审单，并与银行自身电子结算系统连接完成付款清算等系列信用证操作。Bolero系统通过应用共容性高的电子文件标准格式、提出贸易文件的定义、遵循EUCP规范等方式，达到实践信用证电子化的目的。欧洲、日本、美国的一些国际知名银行如花旗银行、汇丰银行、国民西敏寺银行、东京三菱银行、第一劝业银行、三和银行、新加坡华侨银行等均已加入Bolero系统。

除Bolero系统外，主流的电子信用证处理系统还有美国纽约市电子商务公司的Tradecard系统、加拿大电子商务公司的CCEWeb系统、民间规则性质的CMI系统。不同的系统各有特色，代表了不同的运作模式，对信用证的发展产生了不同的影响。例如，Tradecard系统中的信用证几乎被该系统设计的其他贸易文件完全取代，而CCEWeb系统还能处理传统的纸制单据。

目前，信用证正在向三个不同方向变化：一是电子信用证与纸质信用证并行不悖。当然，这只是过渡，而非最终结果。二是信用证的彻底电子化。局限于外部基础设施及法律层面，其推行上仍有障碍。三是信用证开证主体的多元化。这将改变传统信用证银行信用的性质，或者也可理解为传统意义上的信用证将被其他形式的信用逐渐替代，有人称之为信用证的涅槃。

在全球信用证电子化的过程中，我国政府作出了积极的响应。例如，在1999年10月1日生效的《中华人民共和国合同法》明确规定：“书面形式纸制合同书、信件以及数据电文（包括电报、电传、传真、电子数据交换和电子邮件）

等可以有形地表现所在内容的形式。"认可了电子单证的发行。我国国内银行也紧跟潮流，纷纷加入各种电子贸易结算网络，并开展电子信用证业务。在中国，以电子银行业务领先著称的招商银行，于2000年9月在青岛开出了国内第一张网上人民币信用证，到2002年6月底，招商银行就已累计开出信用证近2 000笔，总金额达人民币25亿元。

二、国际贸易中的电子信用证业务

电子信用证业务的实践在全球国际贸易结算中蓬勃开展。目前，电子信用证业务的主体在国际上主要有两类，即各类商业银行和一些电子商务公司。

（一）由各类商业银行系统主导的电子信用证业务

这类业务的一般程序与传统的信用证使用程序类似，主要差别在于整个程序的电子化。也就是说，买卖双方的业务谈判、订单、买卖合同的签署等，一般先通过网络EDI系统，结算时，由进口商通过网络将电子开证申请书递交开证行，开证行据客户核定的授信额度，按申请书内容，向出口商（即受益人）开出信用证，并通过银行内部作业系统与外部网络系统的接口，将信用证发送给出口商所在地分行或代理行（即通知行）。通知行核对印鉴无误后，将电子信用证转发到出口商的电子邮箱。出口商用EDI系统自动审核信用证后，再由EDI系统自动生成全套单据并通过通信网络传送至运输、保险、海关及商检机构等有关部门，并要求这些机构根据信用证的内容和实际货物的情况出具诸如发票、提单、保险单等电子单据。出口商按信用证的规定装运货物以后，备齐各类电子单据，开出电子汇票，通过通信网络提示议付行付款。议付行EDI系统按照信用证条款审核单据无误后将货款垫付给出口商，将电子汇票、货运单据通过电子邮件转发给开证行或其指定的付款行索偿。开证行核对单据无误后，付款给议付行。开证行通知进口商付款赎单，进口商付款后，开证行将各类电子单据转发给进口商，进口商再将电子单据通过网络转发承运人换取货物。

在中国，招商银行网上信用证业务在国内金融界处于领先地位，其网上信用证仅针对电子商务市场上交易的会员企业，为其提供统一的接口与招行连接。在电子商务市场上成交的合同，进口商可即刻申请开证，经招行审核符合开证要求的由招行即刻开证，买卖双方在信用证开出的同时通过企业银行系统得到信息，从而启动合同的执行。单证的提交和审核仍在银行柜面执行。

（二）由电子商务公司主导的电子信用证业务

由电子商务公司主导的电子信用证业务影响较大的是由以下三大电子商务公司推出的系统。

1. 美国纽约市的电子商务公司的 Tradecard 系统。其运作流程包括交易撮合、货物运输、货款支付几个阶段。Tradecard 除提供电子市场撮合契约外，其付款审核单据机制整合了 Coface 付款保证机制与 Thomas Cook 汇兑转账机制，其财务供应链管理整合了谈判、订约、付款及运送的信息管理作业，大幅降低了贸易文件的使用成本。同时，Tradecard 系统将贸易中使用的电子文件作为买卖双方履约运送及付款的查核参考，避免了实体交易上贸易文件的使用及其电子化所可能面临的困扰。

2. 以伦敦作为主营业所在地的电子商务公司开发的管理系统 Bolero。Bolero 是一个开放、中立、高度安全、合法、以互联网为支持、以一核心信息平台为主构架的电子网络，致力于消除纸上贸易。使用者签署协议成为成员后，通过互联网交换单据、核查数据，完成贸易过程注册申请后，允许在线转让货物所有权。Bolero 提供的电子信用证支付方式起始于承运人通过核心电讯平台按发货人的要求签发的一份电子提单。首先，Bolero 权利注册系统将一个信用证项下的所有信息（包括电子提单、电子保险单、电子商检证书等）捆绑到一起（以下称为捆绑提单），并据指示确定提单的持有人；捆绑提单信息的流转通过当前捆绑提单持有人向权利注册系统发出指定另一提单持有人的指令来进行，发货人指定银行为提单持有人时，银行应完成信用证项下的垫付货款责任；银行再指定买方为提单持有人时，买方应完成付款赎单责任。当最后收货人成为捆绑提单的持有人时，他可将捆绑提单通过电子手段交回给承运人或承运人指定的其他人，并要求提货。

中国国家金关工程主干网“中国国际电子商务网”在 2005 年也推出了 Bolero 电子信用证通知系统，为中国出口商从金融机构接收信用证通知提供更快速、有效的方式。

3. 由加拿大电子商务软件公司开发的 CCEWeb 系统。该系统将信用证的功能和信用卡相结合，集成了基于因特网的贸易支付、贸易流程和单证管理等多项功能,可进行全球贸易。该系统的核心是“单据清算中心”,其功能类似于银行的融资部,将贸易、运输、保险、融资等各类单据集中处理并进行传递。信用证项下的支付通过单据清算中心进行,运作方式和银行处理信用证交易一样,中心将检查受益人所提交单据的表面一致性,并在支付受益人后结束整个交易过程。CCEWeb 系统提供了一个安全的电子交易平台,但未提供权利登记中心来实现买卖双方之间的物权转移。

在中国,由电子商务公司主导的电子信用证实践中,典型的是贸易担保网(www. 1001yes. net)。该网站由统战部华兴经济咨询服务中心负责宣传和推广,中国建设银行负责客户的资金管理,北京沙夫垂网络技术有限公司负责技术维护。其网上信用证下的交易程序如下:进口商依据贸易合同在网上填写“信用保证书”,出口商在网上确认信用保证书,买卖双方分别提交 10% 和 5% 的履约保证金给担保公司;担保公司收到保证金后通知出口商备货;出口商备货后在网上输入“卖方货已备妥通知”;担保公司通知进口商补足货款;担保公司收足货款后通知出口商发货;出口商发货后在网上输入“卖方发货通知”并将议付单据交担保公司;担保公司审核单据后将单据交进口商,进口商凭单据向承运人领取货物。这是一种类似于“直通信用证”的业务,不但改变了信用证的形式,也彻底改变了信用证的内在性质。

三、电子信用证在国际贸易结算业务中存在问题的探讨

在电子贸易环境下,单据的审核更多的借助于电子计算机,这加快了信用证业务处理流程的效率,信用证到达受益人手中的速度也提高了。对出口商而言,国际结算时间由原来的 10 ~ 15 天缩短到 3 ~ 4 天甚至半天,给出口商提供了更多贴现、背书、打包放款等融通周转资金的机会。另一方面,在电子贸易中,数据信息被一次性地输入计算机系统,进行自动审核、处理,这不仅增强了单证的准确性,降低了错误率,信息传递更规范,而且减少了单证不符点,确保了交易安全。

当前国内外的电子信用证主要应用于 B2B 商务结算,在国际贸易结算实践中本质是一致的,只是在推广应用程度上有所不同。

由于外贸所使用的传统单据种类繁多,格式各异,在实际的操作中,单据的缮制、组合和流转过程经常出差错,造成迟延收款甚至收不到货款,影响对外贸

易的发展。因此,有必要对传统的单据进行改革,简化手续,减少单据的种类和份数,统一单据形式,改进制单方法。但在从纸文件向无纸文件的变化中有几个问题值得我们注意。

第一,电子提交单证系统并不是“以顾客为基础”的,这些系统只是为了满足各个国家或地区贸易协定在数据和税收方面的需求,而很少是为了满足进出口商的需求。

第二,各国之间的系统和文件常不兼容。

第三,在署名、公证人签章以及其他授权或确认方面,尚未解决“电子正本文件”的法律地位问题。因此,进出口货物的运输仍需很多硬拷贝文件。

在我国,虽然电子化贸易发展迅猛,但电子信用证所带来的仍只是形式上的变化,业务仍局限于开证和通知阶段,对信用证交单、审单等核心环节没有产生实质性影响。电子化本身带来的问题,例如安全性、法律效力等,可能对信用证业务的内容带来实质影响。

其一,由电子商务公司主导的电子信用证业务导致了信用证业务的异化。国内外银行在电子信用证业务中的主导性不够,步子迈得比较谨慎。与此相反,很多电子商务企业已纷纷涉足电子信用证业务,他们或提供全面的信用证服务,或针对信用证业务中的单证部分提供服务。例如,依据上述的贸易担保网开出的信用证,已无银行担保因素,改变了传统信用证银行信用的界定,这就成了名不符实的信用证了。

其二,电子信用证在实践中还有无法回避的法律问题。这些问题大都是电子信用证的后台基础问题,比如电子提单等电子议付文件的法律效力,电子签名、电子证据的法律效力等。SWIFT 等机构的努力促进了电子贸易的开展和电子支付手段的应用,但这些机构的加入也引发了一些法律问题。比如,EUCP 信用证中开证行指定所提交的电子记录的格式是某一机构或组织(如 SWIFT)提供的格式。若受益人与开证行就这一指定格式理解不一致,该如何处理?按民法的归责原则,若造成理解有误的责任在开证行,则应视为开证行未指定格式,据 EUCP 规定,受益人可提交任何格式的电子记录,且受益人提交的电子记录不构成不符点;若责任在受益人,则开证行可拒收并拒付;若造成理解不一致的责任在提供标准格式的第三方,则问题更为复杂。

其三,电子信用证实践仍有待规范化。纸质国际结算业务在发展中国家将维持一段时间，电子网络化国际结算的实务性操作统一规范有待进一步推广和完善。即使是在目前的国际电子信用证实践中，也只有 Bolero 系统由于原来一直与 SWIFT 密切合作，明确声明采用 EUCP 规则，而其他电子信用证实践都是自成一家，国际商会统一电子信用证运用规则的努力遇到了挑战。另外，国际商会推出的 EUCP1.0 仍采用准立法方式，相关的解释和评论尚付阙如。从这个意义上说，UCP600 加上 EUCP1.0 仍不能完全解决电子信用证的规则之需。因此，电子信用证的实践对于完善电子信用证的规则有着至关重要的作用。同时，也只有建立在丰富的实践基础之上的 EUCP 规则，才是名副其实的电子信用证的业务惯例。

其四，电子信用证在安全方面出现了新的问题。由于所有单据的制作、传递都依靠电子信息工具，各种单据的伪造非常容易，若银行仍像在传统信用证环境下一样，仅审查单单相符、单证相符即支付信用证下的款项，则安全性很成问题。因此，当信用证电子化后，银行付款前应增加一项重要义务，即向认证机构确认单据数字签名的真伪。这样的话，即使某信用证的受益人在认证机构开立了虚假的账号，银行信任此认证机构提供的虚假账号并据此作出付款，其损失最终也可向该认证机构索赔。另外，“内部人”交易方式，也就是 Tradecard、Bolero 和 CCEWeb 公司所采用的会员制，也最大限度地防止了欺诈，但这种封闭式的运作模式对电子信用证的推广十分不利。如何在开放环境下做到有效防范欺诈，是电子信用证必须考虑的问题。

其五，完全意义上的电子信用证运作还需假以时日，这是因为电子信用证的成功运作需要物流、海关、商检等系统进行全方位的电子化协同运作。

第三节　海关电子化系统

很多国家意识到，提高海关和企业部门之间的合作将对经济和管理具有重要作用。芬兰是第一个鼓励海关与国际企业合作的国家，他们引以为自豪的是“在下列领域建立了合作网络：国际运输系统的管理；对警察当局调查犯罪的协助；海关总署和农业主管部门数据库的共享；船公司、运输业者、港口经营人、货物运输代理、进出口商人和海关总署之间的数据交换”。新西兰海关总署甚至鼓励开展一个多阶段的项目（包括公共关系部门），将“服务重新纳入海关总署”。

一、各国海关在推进海关电子化进程中遇到的问题和作出的努力

（一）海关人员对改革的抵触

改革并不总是能顺利进行的。1993 年，当阿尔及利亚开始实施为期 10 年的海关现代化计划时，花了很多时间和精力对有关人员进行再教育和再培训，以减少“有关人员对变革所产生的抵触情绪”，这一举措相当明智。世界海关组织成员意识到，海关人员具备计算机方面的知识很重要，因为信息技术已成为海关管理不可分割的一个部分，很多日常工作都需要依靠计算机系统来进行，同时全球化的趋势也要求这些官员提高自己的语言能力。

（二）系统不兼容

除了“人员因素”方面的问题外，硬件和软件系统也存在问题。各部门从纸系统向电子系统过渡的时限不同，使用的系统也不同，而且系统还常是不兼容的。和其他新技术一样，海关文件还没有统一的标准。我们可以回忆一下昔日的铁路、电器配件和录像机，当时不同公司铁路的轨道宽度各不相同，不同电器使用的电压、电源插座和插头各不相同，录像机的录像带种类和大小也不相同。我们尚不了解是否将会开发出一个可使电子文件系统兼容的“适配器”，或者是否会干脆淘汰某些系统。

（三）电子单证的合法性

在电子单证取代纸单证之前，国内外都应解决两大问题：①合法地位。电子传输的合同、证明和声明，如提单和信用证，应和纸单证具有同等的法律地位。②真实性。电子传输的单证，其真实性，包括签字、印章等，应和纸单证具有同等的法律地位。

实际上，每个管辖区域都制定了相关法律，要求各种文件必须“签字”或“以书面做成”，这就意味着要求文件应是有形的，甚至是手签的。各立法机关为电子文件及其签署合法化所作的努力不仅进展缓慢而且各不相同。据 2004 年互联网法律及政策论坛（ILPF）的一份报告，阿根廷、德国、意大利、马来西亚、俄罗斯、新加坡和美国已制定了与电子认证有关的法律，澳大利亚、奥地利、比利时、

哥伦比亚、丹麦、中国香港、韩国和英国等正在采纳这种建议,加拿大、芬兰、法国、爱尔兰、日本、荷兰和新西兰等已就该问题准备立法报告。我国在 2005 年 4 月 1 日正式实施了《电子签名法》。

互联网法律及政策论坛报告评论称:这些使电子单证合法化的努力实际可能会阻碍有关该问题国际立法的通过。正如该报告指出的,不同的国家标准、不确定的电子签署法律效力、相互冲突的许可规定、证书机构(CA)相互矛盾的操作和技术要求、不确定的债务风险等,所有这些都可能阻碍跨边境电子署名的使用。为克服这些障碍,必须采取一些制定国际标准的举措。

应引起注意的地区和国际事件有:欧盟已出台电子签署方面的立法,责令欧盟成员国都制定立法以实施统一的要求。联合国国际贸易法律委员会(UNCITRAL)于 1996 年通过了一项有关无纸交易的综合框架,1999 年年末,该委员会制定了一个与电子签署和证书机构操作相关的统一规则——《欧盟电子签名统一框架指令》。美国已公布了一项草案,对提议的国际公约提出意见,该国际公约责令签约国意识到公约所包含的原则和要求,该举措和美国 2000 年颁布的《国际和国内商务电子签章法》有很多相同之处,得到了很多国家的积极响应。经济合作与发展组织(OECD)已通过一项"关于电子商务认证的声明",鼓励采取电子认证政策,以尽量减少政府控制,支持技术的中立性,同时承认国家的独立性。该声明的一个有趣部分是鼓励成员国(澳大利亚、奥地利、比利时、加拿大、丹麦、芬兰、法国、德国、希腊、匈牙利、冰岛、意大利、日本、卢森堡、墨西哥、荷兰、新西兰、挪威、波兰、葡萄牙、西班牙、瑞典、瑞士、土耳其、英国和美国等)对其他国家的电子认证采取非歧视的政策。

综上所述,进出口单证的特殊要求在不断地发生着变化。至于电子单证对进出口商的意义,也许最好的理解方法就是看一些特殊例子,从中了解不同系统下电子单证的状况及其优缺点。

二、美国自动出口系统(AES)和自动商业系统(ACS)

国家自动化单证系统的最好例子在美国。比如,出口商可使用自动出口系统(AES),进口商则可使用自动商业系统(ACS)。从进出口商的角度来说,这些系统的操作是各自独立的,但对美国海关总署和其他政府部门来说,它们关心的是国家进出口的是什么,这方面的数据是相互关联的。

(一)通过自动出口系统从美国出口

为了让出口货物离开美国国境,出口商应提交一份托运人出口报关单(SED)。美国于1996年采取的一项旨在使该程序现代化的举措中,统计局和海关总署允许出口商提交签署的SED传真件。但由于传真件常模糊不清,同时需要有更多人员来核实数据资料,所以海关2000年5月停止接受传真件,彻底更新了其计算机系统以适应Y2K(2000年),除了正本的纸SED外,出口商可通过自动出口系统或通过安装有AESDirect的互联网以电子方式提交该文件。目前提交要求的SED和出口载货清单的途径有以下4种:①要求离境前填写纸表格;②在离境前通过出口系统传输所有信息,这是很多出口货物采用的基本方法;③允许离境前报告部分信息,然后在出口后5天内报告所有的信息;④这只供某些事先取得许可的出口商使用,这些出口商无须在离境前给AES发出通知便可发送货物。

出口报关的程序是:出口商提交一份意向书,取得许可便成为AES系统的分子。对于上述选择①和②,出口商可通过在线AESDirect提交意向书;对于上述选择④,出口商仍要提供纸质意向书。

美国海关总署对用户友善,为用户提供很多AES信息,其中有些信息不乏幽默感。例如,AES表格有多少个空格需要填写,海关作出了以下回答:“很多常规的出口货物需要大约20个数据元素”。但“如果你想出口核反应堆驱动并带有克雷(Cray)超级计算机的旧汽车,且需经两个国家才能将其送到利比亚的买主,那么你可能需要提交近71个数据元素”。这种无伤大雅的幽默还指出了AES的一个重要作用,就是AES表格可提供以下大多数机构用于管理所需要的数据:农业部(DOE);美国武器控制和裁军机构(ACD);酒精、烟草和军火管理局;陆军工兵队(ACE);联邦航空管理局(FAA);劳动统计局(BLS);人口普查局;疾病控制中心(CDC);美国海岸警卫队;商业部;消费产品安全委员会(CPS);国防部(DOD);药品实施管理署(DEA);能源部(DOE);环保署(EPA);联邦海洋委员会(FMC);美国渔业和野生动物服务署(FWS);国家高速公路管理署(HAS);国内税务署(IRS);国际贸易委员会(ITC);司法部;原子能管理委员会(NRC);小型企业管理署(SBA);国务院;交通部(DOT);财政部等。将上述这26家不同机构及其各自要求的表格乘以全世界数以百计的国家,就会明白在海关机构开始将信息合并为一个类似 AES 出口申报的表格或欧盟的单一管理单证(SAD)之前,进出口是多么的混乱。

(二)通过自动商业系统进口到美国

自动商业系统(ACS)由美国海关开发,目的是方便办理商品进口手续、降低成本、减少海关和贸易领域的文书工作。ACS 用于对进口到美国的所有商业货物进行跟踪、管理和处理,一个被称为中间商自动化界面(ABI)的自动程序允许有资格的参与者(进口商、中间商、承运人、港口当局和独立服务中心)通过电子方式向海关提交进口数据。ACS/ABI 可大大降低成本,大多数界面都用缩写词标明(如表 6-1 所示)。

表 6-1　　ACS/ABI 的界面及其对应功能

中文名	缩写词	对应功能
自动清算所界面	ACH	是一种电子付款方式,设有提存账户的 ABI 用户可通过一次电子交易支付海关税费
其他政府机构界面	OCA	它省去了对其他机构提供书面表格的要求,否则这些表格在报关时需要提供。入关及汇总数据电子传送到美国交通部(DOT)、人口普查局(Census)、食品药品管理局(FDA)、美国鱼类及野生动物服务署(FWS)以及前述自动出口系统(AES)所列的其他机构
自动载货清单系统界面	AMS	这是货物库存控制及放货通知系统。自动载货清单系统允许对低风险货物更快地核实与放货,加快货物流通和保管程序并在货物到达前为进口商和其他机构提供放货电子授权;还允许利用不同的承运人进口
海运自动载货清单系统界面	AMS SEA	允许参与者在船只到港前将载货电子数据传到海关,海关便可提前决定对货物进行检查还是立即放货;该系统还提供机会使进口商可事先,甚至在船只未到港之前安排货物检查、放货及销售;空运自动载货清单系统(AMS AIR)及铁路自动载货清单系统(AMS RAIL)为通过其他运输方式到达的货物提供类似的服务
国家保税系统界面	The National in-Bond	包含在 AMS 中,对美国境内从卸货点到入境港或出口港的在途货物进行跟踪
无纸总保税系统	PMIB	程序是专为使用自动提单的海运货物编制的,由于 AMS 可提供正常情况下出现在纸单证上的所有信息,所以从卸货港承运人监管到目的港同一承运人监管的 PMIB 运输不再需要这些纸质单证

三、欧盟单一管理文件(SAD)

欧盟的前身欧洲自由贸易区1988年开始采用SAD,为所有成员国建立一种标准的海关文件,协调成员国之间的法律规范,简化国际贸易程序。SAD推出后,立即取代了过去要求的大多数报关单,并在各成员国间用于转运手续的办理。SAD被用做欧盟内部货物进出口或转运的报关文件,包含了所有以统一WCO编码表示和标准化的信息。通过连接比利时SADBEL系统,任何公司或报关行均可直接报关。

由于欧盟系统不基于Internet,这就要求利用电子文档的出口商或进口商,其计算机系统必须与欧盟海关系统及Excise IBM AS/400系统兼容。还有一种选择就是利用已具有该链路的发货人、报关行或物流公司所提供的服务。

四、海关数据管理自动化系统(ASYCUDA)

与世界上70多个不发达国家进行贸易的进出口商可能还不知道它们已加入了一种被称为海关数据管理自动化系统(ASYCUDA)的联合国海关网络。该系统始于1981年(远早于个人计算机用于商业领域),当时西非经济共同体(ECOWAS)请求联合国帮助编制一套用于其成员国之间的外贸统计系统,联合国很快意识到只有在清关机构和程序现代化后该系统才能实现。开发的第一套系统用现在的标准来看功能十分有限,但随着技术的提高,系统的最新版本(ASYCUDA2)经反复测试,即使是在复杂的自然和社会环境下都十分稳定可靠。

高适应性和可靠性是ASYCUDA成为全球性计算机海关管理系统的一个主要原因,该系统包括了绝大多数外贸程序,采用了国际标准化组织(ISO)制定的国际编码和统一标准,能处理载货清单和海关申报、会计程序、转运及停运程序。由于其灵活性,可对其进行配置以便适应个别国家的海关制度、国家关税、法律及规章制度。

ASYCUDA由联合国贸易与发展会议(UNCTAD)在瑞士日内瓦开发,旨在帮助最不发达国家通过可行的贸易选择促进其经济的发展。由于关税是发展中国家公共收入的主要来源,因此加强海关管理和关税征收曾是(目前仍是)ASYCUDA的主要目的之一;ASYCUDA的另一个重点就是建立发展中国家与发达国家的贸易联系。

ASYCUDA 已建立并可供海关和政府机构使用，目前还没有向贸易界开放使用，但这种情况不久就会发生变化。新版 ASYCUDA 将使商人和海关之间进行电子数据交换(EDI)以及通过电子方式提交进出口单证成为可能。

五、我国的口岸电子执法系统

中国电子口岸(www. chinaport. gov. cn)是经国务院批准，由海关总署牵头，会同国家外汇管理局、国家税务总局、中国电信、中国银行等单位和 11 个部委共同开发建设的公众数据中心和数据交换平台。在这个网站上进出口企业可办理各种进出口业务，政府部门可进行跨部门、跨行业的联网数据核查、审批相应的与进出口有关的业务。电子口岸涉及的政府部门包括海关总署、商务部、国家税务总局、中国人民银行、国家外汇管理局、国家质检总局、国家工商行政管理局、公安部、交通部、铁道部、民航总局、信息产业部等 12 个部委，依托国家电信公网，实现工商、税务、海关、外汇、外贸、质检、公安、铁路、银行等部门以及进出口企业、加工贸易企业、外贸中介服务企业、外贸货主单位的联网，将进出口管理流信息、资金流信息、货物流信息存放在集中式的数据库中，随时提供给各行政管理部门进行跨部门、跨行业、跨地区的数据交换和联网核查，并向企业提供利用互联网办理报关、结付汇核销、出口退税、进口增值税联网核查、网上支付等实时在线业务。

为有效解决网上业务信任关系和法律责任问题，中国电子口岸入网用户在经工商、税务、质检、外贸、海关、外汇等部门严格的入网资格审查后方可取得入网 IC 卡，进而开展网上业务。中国电子口岸安全认证系统基于公钥基础设施理论和技术(PKI)，参照国家和国际有关标准和规范研制开发，通过了国家信息安全保密鉴定，是一个拥有自主知识产权、具有较高保密强度和技术水平的身份认证系统。通过对接入用户的身份认证，为用户提供各项应用服务的相应权限，充分保证信息的完整性、不可抵赖性及传输的安全性和对发送双方身份的安全认证。

(一)中国口岸电子执法的意义

“口岸电子执法系统”使进出口执法管理更加规范、统一、透明，便于相关各部门、各个操作环节的相互制约、相互监督，有利于从源头上防止腐败滋生蔓延，有利于提高进出口贸易效率，打击和防范经济犯罪。其意义主要在于以下几点。

1. 强化监督管理，实现综合治理。国家有关行政管理部门分别将进出口企业档案、合同、税票、核销单、报关单、舱单、运输工具等数据资料通过国家电信公网传送到公共数据中心建立电子底账，并实现跨部门联网核查、核注、核销，使管理部门对进出口货物、运输工具和监管场所等进出口环节的管理更加完整和严密，从根本上杜绝利用假单证走私、骗税、骗汇等违法犯罪活动。

2. 规范执法行为，促进政务公开。政府部门的行政审批、监督管理等执法业务操作全部上网，促使管理部门各项执法行为更加规范、统一、透明，从而形成一种部门之间相互制约、相互监督的有效机制。同时，有关进出口管理、金融管理、税收管理等政策法规和管理规定上网，增加法规的透明度，促进政务公开。

3. 提高贸易效率，降低贸易成本。截至 2010 年，中国电子口岸平台已实现与海关总署、商务部、国税总局、外汇管理局等 12 家部委及 14 家商业银行的互联互通和信息共享，企业只要通过互联网，就可在网上向海关总署、质检总局、商务部、外汇管理局、国税总局等申办报关、出口退税、结付汇和加工贸易备案等进出口手续，减少企业直接到政府部门办理业务的次数，节省办事时间，提高贸易效率，真正实现政府对企业的“一站式”服务。

4. 规范进出口贸易秩序。中国电子口岸身份认证系统的使用有利于杜绝“三无”企业进行违法进出口活动，规范进出口贸易秩序。目前，中国电子口岸对用户实行严格的身份认证程序，由工商、质检、国税、外汇、外贸(商务)、海关 6 个国家管理机构对上网企业进行身份审核，审核后才能领取 IC 卡通过中国电子口岸作相关出口收汇、出口退税等业务，严格控制了企业资质，从源头上控制了非法外贸经营活动的产生。

5. 促进中国电子政务的发展。中国电子口岸系统以需求为导向，以应用促发展，充分利用现有网络资源和信息资源，进行跨部门、跨行业、跨地区信息系统的整合，逐步形成中国政府电子政务的统一网络和数据处理平台，最终实现“一卡通”和“一站式”服务。

6. 促进中国电子商务的发展。2010 年中国电子口岸入网用户 55 万家，每日电子单证处理量超过 120 万笔。用户每年进出口货物总值超万亿美元，孕育着巨大的运输、仓储、金融、保险等电子商务服务市场。加上中国电子口岸安全可靠高效的交易平台，严密的资信和授权管理，为中国信息产业和电子商务的蓬勃发展创造了良好条件。

（二）中国电子口岸管理模式的优越性

中国电子口岸较之传统口岸管理模式具有不可比拟的优越性。

1. 公共数据中心集中存放电子底账，信息资源共享。以前，企业想要和政府部门联网必须分别联网，政府部门之间数据不共享，联网效果不明显。通过中国电子口岸，企业只要与电信公网连接，就可通过公共数据中心在网上直接向海关总署、质检总局、商务部、外汇管理局、国税总局等政府管理机关申办各种进出口手续，政府部门也可在网上办理各种审批手续，从而真正实现政府对企业的“一站式”服务。截至2010年年底，电子口岸专网已实现与国税总局、外汇管理局、质检总局等6个部委，工商银行等16家银行以及香港工贸署、澳门经济局、贸促会等6个单位的网络专线连接，覆盖到全国41个直属海关所在城市、省会城市和重点地级市及报关现场，联网节点超过300个。通过数据中心，企业可获得运输、仓储、银行、保险等行业的中介服务，企业间也可联网实现真正意义上的电子商务。

2. 基于公网，系统开放性好，提供全天候、全方位服务。企业利用电信公网实现对公共数据中心的接入访问，在任何时候、任何地方只要与Internet联网，即可通过数据中心办理业务。从2008年开始，数据中心充分发挥电子口岸建设的网络化优势，与各数据分中心合作构建服务接入号码统一、服务标准统一、服务管理统一的电子口岸一体化客户服务体系。截至2010年，基本完成了数据中心呼叫中心系统的建设，以及与12个数据分中心呼叫中心平台的对接，大大提高了电子口岸的总体客户服务质量。2010年，电子口岸客服电话的人工接通率达85.4%，热线座席的问题直接处理率达95.3%，总体客户服务满意度达91.5%。

3. 入网成本低。登录中国电子口岸网站，企业只需配备一些简单设备，数据中心提供免费的系统安装软件，比EDI方式成本低。相关管理部门提供免费技术、业务支持，企业可得到更多实惠。

4. 系统直观、易学，操作简单。中国电子口岸以Windows操作系统为平台，普遍应用IE等浏览器，建立与用户交互式的友好界面，系统提供一系列丰富的在线帮助和业务规范、操作指南查询，使用户轻松实现网上办公。

5. 多重严密的安全防护使系统安全可靠。中国电子口岸采用国际标准和国内自主开发的高强度密码设计,在网传加密、网络隔离防护、机房设施安全以及身份认证、权限设置、数字签名等方面采取了多重严密的防护措施,防黑客、防病毒、防偷窥、防抵赖。且该系统由政府部门直接、严密管理,安全有保证。随着密码技术的发展及有关技术标准、规范的出台,2007 年数据中心启动了密码算法升级改造工作,改造后的系统于 2009 年 9 月通过了国家密码管理局组织的安全性审查。2010 年 12 月,数据中心获得了国家密码管理局颁发的电子政务电子认证服务资质;截至 2010 年年底,数据中心已累计发放数字证书 750 余万张,是我国投入运营较早、发证量较多、应用范围较广、软件完整性保护较好的安全认证系统之一。

(三)中国电子口岸的目标

1. 建立现代化管理部门联网综合管理模式,增强管理综合效能。在公共数据中心的支持下,进出口环节的所有管理操作都有电子底账可查,都可按职能分工进行联网核查、核注、核销。

2. 利用高科技手段增强管理部门的执法透明度。中国电子口岸借助高科技手段,使管理部门各项进出口管理作业更规范、统一、透明,各部门、各操作环节相互制约、相互监督,从机制上加强了管理部门的廉政建设。

3. 便利企业,提高贸易效率,降低贸易成本。很多进出口手续在办公室通过网络就可以完成,通关效率提高,出口退税迅速,结售汇核销等手续更为便捷。

2000 年电子口岸开发应用了出口收汇系统,提供网上申领、挂失、核发核销单、网上交单、核销等功能,海关和国税部门可在出口报关和出口退税工作中实时进行核销单电子底账的查询、核查。为了方便免税店向海关报送业务数据,中国电子口岸数据中心开发了免税商品监管系统,并于 2011 年 4 月正式上线运行,主要面向免税企业提供免税店备案、免税商品备案、调拨申请、审单申请、特殊商品处理申请、核查单申请、季报申请等功能。

(四)从出口退税子系统看国税部门与海关的配合

国家税务总局、海关总署决定自 2003 年 1 月 1 日起,在全国正式启用口岸电子执法系统出口退税子系统,并依据该系统报关单“证明联”的电子数据申报办理出口货物的退(免)税。

1. 在“口岸电子执法系统”出口退税子系统的运行过程中,国税部门主要有以下几方面的工作。

(1)各级主管出口退税的税务机关要求出口企业及时登录“口岸电子执法系统”出口退税子系统,核查并准确地确认和提交出口货物报关单“证明联”电子数据;核查并确认提交报关单“证明联”电子数据的时间范围。

(2)出口企业进入“口岸电子执法系统”出口退税子系统核查报关单“证明联”的电子信息时,要求网上数据项目必须与出口货物具体报关项目核对完全一致后,方可确认和提交报关单“证明联”电子数据,其中必须重点核对的项目有:海关编号(报关单号)、出口日期、出口口岸、经营单位编码、备案号、贸易方式、运抵国(贸易国别)、批准文号(收汇核销单号)、成交方式、运费、保费、杂费、商品编号、商品名称、第一数量、第一计量单位、第二数量、第二计量单位、成交数量及计量单位、总价、币制。

(3)各地国税部门要及时维护清分规则,将国家税务总局下发的报关单数据及时、准确地清分给基层主管出口退税的税务机关。各地退税部门应通过报关单传输系统监控台查看不可清分数据,了解数据清分情况。对存在不可清分数据的情况,及时调整清分方案,并交由当地信息中心据新的清分方案调整清分程序。

(4)国家税务总局下传的报关单“证明联”电子数据分别为:企业按日确认的数据(代码:001);一个月终了后企业已确认和未确认的数据(代码:003);修改、更正数据(代码:002)。各级主管出口退税的税务机关在办理出口退税审核、审批手续时,必须使用“001”数据;主管征税的税务机关在办理生产企业出口货物免、抵税款申报、审核时,可使用“003”数据。

(5)对出口企业申报的出口货物退(免)税纸质申报凭证及其相关电子数据,主管出口退税的税务机关必须与总局下发的出口报关单“证明联”等电子信息进行严格审核、核对,对报关单“证明联”电子信息核对有误的,不予办理退(免)税。

(6)“口岸电子执法系统”出口退税子系统数据经出口企业网上确认后,其数据由中国电子口岸数据中心传输到国家税务总局,由中国电子口岸数据中心和国家税务总局共同负责传输数据的核对工作。国家税务总局清分给各地的数据,由各地国税部门管理。

2. 各级海关充分认识到报关单“证明联”电子数据录入、传输的质量,会直接影响到国税部门办理出口货物退(免)税的正确性。保证报关单“证明联”电子数据与纸质单证数据相一致,是确保“口岸电子执法系统”出口退税子系统顺利运行的基础。为此,各级海关配合国税部门主要进行以下具体工作。

(1)严格按有关文件规定签发报关单“证明联”。该报关单“证明联”的底账数据随即通过海关总署传送至中国电子口岸数据中心,确保电子数据与纸质单证数据项目的严格一致。报关单“证明联”一经打印,不得人工修改,对确因录入、网络传输及系统故障等原因需要修改数据的,要收回原报关单“证明联”,重新打印并上传新电子数据,不得采取人工填写或修改后加盖印章的做法。

(2)加强业务管理,严格业务操作规范。尤其是在成品油、煤炭、粮食、矿砂等大宗散装货物的进出口过程中,审单、接单部门在对进出口审单过程因报关单数据修改而进行的重审环节中,必须根据计算机系统提示的操作要求,进行计算机系统上的“复审计证”操作,不得省略,以确保报关单数据逻辑关系一致。

(3)应出口企业申请,海关按出口退(免)税法规的有关规定,在收到清洁仓单的5个工作日内签发报关单“证明联”;对转关运输的出口货物,启运地海关在收到出境地海关回复的书面回执联或转关电子回执后5个工作日内,签发报关单“证明联”。

(4)为保证“口岸电子执法系统”出口退税子系统联网运行的畅通,海关加强热线值班服务管理,落实专人负责,解答企业疑难问题并协助查询数据。

(五)中国电子口岸在线运行的子项目

继1999年1月1日中国电子口岸第一个项目——“进口付汇报关单联网核查系统”在全国推广应用以来,截至2010年,数据中心已累计开发推广应用项目65个,其中,采用“电子底账+联网核查”模式实现大通关相关部门执法数据互联互通的应用项目26个,构建“一站式”的服务平台实现企业便捷通关的应用项目28个,整合物流商务信息促进区域经济发展的应用项目11个。主要应用项目有:身份认证管理系统、电子口岸预录入系统、进口报关单联网核查系统、加工贸易联网监管系统、报关单联网报关系统、ATA单证册通关系统、ATA索赔管理系统、质检通关单系统、进出口快件通关系统、舱单系统、出口退税联网核查系统、进口增值税联网检查系统、进口汽车证明书系统、出口收结汇联网核查系统、CEPA 原产地证明核查系统、网上税费支付系统、集成通系统、铁路口岸信息平台系统、深圳陆路口岸快速通关系统、香港和澳门原产地证明(CEPA)系统、特殊区域(场所)海关监管作业平台、分中心热线查询项目、数据对账系统、业务统计系统等,取得了巨大的社会效益和经济效益。

第四节　电子检验检疫

世界各国均制定了发展政府信息化的政策,旨在借助信息科技提高政府服务效率与施政质量,并通过构建电子化政府提高政府回应力、决策力、工作效率,建成开放政府和责任政府,最终提高国家竞争力。因此,构建电子政府已成为世界范围内政府业务流程再造的新趋势。电子化政府实现的前提和基础在于政府信息的公开、业务的电子化和服务的创新,以及信息技术与政府业务流程再造的整合等。

出入境检验检疫综合业务管理系统(简称 CIQ2000 系统)在全国检验检疫系统的推广运行,是国家检验检疫系统政府业务电子化的一项重大举措。它规范了检验检疫业务流程,促进了业务体系的科学管理,减少了工作上的随意性,促进了工作质量和工作效率的提高,大大推进了检验检疫系统的信息化应用水平。整个业务系统的应用通过管理制度、管理方法和管理手段的现代化,全面地、高质量地实现了执法管理与服务相结合的职能。

电子检验检疫是国家电子政务 12 个重点工程之一,“金质”工程的重要组成部分——电子检验检疫的目标是提速、增效、减负、严密监督。

检验检疫“三电工程”是在 CIQ2000 系统的基础上增加的新功能,其推广应用实现了检验检疫机构与企业之间、检验检疫机构与检验检疫机构之间、检验检疫机构与海关之间的业务数据快速交换,从而实现了检验检疫机构由管理型向管理服务型的转变。为搞好中国电子检验检疫以及“大通关”建设的指导工作,国家质检总局制定了《中国电子检验检疫总体规划》,明确了“大通关”建设的工作原则,先后出台了《出入境检验检疫电子报检管理办法》、《出入境检验检疫产地证电子签证管理办法》和《出入境检验检疫电子转单管理办法》,规范电子检验检疫行为。各直属检验检疫局则认真按“统一领导、统一规划、统一管理、统一维护”的要求,加强了对这项工作的领导和管理。

检验检疫“三电工程”原指电子报检、产地证电子签证和电子转单。为适应口岸“大通关”形势的发展,CIQ2000 业务管理系统又增加了电子通关的功能。因此,现“三电工程”是指出入境货物检验检疫电子申报、电子转单和电子通关。电子报检流程如图 6－1 所示。

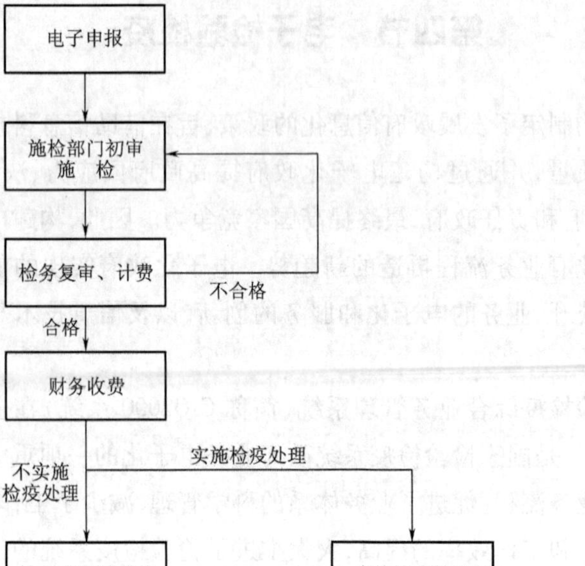

图 6－1　电子报检流程图

一、电子申报

电子申报包括电子报检和产地证电子签证。电子报检是指报检人使用电子申报软件,通过网络将出入境货物的报检数据以电子方式传输给检验检疫机构,经 CIQ2000 业务管理系统和检务人员处理后,将受理报检信息反馈报检人,实现远程办理出入境检验检疫报检的行为。目前,电子报检业务包括:①出/入境货物报检;②产地证书报检;③出境包装报检等。产地证电子签证是指申领原产地证的企业,通过网络将申报原产地证的有关数据以电子方式传输给检验检疫机构,由检验检疫机构审查符合要求后办理证书,实现电子远程申请办理原产地证。

电子申报改变了检验检疫报检和产地证签证申请凭书面材料受理的传统模式,通过企业与检验检疫机构间的电子数据交换,使出入境货物的报检和产地证签证申请业务实现了"无纸化",是检验检疫报检/申请工作模式的革命,可帮助企业降低成本、减少工作环节。电子申报实现了检验检疫机构和企业端的数据交互,方便企业报检,提高了企业商业机密的保密度,也加快了检验检疫机构和企业双方业务处理的速度,对提高工作效率、加快口岸通关速度具有重要作用。

已在检验检疫机构办理报检单位登记备案或注册登记手续、具备上网条件的企业均可申请电子报检。报检人在申请电子报检时应提供报检单位登记备案或注册登记证明复印件,填写《电子报检登记申请表》。检验检疫机构审核合格后,由电子报检企业端软件提供商进行企业电子报检软件的安装培训,企业即可进行电子报检。

申请电子报检单位的条件是:①遵守报检的有关管理规定;②已在检验检疫机构办理报检单位备案或注册登记手续;③具有在检验检疫机构注册的报检员;④具备开展电子报检的软硬件条件;⑤在国家质检总局指定的机构办理电子业务开户手续。

申请开展电子报检的应提交下列资料:①在检验检疫机构取得的报检单位登记备案或注册登记证明复印件;②《电子报检登记申请表》;③《电子业务开户登记表》。

实施电子报检的企业应使用经国家质检总局评测认可的电子报检软件。有两类软件由企业视具体情况自愿选择:一是安装在企业端的软件,通过专门平台进行电子报检；二是通过浏览器进行电子报检。

实施电子报检后的工作流程相比传统的流程有所变化，主要有以下方面：在报检环节，对报检数据的审核采取“先机审，后人审”的程序进行；在施检环节，需持报检软件打印的报检单和全套随附单据；在计收费环节，计费由电子审单系统自动完成，并对照报检单位提供的单据进行计费复核；与海关系统连通后，进行电子签证放行。

电子计收费（支付）是指通过检验检疫机构与银行的网络连接，采用银行代收方式，实现企业电子支付检验检疫费用，检验检疫机构进行电子收费的过程。此即企业在与检验检疫机构及银行签订代收协议的基础上，企业办理检验检疫手续时，检验检疫机构计费确认企业应缴费用后，通过网络将费用信息发送到银行，银行直接将企业应缴纳的费用扣划入检验检疫账户，并反馈相关信息，实现企业电子支付相关费用、检验检疫局电子收费的全过程。电子支付系统将企业通过柜台方式、采用现金或支票缴纳检验检疫费用的过程，改变为电子方式自动缴费、自动划拨。企业在具体办理某批货物进出口时，无须在柜台缴费，减少了环节，节省了时间。已在检验检疫机构办理报检单位登记备案或注册登记手续，并具备可实施电子支付缴纳检验检疫费用的银行账户的企业均可申请电子收费。申请时提供报检单位登记备案或注册登记证明复印件，填写《委托银行代收检验检疫费用协议书》，检验检疫机构审核合格后即可开通。电子报检应注意的问题有如下四个。

第一，电子报检人应确保电子报检信息真实、准确，不得发送无效报检信息。报检人发送的电子报检信息应与提供的报检单及随附单据有关内容保持一致。

第二，电子报检人须在规定的报检时限内将相关出入境货物的报检数据发送至报检地检验检疫机构。

第三，对于合同或信用证中涉及检验检疫特殊条款和特殊要求的，电子报检人须在电子报检申请中同时提出。

第四，实行电子报检的报检人的名称、法定代表人、经营范围、经营地址等变更时，应及时向当地检验检疫机构办理变更登记手续。

二、电子监管

电子监管是中国电子检验检疫的重要组成部分，其建成和应用，将有效规范检验检疫监督管理业务,实现检验检疫工作的前推后移,全面解决检验检疫环节的电子化管理问题,使检验检疫的业务管理和执法水平更上一个台阶。同时,电子监管可促进电子申报发挥更大的作用,并为进一步扩大电子放行的应用范围和运行效率奠定基础。因此,电子监管的推广应用,是以信息化为依托,充分运用现代网络和信息技术,强化检验检疫的把关和服务的职能,进一步推进和深化检验检疫业务改革的重要措施,是我国检验检疫系统落实科学发展观、加强执政能力建设、促进构建和谐社会的具体体现。

一方面,电子监管将实现出口检验检疫监管工作的前移,提高检验检疫系统对出口产品质量的把关能力和工作效率,有效促进出口企业提高诚信意识和质量管理水平,推动我国"以质取胜"的外贸出口战略的实施;另一方面,电子监管能进一步加强对入境货物、交通工具、人员的严密监管,有效防止疫病、动植物病虫害和其他不符合安全、卫生、环保要求的有害物质进入我国,确保人民生命财产的安全,为国家的经济建设保驾护航。

电子监管分为出口货物电子监管(含对质量较稳定的工业产品的出口快速核放)和进口货物电子监管(含进口快速查验)。

中国检验检疫出境电子监管系统根据检验检疫现行的法律法规,运用现代质量管理理论和信息技术,把检验检疫工作前推到出口产品生产过程的各个环节,以过程监督、项目检测、风险分析、关键控制、系统保证与符合性验证为基础,通过对产品生产过程的自动化持续监控,实施对企业产品质量控制、资源共享与数据及情况的采集,实现对产品质量的超前控制与闭环反馈控制,并在此过程中进行质量跟踪、质量检测、质量预警、质量修正、质量评定和质量判断活动。"电子监管系统"充分利用 CIQ2000 综合业务管理系统的现有资源,建立与 CIQ2000 的全面连接,适用于所有出口报检企业和商品,适用于不同经济发展水平的地区和检验检疫机构。该系统与"电子申报系统"和"电子放行系统"相融合,形成完整的中国电子检验检疫系统。

电子监管系统包括 8 个主要的业务子系统,实现与企业的质量控制管理系统互动,完成企业及其产品许可的申请,企业产品监控项目参数的设置,生产过程中数据的采集和 CIQ 对产品的评定等检验检疫工作要求。还可实现与 CIQ2000 系统的报检、计收费、检验检疫和签证放行的衔接,为整合 CIQ2000 系统和电子监管系统打下基础。该系统的主要子系统有:①法律、法规标准及风险预警子系统;②企业及产品许可子系统;③监控项目参数设定子系统;④企业数据监控子系统;⑤检验检疫监督管理子系统;⑥报检批合格评定子系统;⑦统计与质量分析子系统;⑧系统维护。

电子监管的八大功能分别为:

第一,建立检验检疫法律、法规、标准和风险预警管理信息系统,为检验检疫活动提供支持,为企业提供帮助和指导。

第二,建立企业及产品许可管理系统,实现许可、注册、备案、登记管理电子化。

第三,完善检验检疫监督管理系统,使检验检疫监督管理工作深入到控制出口产品质量的关键环节中去,从源头抓产品的质量,实现出口产品监管工作的前推。

第四,建立企业出口产品数据监控系统。合理选择过程监控项目和参数,规范企业端数据采集,通过数据监控和关键环节的视频监控对在线数据、实验室数据和视频数据等影响出口产品质量的关键数据进行采集,通过数据关联实现对不合格产品的可追溯,并实时调用所采集的信息,完成生产批合格评定。

第五,建立出口产品评定系统,在出口产品风险分析的基础上,综合各方面信息,完成产品合格判定工作。对于生产过程监控系统范围内的出口产品,实现报检批与生产批的综合批次管理,将企业出口报检信息与企业生产监控信息有机关联。

第六,建立出口产品质量分析系统,实现对出口产品质量的全面分析和快速反应机制,解决 CIQ2000 未能解决的质量分析问题,为决策部门提供决策支持。

第七,建立电子监管系统的抽批、抽样规则库,实现对生产批、报检批的抽批、抽样管理。

第八,实现电子监管系统与 CIQ2000 综合业务管理系统的衔接,并与出入境检验检疫其他系统整合,以推进出入境检验检疫全过程的电子化进程,形成完整的检验检疫电子网络。

三、电子放行

电子放行主要包括电子通关、电子转单、绿色通道制度三个方面。

（一）电子通关

电子通关是检验检疫机构与海关联网，通过“口岸电子执法系统”平台实现检验检疫机构和海关业务数据的交换。电子通关实现了检验检疫机构和海关的业务数据的交互，在检验检疫机构和海关之间建立起方便企业、操作可行、运行稳定快捷、各部门责权分明的电子通关系统，实现检验检疫机构、海关与企业间通过“口岸电子执法系统”平台的快速通关业务，有效提高检验检疫和海关的监管水平，达到“加快通关速度，服务外贸企业”的目的。

（二）电子转单

电子转单指通过系统网络，将产地检验检疫机构和口岸检验检疫机构的相关信息相互连通，出境货物经产地检验检疫机构将检验检疫合格的相关电子信息传输到出境口岸检验检疫机构；入境货物经入境口岸检验检疫机构签发《入境货物通关单》后的相关电子信息传输到目的地检验检疫机构实施检验检疫的监管模式。电子转单实现了各地检验检疫机构业务数据的交互与共享，加快了口岸和内地局的换证、查验和签证速度，既方便企业又协调检验检疫机构的口岸和内地局的业务。由此可见，电子转单具有数据信息共享、简化操作程序、降低外贸成本、提高通关速度等优点。

出境电子转单的程序如图 6－2 所示。产地检验检疫合格后，将报检信息、签证信息、其他相关信息通过网络传输到电子转单中心，产地检验检疫机构以书面方式向出境货物货主或其代理提供报检单号、转单号及密码等，货主或其代理凭上述资料，到出境口岸检验检疫机构申请《出境货物通关单》。出境口岸检验检疫机构提取电子转单信息，签发《出境货物通关单》。需按《口岸查验管理规定》核查货证的，货主或其代理配合完成检验检疫工作。

入境电子转单程序与出境电子转单的程序类似，这里不再详述。

有下列情况之一的，暂不实施电子转单：①出境货物在产地预检的；②出境货物出境口岸不明确的；③出境货物需到口岸并批的；④出境货物按规定需在口岸检验检疫并出证的；⑤其他按有关规定不适用电子转单的。

（三）绿色通道制度

检验检疫绿色通道制度（以下简称绿色通道制度）对于诚信度高、产品质量

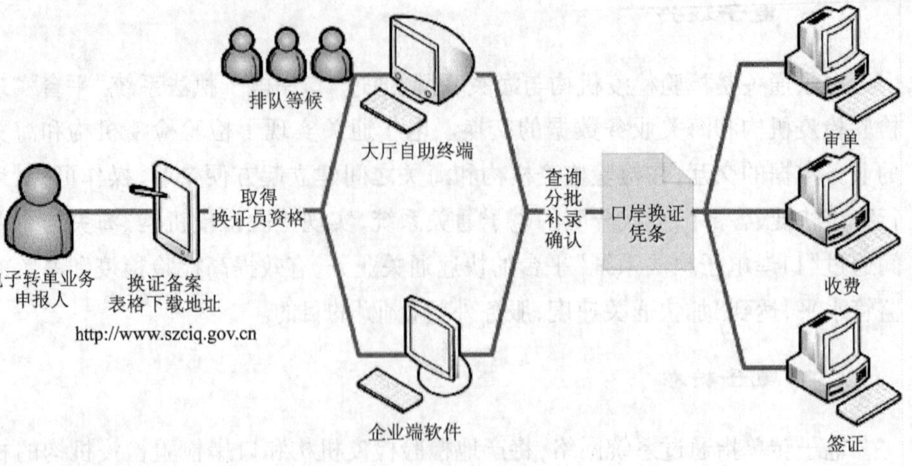

图 6－2　电子转单流程

保障体系健全、质量稳定、具有较大出口规模的生产、经营企业(含高新技术企业、加工贸易企业),经国家质量监督检验检疫总局(以下简称国家质检总局)审查核准,对其符合条件的出口货物实行产地检验检疫合格,口岸检验检疫机构免于查验的放行管理模式。简单地说,检验检疫机构对已实行“过程检验”监管模式的出口商品、企业采取直通式电子报检后,无须与实施检验检疫的业务部门联系检验,直接持报检单证到检务部门领取出境货物检验检疫证单。这是检验检疫机构在实施出口商品检验监管模式改革的同时,向企业推出的又一加快口岸“大通关”进程的重大举措。绿色通道制度的目的是进一步加快口岸通关速度,方便出口货物通关放行,促进出口。

绿色通道制度实行企业自愿申请原则。申请实施绿色通道制度的企业需填写《实施绿色通道制度申请书》,同时提交 ISO9000 质量管理体系认证证书(复印件)及其他有关文件。实施绿色通道制度的企业在口岸对申报内容更改的,口岸检验检疫机构不按绿色通道制度的规定放行。申请实施绿色通道制度的企业应当具备以下条件:①具有良好信誉,诚信度高,年出口额 500 万美元以上;②已实施 ISO9000 质量管理体系,获得相关机构颁发的生产企业质量体系评审合格证书;③出口货物质量长期稳定,2 年内未发生过进口国质量索赔和争议;④1 年内无违规报检行为,2 年内未受过检验检疫机构行政处罚;⑤根据国家质检总局有关规定实施生产企业分类管理的,应当属于一类或者二类企业;

⑥法律法规及双边协议规定必须使用原产地标记的,应当获得原产地标记注册;⑦国家质检总局规定的其他条件。

申请企业应对以下内容作出承诺:①遵守出入境检验检疫法律法规和《出入境检验检疫报检规定》;②采用电子方式进行申报;③出口货物货证相符、批次清楚、标记齐全,可以实施封识的必须封识完整;④产地检验检疫机构检验检疫合格的出口货物在运往口岸过程中,不发生换货、调包等不法行为;⑤自觉接受检验检疫机构的监督管理。

受理申请的检验检疫机构对申请文件进行审查,还要对企业的质量保障体系情况、出口货物质量情况、有无违规报检行为或者其他违反检验检疫法律法规的行为等情况进行核实和调查,提出初审意见并提交所属直属检验检疫局审查。直属检验检疫局对检验检疫机构提交的初审意见及相关材料进行审查,并将审查合格的企业名单及相关材料报国家质检总局。国家质检总局对符合绿色通道制度相关要求的企业予以核准,经核准的实施绿色通道制度的企业名单由国家质检总局对外公布。

对于获准实施绿色通道制度的出口企业,由所在地检验检疫机构在CIQ2000系统报检子系统中对其绿色通道资格予以确认。检验检疫机构工作人员在受理实施绿色通道制度企业的电子报检时应严格按照绿色通道制度的要求进行审核。对不符合有关要求的应当在给企业的报检回执中予以说明;在施检过程中发现有不符合实施绿色通道制度要求的,应在“检验检疫工作流程”或者相关的检验检疫工作记录的检验检疫评定意见一栏加注“不符合实施绿色通道制度要求”字样。产地检验检疫机构应当对实施绿色通道制度出口货物的报检单据和检验检疫单据加强审核,对符合条件的必须以电子转单方式向口岸检验检疫机构发送通关数据。在实施转单时,应输入确定的报关口岸代码并出具《出境货物转单凭条》。

口岸检验检疫机构为实施绿色通道制度的企业设立服务窗口;对于实施绿色通道制度企业的出口货物,应进入CIQ2000系统报检子系统启动绿色通道功能;对于实施绿色通道制度的企业,应严格审查电子转单数据中实施绿色通道制度的相关信息;对于审查无误的,不需查验,直接签发《出境货物通关单》。

第七章 模拟操作与习题

【学习要点与要求】

模拟操作有两个部分：一是根据信用证及所给的资料制作出口业务所需的各种单证；二是根据信用证的要求制作结汇单据。模拟习题包括审证、填空、单项选择、多项选择、是非判断、简答、填表等题目。

第一节 模拟操作及答案

训练资料：第二章第五节之六的可转让信用证。

请以单证员身份，据信用证及补充材料的有关内容独立进行以下操作。

操作一：缮制出口许可证一份，有关唛头、件数等内容应与该信用证要求相符。

操作二：缮制发票一份。

操作三：缮制装箱单一份。

操作四：缮制汇票一份。

操作五：(1)缮制原产地证明书申请书和原产地证明书一份。(2)缮制普惠制产地证明书申请书和普惠制产地证明书一份。

操作六：缮制出境货物报验单和数量检验证书一份。

操作七：缮制投保单、保险单各一份。

操作八：缮制海运货物委托书和提单各一份。

操作九：缮制出口货物报关单一份。

操作十：缮制装运通知一份。

参考答案

操作一 出口许可证(见表 7 - 1)

表 7 - 1 **中华人民共和国出口货物许可证 A 类**

EXPORT LICENCE OF THE PEOPLE'S REPUBLIC OF CHINA

申领许可证单位 编码 20102654 Exporter 苏州毛织品进出口贸易公司	出口许可证编号 Licence No. 2018122433
发货单位 Consignee 苏州毛织品进出口贸易公司	许可证有效期 Validity 2018 - 12 - 24
贸易方式 Terms of trade 一般贸易	输往国家(地区) Country of destination 加拿大
合同号 Contract No. ST303	收款方式 Terms of payment L/C
出运口岸 Port of shipment 上海	运输方式 Means of transport 江海
唛头——包装件数 Marks & numbers—number of package 367	
商品名称 商品编码 Description of commodity 全棉抹布 Commodity No. 2041. 3652	

商品规格,型号 Specification	单位 Unit	数量 Quantity	单价( ) Unit price	总值( ) Amount	总值折美元 Amount in USD
10" × 10"	DOZ	16 000	USD 1. 31		USD 20 960. 00
20" × 20"	DOZ	6 000	USD 2. 51		USD 15 060. 00
30" × 30"	DOZ	11 350	USD 4. 73		USD 53 685. 50
总计 Total	DOZ	33 350			USD 89 705. 50

备注 Supplementary details	发证机关盖章 Issuing Authority's Stamp 发证日期 Signature Date 2018 - 09 - 24

商务部监制　　本证不得涂改,不得转让

操作二　发票(见表7－2)

表7－2

苏州毛织品进出口贸易公司

SUZHOU KNITWEAR AND MANUFACTURED GOODS

IMPORT & EXPORT TRADE CORPORATION

321, ZHONGSHAN ROAD, SUZHOU, CHINA

COMMERCIAL INVOICE

POST CODE: 200132　　INVOICE No: T03617

FAX: 64042522　　DATE: SEP. 27. 2018

TEL: 64042521　　S/C No: ST 303

L/C No: TH2018

Date: OCT. 06. 2018

To Messrs.,

YI YANG TRADING CORPORATION

88 MARSHALL AVE

DONCASTER CANADA

FROM SHANGHAI TO MONTREAL

唛头号码 MARKS & No.	货物品名 DESCRIPTIONS OF GOODS	数量 QUANTITY	单价 UNIT PRICE	总值 AMOUNT
				CIF MONTREAL
Y. Y. T. C MONTREAL C/No. 1－367	COTTON TEATOWELS 10"×10"	16 000 DOZ	USD 1. 310	USD 20 960. 00
	20"×20"	6 000 DOZ	USD 2. 510	USD 15 060. 00
	30"×30"	11 350 DOZ	USD 4. 730	USD 53 685. 50
	AS PER S/C No. ST303			USD 89 705. 50
TOTAL AMOUNT: SAY EIGHTY NINE THOUSAND SEVEN HUNDRED AND FIVE US DOLLARS AND FIFTY CENTS ONLY				

WE HEREBY CERTITY THAT THE ABOVE MENTIONED GOODS ARE OF CHINESE ORIGIN.

SUZHOU KNITWEAR AND MANUFACTURED GOODS

IMPORT & EXPORT TRADE CORPORATION

Li Li

操作三 装箱单(见表7-3)

表7-3 苏州毛织品进出口贸易公司

SUZHOU KNITWEAR AND MANUFACTURED GOODS
IMPORT & EXPORT TRADE CORPORATION
321, ZHONGSHAN ROAD, SUZHOU, CHINA

PACKING LIST

POST CODE: 200132 INVOICE No: T03617
FAX: 64042522 DATE: SEP. 27, 2018
TEL: 64042521 S/C No.: ST303
TO: SHIPPING MARKS:
YI YANG TRADING CORPORATION Y. Y. T. C
88 MARSHALL AVE MONTREAL
DONCASTER CANADA C/No. 1-367

C/NOS.	NOS & KINDS OF PKGS (BALES)	QTY (DOZENS)	G. W (kgs)	N. W (kgs)	MEAS (m^3)
	COTTON TEATOWELS				
1-300	SIZE 10"×10" 80	16 000	58/BALE	57/BALE	0. 1624/BALE
	PACKED IN 80 BALES OF 200 DOZ EACH				
301-600	SIZE 20"×20" 60	6 000	54/BALE	53/BALE	0. 176/BALE
	PACKED IN 60 BALES OF 100 DOZ EACH				
601-900	SIZE 30"×30" 227	11 350	53/BALE	51/BALE	0. 13/BALE
	PACKED IN 227 BALES OF 50 DOZ EACH				
	TOTAL:	33 350	19 911	19 339. 7	53. 06

SUZHOU KNITWEAR AND MANUFACTURED GOODS
IMPORT & EXPORT TRADE CORPORATION
Li Li

操作四 汇票(见表7-4)

表7-4 **BILL OF EXCHANGE**

No. T03617 Date: OCT. 24, 2018

For USD 89705. 50

At * * * * * * * * * sight of THIS SECOND BILL of EXCHANGE (first of the same tenor and date unpaid) pay to BANK OF CHINA or order the sum of SAY US DOLLARS EIGHTY NINE THOUSAND SEVEN HUNDRED AND FIVE POINT FIFTY ONLY.

Drawn under NATIONAL PARIS BANK(CANADA)MONTREAL L/C No. TH2018 Dated OCT. 06, 2018.

To:
NATIONAL PARIS BANK
24 MARSHALL VEDONCASTER
MONTREAL, CANADA

SUZHOU KNITWEAR AND MANUFACTURED
GOODS IMPORT & EXPORT
TRADE CORPORATION
Li Li

操作五

1. 原产地证明申请书(见表 7-5)

表 7-5　　　　一般原产地证明书/加工装配证明书

申　请　书

申请单位注册号：195762654

申请人郑重声明：

本人被正式授权代表本企业办理和签署本申请书。

本申请书及一般原产地证明书/加工装配证明书所列内容正确无误，如发现弄虚作假，冒充证书所列货物，擅改证书，本人愿按《中华人民共和国出口货物原产地规则》的有关规定接受处罚。现将有关情况申报如下：

<table>
<tr><td>企业名称</td><td colspan="2">苏州毛织品进出口贸易公司</td><td colspan="2">发票号</td><td>T03617</td></tr>
<tr><td>商品名称</td><td colspan="2">全棉抹布</td><td colspan="2">H.S. 编码(六位数)</td><td>2041.3652</td></tr>
<tr><td colspan="2">商品 FOB 总值(以美元计)</td><td>86105.50</td><td colspan="2">最终目的地国/地区</td><td>加拿大</td></tr>
<tr><td>拟出运日期</td><td colspan="2">2018 年 10 月 24 日</td><td colspan="2">转口国(地区)</td><td></td></tr>
<tr><td colspan="6">贸易方式和企业性质(请在适用处画“√”)</td></tr>
<tr><td colspan="2">一般贸易</td><td colspan="2">三来一补</td><td colspan="2">其他贸易方式</td></tr>
<tr><td>国有企业</td><td>三资企业</td><td>国有企业</td><td>三资企业</td><td>国有企业</td><td>三资企业</td></tr>
<tr><td>√</td><td></td><td></td><td></td><td></td><td></td></tr>
<tr><td colspan="3">包装数量或毛量或其他数量</td><td colspan="3">367 捆</td></tr>
<tr><td colspan="2">证书种类(画“√”)</td><td colspan="2">√　一般原产地证明书</td><td colspan="2">加工装配证明书</td></tr>
<tr><td colspan="6">现提交中国出口货物商业发票副本 5 份，一般原产地证明书/加工装配证明书 3 正 3 副，以及其他附件 2 份，请予审核签证。

申请单位盖章　　　　申领人(签名)：李莉
电话:64042521
苏州毛织品进出口贸易公司　　　　日期:2018 年 10 月 10 日</td></tr>
</table>

2. 一般原产地证明书(见表 7－6)

表 7－6 **一般原产地证明书**

<table>
<tr><td colspan="2">1. Exporter (full name and address)
SUZHOU KNITWEAR AND MANUFACTURED
GOODS IMPORT & EXPORT TRADE CORPORATION
321, ZHONGSHAN ROAD, SUZHOU, CHINA</td><td colspan="3" rowspan="2">Certificate No.

CERTIFICATE OF ORIGIN
OF
THE PEOPLE'S REPUBLIC OF CHINA</td></tr>
<tr><td colspan="2">2. Consignee (full name, address, country)
TO ORDER OF NATIONAL PARIS BANK CANADA</td></tr>
<tr><td colspan="2">3. Means of transport and route
FROM SHANGHAI TO MONTREAL
BY SEA</td><td colspan="3" rowspan="2">5. For certifying authority use only</td></tr>
<tr><td colspan="2">4. Destination port
MONTREAL, CANADA</td></tr>
<tr><td>6. Marks and numbers of packages

Y. Y. T. C
MONTREAL
C/No. 1－367</td><td>7. Destination of goods, number and kind of packages

COTTON TEATOWELS
367 BALES</td><td>8. H. S. Code

2041. 3652</td><td>9. Quantity or weight

33350 DOZENS
C. W: 19911kg</td><td>10. number and date of invoices

No.: T03617
DATE:
SEP. 27, 2018</td></tr>
<tr><td colspan="2">11. Declaration by the exporter
The undersigned hereby declares that the above details and statements are correct; that all the goods were produced in China and that they comply with the Rules of Origin of the People's Republic of China.

SUZHOU KNITWEAR AND MANUFACTURED GOODS IMPORT & EXPORT TRADE CORPORATION
321, ZHONGSHAN ROAD, SUZHOU, CHINA

SUZHOU OCT. 15, 2018 李莉</td><td colspan="3">12. Certification
It is hereby certified that the declaration by the exporter is correct.

ENTRY－EXIT INSPECTION AND QUARANTINE AUTHORITIES OF THE PEOPLES REPUBLIC OF CHINA

SHANGHAI OCT. 15, 2018 丁毅</td></tr>
<tr><td colspan="2">Place and date, signature and stamp of authorized signatory</td><td colspan="3">Place and date, signature and stamp of certifying authority</td></tr>
</table>

3. 普惠制产地证明书申请书(见表7-7)

表7-7　　普惠制产地证明书申请书

申请单位(盖章):　　　　　　　　　　　　　　　　　　　　　　证明书:________

申请人郑重声明:　　　　　　　　　　　　　　　　　　　　　　注册号:________

本人被正式授权代表出口单位办理和签署本申请书。

本申请书及普惠制产地证明书格式A所列内容正确无误,如发现弄虚作假,冒充格式A所列货物,擅改证书,本人愿接受签证机关的处罚并负法律责任。现将有关情况申报如下:

生产单位	苏州毛织品进出口贸易公司			生产单位联系人电话		李莉,64042521	
商品名称(中英文)	全棉抹布 COTTON TEATOWELS			H.S. 税目号(以六位数码计)		2041.3652	
商品FOB总值(以美元计)		86105.50			发票号		T03617
最终销售国	加拿大	证书种类(画"√")		加急证书		√普通证书	
货物拟出运日期	2018年10月24日						
贸易方式和企业性质(请在适用处画"√")							
正常贸易 C	来料加工 L	补偿贸易 B	中外合资 H	中外合作 Z	外商独资 D	零售 Y	展卖 M
√							
包装数量或毛重或其他数量	367捆						
原产地标准: 本项商品系在中国生产,完全符合该给惠国给惠方案规定,其原产地情况符合以下第(1)条: (1)"P"(完全国产,未使用任何进口原本材料); (2)"W"其H.S.税目号为________(含进口成分); (3)"F"(对加拿大出口产品,其进口成分不超过产品出厂价值的40%)。 本批产品系:1. 直接运输从　上海　到　蒙特利尔　。 2. 转口运输从______中转国(地区)______到______。							
申请人说明					领证人(签名):李莉 电 话:64042521 日 期:2018年10月15日		

现提交中国出口商业发票副本一份,普惠制产地证明书格式A(FORM A)一正二副,以及其他附件三份,请予审核签证。

注:凡含有进口成分的商品,必须按要求提交《含进口成分受惠商品成本明细单》。

商检局联系记录

4. 普惠制产地证明书格式A(正面)(见表7－8)

表7－8　　　　普惠制产地证明书格式A

<table>
<tr><td colspan="3">1. Goods consigned from (Exporter's business name, address, country)
SUZHOU KNITWEAR AND MANUFACTURED GOODS IMPORT & EXPORT TRADE CORPORATION
321, ZHONGSHAN ROAD, SUZHOU, CHINA</td><td colspan="3" rowspan="2">Reference No.
GENERALIZED SYSTEM OF PREFERENCES CERTIFICATE OF ORIGIN
(Combined declaration and certificate)
FORM A
Issued in THE PEOPLE'S REPUBLIC OF CHINA
(country)
See Notes overleaf</td></tr>
<tr><td colspan="3">2. Goods consigned to (Consignee's name, address, country)
TO ORDER OF NATIONAL PARIS BANK CANADA</td></tr>
<tr><td colspan="3">3. Means of transport and route (as far as known)
FROM SHANGHAI TO MONTREAL
BY SEA</td><td colspan="3">4. For official use</td></tr>
<tr><td>5. Item number</td><td>6. Marks and numbers of packages</td><td>7. Number and kind of packages, description of goods</td><td>8. Origin criterion (see Notes overleaf)</td><td>9. Gross weight or other quantity</td><td>10. Number and date of invoices</td></tr>
<tr><td></td><td>Y. Y. T. C
MONTREAL
C/No. 1－367</td><td>COTTON TEATOWELS

* * * * * * * * * * * * * *
THREE HUNDRED AND SIXTY SEVEN(367) BALES</td><td>"P"</td><td>33350
DOZENS
G. W:1911KG</td><td>No. T03617
DATE:
SEP. 27, 2018</td></tr>
<tr><td colspan="3">11. Certification
It is hereby certified, on the basis of control carried out, that the declaration by the exporter is correct.

ENTRY－EXIT INSPECTION AND QUARANTINE AUTHORITIES OF THE PEOPLE'S REPUBLIC OF CHINA

SHANGHAI OCT. 15, 2018 丁毅
……………………………………………
Place and date , signature and stamp of certifying authority</td><td colspan="3">12. Declaration by the exporter
The undersigned hereby declares that the above details and statements are correct, that all the goods were
Produced in CHINA
(country)
And that they comply with the origin requirement Specified for those goods in the Generalized System of Preferences for goods exporter to
CANADA
(importing country)
SUZHOU KNITWEAR AND MANUFACTURED GOODS IMPORT & EXPORT TRADE CORPORATION

SUZHOU OCT. 15, 2018 李莉
……………………………………………
Place and date , signature of authorized signatory</td></tr>
</table>

操作六

1. 出境货物报验单(见表 7－9)

表 7－9　　　　中华人民共和国出入境检验检疫出境货物报验单

报检单位(加盖公章):苏州毛织品进出口贸易公司　　　　　　＊编　号＿＿＿＿＿＿

报检单位登记号:19576254　　联系人:李莉　　电话:64042521　　报检日期:2018 年 10 月 10 日

发货人	(中文)苏州毛织品进出口贸易公司					
	(外文) SUZHOU KNITWEAR AND MANUFACTURED GOODS IMPORT & EXPORT TRADE CORPORATION					
收货人	(中文)					
	(外文)TO ORDER OF NATIONAL PARIS BANK CANADA					

货物名称(中/外文)	H. S. 编码	产地	数/重量	货物总值	包装种类及数量
全棉抹布 COTTON TEATOWLES	2041. 3652	中国	N. W 19339. 7KGS	USD 89705. 50	367 捆

运输工具名称号码	PUDONG VOY. 053	贸易方式	一般贸易	货物存放地点	逸仙路 500 号
合同号	ST303	信用证号	TH2018	用途	
发货日期	2018 年 10 月 24 日	输往国家(地区)	加拿大	许可证/审批号	2018122433
启运地	上海	到达口岸	蒙特利尔	生产单位注册号	19576254
集装箱规格、数量及号码					

合同、信用证订立的检验检疫条款或特殊要求	标记及号码	随附单据(画“√”或补填)	
	Y. Y. T. C MONTREAL C/No. 1－367	☑合同 ☑信用证 ☑发票 ☐换证凭单 ☐装箱单 ☐厂检单	☐许可/审批文件 ☐ ☐ ☐

需要证单名称(划“√”或补填)		检验检疫费	
☐品质证书　＿正＿副 ☐重量证书　＿正＿副 ☑数量证书　2 正 2 副 ☐兽医卫生证书　＿正＿副 ☐健康证书　＿正＿副 ☐卫生证书　＿正＿副 ☐动物卫生证书　＿正＿副	☐植物检疫证书　＿正＿副 ☐熏蒸/消毒证书　＿正＿副 ☐出境货物换证凭条 ☐ ☐ ☐ ☐	总金额 (人民币元)	1200 元
		计费人	王洋
		收费人	王洋

报检人郑重声明:	领取证单	
1. 本人被授权报检。 2. 上列填写内容正确属实,货物无伪造或冒用他人的厂名、标志、认证标志,并承担货物质量责任。 签名:　李莉	日　期	2018 年 10 月 20 日
	签　名	李莉

注:有“＊”号栏由出入境检验检疫机关填写　　　　◆国家出入境检验检疫局制

2. 数量检验证书(见表7-10)

表7-10 **数量检验证书**

中华人民共和国出入境检验检疫
ENTRY - EXIT INSPECTION AND QUARANTINE
OF THE PEOPLE'S REPUBLIC OF CHINA
数量检验证书
QUANTITY CERTIFICATE

编号
No.:

发货人:
Consignor SUZHOU KNITWEAR AND MANUFACTURED GOODS IMPORT & EXPORT TRADE CORPORATION

收货人:
Consignee YI YANG TRADE CORPORATION

品 名:
Description of Goods COTTON TEATOWELS

标记及号码
Mark & No.
Y. Y. T. C
MONTREAL
C/No. 1-367

报验数量/重量:
Quantity/Weight Declared N. W 19339. 7KGS

包装种类及数量:
Number and Type of Packages 367BALES

运输工具:
Means of Conveyance PUDONG VOY. 503

检验结果:
Results of Inspection
10" ×10" PACKED IN 80 BALES 200 DOZ EACH
20" ×20" PACKED IN 60 BALES 100 DOZ EACH
30" ×30" PACKED IN 227 BALES 50 DOZ EACH
TOTAL: N. W. 19339. 7KGS
TOTAL: 367 BALES

我们已尽所知和最大能力实施上述检验,不能因我们签发本证书而免除卖方或其他方面根据合同和法律所承担的产品数量责任和其他责任。

All inspections are carried out conscientiously to the best of our knowledge and ability. This certificate does not in any respect absolve the seller and other related parties from his contractual and legal obligations especially when product quantity is concerned.

丁毅
OCT. 15, 2018

操作七

1. 投保单(见表7-11)

表7-11 **中国人民保险公司上海分公司**

出口运输险投保单

编号 1081143

兹将我处出口物资依照信用证规定拟向你处投保国外运输险计开：

<table>
<tr><td colspan="6">被保险人
(中　文)苏州毛织品进出口贸易公司
(英　文) SUZHOU KNITWEAR AND MANUFACTURED GOODS IMPORT & EXPORT TRADE CORPORATION
过户</td></tr>
<tr><td>标记或发票号码</td><td>件　　数</td><td colspan="2">物资名称</td><td colspan="2">保险金额</td></tr>
<tr><td>AS PER INVOICE
No. T03617</td><td>367 捆</td><td colspan="2">全棉抹布
COTTON TEATOWELS</td><td colspan="2">USD 98677.00</td></tr>
<tr><td>运输工具
(及转载工具)</td><td>PUDONG VOY. 053</td><td colspan="2">约启运于
2018 年 10 月 24 日</td><td>赔款偿
付地点</td><td>加拿大
蒙特利尔</td></tr>
<tr><td>运输路程</td><td>自上海经　到蒙特利尔</td><td>转　载
地　点</td><td colspan="3"></td></tr>
<tr><td colspan="4">要保险别：

FOR 110% OF INVOICE VALUE COVERING ALL RISKS PER C. Ⅰ. C. 1/1/1981</td><td colspan="2">投保单位签章

苏州毛织品进出口贸易公司

李莉

2018 年 10 月 20 日</td></tr>
</table>

2. 保险单(见表 7－12)

表 7－12

中国人民保险公司

THE PEOPLE'S INSURANCE COMPANY OF CHINA

总公司设于北京　一九四九年创立

Head Office：BEIJING Established in 1949

保险单

INSURANCE POLICY

保险单次号次

POLICY No. SH043101984

中国人民保险公司(以下简称本公司)

THIS POLICY OF INSURANCE WITNESSES THAT PEOPLE'S INSURANCE COMPANY OF CHINA (HEREIN AFTER CALLED "THE COMPANY")

根据

AT THE REQUEST OF SUZHOU KNITWEAR AND MANUFACTURED GOODS IMPORT&EXPORT TRADE CORPORATION

(以下简称被保险人)的要求，由被保险人向本公司缴付

(HEREIN AFTER CALLED"THE INSURED")AND IN CONSIDERATION OF THE AGREED PREMIUM PAID TO THE COMPANY BY

约定的保险费，按照本保险单承保险别和背面所载条款与下

THE INSURED UNDERTAKES TO INSURE THE UNDERMENTIONED GOODS IN TRANSPORTATION SUBJECT TO THE CONDITIONS

列特款承保下述货物运输保险，特立本保险单。

OF THIS POLICY AS PER THE CLAUSES PRINTED OVERLEAF AND OTHER SPECIAL CLAUSES ATTACHED HEREIN.

标记 MARKS & NOS.	包装及数量 QUANTITY	保险货物项目 DESCRIPTION OF GOODS	保险金额 AMOUNT INSURANCE
AS PER INVOICE No. T03617	367 BALES	COTTON TEATOWELS 全棉抹布	USD 98 677.00

保险金额：

TOTAL AMOUNT INSURED： SAY US DOLLARS NINETY EIGHT THOUSAND SIX HUNDRED AND SEVENTYSEVEN ONLY

保费　　费率　　装载运输工具

PREMIUM AS ARRANGED　　RATE AS ARRANGED　　PER CONVEYANCE S. S. PUDONG VOY. 053

开航日期　　自　　至

SLG. ON OR ABT. OCT. 24, 2018 FROM SHANGHAI TO MONTREAL

承保险别：

CONDITIONS：FOR 110% OF INVOICE VALUE COVERING ALL RISKS PER C. I. C. 1/1/1981

所保货物，如遇出险，本公司凭本保险单及其他有关证件给付赔偿。

CLAIMS IF ANY PAYABLE ON SURRENDER OF THIS POLICY TOGETHER WITH OTHER RELEVANT DOCUMENTS.

所保货物，如果发生本保险单项下负责赔偿的损失或事故，

IN THE EVENT OF ACCIDENT WHEREBY LOSS OR DAMAGE MAY RESULT IN A CLAIM UNDER THIS POLICY IMMEDIATE

应立即通知本公司下属代理人查勘。

NOTICE APPLYING FOR SURVEY MUST BE GIVEN TO THE COMPANY'S AGENT AS MENTIONED HEREUNDER.

中国人民保险公司上海分公司

THE PEOPLE'S INSURANCE CO. OF CHINA SHANGHAI BRANCH

赔款偿付地点

CLAIM PAYABLE AT/IN MONTREAL IN USD

日期

DATE OCT. 22, 2018

地址：中国上海中山东一路 23 号　TEL：32340532　　TELEX：33128　PICCS SN.

General manager　Li Qiang

Address：23 Zhongshan Dong Yi Lu Shanghai, China Cable 42001 Shanghai

操作八

1. 海运货物订舱委托书(见表7－13)

表7－13 **金发海运货物委托书**

经营单位（托运人）	苏州毛织品进出口贸易公司	金发编号	JF1088811

提单B/L项目要求	发货人:苏州毛织品进出口贸易公司 Shipper:
	收货人 TO ORDER OF NATIONAL PARIS BANK CANADA Consignee: 24 MARSHALL AVE DONCASTER MONTREAL, CANADA
	通知人:YI YANG TRADE CORPORATION Notify Party: 88, MARSHALL AVE DONSCASTER VIC 3108 CANADA

海洋运费(√) Sea freight	预付(√)或到付( ) Prepaid or Collect	提单份数	THREE (3)	提单寄送地址	邮编200132 苏州中山路321号

启运港	SHANGHAI	目的港	MONTREAL	可否转船	YES	可否分批	YES
集装箱预配数	20×40	装运期限	2018/10/24	有效期限	2018/10/24		

标记唛码	件数及包装式样	中英文货名 Description of Goods	毛重（千克）	尺码（立方米）	成交条件（总价）
Y. Y. T. C MONTREAL C/No. 1－367	367 BALES	COTTON TEATOWELS 全棉抹布	19911	53.06	CIF MONTREAL USD 89705.50

内装箱(CFS)地址	上海逸仙路2960号3号门 电话:68206821×215	特种货物 □冷藏货 □危险品	重件:每件重量 大 件 （长×宽×高）

门对门装箱地址	苏州市中山路321号	特种集装箱:( )	
		货物备妥日期	2018年10月20日
外币结算账号	THY 6684321337	货物进栈(√)、自送( )或金发派送( )	
		人民币结算账号	SZR80066686
		托运人签章	李莉
		电话	64042521
		传真	64042522
		联系人	李莉
		地址	苏州市中山路321号
		制单日期:2018年10月5日	

2. 海运提单(见表 7－14)

表 7－14 **海运提单**

<table>
<tr><td colspan="2">Shipper
SUZHOU KNITWEAR AND MANUFACTURED GOODS IMPORT & EXPORT TRADE CORPORATION</td><td colspan="2" rowspan="6">B/L No.
中国外运上海公司
SINOTRANS SHANGHAI COMPANY
OCEAN BILL OF LADING
SHIPPED on board in apparent good order and condition (unless otherwise indicated) the goods or packages specified herein and to be discharged at the mentioned port of discharge or as near there to as the vessel may safely get and be always afloat.
The weight, measure, marks and numbers, quality, contents and value, being particulars furnished by the Shipper, are not checked by the Carrier on loading.
The Shipper, Consignee and the Holder of this Bill of Lading hereby expressly accept and agree to all printed, written or stamped provisions, exceptions and conditions of this Bill of Lading, including those on the back hereof.
IN WITNESS where of the number of original Bills of Lading stated below have been signed, one of which being accomplished, the other(s) to be void.</td></tr>
<tr><td colspan="2">Consignee or order
TO ORDER OF NATIONAL PARIS BANK CANADA
24 MARSHALL AVE DONCASTER
MONTREAL, CANADA</td></tr>
<tr><td colspan="2">Notify address
YI YANG TRADE CORPORATION
88 MARSHALL AVE
DONCASTER VIC 3108
CANADA</td></tr>
<tr><td>Pre-carriage by</td><td>Port of lading
SHANGHAI</td></tr>
<tr><td>Vessel
PUDONG VOY. 053</td><td>Port of transshipment</td></tr>
<tr><td>Port of discharge
MONTREAL</td><td>Final destination
MONTREAL</td></tr>
<tr><td>Container seal No. or marks and Nos.</td><td>Number and kind of packages Description of goods</td><td>Gross weight (kgs)</td><td>Measurement(m^3)</td></tr>
<tr><td>Y. Y. T. C
MONTREAL
C/No. 1－367</td><td>COTTON TEATOWLS

* * * * * * * * * * * * * * * * * *
FREIGHT PREPAID
TOTAL ONE 40' CONTAINER
ON BOARD</td><td>19911</td><td>53. 06m^3</td></tr>
<tr><td colspan="2">Freight and charges
FREIGHT PREPAID</td><td colspan="2">REGARDING TRANSSHIPMENT INFORMATION PLEASE CONTACT</td></tr>
<tr><td rowspan="2">Ex. rate</td><td>Prepaid at</td><td>Freight payable at</td><td>Place and date of issue</td></tr>
<tr><td>Total Prepaid</td><td>Number of original Bs/L
THREE (3)</td><td>Signed for or on behalf of the Master
Wang Jun
as Agent</td></tr>
</table>

(SINOTRANS STANDARD FORM 5)_SUBJECT TO THE TERMS AND CONDITIONS ON BACK 98C No.

操作九 出口货物报关单(见表7－15)

表7－15 **中华人民共和国海关出口货物报关单**

预录入编号： 海关编号：

出口口岸 上海吴淞海关2202		备案号		出口日期 2018.10.24	申报日期 2018.10.18
经营单位 苏州毛织品进出口贸易公司 3109915020		运输方式 江海2		运输工具名称 PUDONG Voy.053	提运单号 HJSHB 142939
发货单位		贸易方式 一般贸易0110		征免性质 照章	结汇方式 信用证明6
许可证号 2010122433	运抵国(地区) 加拿大501			指运港 蒙特利尔	境内货源地 上海31222
批准文号 281/1555451	成交方式 CIF	运费 502/800/3		保费 502/1000/3	杂费
合同协议号 ST303	件数 367	包装种类 捆		毛重(千克) 19911	净重(千克) 19339.7
集装箱号	随附单据				生产厂家 苏州毛巾厂
标记唛码及备注 Y. Y. T. C MONTREAL C/No. 1－367					

项号	商品编号	商品名称、规格型号	数量及单位	最终目的国(地区)	单价	总价	币制	征免
01	2041.3652	全棉抹布 COTTON TEATOWLES		加拿大			美元	照章
		10”×10”	16 000DOZS		1.31	20 960		
		20”×20”	6 000DOZS		2.51	15 060		
		30”×30”	11 350DOZS		4.73	53 685.50		

税费征收情况

录入员 录入单位 兹声明以上申报无讹并承担法律责任	海关审单批注及放行日期 （签章）
报关员 李莉	审单 审价
	征税 统计
单位地址 申报单位(签章) 苏州市中山路321号 苏州毛织品进出口贸易公司报关专用章 邮编200132 电话64042521 填制日期2018年10月18日	查验 放行

操作十　装运通知(见表 7 – 16)

表 7 – 16　　　　　　　　　　**装运通知**

苏州毛织品进出口贸易公司

SUZHOU KNITWEAR AND MANUFACTURED GOODS

IMPORT & EXPORT TRADE CORPORATION

321, ZHONGSHAN ROAD SUZHOU, CHINA

SHIPPING ADVICE

FAX: 64042522　　　　INVOICE No.: T03617

TELEX: 64042523　　　　L/C No.: TH2018

TEL: 64042521　　　　S/C No.: ST303

MESSRS:

YI YANG TRADE CORPORATION

88 MARSHALL AVE

DONCASTER VIC 3108

CANADA

DEAR SIRS:

WE HEREBY INFORM YOU THAT THE GOODS UNDER THE ABOVE MENTIONED CREDIT HAVE BEEN SHIPPED. THE DETAILS OF THE SHIPMENT ARE STATED BELOW.

SHIPPING MARKS

Y. Y. T. C

MONTREAL

C/NO. 1 – 367

COMMODITY: COTTON TEATOWLES

NUMBER OF BALES: 367BALES

TOTAL G. T: 19911KG

OCEAN VESSEL: PUDONG V. 053

DATE OF DEPARTURE: OCT. 24, 2018

B/L No.: HJSHB142939

PORT OF LOADING: SHANGHAI

DESTINATION: MONTREAL

SUZHOU KNITWEAR AND MANUFACTURED COODS

IMPORT & EXPORT TRADE CORPORATION

LILY

OCT. 24, 2018

第二节　根据信用证要求制作全套结汇单据

根据第二章第五节之七的信用证制作全套银行结汇单据。

参考答案

1. 商业发票(见表7-17)

表7-17 SHANGHAI IMPORT & EXPORT TRADE CORPORATION

1321, ZHONGSHAN ROAD SHANGHAI, CHINA

COMMERCIAL INVOICE

TEL: 64042522　　INVOICE No.: 10SB200D

FAX: 64042523　　DATE: APR. 27, 2018

POST CODE: 200032　　S/C No.: T228855

L/C No.: AI2004166763

TO: MAGGIET CORPORATIOM PTY LTD

101 BURWOOD HIGHWAY

BURWOOD VIC 3125

FROM: SHANGHAI, CHINA　　TO: MELBOURNE, AUSTRALIA

COMMODITY DESCRIPTIONS AND QUANTITY	UNIT PRICE	AMOUT
	CFR MELBOURNE, AUSTRALIA	
KNITTED GARMENTS OF 92 PERCENT COTTON AND 8 PERCENT SPANDEX AS PER ORDER No. 1354 MULTISTICH CREW 1354/243023　　400PCS	USD 5. 20	USD 2 080. 00

TOTAL:　　400PCS　　USD 2080. 00

SHIPPING MARKS:

MAGGIET

MELBOURNE

MADE IN CHINA

TOTAL: 400PCS

PACKED IN: 16 CARTONS ONLY

GROSS WEIGHT: 152. 00KGS

NET WEIGHT: 136. 00KGS

COUNTRY OF ORIGIN: CHINA

SHANGHAI IMPORT & EXPORT TRADE CORPORATION

Li Jun

2. 装箱单(见表7－18)

表7－18 装箱单

SHANGHAI IMPORT & EXPORT TRADE CORPORATION

1321, ZHONGSHAN ROAD SHANGHAI, CHINA

DETAILED PACKING LIST

TEL: 64042522 INVOICE No.: 10SB200D

FAX: 64042523 DATE: APR. 27, 2018

POST CODE: 200032 S/C No.: T228855

TO: MAGGIET CORPORATION PTY LTD

101 BURWOOD HIGHWAY

BURWOOD VIC 3125

FROM: SHANGHAI, CHINA TO: MELBOURNE, AUSTRALIA

ITEM NUMBER	COLOUR	QTY(PCS)	CTNS	G. W(kgs)	N. W(kgs)	MEAS(m^3)
1	BLACK	200	8	76	68	8
2	WHITE	200	8	76	68	8
TOTAL		400	16	152	136	16

SAY TOTAL: PACK IN SIXTEEN CARTONS ONLY

PACKED IN: 16 CARTONS ONLY

GROSS WEIGHT: 152. 00KGS

NET WEIGHT: 136. 00KGS

COUNTRY OF ORIGIN: CHINA

SHANGHAI IMPORT & EXPORT TRADE CORPORATION

Li Jun

3. 原产地证明书(见表 7 – 19)

表 7 – 19　　　　原产地证明书

1. Exporter (full name and address) SHANGHAI IMPORT & EXPORT TRADE CORPORATION 1321, ZHONGSHAN ROAD SHANGHAI, CHINA	CERTIFICATE No. 102091241 C104/H14546/0049
2. Consignee (full name, address, country) MAGGIET CORPORATION PTY LTD 101 BURWOOD HIGHWAY BURWOOD VIC 3125 AUSTRALIA	**CERTIFICATE OF ORIGIN OF THE PEOPLE'S REPUBLIC OF CHINA**
3. Means of transport and route FROM SHANGHAI CHINA TO MELBOURNE AUSTRALIA BY SEA	5. For certifying authority use only
4. Country/region of destination AUSTRALIA	

6. Marks and numbers of packages	7. Description of goods number and kind of packages	8. H. S. Code	9. Quantity or weight	10. Number and date of invoices
MAGGIET MELBOURNE MADE IN CHINA	SIXTEEN (16) CTNS OF KINNTED GARMENTS	61. 10	400PCS	10SB200D Apr. 27, 2018

11. Declaration by the exporter The undersigned hereby declares that the above details and statements are correct; that all the goods were produced in China and that they comply with the Rules of Origin of the People's Republic of China. SHANGHAI Apr. 27, 2018 Li Jun	12. Certification It is hereby certified that the declaration by the exporter is correct. SHANGHAI Apr. 27, 2018 Ding Yi
Place and date, signature and stamp of authorized signatory	Place and date, signature and stamp of certifying authority

4. 海运提单(见表 7－20)

表 7－20　　海运提单

<table>
<tr><td colspan="2">Shipper
SHANGHAI IMPORT & EXPORT TRADE CORPORATION 1321, ZHONGSHAN ROAD</td><td rowspan="6">B/L No. COSU 64422744
中国外运上海公司
SINOTRANS SHANGHAI COMPANY
OCEAN BILL OF LADING
SHIPPED on board in apparent good order and condition (unless otherwise indicated) the goods or packages specified herein and to be discharged at the mentioned port of discharge or as near there to as the vessel may safely get and be always afloat.
The weight, measure, marks and numbers, quality, contents and value, being particulars furnished by the Shipper, are not checked by the Carrier on lading.
The Shipper, Consignee and the Holder of this Bill of Lading hereby expressly accept and agree to all printed, written or stamped provisions, exceptions and conditions of this Bill of Lading, including those on the back hereof.
IN WITNESS where of the number of original Bills of Lading stated below have been signed, one of which being accomplished, the other(s) to be void.</td></tr>
<tr><td colspan="2">Consignee or order
TO ORDER OF THE SHIPPER</td></tr>
<tr><td colspan="2">Notify address
MAGGIET CORPORATION PTY LTD
101 BURWOOD HIGHWAY
BURWOOD VIC 3125</td></tr>
<tr><td>Pre-carriage by</td><td>Port of loading
SHANGHAI</td></tr>
<tr><td>Vessel
SKY RIVER 151S</td><td>Port of transshipment</td></tr>
<tr><td>Port of discharge
MELBOURNE</td><td>Final destination</td></tr>
</table>

Container seal No. or Marks and Nos.	Number and kind of packages Description of goods	Gross weight (kgs)	Measurement (m^3)
MAGGIET MELBOURNE MADE IN CHINA C/No. 1－16	KNITTED GARMENTS CFS－CFS FREIGHT PREPAID SAY SIXTEEEN CARTONS ONLY	152	16

<table>
<tr><td colspan="3">Freight and charges</td><td colspan="2">REGARDING TRANSSHIPMENT
INFORMATION PLEASE CONTACT</td></tr>
<tr><td rowspan="2">Ex. Rate</td><td>Prepaid at</td><td colspan="2">Freight payable at</td><td>Place and date of issue
SHANGHAI Apr. 27, 2018</td></tr>
<tr><td>Total Prepaid</td><td colspan="2">Number of original Bs/L
THREE</td><td>Signed for or on behalf of the Master
Zhang Yang as Agent</td></tr>
</table>

(SINOTRANS STANDARD FORM5)_SUBJECT TO THE TERMS AND CONDITIONS ON BACK 98C No.

第三节　习题及答案

一、试指出下面信用证中存在的问题及差错

LONDON BANK CORPORATION

Doc. Credit No AC2009

Beneficiary：Guangzhou ABC I/E Co. , Ltd.

Registered：Bank of China,

Guangzhou, China

20th Oct. 2017

Amount：max. USD 50 020. 80

Applicant：Manor – Agencies,

Mr. L. Fried

P. O. Box 112

Validity：15th Jan. 2018

4005Basel

We open this documentary credit in your favor, available against surrender of the following documents：

1. Signed commercial invoice 5 – fold countersigned by our agent in Hong Kong (address airmailed)；

2. Packing list in 5 – fold；

3. Cert. of origin triplicate issued by Bank of Guangzhou；

4. Full set of clean shipped on board ocean bills of lading made out to order and blank endorsed, marked "freight prepaid" and notify：opening bank, shipper is applicant.

Covering：As per S/C No. 3990 Dated 18th April 2017 5000 doz. "Blue Bird" brand in one shipment.

Total Value：USD 50 020. 80

LESS 2% COMM. USD 1 000

Shipping Marks to Read: BF

New York

No. 1 - up

To be shipped from Guangzhou to CFR London not later than 31st Jan. 2018 and must reach destination port not excess than one month. Partial shipments are allowed.

Insurance: Covering Risks and War Risk as per CIC 1981. 1.

Documents must be presented not later than 24 hours after shipment date.

All charges are for beneficiary's account.

This credit is subject to the Uniform Customs and Practices for Documentary Credits (2007 revision) ICC 600 publication.

Yours faithfully,

London Bank Corporation

Signed

答:经审核来证后,证内存在的问题及差错如下:

1. 总金额不对。佣金应为原价的 2%,即 USD 1000,来证金额应为 USD 51 020.80。

2. 有效期为 2018.1.15,而最后装运期为 2018.1.31,有矛盾。

3. 商业发票需由买方在香港的代表复签,对我出口方不利。

4. 产地证明不能由广州中国银行出具。

5. 提单上不应以国外买方作为发货人。

6. 唛头上的目的港为纽约,与使用的贸易术语不符。

7. 使用 CPR 术语,不能规定到达目的港口的日期。

8. 前面规定货物一次装出而后面又规定可以分批,有矛盾。

9. 使用 CFR 术语,卖方不能投保。

10. 装运后 24 小时内将单据寄出,时间太仓促,我方有困难。

11. 受益人不能承担所有费用。

12. 证内没有银行承担付款的保证词句。

二、如以 CIF 价格条件成交，请根据履行出口合同要涉及的主要单证，填写下表

合同履行阶段	单据名称	出单机构	适用的范围
1. 办理运输	(1)		
	(2)		
	(3)		
	(4)		
2. 办理保险	(1)		
	(2)		
3. 办理商检	(1)		
	(2)		
4. 办理报关	(1)		
	(2)		
	(3)		
	(4)		

答：

1. (1)海运货物委托书/出口商/委托货代向船公司(承运人)办理租船订舱

(2)海运出口托运单/货代/向船公司办理租船订舱手续

(3)配舱回单/船运公司/按出口商配舱回单的要求进行发货

(4)海运提单/船运公司或货代/货物收据、物权凭证和运输契约的证明

2. (1)投保单/出口商/向保险公司进行投保

(2)保险单/保险公司/是保险人与被保险人订立的保险合同，是保险公司出具的承保证明，也是被保险人凭以向保险公司索赔的法定依据

3. (1)出境货物报检单/出口商/向出入境商品检验检疫局提出报检的申请

(2)商检证书或出境货物通关单/出入境商品检验检疫局/出口商持商检证书或出境货物通关单向海关申请放行，也是证明出口货物的品质、数量等方面的依据

4. (1)出口货物报关单/出口商/由出口企业或其代理人在装运前填制向海关申报通关,也是海关对出口货物征收关税、其他税费和编制海关统计以及有关部门进行出口货物核销、出口退税等的重要依据
(2)商业发票/出口商/是买卖双方收付货款、报关、纳税和计算佣金的依据
(3)装箱单/出口商/用以说明货物包装细节的清单,便于进口商和海关对货物的核准
(4)商检证书或出境货物通关单/出入境商品检验检疫局/向海关申请放行,证明出口货物的品质、数量等方面的依据

三、名词解释

1. 托运单
2. 大副收据
3. 报关
4. 产地证明书

答:

1. 托运单是指托运人(发货人)根据买卖合同和信用证内容填写的向承运人或其代理人办理货物托运的单据。

2. 大副收据又称收货单,是货物装船后,承运船舱的大副签发给托运人的,表示已收到货物并已装船的货物收据。

3. 报关即货物的申报,指货物所有人或其代理人在货物进出境时向海关申请报验,交验海关所规定的各种单证,以接受海关的监督和检查。

4. 产地证明书是证明原产地或制造地的证件。不用海关发票的国家,要求提供产地证明,以确定对货物应征收的税率。有的国家为限制从某个国家或地区进口货物,也可要求以产地证来说明货物的来源。

四、填空题

1. 以 FOB 成交的进口合同的履行程序包括:__________、__________、__________、__________、审单付款、接货报关、检验、拨交、索赔。

2. 常见的修改信用证的内容有展延__________、变更__________、修改__________、增减数量或金额及修改出口商品名称、地址等。

3. 约束提单的国际公约有________、________和________等。

4. 保险单据的种类主要有________、________、联合凭证、________、批单等。

5. 合同中的保值条款主要有________保值条款、________保值条款和用________保值。

6. 汇票上收款人的抬头，可写为________抬头、________抬头及________抬头。其中不能转让的为________抬头的汇票，无须持票人背书转让的为________抬头的汇票。

7. 信用证支付方式的特点：信用证是________、________、________。

8. 信用证的开立形式有________种。一种是________，另一种是________。

9. 跟单汇票是指附带有________的汇票。

10. 我国对外贸易中的商品检验，主要是对进出口商品的________、________、________、________、________等实施检验。

11. 国际贸易中最常使用的检验时间和地点为在________检验、在________复检。

12. 实际业务中对信用证的审核应由________和________共同承担，其中________重点审核开证行的政治背景、资信能力、付款责任和索汇路线等，________审核信用证的内容与________内容是否一致。

13. 对结汇单据的要求是________、________、________、________、________。

14. 我国出具原产地证明书的机构为________或________。

15. 开证行拒付的唯一理由是________，不应涉及货物，拒收单据、拒付货款，须以________的名义办理。

答：

1. 开证、租船、装运、办理保险

2. 信用证的装运期和有效期、装/卸港口、分批/转船规定

3.《海牙规则》、《维斯比规则》、《汉堡规则》

4. 保险单、保险凭证、保险通知书

5. 黄金、汇率、一揽子汇率

6. 限制性、指示性、持票来人、限制性、持票来人

7. 一种银行信用、一种自足的文件、一种单据的买卖

8. 两、信开本、电开本

9. 货运单据

10. 品质、规格、重量、数量、包装

11. 出口国装运港(地)、进口国目的港(地)

12. 银行、出口公司、银行、出口公司、合同

13. 正确、完整、及时、简明、整洁

14. 质检总局下的中国进出口商品检验局、贸促会

15. 单单不符或单证不符、开证行

五、单选题

1. 出口商向有关部门申请签发出口许可证书,必须填写(　　),并随附发票和合同等文件向发证机关提请签发。

A. 出口许可证申请书　　B. 进口许可证申请书

C. 申请书　　D. 申请单

2. 按《2010年国际贸易术语解释通则》的规定:在FOB条件下,买方按照合同的规定时间办妥租船订舱手续,接到运输机构的配船通知后,应及时向卖方发出(　　)。

A. 发票　　B. 装运通知　　C. 配船通知　　D. 装货通知

3. 在CIF条件下,由出口商办理货物运输保险,并依据信用证规定的险别按发票金额加(　　)进行投保,通常在本国保险公司办理。

A. 5%　　B. 15%　　C. 10%　　D. 20%

4. 在CIF和CFR条件下,出口方应按信用证规定的装运期间办理租船订舱手续。货物装运完毕后,应及时向进口方发出(　　)。

A. 提单　　B. 提货通知　　C. 装运通知　　D. 发票

5. 对加工生产类保税货物,经营单位须自对外签订的合同批准之日起(　　)内向海关办理登记备案手续。

A. 15天　　B. 14天　　C. 7天　　D. 一个月

6. 卖方对信用证的条款进行逐项审核后,对不能接受的内容应及时向买方提出修改要求,如有多项修改内容应(　　)提出。

A. 分批　B. 一次　C. 两次　D. 三次

7. 在 FOB 条件下,进口商应向保险公司办理货物运输保险的手续。在进口贸易业务中,通常采用的保险形式是(　　)。

A. 预约保险　B. 逐笔保险　C. 平安险　D. 一切险

8. 出口商审核信用证时,如有不符点,须要求进口商改证。进口商向开证银行递交改证申请书,开证行将改证后的信用证修改书,委托(　　)转交出口商。

A. 议付行　B. 付款行　C. 通知行　D. 进口商

9. 卖方收到信用证后,必须依据(　　)对信用证的条款进行逐项审核。

A. 贸易合同　B. 发票　C. 装箱单　D. 产地证明书

10. 货物装船后,出口商持全套出口结汇单据送至(　　)进行议付。

A. 开证行　B. 议讨行　C. 付款行　D. 银行

11. 出口货物在港口装船后,由船长或大副向船运公司签发装货单,船运公司凭装货单或通过货代向出口商签发的可议付单据是(　　)。

A. 已装船海运提单　B. 提单

C. 已装船清洁提单　D. 待装船提单

12. 出口商须填写(　　),委托货代向船运公司(承运人)办理租船订舱。

A. 海运货物运输合同　B. 海运货物委托书

C. 装运单　D. 装货单

13. 进口商在货物到达目的港后,应在运输工具进境之日起(　　)天内向海关申报。

A. 3　B. 7　C. 14　D. 15

14. 出口报关的时间应是(　　)。

A. 货到目的港后　B. 装船前　C. 装船后　D. 备货前

15. 我国对出口商品实行出口退税制度,出口企业在办理出口退税手续时,要向国家税务机构提交(　　)。

A. "一单两票"　B. "两单两票"　C. "三单两票"　D. "三单一票"

16. 根据《UCP600》的规定,信用证如未规定装运期,该装运期应(　　)。

A. 由出口商规定　B. 在信用证的有效期内

C. 由进口商规定　D. 按合同规定

17. CIF合同与信用证未规定投保险别,出口商投保了平安险,保险单上除了注明平安险以外,其他内容与信用证要求相符。那么,(　　)。

A. 买方应接受该保险单　　B. 买方将拒收该保险单

C. 银行将拒收该保险单　　D. 银行应接受该保险单

18. 商业发票的抬头一般是(　　)。

A. 开证银行　B. 开证申请人　C. 受益人　D. 卖方

19. 进口许可证自签发之日起(　　)内有效。

A. 三个月　B. 一年　C. 一个月　D. 半年

20. 开证行根据开证申请书的要求开立信用证,正本寄交(　　),副本交进口企业。

A. 通知行　B. 保兑行　C. 付款行　D. 银行

21. II. S. code(H. S. 编码)是海关合作理事会(　　)的英文缩写。

A.《进出口商品的目录对照表》　B.《商品名称及编码协调制度》

C.《跟单信用证统一惯例》　D.《2000年国际贸易术语解释通则》

22. 根据作用不同,发票分为商业发票、海关发票、领事发票、厂商发票、联合发票、形式发票和证实发票等,其中(　　)是出口业务结汇中最重要的单据之一,是单证工作中的核心单据。

A. 商业发票　B. 形式发票　C. 领事发票　D. 证实发票

23. 出口许可证如为"一批一证"制商品,其有效期是(　　),其他情况为6个月。

A. 2个月　B. 3个月　C. 4个月　D. 5个月

24. 汇票是一种代替现金的支付工具,有两张正本(即First Exchange和Second Exchange),其效力是(　　)。

A. 付款人付一不付二　B. 付二不付一

C. 相同的,先到先付,后到无效　D. 同等的

25. 发票的日期在结汇单据中应(　　)。

A. 早于汇票的签发日期　B. 早于提单的签发日期

C. 早于保险单的签发日期　D. 是最早签发的单据

26. 出口许可证的第一联供发货人办理通关手续,第二联由海关留存进行核对与备案,第三联供银行办理结汇,第四联为发证机关留存。其中(　　)为

正本，其余为副本。

A. 第一联　B. 第二联　C. 第三联　D. 第四联

27. 发票编号由出口公司根据本公司的实际情况自行编制，是全套结汇单据的（　）。

A. 第一编号　B. 第二编号　C. 第三编号　D. 中心编号

28. 商品名未列入《商品名称及编码协调制度》内的，一律用（　）表示该商品编码。

A. "7777"　B. "6666"　C. "5555"　D. "9999"

29. 出口合同编号的长度不能超过（　）个字节。

A. 10 个　B. 15 个　C. 20 个　D. 25 个

30. 汇票编号填本套单据的（　）号码，目的是便于以后核对相关内容。

A. 提单　B. 发票　C. 汇票　D. 保险单

31. 根据我国有关规定，出口企业最迟于货物出运前（　）向签证机构申请办理原产地证书。

A. 1 天　B. 2 天　C. 3 天　D. 4 天

32. 假远期汇票是在信用证汇票条款中规定远期汇票，又在特殊条款中规定受益人可向议付行即期收款，其贴息由（　）负担。

A. 开证行　B. 受益人　C. 开证人　D. 付款行

33. 汇票受款人又称抬头人，我国实际业务中多用（　）为受款人。

A. 议付行　B. 受益人　C. 开证行　D. 开证人

34. 汇票的付款人必须按信用证的规定填制，通常为（　）。

A. 开证行　B. 受益人　C. 开证人　D. 付款行

35. 原产地证书是证明本批出口商品的生产地，并符合《中华人民共和国出口货物原产地规则》的一种文件，如果信用证或合同对签证机构未作具体规定，一般由（　）签发。

A. 中国出入境检验检疫局　B. 中国国际贸易促进委员会

C. 海关　D. 出口商

36. 发票唛头应按信用证或合同规定的填制，如没有唛头，则填写（　）。

A. NO　B. YES　C. N/M　D. N/N

37. 出口商在装运前填制出口许可证申请表并随附发票和合同等有关单

证,向签证机关递交申请签发出口许可证。若手续完备,签证机关于(　　)工作日内予以办理。

A.2个　　B.3个　　C.4个　　D.5个

38. 出口货物运输保险的投保人名称应按信用证的规定填写,一般为(　　)。

A. 出口商　　B. 开证行　　C. 进口商　　D. 议付行

39. 普惠制产地证由我国(　　)统一签发。

A. 海关　　B. 中国国际贸易促进委员会

C. 出口商　　D. 中国出入境检验检疫局

40. 出口企业在货物装运前(　　),向签证机构申请审核签发普惠制产地证明书 Form A。

A.4天　　B.5天　　C.6天　　D.7天

41. 普惠制产地证中的运输方式和路线一栏应按信用证规定填写,如中途转运应注明转运地,不知转运地则用(　　)表示。

A. W/T　　B. NO　　C. N/M　　D. N/N

42. 普惠制产地证中的 Origin criterion(原产地标准)一栏,应根据货物原料进口成分的比例填制,"P"表示(　　)。

A. 含进口成分　　B. 无进口成分

C. 进口成分要在40%以下　　D. 进口成分要在20%以下

43. 凡列入《检验检疫商品目录》等法定商检的商品、食品和动植物产品,或贸易当事人提出检验检疫要求时,由报检单位在货物出运前填制(　　),向地方出入境商品检验检疫局进行报检,获取有关检验检疫证书。

A. 入境货物通关单　　B. 出境货物通关单

C. 入境货物报验单　　D. 出境货物报验单

44. 普惠制产地证主要有三种形式,其中(　　)使用范围较广。

A. 普惠制产地证明书格式 A　　B. 普惠制产地证明书格式 59A

C. 普惠制产地证书格式 APR　　D. 普惠制产地证明书

45. 联合保险凭证又称"联合发票",是在商业发票内加注保险的有关内容,并由保险公司签章,证明发票内载货物即已承保。这种形式适用于(　　)开立的信用证。

A. 港澳地区的银行　　B. 东南亚地区的银行

C. 欧美地区的银行　　D. 任何地区的银行

46. 信用证修改书的内容在两项以上时，受益人(　　)。

A. 要么全部接受，要么全部拒绝　　B. 必须全部拒绝

C. 必须全部接受　　D. 可以部分接受

47. 创造"套合一致"单据形式的国家是(　　)。

A. 美国　　B. 英国

C. 瑞典　　D. 日本

48. 以下英文缩写可称为无纸贸易的是(　　)。

A. ERP　　B. EDI

C. ATP　　D. B2B

49. 投保单上的投保金额栏若为发票金额的(　　)以上，需征得保险公司同意方可投保。

A. 110%　　B. 130%

C. 100%　　D. 105%

50. 以下英语与中文翻译对应正确的是：(　　)。

A. Bill of Exchange 本票　　B. Promissory Note 承兑汇票

C. Acceptance 承兑　　D. Cheque 背书

51. 根据联合国设计推荐使用的国际标准化地名代码，伦敦的正确表述是(　　)。

A. UKLON　　B. UKLDN

C. GBLON　　D. GBLDN

52. 根据制单的"完整"原则，下列表述不正确的是(　　)。

A. 单据种类的完整　　B. 单据所填内容的完整

C. 每种单据份数的完整　　D. 所有单证都必须签署

53. 在商业单据中处于中心单据地位的是(　　)。

A. 商业发票　　B. 海关发票

C. 海运提单　　D. 保险单

54. 以下不属于出口商审证内容的是(　　)。

A. 信用证与合同的一致性　　B. 信用证条款的可接受性

C. 价格条件的完整性　　D. 开证银行的资信

55. 提单的抬头是指提单的(　　)。

A. Shipper　　B. Consignee

C. Notify Party　　D. Voyage No.

56. GSP Form A 是一种(　　)证明书。

A. 品质证明书　　B. 普惠制产地证明书

C. 重量证明书　　D. 动植物检疫证明书

57. 以 CIF 出口时,若合同和信用证无特别规定,保险单中"INSURED"一栏应填(　　)。

A. 进口商名称　　B. 开证申请人名称

C. 出口商名称　　D. 开证行名称

58. 联运提单(THROUGH B/L)的签发人(　　)。

A. 对运输的全程负责

B. 只对第一程运输负责

C. 接受第二程运输承运人委托向原货主负责

D. 只对第二程运输负责

59. D/P 付款条件下,出口商业汇票上的受票人应是:(　　)。

A. 代收行　　B. 托收行

C. 出口商　　D. 进口商

60. 电子合同与传统纸质合同相比(　　)。

A. 具有同等法律效力　　B. 电子合同的法律效力优于纸质合同

C. 纸质合同的法律效力优于电子合同　D. 电子合同是违法行为

答:1. A　2. B　3. C　4. C　5. D　6. B　7. A　8. C　9. A　10. B

11. C　12. B　13. A　14. B　15. C　16. B　17. D　18. B　19. B　20. C

21. B　22. A　23. B　24. C　25. D　26. A　27. D　28. D　29. C　30. B

31. C　32. C　33. A　34. A　35. A　36. C　37. B　38. A　39. D　40. B

41. A　42. B　43. D　44. A　45. A　46. A　47. C　48. B　49. B　50. C

51. C　52. D　53. A　54. D　55. B　56. B　57. C　58. A　59. D　60. A

六、多项选择题

1. 进口企业向出入境商品检验检疫机构申请报检时,应真实、准确地填写

“入境货物报验单”。一般以(   )填写一份申请单。

A. 同一买卖合同　　B. 同一信用证

C. 同一装运单据　　D. 同一国外发票

2. 进口企业在货物到达卸货港后,填写“进口货物报关单”并随附(   ),及时办理进口报关手续。

A. 发票　　B. 装箱单　　C. 提单　　D. 检验证书

3. 进口企业办理好进口报关手续后,凭(   )提货。

A. 报关单　　B. 发票　　C. 提货通知　　D. 提单

4. 如果发现进口货物与合同规定不符的情形,则根据其直接原因向有关方面进行索赔。进口索赔的对象通常有(   )。

A. 向卖方索赔　　B. 向轮船公司索赔

C. 向货代公司索赔　　D. 向保险公司索赔

5. 根据《UCP600》的规定,海运提单中货物的描述(   )。

A. 与信用证规定一致　　B. 必须使用货物的全称

C. 与商业发票完全一致　　D. 与信用证的描述不抵触,可用货物统称

6. 工厂按出口商的要求加工好出口货物后,向出口商开出(   )等票据,并向出口商指定的外贸仓库发货。

A. 增值税发票　　B. 发票

C. 质量保证书　　D. 出口退税专用发票

7. 在审核信用证金额时,应关注的内容是(   )。

A. 立即将受损货物转移给保险公司　B. 货币与合同规定的必须一致

C. 金额与发票金额必须一致　　D. 金额与汇票金额必须一致

8. 货物原产地证分为普惠制原产地证明和一般原产地证明。前者由各地的出入境商品检验检疫局签发,后者可为各地的(   )签发。

A. 出入境商品检验检疫局　　B. 贸易促进委员会

C. 海关　　D. 银行

9. 通常出口货物在装运前,应由卖方向当地出入境商品检验检疫局进行报检,申领有关商品检验检疫证书来证明出口货物的(   )等情况。

A. 品质　　B. 数量　　C. 包装　　D. 卫生和健康

10. 进口企业向海关提交(　　)等单据进行报关,海关审核无误后在报关单上盖放行章。进口企业凭该报关单和提单等有关证件在船运公司提货。

A. 商品检验证　　B. 发票

C. 提单　　D. 进口货物报关单

11. 商业发票是卖方向买方签发的载明货物的品质、数量、包装和价格等内容,并凭以索取货款的凭证。其作用主要有(　　)。

A. 是买卖双方收付货款和记账的依据

B. 是买卖双方办理报关、纳税的依据

C. 可代替汇票作为付款的依据

D. 是缮制其他出口单据的依据

12. 我国对外贸易实务中,凡纳入许可证管理的商品都必须向(　　)申请签发进口或出口许可证。

A. 国务院外经贸主管部门配额许可证事务局及其各特派员办事处

B. 国务院外经贸主管部门的省级发证机关

C. 商务部授权特区的经贸主管部门

D. 各省、直辖市、特区的经贸主管部门

13. 报关单根据贸易性质和海关监管的要求不同,可分为(　　)。

A. 一般贸易出口货物报关单　　B. 进料加工专用出口报关单

C. 来料加工补偿贸易专用出口报关单　　D. 外商投资企业出口货物报关单

14. 出口企业在向签证机构申请审核签发普惠制产地证明书 Form A 时,应递交的文件有(　　)。

A. 普惠制产地证明书申请书　　B. 普惠制产地证明书 Form A

C. 商业发票　　D. 签证机构要求的其他文件

15. 装箱单编号一般填(　　)。

A. 发票号码　　B. 合同号码　　C. 提单号码　　D. 保险单号码

16. 受益人证明是由受益人根据信用证规定证实有关内容的书面证明,其种类主要有(　　)等形式,也是出口商议付的单据之一。

A. 寄单证明　　B. 电抄本　　C. 履约证明　　D. 装运通知

17. 汇票的出票条款必须按信用证的描述填于 Drawn under 后,如信用证没有出票条款,其分别填写(　　)。

A. 开证行的名称 B. 开证行的地址 C. 信用证编号 D. 开证日期

18. 托收支付方式下的出票条款应写上(　　),以便于查找。

A. 合同号 B. 发票号 C. 商品件数 D. 商品总称

19. 海运提单是由(　　)收到承运货物时或将其装船后,向托运人签发的货物收据。

A. 船运公司 B. 船运公司代理人 C. 港口 D. 码头仓库

20. 根据我国有关规定,出口企业向签证机构申请办理原产地证书,必须按签证机构的要求提供已缮制的(　　)等证明文件。

A. 货物原产地证明书申请书 B. 原产地证明书

C. 出口货物商业发票 D. 其他所需的证明文件

21. 普惠制产地证是指受惠国有关机构就本国出口商向给惠国出口受惠商品而签发的用以证明原产地的证明文件,其主要有(　　)三种。

A. 普惠制产地证明书格式 A B. 普惠制产地证明书格式 59A

C. 普惠制产地证明书格式 APR D. 普惠制产地证明书

22. 在国际贸易结算中,结汇单证的种类繁多,主要有许可证、装箱单、产地证书和检验证书,此外还有(　　)等。

A. 商业发票 B. 汇票 C. 运输单据 D. 保险单

23. 提单可以从不同的角度加以分类,常见的主要有(　　)。

A. 已装船提单和备运提单 B. 清洁提单和不清洁提单

C. 记名提单和指示提单 D. 直达提单和转船提单

24. 出口货物报关单上的杂费是指成交价以外应计入完税价格或应从完税价格中扣除的费用,如(　　)等。

A. 手续费 B. 佣金 C. 回扣 D. 运费

25. 若有唛头,在保险单的唛头一栏中应填写(　　)。

A. 发票的唛头 B. As per Invoice No. . . .

C. N/M D. N/N

26. 运输单据是托运人将货物交付承运人或其代理人办理装运时,由承运人或其代理人向托运人签发的,用以证明托运货物装船的收据。依据运输方式的不同,运输单据有(　　)。

A. 海运提单 B. 航空运单 C. 联合运输提单 D. 铁路运单

27. 在货物运输委托中，出口商为托运人，船代、货代和外运公司等为承运人或其代理人。托运人办理出运时，要向承运人或其代理人递交（　　）等单据。

A. 托运委托书　B. 发票　C. 装箱单　D. 汇票

28. 产地证明书是由出口国政府有关机构签发的一种证明货物原产地或制造地的证明文件，通常多用于不需要提供（　　）的国家或地区。

A. 海关发票　B. 领事发票　C. 证实发票　D. 联合发票

29. 检验检疫证书是检验检疫机构签发的用以证明出口货物的品质、数量、卫生等方面的书面文件。其主要作用有（　　）。

A. 是履行合同的法律依据　B. 是议付的有效单据

C. 是出入境货物通关的重要凭证　D. 是索赔、仲裁等举证的法律文件

30. 提单的主要作用有（　　）。

A. 货物收据　B. 物权凭证

C. 装船依据　D. 运输合同的证明

31. 提单中的运费和费用一栏除非信用证明确规定填具体运费与费率外，本栏只填运费是否支付情况。在 CIF 和 CFR 条件下，应填（　　）。

A. "Freight Paid"　B. "Freight Prepaid"

C. "Freight Collect"　D. "As Arranged"

32. 空运单是承运人签发给托运人表示已收妥货物接受托运的货运单据，其主要作用有（　　）。

A. 是收货人提货的凭证　B. 作为承运人的计账凭证

C. 是收货人核收货物的依据　D. 供收货人作为运费账单

33. 出口货物报关单是由海关总署按统一格式印制的，由出口企业或其代理人在装运前填制向海关申报通关，经海关审核并签发的法律文件。其作用是（　　）。

A. 海关依法监管货物出口的法律证书

B. 海关征收关税、税费的重要凭证

C. 出口货物核销、退税的重要依据

D. 海关编制海关统计的原始凭证

34. 出口许可证是指出口国政府有关当局签发批准商品出口的证明文件，

其作用有(　　)。

A. 国家可调节商品出口

B. 避免出口商品在国际市场上的盲目竞争

C. 海关查验放行的主要依据

D. 银行结汇的单据

35. 检验检疫证书依据其作用不同,有(　　)等形式。

A. 品质检验证书　　B. 数量检验证书

C. 健康检验证书　　D. 熏蒸/消毒检验证书

36. 装运通知是指出口商在出口货物装运后,向收货人或其通知人发出货物装运情况的书面文件。其主要作用是(　　)。

A. CIF 条件下告知进口商作好接货准备

B. FOB、CFR 条件下提请进口商办理保险

C. 该副本是议付货款的单据之一

D. FOB、CFR 条件下自动承保的证明

37. 信用证项下的汇票出票日期是议付日期。值得注意的是,汇票出票(　　)。

A. 不得早于其他单据日期　　B. 不得晚于信用证有效期

C. 不得晚于提单签发日后第 21 天　　D. 早于其他单据日期

38. 企业审核信用证项下单据的标准是(　　)。

A. 单据与信用证相符　　B. 单据与贸易合同相符

C. 单据与单据之间相符　　D. 单据与所代表的货物相符

E. 以上均不正确

39. 指示性提单的收货人一栏中可以做成(　　)。

A. To ABC Co. Only　　B. To order

C. To order of issuing bank　　D. To the bearer

E. To order of shipper

40. 下列哪些条款应被视为信用证的软条款(　　)。

A. 开证人在检验证书上的签名必须与开证行所保留的签名样本相符

B. 信用证项下要求受益人提供船龄证明

C. 受益人出具的报关单、合同及商业发票必须使馆认证

D. 必须得到开证人对样品的确认后，信用证方可生效

E. 货物必须经开证人代表检验合格后方可装船

41. 单证管理的重要意义是(　　)。

A. 为完成履约提供保证　　B. 为统计分析提供原始数据

C. 为查询和处理业务差错事故提供资料　　D. 标志着某一笔交易的开始

E. 以上均正确

42. 以下关于保险单作用的正确选项是(　　)。

A. 物权凭证　　B. 索赔证明

C. 保险合同　　D. 货物收据

E. 运输契约的证明

43. 信用证作了如下规定，其中属于“非单据条件”的有：(　　)。

A. 载货船舶的船龄不超过 15 年　　B. 载货船舶挂巴拿马国旗

C. 装船后立即通知申请人装货细节　　D. 货物原产中国并提供原产地证

E. CIF 条件下的保险单

44. 在审核信用证金额与货币时，需要审核的内容包括(　　)。

A. 信用证总金额的大小写必须一致

B. 来证采用的货币与合同规定的货币必须一致

C. 发票或汇票金额不能超过信用证规定的总金额

D. 若合同中订有溢短装条款，信用证金额应有相应规定

E. 信用证金额中必须注明折扣率

45. 电子通信技术在贸易领域中的应用多表现在(　　)。

A. INCOTERMS　　B. IDD

C. FAX　　D. INTERNET

E. EDI

46. 下列信用证条款中属于软条款的是(　　)。

A. 三份正本已装船海运提单，做成“凭指示”抬头，通知买方

B. 一份开证申请人手签的质量检验证书，字迹须和开证行预留签字样本相符

C. 待进口商取得进口许可证后，开证行以信用证修改形式通知信用证生效

D. 所装船名和船期由进口商通知开证行，开证行以信用证修改形式通知受益人

E. 货物运抵目的港后，待进口地商检机构检验合格并出具书面证书后开

证行才付款

47. 因下列情况开证行有权拒付票款(　　)。

A. 单据内容与信用证条款不符　　B. 实际货物未装运

C. 单据与货物有出入　　D. 单据与单据互相之间不符

E. 单据内容与合同条款不符

48. 因租船订舱和装运而产生的单据是(　　)。

A. 托运单　　B. 装货单

C. 收货单　　D. 海运提单

E. 发票

49. 商业发票是国际货物买卖中的核心单据,其作用表现为(　　)。

A. 交接货物的依据　　B. 登记入账的依据

C. 报关纳税的依据　　D. 买卖合同的证明

E. 有时可替代汇票进行货款结算

50. 以下单据中,对发票起补充说明作用的有(　　)。

A. 装箱单　　B. 提单

C. 尺码单　　D. 重量单

E. 品质证书

答:1. ACD　2. ABCD　3. ACD　4. ABD　5. AD　6. AD

7. BD　8. AB　9. ABCD　10. ABCD　11. ABCD　12. AB

13. ABCD　14. ACD　15. AB　16. ABC　17. ABCD　18. ABCD

19. AB　20. ABCD　21. ABC　22. ABCD　23. ABCD　24. ABCD

25. AB　26. ABCD　27. ABC　28. AB　29. ABCD　30. ABD

31. AB　32. BCD　33. ABCD　34. ABCD　35. ABC　36. ABCD

37. ABC　38. ABCD　39. BCE　40. ADE　41. ABC　42. BC

43. BC　44. ABCD　45. CDE　46. BCDE　47. AD　48. ABD

49. BCE　50. ACD

七、判断题(正确的打"√",错误的打"×")

1. 不清洁提单的不良批注是指提单的不清洁。(　　)

2. 汇票的出票依据,在信用证和托收支付条件下,是买卖合同。(　　)

3. 汇票、提单和保险单的抬头人通常是付款人、收货人、被保险人。(　)

4. 出口商品检验证书若超出有效期,可向出入境商品检验检疫机构提出延期的申请。(　)

5. 通常不使用海关发票或领事发票的国家,可要求提供产地证明以确定对货物征税的税率。(　)

6. 单证的不符点只要议付行同意并进行了议付,受益人就可不接受开证行追索货款。(　)

7. 进口货物在进口许可证有效期限内尚未进口,该许可证作废,不得申请展期。(　)

8. 一般进口是指"一般贸易"方式下的进出口。(　)

9. 在信用证支付方式下,开具汇票的依据是信用证,而在托收和汇付方式下,开具汇票的依据是买卖合同。(　)

10. 一张未记载付款日期的汇票,可理解为见票后 21 天付款。(　)

11. 保险金额应以 CIF 发票总额再加 10% 计算,如发票为 FOB 或 CFR 金额,则先换算为 CIF 价后,再加一成。(　)

12. 保险单的赔付地一般为装运港(地),若有特殊要求可事先说明。(　)

13. 发票总额可以超过信用证金额,对于佣金和折扣应按信用证规定的处理。(　)

14. 对墨西哥和阿根廷等国的出口,无论信用证是否规定发票的签名形式,都必须手签。(　)

15. 装箱单据的英文名称通常有:Packing List (Note), Packing Specifications, Specifications。实际使用中,可自行选择。(　)

16. 装箱单的出单日期可以早于发票日期,也可晚于发票日期 1~2 天。(　)

17. 信用证项下的汇票出票日期是议付日期,通常由出口商在议付时填写。(　)

18. 品质检验证书的检验日期,不得晚于提单签发日。若出口货物为鲜货,最好早于装运日期。(　)

19. 保险单是一种权利的凭证,经背书后可随货物所有权的转移而进行转让。(　)

20. 投保单是投保人向保险公司提出办理保险的申请,也是被保险人接受保险业务的依据。(　　)

21. 在信用证支付条件下,究竟提供何种结汇单证,包括单据的份数和制作要求,都必须严格地按照合同的规定。(　　)

22. 在信用证方式下,货物描述必须与信用证的描述一致,省略或增加货名的任何字或句都会造成单证不符。(　　)

23. 保险凭证俗称“小保单”,是保险单的简化形式,省略了背面条款,但保险条款仍以保险单为准,与保险单具有同等的法律效力。(　　)

24. 预约保险单又称预约保险合同,是保险公司与投保人事先订立在一定时期内承保多批货物的保险合同。凡在合同约定时期内,由出口商向保险公司发出“装运通知”或“保险声明”,货物就自动承保。(　　)

25. 保险单一般由保险公司审单员根据投保人提供的投保单等材料进行缮制,但也有个别保险公司由投保人代其填保险单的各栏目内容,由保险公司审核后签章生效。(　　)

26. 保险单的包装及数量应填最大包装件数,若为散装货应填“N/M”。(　　)

27. 保险金额应按信用证规定计算填入,保险金额小数点后的尾数应保留。(　　)

28. 保险单的保险货物名称一栏应按发票品名填写,若发票品种名称繁多,不可填其统称。(　　)

29. 不管是清洁提单还是不清洁提单,只要收货人的名称与信用证的规定相符,银行都予以接受。(　　)

30. 全式提单是指提单上除有正面条款之外,还在背面印有承运人和托运人权利、义务等详细条款的提单。略式提单仅有提单正面内容,如船名、货号、标志、件数、装运港、目的港,而略去了提单背面的全部条款。因此,二者效力不同。(　　)

31. 银行对于信用证未规定的单据将不予审核。(　　)

32. 开证行对于单证不符,若要拒付,必须在5个工作日内拒付。(　　)

33. 完整的物权由全套正本提单表示,所以收货人在提货时,应出示全套正本提单。(　　)

34. 信用证关于货物的描述为“Blue Cotton Wears”，发票显示为“Colored Cotton Wears”是可以的。(   )

35. 原产地证书应由检验检疫局、贸促会或商务部出具，不能由出口商或生产厂家出具。(   )

36. 若合同和信用证中均未规定具体唛头，则填写发票时，“唛头”一栏可空白不填。(   )

37. 海运提单的签发日期应早于保险单的签发日期。(   )

38. 若汇票上加注“货物到达后支付”，则构成支付的附加条件，根据我国《票据法》，该汇票无效。(   )

39. 票据金额以中文大写和数字同时记载的，两者必须一致，若不一致，按我国《票据法》的解释，以中文大写金额为准。(   )

40. 在外贸实践中，单证员录入信息时，应首先录入的信息是商业发票的内容。(   )

答：1. × 2. × 3. × 4. √ 5. √ 6. × 7. × 8. × 9. √ 10. ×
11. √ 12. × 13. × 14. √ 15. × 16. × 17. × 18. × 19. √ 20. √
21. × 22. √ 23. √ 24. √ 25. √ 26. × 27. × 28. × 29. × 30. ×
31. × 32. × 33. × 34. × 35. × 36. × 37. × 38. √ 39. × 40. √

八、简述题

1. 简述信用证的审核内容。

答：在我国，审核信用证是由银行与外贸部门共同完成的，审核的主要内容包括：

(1) 对开证行的资信的审核。

(2) 对受益人审核。

(3) 对信用证种类的审核。

(4) 对装运货物与金额的审核。

(5) 对运输条款的审核。

(6) 对信用证规定的装运期、到期日、到期地点、交单期的审核。

(7) 对装运单据的审核。

(8) 其他特殊条款的审核。

2. 简述对出口单据的基本要求。

答:出口结汇单据,要求做到正确、完整、及时、简明、整洁。

正确,即要求做到单单一致、单证一致。此外,单据与货物也应一致,以免发生错误装运事故。

完整,即要求单据的种类完整,单据本身的项目和单据的份数完整。

及时,即要求在信用证规定的交单期和有效期,并不迟于提单签发日后21天,及时将单据交议付行,以便银行尽早寄出单据,按时收汇。

简明,即要求单据的内容简单明了,切勿加列不必要内容。

整洁,即要求单据布局美观、大方,字迹清楚,表面清洁,更改加盖校对图章,而金额、件数、重量等项目则一般不宜更改。

3. 简述商业发票的作用及缮制时应注意的问题。

答:商业发票的作用在于:它是整套运单的中心,反映了装运货物的全貌;它是进出口记账的原始凭证;是出口地办理货物发运、商检和报关放行,以及进口地办理报关纳税的依据;是进口方查对货物数量、价格和金额的依据;在不使用汇票的情况下,它可以代替汇票,作为议付货款的依据。

缮制商业发票时应注意以下问题:

(1) 商业发票的签发者,必须是信用证中指定的受益人。

(2) 商业发票的抬头人必须做成开证人或信用证中指定的付款人。

(3) 商业发票上对货物的描述应与信用证对货物的说明相符。

(4) 商业发票所列数量应与信用证中的规定相符。

(5) 商业发票金额不应超过信用证金额。

(6) 商业发票中有关货物的唛头、编号、毛重、净重、件数等内容的记载应与其他单据中的记载相符。

(7) 商业发票的签发日期,应不迟于信用证规定的最后装运期。

(8) 商业发票按信用证规定签名盖章。

4. 简述海关发票的作用及缮制时应注意的问题。

答:海关发票的作用如下:

(1)是进口国海关进行进口统计的依据。

(2)是进口国海关核定货物的原产地和实行差别关税待遇的依据。

(3)是进口国海关核查出口商在本国市场的销售价格,凭以确定其对进口国是否“低价倾销”或虚报价格，凭以决定是否征收“反倾销税”的依据。

(4)是进口商办理进口报关、纳税等手续的依据。

缮制海关发票时应注意以下问题：

(1)须按各个国家或地区专用的特定格式和要求逐项填写。

(2)各国海关发票除发票单价外，一般都要列明运费、保险费、打包费等其他费用项目。海关发票上的保险费和运费金额，必须与实际付出的费用一致。

(3)“国内市场价格”一项的高低是进口国海关作为是否征收“反倾销税”的重要依据，缮制时应据有关规定慎重填写。

(4)海关发票须以个人名义手签为有效。如要求证明人签字，证明人不得与商业发票、汇票或其他单据上的签字人为同一人。如有错及涂改，则须由签字人用钢笔加注小签。

(5)海关发票上的金额、数量、毛重、净重等项目，须与商业发票及提单上所载内容一致。

5. 简述银行和进口商对单据不符的处理方法。

答：银行和贸易公司对单证不符的处理方法有：

(1)开证行与开证申请人联系，使开证申请人对单证不符点接受，并指示开证行对外付款。

(2)开证行通过寄单与受益人联系，允许受益人在有效期内更改单据。

(3)凭国外议付行书面担保后付款，但保留追索权。

(4)将付款期改为货到后经检验符合合同规定再付款。

(5)在卖方同意降价后，接受单据并支付货款。

6. 简述进口报关时应提供的单据。

答：进口报关时应提交的单据有：进口货物报关单、商业发票、提单、保险单、进口货物许可证和国家规定的其他批准文件。若属法定检验的进口商品，还需附商品检验证书。

7. 简述进口报关单的主要内容。

答：进口货物报关单的主要内容有：海关统计商品编号、商品货号及规格、数量、价格、唛头、件数、毛重、净重、运输工具名称、贸易方式、贸易国别、原产国、提单或运单号、进口口岸、经营单位、收货单位、合同号码和外汇来源等。

九、如以 FOB 价格条件成交,请根据履行进口合同要涉及的主要单证,填写下表

合同履行阶段	单据名称	出单机构	适用的范围
1. 办理运输	(1)		
	(2)		
	(3)		
2. 办理保险	(1)		
	(2)		
	(3)		
3. 办理商检	(1)		
	(2)		
4. 办理报关	(1)		
	(2)		
	(3)		
	(4)		

答:

1. (1)海运货物委托书/进口商/委托货代向船公司(承运人)办理租船订舱

(2)海运出口托运单/货代/向船公司办理租船订舱手续

(3)装船通知书/进口商/出口方接到装船通知装运货物

2. (1)预约保险合同/进口商与保险公司/是保险公司出具的承保证明

(2)装运通知书/进口商/船名、提单号、开船日期、商品名称和数量等内容发至保险公司后,该批投保货物立即自动承保

(3)保险单/保险公司/是保险人与被保险人订立的保险合同

3. (1)入境货物报验单/进口商/向出入境商品检验检疫局提出报检的申请

（2）商检证书或入境货物通关单/出入境商品检验检疫局/进口商持商检证书或入境货物通关单向海关申请放行，也是证明进口货物的品质、数量等方面的依据

4. （1）进口货物报关单/进口商/由进口企业填制向海关申报进口通关，是海关对进口货物征收关税、其他税费和编制海关统计报表等的重要依据

（2）进口商业发票/出口商/是买卖双方收付货款、报关、纳税和计算佣金的依据

（3）商检证书或入境货物通关单/出入境商品检验检疫局/向海关申请进口放行，证明进口货物的品质、数量等方面的依据

（4）提单/船运公司或货代/货物收据、物权凭证和运输契约的证明，进口商凭报关单和提单在船运公司提货

十、根据合同审核信用证

售货确认书

SALES CONFIRMATION

NO. LT07060

DATE：AUG. 10，2018

The Seller：AAA IMPORT AND EXPORT CO. 222 JIANGUO ROAD DALIAN，CHINA	The Buyer：BBB TRADING CO. P. O. BOX 203 GDANSK，POLAND

下列签字双方同意按以下条款达成交易：

The undersigned Sellers and Buyers have agreed to close the following transactions according to the terms and conditions stipulated below：

品名与规格 COMMODITY AND SPECIFICATION	数量 QUANTITY	单价及价格条款 UNIT PRICE & TERMS	金额 AMOUNT
65% POLYESTER 35% COTTON		CIF GDANSK	
LADIES SKIRTS			
STYLE NO. A101	200 DOZ	USD60/DOZ	USD12 000. 00
STYLE NO. A102	400 DOZ	USD84/DOZ	USD33 600. 00
ORDER NO. HMW0501			

总值 TOTAL VALUE：U. S. DOLLARS FORTY FIVE THOUSAND SIX HUNDRED ONLY

装运口岸 PORT OF LOADING：DALIAN

目的地 DESTINATION：GDANSK

转运 TRANSSHIPMENT：ALLOWED

分批装运 PARTIAL SHIPMENTS：ALLOWED

装运期限 SHIPMENT：DECEMBER，2018

保险 INSURANCE：BE EFFECTED BY THE SELLERS FOR 110% INVOICE VALUE COVERING FPA RISKS OF PICC CLAUSE

付款方式 PAYMENT：BY TRANSFERABLE L/C PAYABLE 60 DAYS AFTER B/L DATE，REACHING THE SELLERS 45 DAYS BEFORE THE SHIPMENT

一般条款 GENERAL TERMS：

1. 合理差异：质地、重量、尺寸、花型、颜色均允许合理差异，对合理范围内差异提出的索赔，概不受理。

Reasonable tolerance in quality，weight，measurements，designs and colors is allowed，for which no claims will be entertained.

2. 卖方免责：买方对下列各点所造成的后果承担全部责任：

（甲）使用买方指定包装、花型图案等；

（乙）不及时提供生产所需的商品规格或其他细则；

（丙）不按时开信用证；

（丁）信用证条款与售货确认书不符合而不及时修改。

The buyers are to assume full responsibilities for any consequences arising from：

（a） the use of packing，designs or pattern made of order；

（b） late submission of specification or any other details necessary for the execution of this sales confirmation；

（c） late establishment of L/C；

（d） late amendment to L/C inconsistent with the prevision of this sales confirmation.

David King	苏进
买方（The buyers）	卖方（The seller）

请在本合同签字后寄回一份

Please sign，and return one copy

LETTER OF CREDIT

FORM OF DOC. CREDIT	*40A	：IRREVOCABLE
DOC. CREDIT NUMBER	*20	：70/1/5822
DATE OF ISSUE	31	：101007

EXPIRY	*31D	: DATE 110115 PLACE POLAND
ISSUING BANK	51D	: SUN BANK, P. O. BOX 201 GDANSK, POLAND
APPLICANT	*50	: BBB TRADING CO. P. O. BOX 203 GDANSK, POLAND
BENEFICIARY	*59	: AAA IMPORT AND EXPORT CO. 222 JIANGUO ROAD DALIAN, CHINA
AMOUNT	*32B	: CURRENCY USD AMOUNT 45 600.00
AVAILABLE WITH/BY	*41A	: BANK OF CHINA DALIAN BRANCH BY DEF PAYMENT
DEFERRED PAYM. DET.	*42P	: 60 DAYS AFTER B/L DATE
PARTIAL SHIPMENTS	43P	: NOT ALLOWED
TRANSSHIPMENT	43T	: ALLOWED
LOADING IN CHARGE	44A	: SHANGHAI
FOR TRANSPORT TO ...	44B	: GDANSK
LATEST DATE OF SHIP.	44C	: 101231
DESCRIPT. OF GOODS	45A	65% POLYESTER 35% COTTON LADIES SHIRTS STYLE NO. 101 200DOZ @ USD60/PCE STYLE NO. 102 400DOZ @ USD84/PCE ALL OTHER DETAILS OF GOODS ARE AS PER
CONTRACT NO.		
		LT07060 DATED AUG. 10, 2018. DELIVERY TERMS: CIF GDANSK (INCOTERMS 2000)
DOCUMENTS REQUIRED	46A	:

1. COMMERCIAL INVOICE MANULLY SIGNED IN 2 ORIGINALS PLUS 1 COPY MADE OUT TO DDD TRADING CO., P. O. BOX 211, GDANSK, POLAND

2. FULL SET (3/3) OF ORIGINAL CLEAN ON BOARD BILL OF LADING PLUS 3/3 NON NEGOTIABLE COPIES, MADE OUT TO ORDER OF ISSUING BANK AND BLANK ENDORSED, NOTIFY THE APPLCANT, MARKED FREIGHT PREPAID, MENTIONING GROSS WEIGHT AND NET WEIGHT.

3. ASSORTMENT LIST IN 2 ORIGINALS PLUS 1 COPY.

4. CERTIFICATE OF ORIGIN IN 1 ORIGINAL PLUS 2 COPIES SIGNED BY CCPIT.

5. MARINE INSURANCE POLICY IN THE CURRENCY OF THE CREDIT ENDORSED IN BLANK FOR

CIF VALUE PLUS 30 PCT MARGIN COVERING ALL RISKS OF PICC CLAUSES INDICATING CLAIMS PAYABLE IN POLAND

ADDITIONAL COND. 47A :

+ALL DOCS MUST BE ISSUED IN ENGLISH

+SHIPMENTS MUST BE EFFECTED BY FCL

+B/L MUST SHOWING SHIPPING MARKS:BBB,S/C LT07060, GDAND, C/NO.

+ALL DOCS MUST NOT SHOW THIS L/C NO. 70/1/5822

+FOR DOCS WHICH DO NOT COMPLY WITH L/C TERMS AND CONDITIONS, WE SHALL DEDUCT FROM THE PROCEEDS A CHARGE OF EUR50.00 PAYABLE IN USD EQUIVALENT PLUS ANY INCCURED SWIFT CHARGES IN CONNECTION WITH.

DETAILS OF CHARGES	71B	: ALL BANKING COMM/CHRGS OUTSIDE POLAND ARE ON BENEFICIARY'S ACCOUNT
PRESENTATION PERIOD	48	: 15 DAYS AFTER B/L DATE, BUT WITHIN L/C VALIDITY
CONFIRMATION	*49	: WITHOUT
INSTRUCTIONS	78	:WE SHALL REIMBURSE AS PER YOUR INSTRUCTIONS
SEND TO REC. INFO	72	: CREDIT SUBJECT TO ICC PUBL. 600/2007 REV.

经审核,信用证存在哪些问题?

答:

1. L/C 上没按合同要求做成可转让信用证。UCP600 规定没有 TRANSFERABLE 字样的 L/C 是不可转让的。

2. 到期地点为"POLAND",对出口方不利,无法保证单到开证行时间。

3. 合同上允许分批,而 L/C 不允许,应改证。

4. 起运地没按合同做成大连,应修改"上海"为"大连"或"中国"。

5. 品名应按合同为 SKIRTS,而不是 SHIRTS。

6. 货物描述处 STYLE NO. 漏字母 A。

7. 单价的单位误为 PCE。

8. 投保金额大于合同要求,应为 110% 的发票金额。

9. 保险险别范围扩大,应改为合同规定的 F. P. A OF PICC。

10. L/C 中 ADDITIONAL COND. 处的唛头中 GDAND 错了,应该是 GDANSK。

十一、根据上题已经全部修改正确的信用证和以下补充资料，审核下列装箱单、提单和保险单，指出这些单据中的缮制错误之处

补充资料：货物数量 7 200 件（600 打）装 740 箱，GROSS WEIGHT：3 700KGS，NET WEIGHT：2 960KGS. MEASUREMENT：22.2CBM. 于 12 月 10 日备妥，装 12 月 15 日 NEW STAR 船 V. 003 航次出运，贸易方式为一般贸易，装箱方式为自送，杂费支付方式为预付，出口商托运联系人是章立，12 月 10 日制作发票（号码为 CBA001）。

1. 装箱单

AAA IMPORT AND EXPORT CO.

222 JIANGUO ROAD，DALIAN，CHINA

PACKING LIST

INVOICE NO.　　CBA001

S/C NO.　　LT07060

DATE　　DEC. 10，2018

L/C NO. 70/1/5822

GOODS DESCRIPTION：LADIES SHIRTS

CARTON NO.	CTNS	STYLES/COLORS	SIZE ASSORTMENT PER CARTON						PCS/CTN	TOTAL PCS
			S	M	L	XL	XXL	XXXL		
1 - 240	200	A101/WHITE	1	2	2	2	2	1	10	2 400
241 - 640	400	A102/NAVY	2	2	2	2	2		10	4 000
641 - 740	100	A102/BLACK			2	2	2	2	8	800

TOTAL QUANTITY：7200PCS /600DOZ.

PACKED IN 740 CARTONS ONLY.

GROSS WEIGHT：3700 KGS @ 5KGS/CTN.

NET WEIGHT：2960 KGS @ 4KGS CTN.

MEASUREMENT：22.2 CBM @ 0.5 × 0.3 ×0.2CBM. CTN

SHIPPING MARKS：

BBB

S/C LT07060

GDAND

C/NO. 1 - 740

AAA IMPORT AND EXPORT CO.

苏　进

2. 提单

<table>
<tr><td colspan="2">Shipper
AAA EXPORT AND IMPORT CO.</td><td colspan="2" rowspan="6">B/L No.
中国外运大连公司
SINOTRANS DALIAN COMPANY
OCEAN BILL OF LADING
SHIPPED on board in apparent good order and condition (unless otherwise indicated) the goods or packages specified herein and to be discharged at the mentioned port of discharge or as near there to as the vessel may safely get and be always afloat.
The weight, measure, marks and numbers, quality, contents and value, being particulars furnished by the Shipper, are not checked by the Carrier on loading.
The Shipper, Consignee and the Holder of this Bill of Lading hereby expressly accept and agree to all printed, written or stamped provisions, exceptions and conditions of this Bill of Lading, including those on the back hereof.
IN WITNESS where of the number of original Bills of Lading stated below have been signed, one of which being accomplished, the other(s) to be void.</td></tr>
<tr><td colspan="2">Consignee
TO ORDER OF SUN BANK
P. O. BOX 201, GDANSK, POLAND</td></tr>
<tr><td colspan="2">Notify Party
BBB COMMERCLAL CO.
P. O. BOX 203
GDANSK, POLAND</td></tr>
<tr><td>Pre-carriage by</td><td>Port of loading
DALIAN</td></tr>
<tr><td>Vessel
NEW STAR V003</td><td>Port of transshipment</td></tr>
<tr><td>Port of discharge
GENOA</td><td>Final destination</td></tr>
<tr><td>Container seal No. or marks and Nos.</td><td>Number and kind of packages
Description of goods</td><td>Gross weight (kgs)</td><td>Measurement(M^3)</td></tr>
<tr><td></td><td>LADIES SNIRTS

SAY SEVEN HUNDRED AND FORTY CARTONS ONLY</td><td>3 700KGS</td><td>22. 2CBM</td></tr>
<tr><td colspan="2">Freight and charges</td><td colspan="2">REGARDING TRANSSHIPMENT INFORMATION
PLEASE CONTACT</td></tr>
<tr><td rowspan="2">Ex. rate</td><td>Prepaid at</td><td>Freight payable at</td><td>Plane and date of issue
DEC. 15, 2018 DALIAN</td></tr>
<tr><td>Total Prepaid

FIRST ORIGINAL</td><td>Number of original Bs/L
THREE</td><td>Signed for or on behalf of the master
ABA FORWARDER CO.
as Agent for the carrier
SINOTRANS DALIAN COMPANY</td></tr>
</table>

(SINOTRANS STANDARD FORM 5) - SUBJECT TO THE TERMS AND CONDITIONS ON BACK

3. 保险单

PICC 中国人民财产保险股份有限公司

PICC Property and Casualty Company Limited

总公司设于北京 一九四九年创立

Head Office: Beijing Established in 1949

货物运输保险单 CARGO TRANSPORTATION INSURANCE POLICY

发票号码: CBA001

INVOICE NO.

保险单号次

POLICY NO. PYIE20040201990000146

被保险人: THE INSURED:

中国人民财产保险股份有限公司(以下简称本公司)要求,以被保险人向本公司缴付约定的保险费为对价,按照本保险单列明条款承保下述货物运输保险,特订立本保险单。

THIS POLICY OF INSURANCE WITNESSES THAT PICC PROPERTY AND CASUALTY LIMITED (HEREINAFTER CALLED "THE COMPANY") AT THE REQUEST OF THE INSURED AND IN CONSIDERATION OF THE AGREED PREMIUM PAID TO THE COMPANY BY THE INSURED UNDERTAKES TO INSURE THE UNDERMENTIONED GOODS IN TRANSPORATION SUBJECT TO THE CONDITIONS OF THIS POLICY. AS PER THE CLAUSES PRINTED BELOW.

标 记 MARKS & NO. S	包装及数量 QUANTITY	保险货物项目 GOODS	保险金额 AMOUNT INSURED
AS PER INV. NO. CBA001	740CTNS	LADIES SHIRTS	USD 59 000.00

总保险金额:

TOTAL AMOUNT INSURED: **US DOLLARS FIFTY – NINE THOUSAND ONLY**

保费: 起运日期

PREMIUM: **AS ARRANGED** DATE OF COMMENCEMENT: **AS PER B/L**

装载运输工具

PER CONVEYANCE: **S. S. NEW** STAR V. 003

自: 至:

FROM: **DALIAN** TO: **GDAND**

CONDITIONS:

COVERING ALL RISKS OF PICC

所保货物如发生保险单项下可能引起索赔的损失,应立即通知本公司或下述代理人勘察。如有索赔,应向本公司提交正本保险单(本保险单共有3 份正本)及有关证件。如一份正本已用于索赔,其余正本自然失效。

IN THE EVENT OF LOSS OR DAMAGES WHICH MAY RESULT IN A CLAIM UNDER THIS POLICY, IMMEDIATE NOTICE MUST BE GIVEN TO THE COMPANY OR AGENT AS MENTIONED. CLAIMS, IF ANY, ONE OF THE ORIGINAL POLICY WHICH HAS BEEN ISSUED IN THREE ORIGINALS TOGETHER WITH THE RELEVANT DOCUMENTS SHALL BE SURRENDERED TO THE COMPANY. IF ONE OF THE ORIGINAL POLICY HAS BEEN ACCOMPLISHED, THE OTHERS TO BE VOID.

SURVEY TO BE CARRIED OUT BY A LOCAL COMPETENT SURVEYOR. CLAIM DOCUMENTS TO BE MAILED TO THE UNDERWRITER, WE SHALL EFFECT PAYMENT BY REMITTANCE TO THE CLAIMANT.

DDD INSURANCE CO.
P. O. BOX 201
GDANSK, POLAND

中国人民财产保险股份有限公司 大连分公司
PICC Property and Casualty Company Limited
Dalian Branch
张宾

赔款赔付地点:

CLAIM PAYABLE AT: **POLAND IN USD**

日期:

DATE: **2018. 1. 10PLACE: DALIAN, CHINA**

答：

1. 装箱单：

(1)单据名称应为 Assortment List。

(2)因为信用证规定所有单据不得显示 L/C 号，此装箱单上显示了，为错。

(3)品名错，应按修改信用证后的正确品名 SKIRTS 制单。

(4)箱号第一栏 1－240 边上，箱数应为 240 箱。

(5)Shipping Marks 处的目的地应为 GDANSK。

2. 提单：

(1)通知人名称错。

(2)起运地应为上海。

(3)唛头处 S/C 后面应接 LT07060。

(4)品名错，应为 SKIRTS。

(5)提单上没按 L/C 标明装整箱，effected by FCL。

(6)漏表明净重。

(7)提单签发地点应为上海。

(8)没有标明提单正本份数的阿拉伯数字。

3. 保险单：

(1)被保险人漏填，当 L/C 未特别规定时，应在此处填上受益人名称。

(2)品名错，应为 SKIRTS。

(3)金额错，应为 USD 50160。

(4)承保航程中的(终止地)目的地应为 GDANSK。

(5)险别应为 F. P. A. CLAUSE OF PICC。

(6)保单生效日期晚于提单日是不被银行接受的，是不符点。

十二、单据改错

1. 信用证有关资料如下：

ORDER	STYLE	QTY/PCS	USD/PCS
152－038	28367－J	1 200	3.95
152－068	27247－W	1 500	1.72

WOMENS 100PCT POLYESTER KNIT SPRING JACKET

FOB SHANGHAI, CHINA

COMMERCIAL INVOICE CERTIFY THAT COMMODITIES ARE OF CHINA ORIGIN AND H. S. CODE 6109. 1000

2. 已制作的商业发票(局部)如下:

MARKS & NUMBERS	DESCRIPTION OF GOODS	QUANTITY	UNIT PRICE	AMOUNT
	WOMENS JACKET	1 500pcs 1 200pcs	USD3. 95/pc USD1. 72/pc	USD7 989. 00

请根据上述资料用英文改正商业发票(局部)上错误的地方,并将应添加的内容补齐。

答:

MARKS & NUMBERS	DESCRIPTION OF GOODS	QUANTITY	UNIT PRICE	AMOUNT
	WOMENS 100PCT POLYESTER KNIT SPRING JACKET		FOB SHANGHAI	
N/M	ORDER 152 – 038			
	STYLE. 28367 – J	1 200PCS	USD 3. 95/PC	USD 4 740. 00
	ORDER 152 – 068			
	STYLE. 27247 – W	1 500PCS	USD 1. 72/PC	USD 2 580. 00
			Total:	USD 7 320. 00
IT IS TO CERTIFY THAT COMMODITIES ARE OF CHINA ORIGIN H. S. CODE 6109. 1000				

十三、单证改错

1. 资料:卖方:Great Wall Trading Co. ;买方:TTC Co. ;成交条件:CIF TOKYO;合同号:GWT1003X;信用证规定的交货期:不晚于 2018 年 5 月 30 日;信用证有效期:2018 年 6 月 15 日。

要求：根据已知资料和惯例，改正你认为错误的单据签发日期。

单据名称	原签发日期	正确的签发日期
出口货物许可证	2018 年 5 月 30 日	
商业发票	2018 年 5 月 31 日	
装箱单	2018 年 5 月 23 日	
商业汇票	2018 年 5 月 23 日	
原产地证明	2018 年 5 月 31 日	
出口商检证书	2018 年 5 月 31 日	
出口货物保险单	2018 年 6 月 01 日	
直达海运提单	2018 年 5 月 31 日	
出口货物报关单	2018 年 5 月 31 日	
装船通知	2018 年 5 月 31 日	

2. 资料：

托收方式	首次提示日	承兑日	付款日	交单日
D/P at sight	3 月 8 日	3 月 9 日	3 月 10 日	3 月 10 日
D/P at 30 days after sight	3 月 8 日	3 月 7 日	4 月 6 日	4 月 6 日
D/P at 45 days after sight	3 月 8 日	3 月 7 日	4 月 21 日	4 月 21 日

要求：根据已知资料和惯例，将你认为应改正的日期填入下列表格。

托收方式	首次提示日	承兑日	付款日	交单日
D/P at sight	3 月 8 日			
D/P at 30 days after sight	3 月 8 日			
D/P at 45 days after sight	3 月 8 日			

答:1.

单据名称	正确的签发日期
出口货物许可证	2018 年 5 月 25 日
商业发票	2018 年 5 月 26 日
装箱单	2018 年 5 月 26 日
商业汇票	2018 年 6 月 4 日
原产地证明	2018 年 5 月 28 日
出口商检证书	2018 年 5 月 28 日
出口货物保险单	2018 年 5 月 29 日
直达海运提单	2018 年 5 月 30 日
出口货物报关单	2018 年 5 月 29 日
装船通知	2018 年 5 月 30 日

2.

托收方式	首次提示日	承兑日	付款日	交单日
D/P at sight	3 月 8 日	—	3 月 8 日	3 月 8 日
D/P at 30 days after sight	3 月 8 日	3 月 8 日	4 月 7 日	4 月 7 日
D/A at 45 days after sight	3 月 8 日	3 月 8 日	4 月 22 日	3 月 8 日

附录一 国际海事委员会电子提单规则

1. 适用范围

本规则经当事方同意授权后适用。

2. 定义

a. 运输合同:指任何全部或部分经海上运输货物的协议。

b. EDI:指电子数据交换,如通过电子传输进行贸易数据交换。

c. UN/EDIFACT:指联合国行政、商业、运输电子数据交换规则。

d. 传输:指一个或一个以上的文电通过电子传输作为一个发送单位共同向外传递,其中包括标题和结尾数据。

e. 确认:指一次传输,其传输内容看上去完整、正确、但并不妨碍由该内容所引起的重新考虑和修改。

f. 密码:指经当事方同意为确保传输的真实性和完整性而采用的任何技术上适当的方式,如一组数码和/或字母。

g. 持有人:指享有根据本规则第七条 a 款所列权利并拥有有效密码的一方。

h. 电子监督系统:指用于检查记载一笔交易的计算机系统的手段,如贸易数据日志或跟踪检查。

i. 电子储藏:指电子数据的临时、中期或永久性储藏,包括此数据的替代或原始储藏。

3. 程序规则

a. 在不与本规则冲突的情况下,1987 年"电子传输贸易数据交换行动统一规则”将指导本规则当事方的行动。

b. 本规则项下的电子数据交换应符合联合国行政、商业、运输电子数据交换规则的有关标准。

c. 除另有协议外,运输合同的文件格式应符合联合国编排图例表,或与此相仿的国内提单标准。

d. 除另有协议外,一项传输的接收人除非在其接收后发回确认,否则无权根据该传输内容行事。

e. 当事方之间发生由于实际传送数据所引起的争议时,可利用电子监督系统证实接收的数据。有关争议数据以外的、涉及其他交易的数据应视为贸易机密可不予提供检查。由于作为电子监督系统检查的一部分而不可避免地暴露非争议数据,当事方应信守机密,不予向外界披露或挪作他途。

f. 任何所有权的转让都视为私有情报,不应向与该货物运输或结关无关的任何其他方披露。

4. 收讯的行事和内容

a. 承运人在接收到发货人提供的货物之后应按发货人说明的电子地址给予发货人收到货物的电讯通知。

b. 该收讯应包括:

i. 发货人姓名;

ii. 货物说明,包括描述和保留,如同为签发一个书面提单所需求的一样;

iii. 接收货物的地点和日期;

iv. 援引承运人的运输条款;

v. 用于日后传输的密码。

发货人必须向承运人确认该收讯;根据该确认讯,发货人便成为持有人。

c. 根据持有人的要求,一旦货物实际装船,收讯中所更新的装运地点和日期应如同该收讯书面提单的一部分一样具有效力。

5. 运输合同条款

a. 业经同意,无论何时当承运人援引其运输条款时,该运输条款将成为运输合同的一部分。

b. 该条款必须能够向运输合同方随时提供。

c. 当该条款与本规则发生冲突或不一致时,适用本规则。

6. 适用法律

运输合同将服从任何强制性的国际公约或国内法,如同签发一个书面提单一样。

7. 支配和转让权

a. 持有人是唯一可以向承运人采取下列行动的一方:

i. 要求放货;

ii. 指定收货人或指定任何其他替换被指定的收货人,包括持有人自己;

iii. 向另一方转让支配和转让权;

iv. 根据运输合同条款,对货物的其他事项向承运人发出指示,如同一个书面提单持有人一样。

b. 支配和转让权的转让按下列程序进行:

i. 由现持有人向承运人发出其意欲将支配和转让权转让给一新的持有人的通知;

ii. 由承运人确认该通知电讯,并据此

iii. 向被建议的新持有人发送本规则第 4 条除密码以外的所有信息;之后

iv. 由被建议的新持有人通知承运人接受拟被转让的支配和转让权;据此

v. 承运人销毁现用密码,并向新持有人发出一新的密码。

c. 如果被建议的新持有人通知承运人其不欲接收该支配和转让权,或在一合理时间内未能通知承运人其是否接受,那么将不出现支配和转让权的转让,据此承运人应通知持有人,同时现密码仍保持有效性。

d. 按上述办法进行的支配和转让权的转让应如同在书面提单项下转让权利一样具有效力。

8. 密码

a. 密码对各个持有人各不相同。持有人不得转让密码。承运人和持有人应各自保持密码的安全性。

b. 承运人只负责向最后一个他给予密码的持有人发送确认的电子信息,该持有人亦利用密码保证此项传输内容包括该项电子信息。

c. 密码必须独立,并与任何用于鉴别运输合同的方法,和任何用于进入计算机网络的保证口令或识别方法相区别。

9. 交货

a. 承运人应将拟交货的地点和日期通知持有人。根据该项通知,持有人有义务指定一收货人,并给予承运人充足的交货指示,并利用密码加以核实。如无人被指定为收货人,持有人本人将被视为收货人。

b. 如果承运人证明自己已合理恪尽职责核实自称为收货人的一方确系事实上的收货人,那么承运人对误交不负责任。

10. 要求书面单证的选择

a. 在交货前的任何时候,持有人有向承运人索要书面提单的选择。此份文件须在持有人指定的地点得以提供,除非在该地点承运人没有提供这份文件的便利条件,在这种情况下承运人只负责在离持有人指定地点最近的、并有其便利条件的地点提供此份文件,由于持有人采用上述选择而造成延迟交货,承运人不负责任。

b. 在交货前的任何时候,承运人有向持有人签发书面提单的选择,除非采用上述选择会造成过分延迟交货或扰乱交货。

c. 经持有人选择,上述提单或签发为记名提单,或为指示提单,但为此持有人的姓名必须记载在该提单上。上述提单须包括:

i. 本规则第4条收讯中(除密码外)列明的事项;和

ii. 声明书面提单业已签发,国际海事委员会提单项下的电子数据交换程序也已终止。

d. 根据本规则第10条a款或b款签发的书面提单将销毁密码,并终止本规则上电子数据交换程序。持有人或承运人对该程序的终止并不解除运输合同任何一方根据本规则产生的权利、义务或责任,也不解除合同任何方根据运输合同产生的权利、义务或责任。

e. 在任何时候持有人可要求承运人发送一份打印的收讯件,并加盖"不可转让复件"字样,但密码除外。发送该打印件并不销毁密码,亦不终止电子数据交换程序。

11. 电子数据与书写效力等同

承运人和发货人以及此后所有采用本程序的当事方均同意载于计算机数据储藏中,可用人类语言在屏幕上显示或由计算机打印的业经传输和确认的电子数据将满足任何国内法或地方法,习惯或实践规定运输合同必须经签署并以书面形式加以证明的要求。经采纳上述规定,所有当事方将被认为业已同意不再提出合同非书面形式的抗辩。

注:本规则于1990年6月29日通过。

附录二 国际贸易单证词汇

船舶登记证书	certificate of registry
船用物品申报单	ship's stores declaration
出口许可证申请表	application for export license
出口许可证	export license
出口结汇核销单	export exchange control declaration
T 出口单证(海关转运报关单,欧盟用)	dispatch note model T
T1 出口单证(内部转运报关单,欧盟用)	dispatch note model T1
T2 出口单证(原产地证明书)	dispatch note model T2
T5 管理单证(退运单证,欧盟用)	control document T5
铁路运输退运单	re-sending consignment note
T2L 出口单证(原产地证明书,欧盟用)	dispatch note model T2L
分析证书	certificate of analysis
一致性证书	certificate of conformity
质量证书	certificate of quality
测试报告	test report
产品性能报告	product performance report
产品规格型号报告	product specification report
工艺数据报告	process data report
首样测试报告	first sample test report
价格/销售目录	price /sales catalogue

参与方信息	party information
农产品加工厂证书	mill certificate
邮政收据	post receipt
重量证书	weight certificate
重量单	weight list
证书	certificate
价值与原产地综合证书	combined certificate of value and origin
移动声明 A. TR. 1	movement certificate A. TR. 1
数量证书	certificate of quantity
质量数据报文	quality data message
查询	query
查询回复	response to query
订购单	purchase order
制造说明	manufacturing instructions
领料单	stores requisition
产品售价单	invoicing data sheet
包装说明	packing instruction
内部运输单	internal transport order
统计及其他管理用内部单证	statistical and other administrative internal documents
直接支付估价申请	direct payment valuation request
直接支付估价单	direct payment valuation
临时支付估价单	provisional payment valuation
支付估价单	payment valuation
数量估价单	quantity valuation
数量估价申请	quantity valuation request
合同数量单	contract bill of quantities, BOQ
不计价投标数量单	un-priced tender BOQ
标价投标数量单	priced tender BOQ
询价单	enquiry

临时支付申请	interim application for payment
支付协议	agreement to pay
意向书	letter of intent
订单	order
总订单	blanket order
现货订单	spot order
租赁单	lease order
紧急订单	rush order
修理单	repair order
分订单	call off order
寄售单	consignment order
样品订单	sample order
换货单	swap order
订购单变更请求	purchase order change request
订购单回复	purchase order response
租用单	hire order
备件订单	spare parts order
交货说明	delivery instructions
交货计划表	delivery schedule
按时交货	delivery just-in-time
发货通知	delivery release
交货通知	delivery note
装箱单	packing list
发盘/报价	offer/quotation
报价申请	request for quote
合同	contract
订单确认	acknowledgement of order
形式发票	pro-forma invoice
部分发票	partial invoice
操作说明	operating instructions

铭牌	name/product plate
交货说明请求	request for delivery instructions
订舱申请	booking request
装运说明	shipping instructions
托运人说明书(空运)	shipper's letter of instructions (air)
短途货运单	cartage order (local transport)
待运通知	ready for dispatch advice
发运单	dispatch order
发运通知	dispatch advice
单证分发通知	advice of distribution of document
商业发票	commercial invoice
贷记单	credit note
佣金单	commission note
借记单	debit note
更正发票	corrected invoice
合并发票	consolidated invoice
预付发票	prepayment invoice
租用发票	hire invoice
税务发票	tax invoice
自用发票	self-billed invoice
代理发票	factored invoice
租赁发票	lease invoice
寄售发票	consignment invoice
代理贷记单	factored credit note
银行转账指示	instructions for bank transfer
银行汇票申请书	application for banker's draft
托收支付通知书	collection payment advice
跟单信用证支付通知书	documentary credit payment advice
跟单信用证承兑通知书	documentary credit acceptance advice
跟单信用证议付通知书	documentary credit negotiation advice

银行担保申请书	application for banker's guarantee
银行担保	banker's guarantee
跟单信用证赔偿单	documentary credit letter of indemnity
信用证预先通知书	pre-advice of a credit
托收单	collection order
单证提交单	document presentation form
付款单	payment order
扩展付款单	extended payment order
多重付款单	multiple payment order
贷记通知书	credit advice
扩展贷记通知书	extended credit advice
借记通知书	debit advice
借记撤销	reversal of debit
贷记撤销	reversal of credit
跟单信用证申请书	documentary credit application
跟单信用证	documentary credit
跟单信用证通知书	documentary credit notification
跟单信用证转让通知	documentary credit transfer advice
跟单信用证更改通知书	documentary credit amendment notification
跟单信用证更改单	documentary credit amendment
汇款通知	remittance advice
银行汇票	banker's draft
汇票	bill of exchange
本票	promissory note
账户财务报表	financial statement of account
账户报表报文	statement of account message
保险凭证	insurance certificate
保险单	insurance policy
保险申报单(明细表)	insurance declaration sheet (bordereau)
保险人发票	insurer's invoice

承保单	cover note
货运说明	forwarding instructions
货运代理给进口代理的通知	forwarder's advice to import agent
货运代理给出口商的通知	forwarder's advice to exporter
货运代理发票	forwarder's invoice
货运代理收据证明	forwarder's certificate of receipt
托运单	shipping note
货运代理人仓库收据	forwarder's warehouse receipt
货物收据	goods receipt
港口费用单	port charges document
入库单	warehouse warrant
提货单	delivery order
装卸单	handling order
通行证	gate pass
运单	waybill
通用(多用)运输单证	universal (multipurpose) transport document
承运人货物收据	goods receipt, carriage
全程运单	house waybill
主提单	master bill of lading
提单	bill of lading
正本提单	bill of lading, original
副本提单	bill of lading, copy
空集装箱提单	empty container bill
油轮提单	tanker bill of lading
海运单	sea waybill
内河提单	inland waterway bill of lading
不可转让的海运单证(通用)	non-negotiable maritime transport document (generic)
大副收据	mate's receipt

全程提单	house bill of lading
无提单提货保函	letter of indemnity for non-surrender of bill of lading
货运代理人提单	forwarder's bill of lading
铁路托运单(通用条款)	rail consignment note (generic term)
陆运单	road list
押运正式确认	escort official recognition
分段计费单证	recharging document
公路托运单	road consignment note
空运单	air waybill
主空运单	master air waybill
分空运单	substitute air waybill
出国人员物品申报	crew's effects declaration
乘客名单	passenger list
铁路运输交货通知	delivery notice (rail transport)
邮递包裹投递单	dispatch note (post parcels)
多式联运单证(通用)	multimodal/combined transport document (generic)
直达提单	through bill of lading
货运代理人运输证书	forwarder's certificate of transport
联运单证(通用)	combined transport document (generic)
多式联运单证(通用)	multimodal transport document (generic)
多式联运提单	combined/multimodal transport bill of lading
订舱确认	booking confirmation
要求交货通知	calling forward notice
运费发票	freight invoice
货物到达通知	arrival notice (goods)
无法交货的通知	notice of circumstances preventing delivery (goods)

无法运货通知	notice of circumstances preventing transport (goods)
交货通知	delivery notice (goods)
载货清单	cargo manifest
载货运费清单	freight manifest
集装箱载货清单	container manifest (unit packing list)
铁路费用单	charges note
托收通知	advice of collection
船舶安全证书	safety of ship certificate
无线电台安全证书	safety of radio certificate
设备安全证书	safety of equipment certificate
油污民事责任书	civil liability for oil certificate
载重线证书	loading document
免于除鼠证书	derat document
航海健康证书	maritime declaration of health
船舶登记证书	certificate of registry
船用物品申报单	ship's stores declaration
铁路运输退运单	re-sending consignment note
出口货物报关单	goods declaration for exportation
离港货物报关单	cargo declaration (departure)
货物监管证书申请表	application for goods control certificate
货物监管证书	goods control certificate
植物检疫申请表	application for phytosanitary certificate
植物检疫证书	phytosanitary certificate
卫生检疫证书	sanitary certificate
动物检疫证书	veterinary certificate
商品检验申请表	application for inspection certificate
商品检验证书	inspection certificate
原产地证书申请表	application for certificate of origin
原产地证书	certificate of origin

原产地申明	declaration of origin
地区名称证书	regional appellation certificate
优惠原产地证书	preference certificate of origin
普惠制原产地证书	certificate of origin form, GSP
领事发票	consular invoice
危险货物申报单	dangerous goods declaration
出口统计报表	statistical document, export
交货核对证明	delivery verification certificate
进口许可证申请表	application for import license
进口许可证	import license
无商业细节的报关单	customs declaration without commercial detail
有商业和项目细节的报关单	customs declaration with commercial and item detail
无项目细节的报关单	customs declaration without item detail
有关单证	related document
海关收据	customs receipt
调汇申请	application for exchange allocation
调汇许可	foreign exchange permit
进口外汇管理申报	exchange control declaration (import)
进口货物报关单	goods declaration for importation
内销货物报关单	goods declaration for home use
海关即刻放行报关单	customs immediate release declaration
海关放行通知	customs delivery note
到港货物报关单	cargo declaration (arrival)
货物价值申报清单	value declaration
海关发票	customs invoice
邮包报关单	customs declaration (post parcels)
增值税申报单	tax declaration (value added tax)
普通税申报单	tax declaration (general)

催税单	tax demand
禁运货物许可证	embargo permit
海关转运货物报关单	goods declaration for customs transit
TIF 国际铁路运输报关单	TIF form
TIR 国际公路运输报关单	TIR carnet
海关转运报关单(欧盟)	carnet(EU)
EUR1 欧盟原产地证书	EUR 1 certificate of origin
暂准进口海关文件	ATA card
统一单证(欧盟)	single administrative document(EU)
海关一般回复	customs general response
海关公文回复	customs documentary response
海关误差回复	customs error response
海关一揽子回复	customs package response
海关计税/确认回复	customs tax calculation/confirmation response
配额预分配证书	quota prior allocation certificate
最终使用授权书	end use authorization
政府合同	government contract
进口统计报表	statistical document for import
跟单信用证开证申请书	application for documentary credit
先前海关文件报文	previous customs documentary message

附录三 单证工作常用英语词汇缩写

A

@	at	每;以(价格)
&	and	和;与
AA	Automatic Approval	自动许可证
a. a	after arrival	到达以后
A. A. R;aar.	Against all risks	承保一切险
abt.	about	大约
A/C	Account	账户;账
A/C	Account Current	往来账户
a/c;acc/o	account of	某人账户
Acc.	Acceptance	承兑
Acc.	Accepted	接受
Acc.	Accident	意外事故(保险用语)
Acc.	account	账户
ACN	Air Consignment Note	空运托运单
acpt.	acceptance	承兑
A/D	after date	期后
A. D.	anno domini (L.)	公元(后)
Ad;advt.	Advertisement	广告
add.	address	住址
adv.	advice	通知
Adval.	Advalorem(according to value)	从价计算
A. F.	Advanced Freights	预付运费
A. F. B.	air freight bill	空运提单

Ag.	Agent	代理人
Ag.	Agreement	同意
A. l	first-class	一等;一流
amt.	amount	金额;总数;共计
anon.	anonymous	不记名
a/or	and/or	与/或
A/P;a. p.	Additional Premium	附加保险费;额外保险费
A/P	Authority to Purchase	委托购买证
A. P. L. ;a. p. l.	as per list	按表所列
app.	appendix	附录
approx.	approximately;approximate	大约
Apr.	April	四月
A. R.	All Risks	一切险
arr.	arrival;arrived	抵达
a. s	after sight	见票后
a/s.	alongside	(船)边
ass mt.	assortment	各种类;各色
asst.	assorted	分类;花式搭配
atten.	attention	注意
Aug.	August	八月
A/v;A. V.	Advalorem(According to Value)	从价;按值
av. ;A/V;avg.	average	海损;平均
A/W	actual weight	实际重量;净重
A. W. B	air way bill	空运运单

B

Bal.	balance	差额
bar. ;brl.	barrel	桶,琵琶桶
B. B. clause	both to blame collision Clause	船舶互撞条款
B. C.	Before Christ	公元前
B/C	Bills for Collection	托收单据
b. d	brought down	转下
B. D.	Bank Draft;Bill Discounted	银行汇票;贴现票据

b. d. i.	both dates inclusive	包括首尾两日
bdle. ;bdl.	bundle	把;捆
b. e. ;B/E;B. EX.	Bill of Exchange	汇票
B. f.	Brought forward	接下页
bg. ;B/s	bag (s)	袋
B/G	Bonded Goods	保税货物
bkg.	banking	银行业务
bkt.	basket	篮;筐
bl. ;bls.	bale (s)	包
B. lading	Bill of Lading	提单
bot. ;bott. ;btl	bottle	瓶
br.	brand	商标;牌
Brkge.	breakage	破碎
brls.	Barrels	桶;琵琶桶
b/s	bags;bales	袋;包
Bs/L	Bills of Lading	提单(复数)
btl.	bottle	瓶
bu.	bushel	蒲式耳
bx.	box	箱
bxs.	boxes	箱(复数);盒(复数)

C

c/s;cs.	cases	箱
ca.	case	箱
C. A. D. ;C/D	cash against documents	付款交单
canc.	cancelled	取消;注销
C. A. F.	Cost, Assurance and Freight;C. I. F.	成本加保费、运费价
canclg.	cancelling	取消;注销
cat.	catalogue	商品目录
C/B	clean bill	光票
C. B. D	cash before delivery	付现后交货
c. c.	carbon copy	复写纸;副本

C. C.	Chamber of Commerce	商会
c. c.	cubic centimeter	立方厘米;立方公分
C. C. I. B.	China Commodity Inspection Bureau	中国商品检验局
C/d	carried down	转下
cent.	centum	一百
Cert. ;certif.	Certificate;certified	证明书;证明
c. f.	cubic feet	立方英尺
C/f	Carried forward	接后;接转(下页)
cf.	confer	商议
CFS	Container Freight Station	集装箱中转站;货运站
Cg.	Centigramme	公毫
C. G. A.	Cargo's Proportion of General Average	共同海损分摊额
cgo.	cargo	货物
chges.	charges	费用
Chq	Cheque	支票
C. I.	Certificate of Insurance	保险凭证
C. I.	Consular Invoice	领事发票;领事签证
C. I. F	Cost, Insurance and Freight	成本、保险费加运费价格
C. I. F. &C.	Cost,Insurance,Freight & Commission	成本、保险费加运费、佣金价格
C. I. F. &E.	Cost,Insurance,Freight & Exchange	成本、保险费、运费加汇费的价格
C. I. F. &I.	Cost,Insurance,Freight & Interest	成本、保险费、运费加利息的价格
C. I. O.	Cash in Order;Cash with order	订货时付款
cks.	casks	桶
cl.	Class;clause	级;条款;项
CLP	Container Load Plan	集装箱装箱单
cm.	centimetre	厘米;公分
cm^2	square centimetre	平方厘米;平方公分
cm^3	cubic centimetre	立方厘米;立方公分
c/n	cover note	暂保单;预保单

Co.	Company	公司
c/o	care of	转交
C/O;c. o.	Certificate of Origin	产地证明书
C. o. d. ;C. O. D.	Cash on delivery	货到付现
COFC	Container on Flat Car	平板车装运集装箱
Com.	Commission	佣金
Con. inv.	Consular invoice	领事签证发票
Cont. ;contr.	contract	合同;合约
contd.	continued	继续;续(上页)
contg.	containing	内容
Corp. ;corpn. ;cor.	corporation	公司
C/P;c. py.	charter party	租船契约
C. Q. D.	Customary Quick Despatch	按习惯速度装卸
Cr.	Credit;Creditor	贷方;信用证;债权人
Crt.	crate	板条箱
Ct.	Cent;Current;Credit	分;当前;目前;贷方;信用证
C. T. D.	Combined Transport Document	联合运输单据
CTB/L	Combined Transport Bill of Lading	联合运输提单
C. T. O.	Combined Transport Operator	联合运输经营人
Cu. cm;cb. cm	cubic centimetre	立方厘米;立方公分
Cu. in. ;cb. in.	cubic inch	立方寸
Cu. m. ;cb. m.	cubic metre	立方米;立方公尺
Cu. ft. ;cb. ft.	cubic foot	立方英尺
Cur. ;curt.	Current (this month)	本月
cur.	currency	币制
Cu. yd. ;cb. yd.	cubic yard	立方码
C. W. O.	Cash with Order	订货时付款
CY	Container Yard	集装箱堆场

D

D/A	Document against Acceptance	承兑交单
d/a	days after acceptance	承兑后若干天(交款)
D. D. ;D/D	Demand Draft	即期汇票
D. D. ;D/D	Delivered at Docks	码头交货
D/d	Documentary draft	跟单汇票
Dec.	December	十二月
Delvd.	Delivered	交付
dept.	department	部;股;处
destn.	destination	目的港;目的地
D/f	Dead freight	空舱费
drt.	draft	汇票
diam.	diameter	直径
diff.	difference	差额;差异
Dis. ;disct	discount	贴现;折扣;贴现息
Dmge.	Damage	损坏
D/N	Debit Note	欠款账单
doc.	document	单据
doc. att.	Document Attached	附单据;附证件
Dols. ;dolls.	dollars	元
D/P	document against payment	付款交单
doz.	dozen	打
d. p.	direct port	直达港口
d/s;d. s. ;days. st.	days after sight	见票后若干天(付款)
Ds. ;d's	days	日
dto. ;do	ditto	同上;同前
d. t.	delivery time	交货时间
dup. ;dupl. ;duplte.	duplicate	誊本;第二份;两份
D. W. T.	Dead Weight Tonnage	载重吨
D/Y	delivery	交付;交货
Dz. ;doz.	dozen	打

E

ea.	each	每
E. C.	Exempli causal (for example)	例如
E/D	Export Declaration	出口申报单
E. E.	errors excepted	错误当查;错误当改
E. E. C.	European Economic Community	欧洲经济共同体
E. g. ; ex. g.	Exempli gratia (for example)	例如
end.	endorsed; endorsement	背书
Encl. ; enc.	enclosure	附件
E. &O. E.	Errors and Omissions Excepted	错漏当查;错漏当改
E. O. M.	End of Month	月末
E. O. S.	End of Season	季末
eq.	equivalent	等值的;等量的
e. q. m.	equal quantity monthly	每月相等的数量
Et. seq.	Et sequentia (and other things)	及以下所综述的
Et. al.	Et. alibi(and elsewhere)	等等
E. t. a. ; eta; ETA	Estimated (expected) time of arrival	预计到达的时间
etc.	et cetera (and others)	等等
ETCL; etcl	expected time of commencement of loading	预计开装时间
Etd; ETD	estimated (expected) time of departure	预计离港时间
ETDEL	expected time of delivery	预计交货时间
ETFD	expected time of finishing discharging	预计卸完时间
ETFL	expected time of finishing loading	预计装完时间
ex.	excluding	除外
ex.	example	例子;样本
Exch.	Exchange	兑换;汇兑
Excl.	Exclusive; excluding	除外
ex. int.	ex interest	无利息
exp.	export	出口
Exs.	expenses	费用
Ext.	extra	特别的;额外的

F

F	degree Fahrenheit	华氏度数
F. A.	free alongside (ship)	(船)边交货
f/a/a;F. A. A.	free from all average	分损不赔(保险用语)
f. a. c.	fast as can	尽快
f. a. q. ;F. A. Q.	fair average quality	大路货;中等品质
F. a. s. ;F. A. S.	Free alongside ship	船边交货价
F. B.	Freight Bill	运费单
fc	franc	法郎
Fch.	franchise	免赔率(一般指相对的)
FCL	Full Container Load	整箱货
F. C. & S.	Free of Capture and Seizure Clause	战争险不保条款
f. e.	for example	例如
Feb.	February	二月
f. f. a.	free from alongside	船边交货价
F. g. a. ;F. G. A.	Free from general average	共同海损不赔
f. i.	for instance	例如
f. i.	free in	船方不负担装船费
f. ig.	figure	数字
f. i. o.	free in and out	船方不负担装卸费
fi. o. s.	free in, out and stowed	船方不负担装卸费及理舱费
f. i. o. s. t.	free in, out, stowed and trimmed	船方不负担装卸费、理舱费及平舱费
f. i. w.	free in wagon	承运人不负担装入货车费
F/O	in Favor of	以……为受益人
f. o.	free out	船方不负担卸货费
F. O. A.	free on aircraft	飞机上交货价
fo. vo.	folio verso (turn the page)	转下页
F. o. r. ;F. O. R.	Free on rail	火车上交货价
FOS. ;f. o. s.	Free on Steamer	船上交货价
F. o. b. ;F. O. B.	Free on Board	船上交货价
F. O. B. S.	Free on Board Stowed	包括理舱费在内的船上交货价

f. o. c.	free of charges	免费
f. o. t.	free on truck	卡车上交货价
F/P	Fire Policy	火灾保险单
F. P.	Floating Policy	总括保险单
F. P. A.	Free from Particular Average	平安险
F. ;Fr.	Franc	法郎
Frt. ;frit. ;fgt.	Freight	运费
frt. ppd	freight prepaid	运费已预付
ft.	foot	英尺
ft. –lb.	foot-pound	英尺磅(功的单位)
f. w. d.	fresh water damage	淡水损失
fwd.	forward	前面;接下页
F. X.	Foreign Exchange	外汇

G

g.	gram	克;公分
G. A. ;G/A	General Average	共同海损
gal.	gallon	加仑
gds.	goods	货物
gm	gram	克;公分
G. M. Q.	Good Merchantable Quality	上好可销品质
gr.	gross	总的;全体的;毛的(重量)
gr. ;grm.	gram	克;公分
grs. wt. ;Gr. wt.	gross weight	毛重
g. s. w. ;G. w	gross weight	毛重

H

H. ;hr.	hour	小时
H. D.	Hook Damage	钩损
H. O.	Head Office	总公司;总行
H. &O.	Hook and Oil Damage	钩损和油损
Hund.	Hundred	百
h. w. d.	heavy weather damage	恶劣气候损坏

I

I. C. C.	International Chamber of Commerce	国际商会
Id.	Idem (the same)	同样
i. e.	id est. (that is)	即;就是
Imp.	Import	进口
in.	inch;interest	英寸;利息
In trans.	In transit (on the way)	在运输途中
Insp.	Inspection	检验
Insur. ;Ins.	Insurance	保险
inst.	instant	本月
Inst. cls.	Institute clauses	伦敦协会保险条款
Int.	Interest	利息
inv.	invoice	发票
I. O. P.	Irrespective of Percentage	不计免赔率
I/P	Insurance Policy	保单险
I. Q.	Idem quad (the same as)	同样
ISO	International Organization for Standardization	国际标准化组织
it.	item	项目;条款
ITV	Internal Transfer Vehicle	码头内运输车

J

J. and/or l. o.	Jettison and/or loss overboard	抛弃或落水损失
Jan.	January	一月
Jul.	July	七月
Jun.	June	六月

K

Kilo;kg.	kilogram	公斤;千克
kl.	kilolitre	千公升
km.	kilometer	千米;千公尺
km	square kilometer	千平方米;千平方公尺
km	cubic kilometer	千立方米;千立方公尺

L

L/A	Letter of Authority	授权书
L. ;lit.	Litre	公升
lb.	pound	磅
L/C	Letter of Credit	信用证
LCL	Less than a Full Container Load Cargo	非整装箱货;拼箱货
Ldg.	Loading	装货;装载
L/G	Letter of Guarantee	保证书
lkge	leakage	渗漏
lkge & bkge	leakage and breakage	渗漏及破碎
L. T;L/T	long ton	长吨
Ltd.	Limited	有限

M

m.	meter;mile	公尺;英里
m	square meter	平方米;平方公尺
m	cubic meter	立方米;立方公尺
max.	maximum	最高
Mar.	March	三月
M. B. D. ;Mchy. dge	Machinery Breakdown Damage	机器损坏
mdse.	merchandise	货物;商品
Memo	memorandum	备忘录
Messrs.	Messieurs	先生(复数)
M. Ex. C.	Marine Extension Clause	海运扩展条款
mfd.	manufactured	制造的
mfr.	manufacturer	厂商;制造商
mg.	milligram	毫克
mi.	mile	英里
MI.	Marine Insurance	海险
M. I. C. C.	Marine Insurance Cargo Clause	海上运输货物保险条款

Mil. ;ml.	millilitre	毫升
min.	minimum	最低;最小;起码
M. I. P.	Marine Insurance Policy	海险保险单
mk.	mark	唛头;商标
mm	millimeter	毫米;公厘
mm	cubic millimeter	立方毫米;立方公厘
M/R	Mate's Receipt	收货单;大幅收据
Mr.	mister	先生
M. s. ;m/s	motor ship	轮船
M/S	months after sight	见票后……月付款
M/T;m. t	Metric Ton	公吨
M/T	Mail Transfer	信汇
M. Y.	Marshalling Yard	集装箱编号场

N

N/A	Non Acceptance	不承兑
Nav.	Navigating;navigation	航行
N. B.	Nota Bene(take notice)	注意
N. C. V.	No Commercial Value	无商业价值
N. D.	not dated	不记载日期
N. d.	Non delivery	提货不着
nil	nothing	无
N. M.	No Mark	无标志
Nom.	Nominal	名称
Nov.	November	十一月
N/P	No Payment	拒绝付款
N. W. ;Nt. Wt.	Net Weight	净重
N. Y.	New York	纽约

O

o/a	on account of ...	记……账
O/B	On Board	(装)在船上
o/b	on or before	在或在……以前

O/C	Open Cover	预保合同
Oc. B/L	Ocean Bill of Lading	海运运输提单
OCP	Overland Common Point	内陆共同点
Oct.	October	十月
O. M. C. C	Ocean Marine Cargo Clause	海洋运输货物条款
On a/c	on account	记账;挂账
O. P.	Open Policy	预保单
orig.	original	正本
oz.	ounce; ounces	盎司;英两
oz. apoth	ounce, apothecary	药衡盎司
oz. av.	ounce, avoirdupois	常衡盎司
oz. tr.	ounce, troy (or fine ounce)	金衡盎司

P

P.	Per; page	每;页
P/a; P/AV.	Particular Average	单独海损
p. a.	per annum	每年
p. c	per centum	百分比率
P. C	Price Current	市价
pce.; pc	piece	件;个;只;块;匹
pcl.	parcel	小包
Pd.; pd.	paid	已付
P. I. C. C.	The People's Insurance Company of China	中国人民保险公司
pkg.	package	包裹;件
P. O. B	post office box	邮箱;信箱
P. P	Parcel Post	邮包
ppd.	prepaid	预付
ppt.	prompt loading	即期装船
pr.	pair; price	双;对;价格
prem.; pm	premium	保险费
pro raia.	proportionally	按比例
prox.	proximo	下月
P. T. O.	please turn over	请阅背面

Q

q.	quintal	百公斤;公担
Q.	Quantity	数量
Qlty.	Quality	品质
Qt.	Quart	夸脱(=1/4 加伦)
R. ;r. ;Ry.	Railway	铁路

R

Re.	with Reference to	关于
rect. ;Recpt.	receipt	收据
rd.	road	路
R. D. C.	Running Down Clause	碰撞条款
Ref.	reference	参考(号)
Reg. ;Regd.	Registered	登记;挂号
r. i.	re-insurance	再保险
RM.	remittance	汇款
R. O. D	Rust Oxidation and Discoloration	锈损、氧化和变色

S

S/D	sight draft	即期汇票
s. b. s.	surveyed before shipment	装运前检验
Sopt.	September	九月
SHEX.	Sundays and Holidays Excepted	星期天和假日除外
shipt.	shipment	装运;装载
S. I.	Sum Insured	保险金额
sig	signature	署名;签字
S. G.		英国劳合氏保险单的一种格式名称
Sgd.	Signed	已签署;签字

Sld.	Sailed	已开航
Sling L.	Sling loss	钩损
S/N	Shipping Note	装船通知
S. O.	Shipping Order	装货单;下货纸
S/O	Ship-owner	船东
sq. cm.	square centimeter	平方厘米
sq. ft.	square foot	平方英尺
sq. in.	square inch	平方英寸
sq. km.	square kilometer	平方千米
sq. yd.	square yard	平方码
S. R.	Strike Risks	罢工险
S. R. C. C.	Strike Riots and Civil Commotions	罢工、暴动、内乱险
s. s; ss. ; s/s	steamship	轮船
s/t; s. t. ; sh. t.	short ton (2 000 1b)	短吨
st.	street	街
std.	standard	标准
stg.	sterling	英镑
S/W	Shipper's Weight	发货人提出的重量
S. W. D.	Sea Water Damage	海水损失
str.	steamer	轮船
supp.	supplement	补遗;附录;补充

T

T.	ton	吨
tal. qual.	talis quality (average quality)	平均品质
teleg.	telegram; telegraph	电报
thro.	through	经由;联运
thru.	through	经由;联运
TOFC	Trailer on Flat Car	平板车装运载箱拖车
T. P. N. D	theft, pilferage & non - delivery	盗窃及提货不着险
T/S	transshipment	转船
T. T.	Telegraphic Transfer	电汇
T/R	Trust Receipt	信托收据

U

U. C. P	Uniform Customs and Practice for Documentary Credits	跟单信用证统一惯例
U/D	Under-deck	舱内
Ult.	Ultimo	上月
U. T.	Unlimited Transshipment	无限制性的转船
U/W	Underwriter	保险人

V

ves.	vessel	船
via	by way of	经过;经由
Viz.	Videlicet (namely)	即;就是
voy	voyage	航海;航行;航次
v. s.	vide supra (see above)	参阅上文

W

W. A.	With Average	水渍险
W. B.	Way Bill	运单
Whse.	Warehouse	仓库
W. P. A.	With Particular Average	水渍险
Wgt. ;Wt	Weight	重量
W. R.	War Risk	战争险
w. r. o.	war risk only	仅保战争险
W/T.	with transshipment	转船
wt.	weight	重量
w/w; w - w; whse - whse	warehouse warrant;warehouse to warehouse	仓库;从此仓库到另一个仓库

Y

Y. A. R.	York – Antwerp Rules	约克—安特卫普规则（即国际共同海损规则）
Y. B.	Yearbook	年鉴
yd.	yard	码

Z

Z.	Zone	地区

参考文献

[1]全国国际商务单证专业培训考试办公室. 国际商务单证理论与实务[M]. 北京:中国商务出版社,2011.

[2]白云. 国际贸易单证实务[M]. 北京:清华大学出版社;北京交通大学出版社,2010.

[3]蔡苏勤,黄俊彦. 国际商务单证[M]. 杭州:浙江大学出版社,2009.

[4]王学龙. 充满机遇的挑战:全新出口单证操作与技巧[M]. 北京:中国经济出版社,2005.

[5][美]辛克尔曼. 国际贸易单证[M]. 北京:中国人民大学出版社,2012.

[6]耿伟. 出口贸易单证实务[M]. 北京:首都经济贸易大学,2003.

[7]谢娟娟,金淑云. 对外贸易单证实务[M]. 北京:工商出版社,1999.

[8]王炯. 电子单证师制单实务[M]. 北京:高等教育出版社,2011.

[9]兰影. 出入境检验检疫报检员培训教材[M]. 北京:中国法制出版社,2005.

[10]谢国娥. 海关报关实务[M]. 上海:华东理工大学出版社,2004.

[11]胡涵景,齐璇. 国际贸易单证标准化的原理与方法[J]. 中国标准导报,2010(12):18－21.

[12]戴正翔. 浅谈国际物流单证体系[J]. 物流工程与管理,2010(9):28－30.

[13]姚大伟. 关注电子制单在国际贸易实务中的应用[J]. 对外经贸实务,2010(8):49－51.

[14]李同芳. 外贸单证员的工作特点与基本要求[J]. 商业经济,2010(6):100－101.

[15]姚文宽,李维. 单证相符原则的例外在信用证审单实务中的应用[J]. 对外经贸实务,2010(6):58－61.

[16]张荣芳,蔡鸳鸯. 评 UCP600 的审单标准[J]. 北京理工大学学报:社会科学版,2009(1):21－25.

[17]丁行政,杨鹏强. 一个单证不符案例的分析和思考[J]. 对外经贸实务,2008(5):75－76.

[18]贲广帅. 浅谈信用证业务中的单证问题[J]. 黑龙江对外经贸,2008(5):57－58.

[19]佚名. 外贸单证的流程 18 步[J]. 花炮科技与市场,2007,13(2):40－41.

[20]陈原,黄叶新. 试论外贸行业信息化中的国际商务电子单证[J]. 商业研究,2006

(18):210-213.

[21]龚玉和.结汇单证中“收货人”栏目的填写[J].新理财,2006(6):60-61.

[22]浦东新区对外经济贸易企业协会.单证制作技巧:包装单据的缮制[J].国际市场,2006(6):78-79.